Thomas + Diana

RUDOLF DREIKURS
ERIK BLUMENTHAL

Eltern und Kinder - Freunde oder Feinde?

KLETT-COTTA

Klett-Cotta
Diesem Werk liegt das Buch
»The Challenge of Parenthood« von Rudolf Dreikurs zugrunde,
das bei Duell, Sloan & Pearce, New York erschienen ist.
Für die deutsche Ausgabe

Printed in Germany
Umschlag: Finken & Bumiller, Stuttgart
unter Verwendung eines Fotos von Getty Images, Penny Tweedie
Auf säure- und holzfreiem Werkdruckpapier gedruckt
und gebunden von Wilhelm Röck GmbH, Weinsberg
ISBN 3-608-94028-6

Dritte Auflage, 2001

Die Deutsche Bibliothek – CIP-Einheitsaufnahme
Ein Titeldatensatz für diese Publikation
ist bei Der Deutschen Bibliothek erhältlich.

Die Autoren:
Rudolf Dreikurs, an Alfred Adler orientierter Psychiater und Sozialtherapeut, in Wien geboren, praktizierte bis zu seinem Tod in Amerika.
Bei Klett-Cotta sind außerdem lieferbar: »Kinder fordern uns heraus«, »Familienrat. Der Weg zu einem glücklicheren Zusammenleben von Eltern und Kindern« und »Grundbegriffe der Individualpsychologie«.

Erik Blumenthal ist Psychotherapeut und Lehranalytiker. Neben seiner Praxis lehrt er an verschiedenen psychologischen Instituten.

INHALT

Vorwort 9
Einführung 11

I. Kapitel Die Zielgerichtetheit des Kindes — 1. Ziel: Aufmerksamkeit 19

1. Ziel: Aufmerksamkeit erregen (»Ich will beachtet werden!«) 27

a) Aktiv-konstruktive Methoden
Das Musterkind 27 Übertriebene Gewissenhaftigkeit 28 Altkluge Aussprüche 30

b) Aktiv-destruktive Methoden
Der Clown 32 Aufdringlichkeit 33 Das »wandelnde Fragezeichen« 33 Das »Enfant terrible« 36 Unbeständigkeit 38

c) Passiv-konstruktive Methoden
Scharm 39 Eitelkeit 40

d) Passiv-destruktive Methoden
Schüchternheit 43 Unselbständigkeit und Unordentlichkeit 44 Mangel an Konzentration und Ausdauer 47 Genußsucht und Oberflächlichkeit 50 Angst und Furcht 52 Eßschwierigkeiten 56 Sprechfehler 61

II. Kapitel: Die Zielgerichtetheit des Kindes — 2. Ziel: Überlegenheit, 3. Ziel: Vergeltung, 4. Ziel: Rückzug 63

2. Ziel: Überlegenheit gewinnen („Ich will zeigen, wer der Stärkere ist«) 63
Ungehorsam 63 Eigensinn 68 Wutausbrüche 69 Schlechte Gewohnheiten (Daumenlutschen, Nasebohren,

Nägelkauen) 72 Selbstbefriedigung 76 Unaufrichtigkeit 78 Trödeln 81

3. Ziel: Vergeltung (»Ich will euch auch wehtun«) 83
Stehlen 85 Gewalt und Brutalität 88 Bettnässen 91

4. Ziel: Rückzug (»Ich will allein gelassen werden«) 94
Trägheit 94 Dummheit 95 Unfähigkeit 100 »Verbissene Passivität« 105

III. Kapitel: Die Zielgerichtetheit des Kindes — Krankhaftes Verhalten und Hilfe durch den Fachmann . . 108

Nervöse Störungen 109 Psychose 112 Psychopathie 115

Hilfe durch den Fachmann 119

Zielwechsel bei Jugendlichen 127

IV. Kapitel: Die Prinzipien der wirksamen Erziehungsmethoden 130

1. Prinzip: Ordnung 134
Die Familienatmosphäre 134 Die verschiedenen häuslichen Rechte und Pflichten 137 Konsequenz 140 Entschiedenheit 142

2. Prinzip: Vermeidung von Streit 143
Zurückhaltung 143 Anpassungsfähigkeit 144 Das Erwecken von Interesse 145 Das Vertrauen des Kindes gewinnen 147 Entspannung eines kritischen Augenblicks 149 Sich zurückziehen 151

3. Prinzip: Ermutigung 153
Anerkennung 153 Anleitung und Unterweisung 154 Gegenseitiges Vertrauen 156 »Du darfst« anstelle von »du mußt« 158 Sich Mühe geben 160 Zusammensein mit anderen Kindern 160

V. Kapitel: Die wirksamen Erziehungsmethoden — 1. Methode: Beobachten 164

1. Methode: Beobachten 168

a) Die Lage des Kindes
Soziale Unsicherheit 169 Minderwertigkeitsgefühl und Entmutigung 171 Der Kampf um Überlegenheit 173 Das Gewissen 176 Die Familienkonstellation 182

b) Die Lage der Eltern
Das Minderwertigkeitsgefühl der Eltern 186 Die Eltern sind die Opfer 188 Was wissen Eltern von Erziehung? 189 Erziehung und Erzieher 192 Die Funktion der Mutter 193 Die Funktion des Vaters 196 Die Stellung der Großeltern 198

VI. Kapitel: Die wirksamen Erziehungsmethoden — 2. Methode: Überlegen, 3. Methode: Sich einstellen, 4. Methode: Handeln 200

2. Methode: Überlegen 200

Liebe 202 Ängstlichkeit 204 Erwartungen 205 Forderungen 206 Der Kampf der Generationen 207 Vererbung 212 Gemeinschaftsgefühl 215 Der Lebensstil 217

3. Methode: Sich einstellen 222

4. Methode: Handeln (und nicht Reden) 226

Natürliche und logische Folgen 226 Psychologische Enthüllungen 232 Der Familienrat 237

VII. Kapitel: Die wirksamen Erziehungsmethoden — Spezielle Situationen 243

Vorbereitung vor der Geburt 243 Erste Erfahrungen 244 Das Stillen 245 Entwöhnung 247 Frühe Muskeltätigkeit 248 Erziehung zur Sauberkeit 248 Erste Unabhängigkeit 250 Das Leben in der Welt der Erwachsenen 251 Das kindliche Spiel 254 Sich anziehen 257 Sprechen lernen 258 Sich waschen 258 Eßgewohnheiten 259 Helfen im Haus 260 »Entthronung« des Kindes 261 Gemeinschaft mit anderen Kindern 266 Schulbeginn 267 Kinderkrankheiten 269 Unglücksfälle und Mitleid 270 Wechsel der äußeren Situation 270 Mißgeschick 272 Familienstreit 273 Unbestellte Erzieher 276 Sexuelle Aufklärung 277 Kinder müssen ihrem Alter entsprechend behandelt werden 282 Pubertät 286 Lösen der Bindung an die Eltern 290

VIII. Kapitel: Die häufigsten Erziehungsfehler 293

Verwöhnung 295 Lieblosigkeit 301 Übermäßige Liebe 303 Liebesentzug 304 Ängstlichkeit 307 Angst machen 309 Übermäßige Beaufsichtigung 310 Übermäßiges Reden 312 Vernachlässigung 314 Auf etwas bestehen 315 Sich Versprechen geben lassen 316 »Nimm dich zusammen« 318 Wiedervergeltung 320 Verlangen von blindem Gehorsam 323 Nörgelei 325 Tadel 326 Herabsetzung 329 Drakonische Strenge 332 Demütigung 333 Körperliche Bestrafung 334

Schlußwort 342

Anhang: Übungen für Elterngruppen 345

VORWORT

Dieses Buch soll den Eltern als Weiterführung und Ergänzung zu dem so berühmt gewordenen Buch »Kinder fordern uns heraus« dienen. Bei der Arbeit mit Eltern, sei es in Beratungsstellen, in der privaten Praxis oder bei Kursen und Seminaren über Kindererziehung, die der Mitautor an vielen Orten im In- und Ausland durchführte, stellte es sich immer wieder heraus, daß die Eltern eine etwas systematischere Behandlung des Stoffes wünschten. Eine weitere Frage, die regelmäßig auftauchte, war, ob denn diese zeitgemäßen Methoden der Kindererziehung auch für Jugendliche gelten.
Der Mitverfasser hat nun unter Verwendung und Überarbeitung eines früheren von Herrn Professor Dreikurs verfaßten Erfolgsbuchs »The Challenge of Parenthood« diesen Wünschen Rechnung zu tragen versucht. In den praktischen Beispielen wurde mehr auf die Jugendlichen eingegangen, um zu zeigen, daß — allerdings mit gewissen Einschränkungen und Änderungen — die Methoden genauso für Jugendliche wie für Kinder gelten.
Ferner hat es sich gezeigt, daß die Bildung von Eltern-Studiengruppen der beste Weg ist, sich mit den neuen Erziehungsmethoden praktisch auseinanderzusetzen und vertraut zu machen. Denn diese erfordern in vielen Punkten ein anderes Denken als seither, ein Umdenken. Um die Arbeit in solchen Gruppen zu erleichtern, wurde als Anhang eine Zusammenstellung von Tabellen hinzugefügt, die als Arbeitsgrundlage gute Dienste in den Eltern-Studiengruppen leisten können.

Erik Blumenthal

EINFÜHRUNG

Meine lieben Eltern,

man spricht sehr viel über die Probleme, die Kinder ihren Eltern bereiten. Ist es Ihnen klar, daß wir uns in Wirklichkeit um Sie Sorge machen? Elternschaft ist eine Aufgabe für Sie, aber Sie, als Eltern, sind auch eine Aufgabe für uns. Ich sage dies in meiner Eigenschaft als Psychiater. Meine schwerste Prüfung sind Eltern, die mich bitten, »ihre Kinder zu heilen«! Wenn ich sie berate, werde ich zwischen Mitgefühl und Entrüstung hin- und hergerissen: Mitgefühl, weil die Eltern unglücklich sind und leiden, Entrüstung, weil ich sehe, was sie ihren Kindern antun. Dieses Buch, das ich Ihnen und Ihrer schwierigen Aufgabe widme, wird die widersprüchlichen Gefühle zeigen, die ich mit den meisten praktizierenden Psychologen gemein habe. Manche von ihnen gehen zum äußersten: Die einen geben den Müttern Schuld, die ganze Generationen verwöhnen, so daß sie für das menschliche Zusammenleben ungeeignet werden; die anderen betrachten die meisten Eltern, besonders die Mütter, als seelisch kranke Menschen, die Behandlung brauchen. Es ist schwierig, ein Gleichgewicht zu finden. Ich muß Sie um Verzeihung bitten, wenn auch ich nicht immer den richtigen Ausdruck finde, ohne Ihnen ungehörig »auf den Schlips zu treten«. Sie müssen einsehen, daß es gefährlicher ist, durch das Schreiben eines Buches beraten zu wollen, als durch eine persönliche Konsultation mit einem Klienten. In der persönlichen Aussprache merke ich sofort, wenn ich die Gefühle eines Klienten verletze, und kann meinen Fehler unmittelbar verbessern. Sie kann ich aber nicht sehen, wenn Sie dieses Buch lesen, und kann deshalb nicht eingreifen, wenn es Sie stört. Ich kann Ihnen nur ganz angelegentlich von Anfang an zusichern, daß ich Ihre Gefühle nicht verletzen will. Sollten Sie durch das Lesen dieses Buches entmutigt werden, wäre es besser gewesen, es nie zu schreiben. Entmutigung kann keine positiven Folgen haben.

Leider gibt es keine Garantie dafür, daß der Leser einem Buch das entnimmt, was der Verfasser mitteilen will. Ich möchte Ihnen Belehrung und Ermutigung geben, weil ich weiß, daß Sie dies in Ihrer gewaltigen Aufgabe der Kindererziehung am meisten benötigen. Ein Buch ist jedoch passiv, und Sie werden das darin finden und aufnehmen, wozu Sie bereit sind. Der optimistische Leser wird in diesem Buch ohne Schwierigkeit eine Bestätigung für seinen Optimismus finden; entmutigte und pessimistische Eltern können aber — ganz gegen meine Absichten — vielleicht nur eine erneute Berechtigung für ihre Schwarzseherei finden. Bitte beobachten Sie während des Lesens Ihre eigene gefühlsmäßige Reaktion.

Jedoch sind Sie — und mit »Sie« meine ich immer Mütter *und* Väter — nicht nur für den Psychiater ein Problem. Sie sind das größte Problem für die ganze menschliche Gesellschaft. Sie sind mehr als jede andere Gruppe von Bürgern in der Schlüsselstellung, die für die Entwicklung einer Nation entscheidend ist. Sie sind die Brücke zwischen Vergangenheit und Zukunft. Zu anderen Zeiten, als der Fortschritt und die menschliche Gesellschaft sich nur langsam bewegten und es von Generation zu Generation nur wenig Änderungen gab, war die Aufgabe der Eltern verhältnismäßig einfach. Was sie von ihren Eltern gelernt hatten, wurde ihren Kindern weitergegeben. Heutzutage leben wir in einer entscheidenden Periode der menschlichen Gesellschaft. Die mitmenschlichen Verhältnisse, die moralischen Werte und die Gepflogenheiten des Alltagslebens wandeln sich rasch. In Ihrer Funktion als Eltern stehen Sie mit einem Fuß in der Vergangenheit und treten mit dem anderen in die Zukunft. Kein Wunder, daß Sie hin- und hergerissen sind, ohne zu ahnen, was an Ihrem Unbehagen schuld ist. Die Folgen dieser schwierigen Lage erleben Sie Tag für Tag mit Ihren Kindern. Aber wahrscheinlich wissen Sie nicht, wie typisch Ihre täglichen Aufregungen und Prüfungen für unsere gegenwärtige Kultur und ihre Umwälzungen sind. Elternschaft führt heute nur allzuoft zu Enttäuschung. Mehr als alles andere möchten Sie Ihre Kinder glücklich machen und sie für ein erfolgreiches und angenehmes Leben vorbereiten, und doch wissen Sie nicht, wie oft Sie Ihren Kindern Schaden zufügen, indem Sie sie unterdrücken, statt sie zu leiten.

Lassen Sie mich mehr ins Einzelne gehen. Die sozialen und kulturellen Wandlungen, die sich vor unseren Augen abspielen, sind von epochaler Bedeutung. Sie zeigen das Ende einer kulturellen Periode, die vor fünf- oder sechstausend Jahren begann, und sie künden vom Dämmern eines neuen menschlichen Zeitalters, welches wir das »Atomzeitalter« nennen. Selbstverständlich wird die Entdeckung und der Gebrauch der Atomenergie die Entwicklung neuer Arten des Zusammenlebens und unserer ganzen sozialen Organisation und Zivilisation beschleunigen. Das charakteristischste und fundamentalste Element der neuen Zeit scheint jedoch mit dem Begriff der »Demokratie« verbunden zu sein.

Seit Anfang unserer Kultur hat die Menschheit das Ideal der Demokratie als Grundlage für harmonisches Zusammenleben gesucht. Dieser Traum hat sich aber nie erfüllt. Erst jetzt können wir seine mögliche Verwirklichung ahnen. Die grundlegende Idee der Demokratie ist die Anerkennung einer umfassenden sozialen Gleichwertigkeit aller menschlichen Wesen. Ist diese Stufe erreicht, wird eine neue Gesellschaft geboren.

Sie mögen fragen: »Was hat all dies mit unserem Problem als Eltern zu tun?« Eltern befinden sich in Schwierigkeiten, weil sie im Netz eines Durcheinanders gefangen sind, das kennzeichnend für die jetzige kulturelle Übergangszeit ist. Alle menschlichen Beziehungen zeigen dieselbe Verwirrung. Wir möchten in Frieden und Harmonie leben, aber versagen täglich bei unseren Bemühungen. Ungeschickt wenden wir uns von einer Methode zur anderen und, anstatt unsere Konflikte zu lösen, schaffen wir neue. Dies gilt für die häuslichen wie für die internationalen Beziehungen. Die Konflikte zwischen den Nationen, den Rassen, den Glaubensbekenntnissen, den Generationen und zwischen Eltern und Kindern sind mit derselben Verwirrung und denselben Gegensätzen belastet. Die

Probleme, die Sie mit Ihrem Kind erleben, haben eine fantastische Ähnlichkeit mit den Problemen zwischen den Vereinigten Staaten und Rußland, zwischen Weißen und Farbigen, zwischen Arbeitgebern und Arbeitnehmern, zwischen Frauen und Männern — wo immer eine Gruppe fürchtet, ihre Macht an eine andere zu verlieren. Die Schwierigkeit ist überall dieselbe, genauso wie die Fehler, die wir machen.

Kindererziehung ist eine Nutzanwendung des menschlichen Zusammenlebens. Weil wir beinahe Anfänger in der Kunst des Zusammenlebens sind, sind Sie als Eltern genauso ratlos wie Ihre Zeitgenossen auf anderen Gebieten menschlicher Beziehungen. Der richtige Weg, Kinder zu erziehen, stimmt mit der erfolgreichen Art, unsere Mitmenschen zu behandeln, überein. Die Methoden der Kindererziehung können in gleicher Weise auf die Konflikte irgendwelcher menschlicher Beziehungen angewandt werden.

Sicher haben Sie festgestellt, daß Demokratie die einzige zufriedenstellende Lebensart ist. Sie mißbilligen die Diktatur, Sie wollen nicht herumkommandiert werden, und Sie glauben an die Rechte des »kleinen« Mannes. Wie sieht es aber bei Ihnen als Vater oder Mutter aus? Ich habe viele wahrhaft liberale Männer gesehen, die zu Hause ausgewachsene Diktatoren sind und das Gesetz für die Frauen und Kinder ihres Haushaltes bestimmen. Ihre Erziehungsmethoden sind wahrscheinlich noch dieselben, wie sie schon vor Jahrhunderten von ihren Ahnen angewandt worden sind, und beruhen auf Belohnung und Bestrafung. Es wird Ihnen wohl kaum aufgefallen sein, daß solche Methoden ein unvernünftiges, dummes, unzuverlässiges und minderwertiges Wesen voraussetzen, das mit Bestechungen und Drohungen gezähmt werden muß. Und doch ist es der Weg, den die meisten Eltern einschlagen. Während diese Methoden in vergangenen Zeiten, als sie den allgemeinen mitmenschlichen Beziehungen entsprochen hatten, von Erfolg gewesen sein mögen, müssen sie heute versagen. Heute gibt es keine Kaiser und Könige mehr, keine Diktatoren und Tyrannen, die ihre Untergebenen als unwissende, hilflose Geschöpfe behandeln, die mit eiserner

Hand regiert werden müssen. Wir wissen, daß die Menschen heute sich um sich selbst gut kümmern können, wenn man ihnen die Gelegenheit dazu gibt. Wir wollen heute die Demokratie.

Dieses Buch macht den Versuch, Ihnen zu zeigen, wie die Demokratie in Ihrem Hause aufgerichtet werden kann, wie Sie Ihre Kinder auf das Leben in einer Demokratie vorbereiten können, wo sie Verantwortung auf sich nehmen können, ohne beherrscht oder gezwungen zu werden. Viele von Ihnen haben wohl versucht, den Kindern Freiheit und Selbstbestimmung zu gewähren. Da Sie aber von Ihren Eltern die im Geist der Freiheit wirksamen Erziehungsmethoden nicht gelernt haben, neigen Sie dazu, Freiheit mit Unordnung, Selbstbestimmung mit Nachgiebigkeit und Unabhängigkeit mit Zügellosigkeit zu verwechseln. Sie versagen, weil Ihre Methoden die grundlegenden Erfordernisse des Zusammenlebens vernachlässigen. Wenn Sie mit Ihren Ideen von Freiheit und Selbstbestimmung keinen Erfolg haben, fühlen Sie sich gezwungen, es wieder mit den alten Methoden der Autorität, der Strenge und der Gewalt zu versuchen. Die meisten Eltern heute schwanken zwischen Nachgiebigkeit und Unterdrückung mit den daraus folgenden Schäden für ihre Kinder. Wir können den Eltern für ihre Unzulänglichkeit keine Schuld geben. Niemand hat sie gelehrt, was sie tun sollen; sie sind selbst die Opfer unserer Verwirrung und Konflikte. Sie sollten als eines unserer wichtigsten nationalen Probleme angesehen werden. Wenn wir, die Erzieher, Psychologen und Psychotherapeuten, unsere Pflicht, ihnen durch Unterweisung und Rat zu helfen, nicht erfüllen, kann das Problem und die Herausforderung von Heute zur Drohung von Morgen werden.

Erst seit kurzem hat die Psychologie das Gebiet der Erziehung und Schulung von Kindern betreten. Vorher war dieses Gebiet ausschließlich in der Hand religiöser Lehrer, Erzieher und Philosophen. Dies waren die Männer, die ethische Prinzipien und Erziehungsmethoden studiert und begründet hatten. Der Psychiater wurde sich des Erziehungsproblems erst bei der Behandlung von Störungen und Schwierigkeiten Erwachsener bewußt. Auf dem Grund der

Konflikte des späteren Lebens fand er die schädlichen Kindheitserlebnisse und die ungenügende Schulung. Er erkannte die psychologischen Vorgänge und Beweggründe hinter dem störenden Verhalten. Er entdeckte die inneren Reaktionen von Kindern und Erwachsenen auf äußere Einflüsse. Durch psychologische Untersuchungen wissen wir heute, was Kinder fühlen, wenn sie der »normalen« Erziehungsmethode ausgesetzt werden, und wie ihre Erfahrungen zum störenden Verhalten führen. Der heutige Psychologe kann Ihnen helfen, Ihr Kind zu verstehen. Die von ihm vorgeschlagenen Erziehungsmethoden beruhen auf der Beobachtung psychologischer Reaktionen normaler Kinder. Wir befassen uns nicht mit moralischen Bewertungen und beziehen uns nicht auf Ethik und Erziehungsphilosophie. Wir interessieren uns nur dafür, was Kinder fühlen und warum sie ungezogen sind. Und wir wollen, daß auch Sie dies wissen. Vielleicht können wir Ihnen auch helfen, Ihre eigenen Reaktionen zu verstehen und die Gründe für Ihr eigenes Benehmen gegenüber dem Kind.

Nehmen Sie in diesem Sinne bitte dieses Buch als meinen Versuch, Ihnen zu helfen — Sie anzuregen, die Problematik »Eltern und Kinder« zu studieren. Die Erziehung von Kindern ist heute eine heroische Aufgabe, beinahe eine Kunst. Ohne den Vorsatz und die Bemühung, die Werkzeuge dieses Handwerks zu meistern, können Sie nicht auf Erfolg hoffen.

Am besten wäre es natürlich, ein derartiges Buch zu lesen, ehe Ihr Kind geboren ist. Ich hoffe, daß in nicht allzuferner Zukunft ähnliche Bücher in den höheren Schulen benutzt werden, um junge Menschen darauf vorzubereiten, kleine Kinder zu verstehen und richtig zu behandeln. Auf weitere Sicht wird ein solches Erziehungsprogramm als ein unabdingbarer Teil des allgemeinen Wissens anerkannt werden müssen, nicht weniger wichtig für den Einzelnen wie die Kenntnis des Alphabets.

Dieses Buch ist jedoch besonders für diejenigen geschrieben, die bereits mitten in den Leiden der Elternschaft stehen. Wir können Fehler mit unseren Kindern nicht vermeiden, und besonders unsere Zeit erlaubt es unseren Kindern nicht, ohne Probleme aufzuwachsen. Ohne Rücksicht auf die Zahl der Schwierigkeiten, die Sie mit Ihren Kindern haben, und ungeachtet der Bedeutung, die Sie diesen Schwierigkeiten zumessen, immer gibt es die Möglichkeit zum Bessermachen. Es ist nie zu spät, Ihre Methoden und Ihre Einstellung zum Kind zu überprüfen — es ist aber auch nie überflüssig. Ihre Kinder werden nie Engel sein, Sie können aber immer bessere Eltern werden, als Sie gewesen sind. Diesem Zweck will dieses Buch dienen.

Ihr Dr. Rudolf Dreikurs

Erstes Kapitel

DIE ZIELGERICHTETHEIT DES KINDES — 1. ZIEL: AUFMERKSAMKEIT

Der neun Jahre alte Willi war ein prächtiger Junge. Er hatte seinen Vater vor vier Jahren verloren, und es gelang ihm, seiner Mutter ein großer Trost und eine Hilfe zu sein. Sehr frühzeitig half er ihr nicht nur bei der Hausarbeit, sondern kümmerte sich auch um seine Schwester, die drei Jahre jüngere Maria. Schon in diesem frühen Alter konnte seine Mutter jedes Problem mit ihm besprechen, er spielte tatsächlich die Rolle des Familienvaters.

Das einzige Gebiet, auf dem Willi nicht so tüchtig war, war die Schule. Er hatte kaum Freunde und war nicht sehr an Schularbeit interessiert. Das ist nicht überraschend, wenn wir daran denken, daß Willi in der Schule nicht dieselbe außerordentliche Stellung genießen konnte, wie Zuhause.

Man kann sich leicht vorstellen, was für ein Kind Maria war. Sie war so ungehorsam, daß die Mutter nicht mit ihr fertig zu werden wußte, und deshalb um Hilfe kam. Maria war unordentlich, unzuverlässig, laut, störend und darauf aus, andere zu ärgern, ein richtiges kleines Biest. Die Mutter konnte nicht verstehen, wie zwei Kinder so verschieden sein konnten. Es war nicht leicht für sie, die Beziehung zwischen Willis Tüchtigkeit und Marias Fehlern zu erkennen.

Wir hatten mit beiden Kindern zusammen das folgende Gespräch:

Zuerst fragten wir Maria, ob sie meine daß ihre Mutter sie gern habe. Wie erwartet war ihre Antwort ein Kopfschütteln. Hierauf erklärten wir ihr, daß Mutter sie sehr liebe. Aber weil sie, Maria, dies nicht glaube, benähme sie sich so, daß die Mutter dauernd böse mit ihr sein müsse. Vielleicht glaube sie, daß die Mutter ihr nur dann, wenn sie sich schlecht betrage, Aufmerksamkeit schenke. Wenn sie versuchen würde, sich anders aufzuführen, würde sie merken, daß die Mutter auch sie liebhabe.

Darauf fragten wir Willi, ob er wolle, daß Maria ein gutes, liebes Mädchen sei. Er rief sofort »nein«! Wir fragten ihn »warum«? Er wurde verlegen, suchte nach einer Antwort und sagte schließlich »sie wird ja doch nicht lieb sein«. Dann erklärten wir ihm, daß wir ihr vielleicht helfen könnten; und auch er könne dabei mithelfen. Zusammen würde es uns vielleicht gelingen, aus ihr ein liebes Mädchen zu machen. Wäre ihm das recht? Etwas unsicher sagte er, ja, das gefiele ihm. Ich sagte ihm offen, ich glaubte nicht, daß er dies ernst meinte; ich sei sicher, daß sein erstes »Nein« ehrlicher und richtiger sei. Aber warum wolle er nicht haben, daß sie lieb sei? Vielleicht könne er es mir erzählen. Er dachte eine Weile nach. Und dann brach es aus ihm heraus: »Weil ich der bessere sein will«.

Jedes störende Verhalten des Kindes ist bis zum Alter von zehn bis zwölf Jahren ausschließlich auf eines von vier Zielen gerichtet. Mit der beginnenden Pubertät kommen, wie wir noch sehen werden, weitere Ziele in Betracht. Die Ziele entsprechen der Vorstellung des Kindes von seinen Beziehungen zu anderen in der Gruppe. Es versucht, 1. Aufmerksamkeit zu erregen, 2. seine Überlegenheit zu zeigen, 3. sich zu rächen, zu strafen oder abzurechnen, 4. sein Unvermögen zu demonstrieren, um allein gelassen zu werden.

Das Ziel eines Kindes kann sich von Fall zu Fall ändern. Es mag in dem einen Augenblick handeln, um Aufmerksamkeit zu erregen und in einem anderen, um seine Überlegenheit zu bestätigen oder Vergeltung zu suchen. Es ist meist möglich, aufgrund des Verhaltens des Kindes zu sagen, ob sein vorherrschendes Ziel Aufmerksamkeit, Überlegenheit oder Vergeltung ist, oder ob es versucht, jedes Tun und jede Verantwortung dadurch zu vermeiden, daß es der Umwelt sein Unvermögen zeigt und sich selbst beweist. Es mag zu verschiedenen Methoden seine Zuflucht nehmen, um diese Absichten zu erreichen, und dasselbe Verhaltensschema kann für verschiedene Zwecke benützt werden.

Der Mechanismus, Aufmerksamkeit zu erregen, ist bei den meisten kleinen Kindern am Werk. Er ist das Ergebnis der Methode, nach welcher die Kinder unserer Zivilisation aufgezogen werden. Kleine Kinder haben sehr wenig Gelegenheit, durch nützliche Beiträge ihre soziale Geltung zu gewinnen. Es gibt so wenig, was ihnen erlaubt, zum Wohl und zu den Bedürfnissen der Familie beizutragen, weil die größeren Kinder und Erwachsenen alles Notwendige tun. Der einzige Weg, auf dem ein kleines Kind sich akzeptiert und als Teil seiner Familiengruppe fühlen kann, ist nur durch die Hilfe älterer Mitglieder der Familie zu begehen. Ihre Beiträge geben ihm Wert und soziale Stellung. Als Folge davon sucht das Kind die Bestätigung seiner Anerkennung, indem es dauernd Geschenke, Beweise von Zuneigung oder mindestens Aufmerksamkeit erwartet. Da dies alles sein eigenes Gefühl der Stärke, des Selbstvertrauens und der Unabhängigkeit nicht mehrt, benötigt das Kind dauernd neue Beweise, um sich nicht verloren und zurückgewiesen zu fühlen.

Es wird so lang wie möglich versuchen, auf sozial anerkannte Weise zu bekommen, was es bedarf. Wenn es jedoch das Vertrauen in seine Fähigkeit, sozial konstruktive Mittel erfolgreich anzuwenden, verliert, wird es jede mögliche Methode versuchen, andere in seinen Dienst zu stellen oder Aufmerksamkeit zu gewinnen. Unangenehme Erfahrungen wie Demütigung, Bestrafung oder sogar körperliche Schmerzen spielen dabei keine Rolle, solange die Hauptabsicht erreicht wird. Kinder lassen sich lieber schlagen als unbeachtet zu bleiben. Wenn ein Kind ignoriert und mit Gleichgültigkeit behandelt wird, fühlt es sich völlig ausgeschlossen, zurückgewiesen und ohne einen Platz in der Gruppe.

Der Wunsch nach Aufmerksamkeit kann durch konstruktive Methoden befriedigt werden. Das Kind neigt von Natur dazu, konstruktiv zu sein, solange es sich fähig glaubt, Erfolg zu haben. Wenn jedoch seine Wünsche maßlos werden oder wenn die Umgebung sich weigert, seinen Anforderungen Rechnung zu tragen, kann das Kind entdecken, daß es durch Stören mehr Aufmerksamkeit erregt. Dann beginnt der Kampf.

Für eine Weile mögen sich die Eltern der Herausforderung unterwerfen, ohne sich allzusehr aufzuregen oder zu ärgern. Angenehme und unangenehme Perioden halten sich die Waage: der Wunsch des Kindes, daß seine Eltern sich mit ihm beschäftigen, wird erfüllt und ein erträgliches Gleichgewicht wird aufrechterhalten. Jedoch kann der Zeitpunkt kommen, an dem die Eltern beschließen, das Kind zu bändigen, um es daran zu hindern, Ärger und Störung hervorzurufen. Dann ändert das Kind sein Ziel und kommt mit den Eltern im Kampf um Macht und Überlegenheit auf einen toten Punkt. Das Kind versucht, seinen Eltern zu beweisen, daß es tun kann, was es mag, und daß sie machtlos sind, es daran zu hindern. Oder es kann ihnen rein passiv zeigen, daß sie ihm ihren Willen nicht aufzwingen können. Wenn es damit Erfolg hat, hat es einen Sieg errungen; wenn die Eltern ihren Willen durchsetzen, hat es verloren; aber es wird das nächste Mal mit stärkeren Waffen wiederkommen. Dieser Kampf ist verbissener als sein Kampf um Aufmerksamkeit. Das schlechte Verhalten des Kindes ist offensichtlicher, sein Tun feindseliger und die darin verwickelten Gefühle heftiger.

Dieser Kampf zwischen Eltern und Kind um Überlegenheit und Herrschaft kann einen Punkt erreichen, an dem die Eltern zu jedem möglichen Mittel greifen, um den Missetäter zurechtzubiegen. Der gegenseitige Kampf und Haß können so stark werden, daß keine angenehmen Erlebnisse mehr übrig bleiben, kein Gefühl von Zusammengehörigkeit, Freundlichkeit oder Mitarbeit. Das Kind bewegt sich dann auf das dritte Ziel zu: es hat keine Hoffnung mehr, Aufmerksamkeit zu erregen; seine Bemühungen, Macht zu erlangen, scheinen hoffnungslos; es fühlt sich völlig geächtet und ungeliebt und findet seine einzige Befriedigung darin, andere zu verletzen und sein eigenes Verletztsein zu rächen. Das scheint ihm das einzige Ziel. »Mindestens bringe ich es fertig, daß sie mich hassen«, ist sein verzweifelter Grundsatz.

In Gruppen, wo es noch persönliche Überlegenheit und Macht erreichen kann, mag es weniger heftig und grausam handeln, als in solchen, wo es jede Stellung verloren glaubt. Kinder dieses Typs sind die verbissensten und boshaftesten; sie wissen, wo sie am meisten verletzen, und nutzen die Verletzbarkeit ihrer Gegner aus. Kein Zurschaustellen von Macht und Gewalt beeindruckt sie mehr. Sie sind trotzig und negativ. Da sie von Grund auf überzeugt sind, daß niemand sie gern hat, fordern sie jederman, mit dem sie in Berührung kommen, heraus, sie zurückzuweisen. Sie betrachten es als einen Triumph, wenn man sie für schrecklich ungezogen hält; es ist der einzige Triumph, den sie erreichen können, der einzige, den sie suchen.

Ein passives Kind wird sich nicht in Richtung des offenen Krieges bewegen. Wenn seine Feindseligkeit erfolgreich unterdrückt wurde, kann es dermaßen entmutigt sein, daß es auf keine irgendwie geartete Geltung mehr hofft. Zu ähnlichen Schlußforderungen kann ein Kind gelangen, das es als unerläßlich betrachtet, Aufmerksamkeit oder Macht zu gewinnen, sich aber unfähig fühlt, sie zu erlangen. Dann gibt es entmutigt auf und verweigert jede Teilnahme und Mitarbeit. Es scheint keinen Sinn zu haben, irgendetwas zu tun, da dies nur Niederlagen und Fehlschläge mit sich bringt. Diese Niederlage erscheint als die größte Gefahr, und das Kind versucht sein Bestes, sie zu vermeiden, indem es sich selbst und anderen sein Unvermögen beweist. Es benützt seine Unfähigkeit als Schutz, so daß von ihm nichts verlangt oder erwartet wird. Auf diese Weise sucht es, weiteren peinlichen und demütigenden Erfahrungen aus dem Wege zu gehen.

Unangepaßte Kinder können entweder aktiv oder passiv sein und in beiden Fällen konstruktive oder destruktive Methoden anwenden. Die Wahl der Methode hängt von dem Bewußtsein des Kindes ab, von einer Gruppe von Menschen akzeptiert oder zurückgewiesen zu werden: seine Feindseligkeit wird sich immer in destruktiven Handlungen ausdrücken. Dieses Gefühl des Dazugehörens oder Nichtdazugehörens ist ein entscheidender Faktor für das Umschlagen von konstruktiven zu destruktiven Methoden. Aktives oder auch passives Verhalten zeigt die Höhe des Mutes an, den das Kind besitzt. Passivität beruht immer auf persönlicher Entmutigung. Die Kombination der zwei Paare von Faktoren führt zu vier Typen von Verhaltensweisen:

a) aktiv-konstruktiv
b) aktiv-destruktiv
c) passiv-konstruktiv
d) passiv-destruktiv.

Diese Reihenfolge entspricht dem tatsächlichen Fortschreiten der schlechten Anpassung. Viele Eltern und Erzieher neigen dazu, ein aktiv-destruktives Kind als viel schlimmer anzusehen als ein passiv-konstruktives. Das ist jedoch nicht unbedingt richtig. Wenn die antisoziale Haltung des Kindes noch nicht zu weit entwickelt ist und das Kind sich nur schlecht beträgt, um die Aufmerksamkeit der Erwachsenen auf sich zu ziehen, kann es verhältnismäßig leicht dazu gebracht werden, seine destruktiven Methoden in konstruktive umzuändern; aber es ist äußerst schwierig, ein passives Kind in ein aktives zu verwandeln. Das passiv-konstruktive Kind ist weniger unangenehm; es braucht aber mehr Hilfe, um Selbstvertrauen und Mut zu entwickeln.

Aufmerksamkeit zu erregen (Ziel 1) ist das einzige Ziel, das durch alle vier Verhaltensweisen erreicht werden kann. (Aus diesem Grunde werden die verschiedenen Verhaltensweisen, die dem Erregen von Aufmerksamkeit dienen, in vier Gruppen eingeteilt und getrennt besprochen, während die anderen Verhaltensweisen nur unter der Rubrik der Ziele 2, 3 und 4 erscheinen, ohne Aufteilung in aktive und passive Methoden.) Aktive und passive destruktive Methoden können benützt werden, um Überlegenheit (Ziel 2) oder Vergeltung (Ziel 3) zu erringen, während das Zurschaustellen des Unvermögens (Ziel 4) natürlich nur passiv-destruktive Methoden anwenden kann.

Eine kurze Besprechung der vier Typen des Benehmens, das dazu dient, Aufmerksamkeit zu erregen, möge dazu beitragen, diese Frage klarzustellen. Die *aktiv-konstruktive* Weise ähnelt sehr dem Verhalten der Mitarbeit und Konformität. Der Unterschied ist, daß in diesem Fall das gute Benehmen eines Kindes nur dem Zweck, Aufmerksamkeit und Anerkennung zu erringen, dient; es ist kein wirkliches Interesse am richtigen Betragen. Es wird in schlechtes Benehmen umschlagen, wenn das Kind die gewünschte Aufmerksamkeit oder Anerkennung nicht erreicht. Dann mag es *aktiv-destruktive* Methoden anwenden. Diese Verhaltensweise kann der ähneln, die benützt wird, um das 2. Ziel zu erreichen, und unterscheidet sich davon nur durch den Mangel an Heftigkeit und Feindseligkeit. Das Kind sucht immer noch nur Aufmerksamkeit, und das störende Benehmen hört auf, wenn dieses Ziel erreicht ist. Das Kind, das seine Macht zeigen will, ist nicht mit bloßer Aufmerksamkeit zufrieden; es möchte seinen eigenen Willen durchsetzen.

Eine sehr interessante Gruppe von Verhaltensweisen sind die *passiv-konstruktiven* Methoden, um Aufmerksamkeit zu erregen. Viele Eltern und Lehrer erkennen das Tun der Kinder dieser Gruppe nicht als schlechtes Benehmen. Ihr Gefälligsein, ihr Charme und ihr Gehorsam veranlassen den Beobachter, die Entmutigung zu übersehen, die hinter ihrer Passivität und Abhängigkeit von anderen liegt. In unserer männlichen Zivilisation werden passiv-konstruktive Verhaltensweisen von den Frauen geradezu verlangt. Aus diesem Grund findet man den passiv-konstruktiven Mechanismus, Aufmerksamkeit zu erregen, häufiger bei Mädchen als bei Jungen. Wir haben bereits darauf hingewiesen, daß oft der Fehler gemacht wird, die Entmutigung der *passiv-konstruktiven* Kinder, die im Vergleich zu den *aktiv-destruktiven* größer ist, zu übersehen. Das passiv-konstruktive Kind ist weniger unangenehm, braucht aber mehr Hilfe zur Entwicklung von Selbstvertrauen und Mut. Ein Kind, das Aufmerksamkeit mit passiv-destruktiven Methoden sucht, mag sehr leicht in der vierten Gruppe der völlig entmutigten Kinder enden.

Einige allgemeine Prinzipien zur Behandlung der verschiedenen Gruppen und Typen mögen aufgezeigt sein. Kinder, die nach Aufmerksamkeit dürsten, müssen lernen, unabhängig zu werden, indem sie erkennen, daß *Beitragen* und nicht *Nehmen* das wirksame Instrument ist, um soziale Stellung zu erlangen. Bei allen vier Wegen, Aufmerksamkeit zu erregen, sollte der Versuch gemacht werden, den Kindern zu helfen, aktiver zu werden und destruktive Methoden in konstruktive zu verwandeln, bis das Kind fähig ist, das Bedürfnis nach besonderer Aufmerksamkeit zu überwinden. Kinder, die auf Macht und Überlegenheit aus sind, sollten nicht Macht und Zwang unterliegen, gegen die sie ja erfolgreich rebelliert haben und sich immer noch auflehnen. Es ist notwendig, ihren Wert und sogar ihre Macht anzuerkennen, um ihr Selbstvertrauen zu stärken, so daß sie nicht länger ihre Macht zu demonstrieren brauchen. Sie müssen lernen, daß Macht auszuüben weniger befriedigend ist, als nützlich zu sein. Kinder, die bestrafen und sich rächen wollen, sind meist überzeugt, daß niemand sie gern hat oder sie je gernhaben wird. Ihnen zu helfen, braucht lange Zeit; man muß ihnen zeigen, daß sie geschätzt werden. Kinder, die entmutigt sind, müssen langsam ihre Fähigkeiten und Möglichkeiten erkennen lernen.

Die verschiedenen Verhaltensschwierigkeiten von Kindern bedeuten nicht notwendigerweise das Verfolgen eines und desselben Zieles. Faulheit z. B. kann für alle vier Ziele verwendet werden. Sie kann entweder dazu dienen, Aufmerksamkeit und Hilfe zu erlangen oder Überlegenheit zu beweisen, indem man sich weigert, seiner Pflicht nachzukommen, oder sie mag als Rache gegenüber ehrgeizigen Eltern dienen, die dadurch persönlich verletzt werden. Sie kann aber auch als Entschuldigung benutzt werden, wenn es hoffnungslos erscheint, irgendetwas zu erreichen.

In den folgenden Ausführungen werden die verschiedenen Arten schlechten Benehmens so genau wie möglich dargestellt, entsprechend dem besonderen Ziel, für das sie meist eingesetzt werden. Aber die Tatsache, daß ein gegebenes Problem unter einer Überschrift erscheint, bedeutet nicht, daß es sich unter anderen Umständen oder für andere Zwecke nicht auch verwenden ließe.

In diesem Abschnitt wird auf die Klärung der Beziehungen zwischen dem Kind und seinen Eltern und Geschwistern größtes Gewicht gelegt als der Grundlage für das Verständnis seines Benehmens. Zur besseren Übersicht wird manches, wenn auch nur kurz, wiederholt, besonders in Bezug auf die mögliche Technik, mit den einzelnen Problemen fertig zu werden; diese kurzen Hinweise haben natürlich auch für Probleme mit ähnlichen psychologischen Mechanismen Geltung.

1. Ziel: Aufmerksamkeit erregen (»Ich will beachtet werden!«)

a) Aktiv-konstruktive Methoden

Das »Musterkind«

Viele Kinder, die Eltern und Lehrern nur Freude machen, sind tatsächlich nicht so vollkommen, wie sie zu sein scheinen. Sie geben sich nur große Mühe, ihr »Gutsein« zu zeigen, um so Lob und Anerkennung zu gewinnen. Unter gewissen Umständen wird ihr Mangel an echter Güte offensichtlich. Sie haben oft eine sehr armselige soziale Beziehung zu Kindern ihres eigenen Alters; wenn sie nicht glänzen können, fühlen sie sich verloren. Ihr Bemühen, vollkommen, korrekt und überlegen zu sein, wird oft durch überehrgeizige und perfektionistische Eltern angestachelt, die solche Charakterzüge ermutigen, manchmal, indem sie dieses besondere Kind gegen andere Geschwister ausspielen. Konkurrenz mit Geschwistern führt oft zur Entwicklung dieses Strebens nach Beifall. Um seine Überlegenheit über einen jüngeren Bruder oder eine Schwester aufrecht zu erhalten oder um älteren Geschwistern gleichzukommen oder sie womöglich zu übertreffen, versucht das Kind, gut, zuverlässig, aufmerksam, fleißig und bereit zur Mitarbeit zu sein, indem es jede mögliche Verantwortung sucht und auf sich nimmt. Es selbst und seine Eltern bemerken kaum, wie seine Vollkommenheit das andere Kind beeinflußt, indem es dieses zur Mutlosigkeit und schlechten Anpassung treibt. Die Tugend des Musterkindes wird nur allzu häufig auf Kosten eines Problemkindes erreicht.

Vielen Kindern genügt es nicht, »gut« zu sein, sondern sie wollen besser sein als andere. Und sie hören tatsächlich auf, sich anzustrengen, wenn sie nicht besser sein können, wie es ja Willi in der Schule geschah. Können wir mit Erfolg dem schwierigen Kind helfen, wird das sogenannte gute Kind im allgemeinen schwierig, manchmal zum ersten Mal in seinem Leben. Aus diesem Grunde genügt es nicht, das Problemkind anzupassen. Die ganze Beziehung muß verbessert werden. Willi braucht soviel Ermutigung wie Maria.

Denn auch er ist sich seiner Stellung nicht sicher und hat Angst, sie zu verlieren. Sein Bemühen, gut zu sein, ist nur ein Ausgleich für den tiefen Zweifel an sich selbst.
Häufig gleicht ein jüngeres Kind sein Unterlegensein an Jahren und Stärke dadurch aus, daß es sein gutes Verhalten als ein Mittel zur Überlegenheit benützt, um das Interesse und die Gunst der Eltern zu gewinnen. Mädchen kompensieren manchmal die Vorrechte und Kräfte ihrer Brüder dadurch, daß sie besonders rücksichts- und verantwortungsvoll sind, zum Schaden ihrer männlichen Konkurrenten, die dann unzuverlässiger und ich-hafter werden, da sie mit dem Gutsein ihrer Schwester nicht konkurrieren können.
Solches »Gutsein« eines Mädchens kann ihr eigenes Glück und ihre Fähigkeit, mit anderen auszukommen, in Gefahr bringen, weil sie, ohne dessen gewahr zu werden, anderen das Gefühl gibt, schlecht zu sein. Sie mag sich selbst zur Fußmatte für jedermann machen, der willens ist, auf sie zu treten. Dies gibt ihr einen besonderen Glanz moralischer Überlegenheit. Auf diese Weise kann sie zur Märtyrerin werden, wobei sie immer ihr eigenes Leid mit den Fehlern anderer entschuldigt. Weil ihre schlechte Anpassung selten rechtzeitig erkannt wird, wird nichts unternommen, solch »guten« Mädchen zu helfen.

Übertriebene Gewissenhaftigkeit

Übertriebene Gewissenhaftigkeit wird oft dazu benützt, um Anerkennung zu erlangen und eine moralische Überlegenheit über andere Kinder zu zeigen. Hinter dem übertriebenen Gewissen versteckt sich der Drang nach besonderer Aufmerksamkeit — im allgemeinen vor jedermann verborgen und nicht einmal vom Kind selber erkannt. Solange Aufmerksamkeit und Anerkennung errungen werden, solange Eltern sich dem Wunsch des Kindes nach fortgesetzter Anerkennung und Bestätigung unterwerfen, besteht Einigkeit. Früher oder später wird aber ein derartiges Gebaren des Kindes in Frage gestellt, entweder, wenn die Eltern sich nicht länger fügen wollen oder wenn Geschwister oder Spielkameraden sich gegen die ihm zuteil werdende Aufmerksamkeit wehren.

Dieses übertriebene Gewissen kann dann in einer aktiv-destruktiven Weise benützt werden, um sich mehr Überlegenheit und Macht zu verschaffen, sogar über die Eltern. Ungewöhnlicher Ehrgeiz und die Fähigkeit zu rationalisieren (seine Handlungen nachträglich vernunftsgemäß zu begründen) können ein Kind dazu bringen, dieses Streben als Übergewissenhaftigkeit zu tarnen. Es tut alles, was man von ihm verlangt, aber auf eine solche Art, daß das Gegenteil erreicht wird, worauf die Eltern, gegen die der Konflikt gerichtet ist, meist in hilflose Wut geraten. Mit Zuneigung und gutem Willen wird jedoch alles beschönigt. Es treibt seine Eltern mit seinen maßlosen und zwangartigen Bemühungen, alles ganz besonders gut zu tun, zur Raserei. Es ist nicht unsauber — weit entfernt davon! Es wäscht seine Hände dreißig mal am Tage und vertrödelt so seine Zeit. Es kommt aus demselben Grund zu den Mahlzeiten zu spät, muß seine Hausaufgaben unterbrechen und verspätet sich in die Schule. Die übermäßige Ordnungsliebe verbirgt seinen Kampf *gegen* die Ordnung. Es ist nicht faul, im Gegenteil, es arbeitet den ganzen Tag so, daß man ihm sagen muß, es solle aufhören oder zu Bett gehen. Dann ist es natürlich für den nächsten Tag unvorbereitet und versagt in der Prüfung. Wie jede Form verborgener Feindseligkeit begünstigt diese Haltung die Entwicklung einer Neurose.

Man sollte sich über die feindliche Natur dieses Benehmens nicht täuschen oder sich in einen Streit hineinziehen lassen, indem man versucht, sich mit Gewalt in die Angelegenheiten des Kindes zu mischen. Antreiben und Ermahnen, nicht zu sprechen von Drohungen, sind entweder erfolglos oder vermehren nur noch den Kampf um Überlegenheit. Es ist notwendig, die Gründe der feindseligen Haltung und der Rebellion des Kindes zu erkennen. Meistens haben sie ihren Ursprung in übermäßiger Verwöhnung und/oder starkem Zwang auf der Seite der Eltern. Das Kind hat weder Glauben an sich selbst noch Vertrauen zu seiner Umgebung. So betont es seine guten Absichten und entschuldigt seine Fehler.

Die elf Jahre alte Maria ist ein übergewissenhaftes Kind. Ihre Eltern, die besonders liebevoll und ängstlich sind, sorgten sich immer sehr um ihre Einzige. Sie beobachteten ihre Stimmungen, lasen ihr jeden Wunsch von den Augen ab, folgten ihr auf Schritt und Tritt und sorgten gewissenhaft dafür, daß sie sich nicht überanstrenge. Es war nur natürlich, daß sie sich aus einem gesunden Instinkt heraus gegen dieses übertriebene Besorgtsein auflehnte. Da sie ihre Eltern wirklich verehrte, konnte sie ihrer Auflehnung keinen offenen Ausdruck geben. Sie machte ihnen aber großen Kummer, indem sie alles tödlich ernst nahm und jeden ihrer eigenen Fehler und Irrtümer tief bedauerte. Als Folge davon machte sie viel mehr Fehler, als durch bloße Unfähigkeit gerechtfertigt waren. Alles, was man von ihr verlangte, wurde zum Problem; und bald waren ihre Eltern es müde, von ihr überhaupt noch etwas zu erbitten.

Eltern können reizbar und sogar streng sein, wenn sie sich gegen die übertriebenen Gewissensansprüche des Kindes auflehnen. In diesem Falle gibt ein Kind keinem Zwang nach, noch läßt es seine moralischen Überzeugungen und seinen guten Willen fallen, sondern wird seinen inneren Trotz bis zu einem Punkt völliger, innerer Isolierung treiben. In seinem Benehmen mag es dann einem hochgradig trotzigen und hartnäckigen Kind gleichen, doch unterscheidet es sich von einem offen rebellierenden Kind durch die Betonung seiner »guten Absichten«. Ähnliche psychologische Mechanismen liegen oft der Zwangsneurose zugrunde.

Altkluge Aussprüche

Viele Kinder fallen durch ihre Fähigkeit auf, sich in ungewöhnlicher und amüsanter Weise auszudrücken. Was immer sie zu sagen haben, ist bezaubernd. Eltern neigen dazu, mit den altklugen und aufgeweckten Bemerkungen ihrer Kinder sich bei ihren Bekannten groß zu tun, ohne daran zu denken, ob das Kind bei ihrer Wichtigtuerei dabei ist oder nicht. Das Kind freut sich natürlich über seine Heldentat und beginnt, altkluge Bemerkungen in größerem Umfange zu produzieren.

Solange das Kind klein ist, mögen seine Äußerungen einen gewissen Scharm haben, und sei es nur durch die Eigenart der Sprache und die unverdorbene kindliche Kraft der Beobachtung. Aber allmählich wird vorlautes Wesen zum Ärger und Belustigung zum Schreck. Anstatt aber jetzt dem Kind aus der schwierigen Situation, in welche es ihre eigene Ungeschicklichkeit verwickelt hat, herauszuhelfen, anstatt es in einer netten Weise wieder zu sich zu bringen und seine Sucht nach Anerkennung in annehmbare Kanäle zu leiten, beginnen die Eltern zu tadeln und zu schelten. Es ist besonders verhängnisvoll, das Kind als »Plappermaul« oder »Plaudertasche« zu bezeichnen, denn seine Entwicklung wird dann ganz sicher in dieser Richtung fixiert werden.
Schwatzhaftigkeit kommt von einem Drang nach Anerkennung. Sie verrät Ängstlichkeit. Natürlich ist diese Neigung bei denen am deutlichsten, die es schwierig finden, sich auf konstruktivere Art zur Geltung zu bringen. Die Zungenfertigkeit der Frauen ist wahrscheinlich darauf zurückzuführen. Klatschhaftigkeit, eine besondere Form desselben Fehlers, dient in ähnlicher Weise dazu, das Gefühl des persönlichen Ansehens zu steigern.
Es ist sehr schwierig, kleine Kinder davon zurückzuhalten, Vertraulichkeiten herauszuplappern, denn sie wissen viel zu gut, daß sie Aufsehen erregen, wenn sie gerade das erzählen, was nicht gesagt werden darf. Man sollte diese Versuchung verstehen und ein Kind für solche Vergehen nicht zu streng rügen. Man kann es aber leicht zur Diskretion erziehen, indem man diese als große Errungenschaft, als Beweis für ein Erwachsensein des Kindes darstellt. Auf diese Weise kann ein Kind entdecken, daß Schweigen erstrebenswerter ist als Reden. Bloße Ermahnungen jedoch und besonders Tadel werden nie die tieferen Gründe der Redseligkeit berühren.

b) Aktiv-destruktive Methoden

Der Clown

Ehrgeizige Kinder, die in dem Bereich von wirklichen, nützlichen Leistungen entmutigt sind, können die merkwürdigsten Mittel benützen, um sich selbst in den Vordergrund zu spielen und Aufmerksamkeit zu erregen.

Der acht Jahre alte Erwin hatte eine Schwester, die drei Jahre älter war als er. Sie war energisch und tüchtig, lernte leicht, und sah mit elf Jahren schon ganz erwachsen aus. Der Junge war zart und klein, aber sehr aggressiv. Er hatte immer das letzte Wort und war ein großer Prahlhans. In der Schule war er außerordentlich unruhig und unaufmerksam und störte die Klasse mit seinen Grimassen und Fratzen, oft zur Belustigung seiner Kameraden.
Wie reagierten die Eltern auf dieses Bestreben, Aufmerksamkeit zu erregen? Sie erkannten seinen Ehrgeiz nicht und versuchten gewöhnlich, sein offensichtliches Streben nach Anerkennung zu unterdrücken. Solche Bemühungen waren natürlich vergeblich, denn das Kind war wirklich entmutigt, und Herabsetzung vermehrte nur noch seine geringe Meinung von sich selbst. Er gab sich den Anschein, keinerlei Ehrgeiz zu besitzen, da er sich kaum anstrengte zu lernen, und nahm Strafen oder Tadel in der Schule mit offensichtlicher Gleichgültigkeit hin. In Wahrheit war er überehrgeizig; aber sein Ehrgeiz richtete sich nicht auf nützliche Leistungen. Dieser Weg war ihm durch seine Schwester versperrt. Sie hatte Erwin in den Hintergrund gedrängt.
Erwin muß merken, daß er nicht immer im Mittelpunkt der Aufmerksamkeit zu stehen braucht, um für die Überlegenheit seiner Schwester einen Ausgleich zu schaffen. Seine übertriebene Meinung von ihrer Bedeutung und Zweifel an seiner eigenen Stellung werden durch die Unzufriedenheit noch verstärkt, die er mit seinen mißgeleiteten Versuchen, sich Geltung zu verschaffen, erregt. Man muß ihm deshalb zeigen, daß er nicht nur für Leistungen geachtet wird, sondern auch, daß er geliebt wird. Bis jetzt hatte er seine Bedeutung nur dann erlebt, wenn es ihm gelang, andere zu schockieren. Diese Gewohnheit kann geändert werden. Wenn er sich daneben benimmt, ist das Erlebnis einer unerbittlichen Ordnung so nötig wie Aufmerksamkeit und Interesse, wenn er sich anständig aufführt.

Aufdringlichkeit

Ungezählt sind die Tricks, durch welche Kinder versuchen, andere zu beeindrucken. Die eigenartigen Ideen, die ihnen einfallen, sind oft erstaunlich und amüsant. Unschuldige Eltern, die keine Ahnung von den Beweggründen haben, die hinter einem solchen Benehmen liegen, sind oft völlig verblüfft, wenn z. B. ihr vier Jahre alter Junge (der jüngste der Familie) den Gedanken hat, seine Suppe mit einem Messer zu schneiden! Die Neigung des Kindes, Aufmerksamkeit zu erregen, nimmt häufig die Form an, die Erwachsenen zu verwirren. Auf diese Weise erreicht es, daß man seine Gegenwart nicht vergißt, und hält seine Familie in Atem. Es unterbricht Gespräche seiner Eltern und verhindert Unterhaltungen seiner Mutter mit Bekannten.

Die acht Jahre alte Gertrud, ein zweitgeborenes, verwöhntes Kind, erlaubte ihrer Mutter nicht, in ihrer Gegenwart irgend jemand anderem Aufmerksamkeit zu schenken. Wenn die Mutter mit jemand sprechen wollte, legte Gertrud die Hand auf den Mund ihrer Mutter oder machte ernste Gespräche unmöglich. Dabei hielt sie sich an dem Nacken ihrer Mutter fest und küßte sie überströmend. In der Schule jedoch arbeitete sie so sehr, daß man ihre weniger schätzenswerten Charakterzüge übersehen konnte. Sie war der Liebling des Lehrers und die beste Schülerin der Klasse. Sie wußte, in der Schule würde sie mit ihren Tricks keinen Erfolg haben.

Das »wandelnde Fragezeichen«

Ein Kind kann nicht nur durch andauernde und ungerechtfertigte Zurschaustellung seiner Zuneigung Ärger erregen, es kann auch durch Fragen auffallen. Man kann leicht herausfinden, ob es fragt, um etwas zu lernen oder nur, um die Aufmerksamkeit auf sich zu lenken. Eine aufrichtige Frage sollte wahrheitsgemäß beantwortet werden; dies ist aber völlig unangebracht, wenn die Fragen nur ein Mittel sind, die Eltern mit sich zu beschäftigen. Solche Fragen sind leicht zu erkennen, denn das Kind stellt wiederholt dieselben

Fragen und wartet oft nicht einmal auf eine Antwort, ehe es schon wieder eine neue Frage vorbringt. Eltern versagen häufig dabei, dieses Spiel zu erkennen. Sie geben immer eine Antwort, sogar oft dieselbe mehrmals hintereinander. Wenn ihre Geduld erschöpft ist, tadeln sie das Kind schroff, das über diese plötzliche Wendung im Gespräch erstaunt und wirklich verletzt ist.

Im Haus eines Freundes beobachtete ich einmal die folgende Szene: Die Mutter nahm ihre drei Jahre alte Tochter auf den Schoß und las ihr aus einem Bilderbuch vor. Auf jeder Seite unterbrach das Mädchen die Mutter und fragte: »Was tun diese Leute?« und »Warum ist dieser Hund hier?« Und jedesmal antwortete die Mutter geduldig.
Nach einigen Seiten schaltete ich mich ein und fragte »Was tun diese Leute?« und das kleine Mädchen antwortete korrekt! Ich verhielt mich ruhig, während die nächste Seite gelesen wurde, und das Kind stellte wieder mehrere Fragen, die die Mutter geduldig beantwortete. Bei der folgenden Seite stellte *ich* die Fragen, und das Kind antwortete. Während des Lesens der nächsten Seite fragte das Kind, und die Mutter antwortete, und so ging es abwechselnd durch das ganze Buch. Nachdem die Mutter das Buch beendet hatte, bemerkte ich, daß mir dieses Spiel gefallen habe. Die Mutter fragte ganz erstaunt »Welches Spiel?« Sie hatte von all dem, was vorgegangen war, überhaupt nichts gemerkt.

Diese Begebenheit ist weniger lustig als betrüblich. Sie zeigt, wie wenig Eltern der Tricks ihrer Kinder gewahr werden, wodurch sie deren Neigung, Aufmerksamkeit zu erregen, ermutigen. Dieses kleine Mädchen rief drei oder vier mal, nachdem sie zu Bett gebracht war, nach Wasser, Töpfchen, Taschentuch und sonst etwas Vergessenem, und die Eltern machten solange mit, bis sie gereizt waren. Dies ist das übliche traurige Ende eines solchen Spiels.
Man sollte einem Kind *gedankenlose* Fragen nicht durchlassen. Wenn man sorgfältig zuhört, ist es nicht zu schwierig, diese von ernsthaften Fragen zu unterscheiden. Man muß sich aber vor Augen halten, daß Kinder manchmal ihren geistigen Horizont mit erstaunlicher Plötzlichkeit erweitern und dann natürlicherweise eine große Menge aufrichtiger Fragen haben. Trotzdem ist es möglich, zwischen einem überlegten und einem rein mechanischen Herausplappern von

Fragen zu unterscheiden: das letztere ist oft durch die sterotype Form oder die allgemeine Sinnlosigkeit der Fragestellung gekennzeichnet. Das ewige »Warum?« der Kinder kann von einem wirklichen Wissensdurst kommen; aber weit öfter zeigt es nur die Sucht, Aufmerksamkeit zu erregen. Sogar wenn man erkannt hat, daß das letztere der Fall ist, sollte man nicht mit Vorwurf reagieren. Man kann das Kind darauf aufmerksam machen, daß es seine Fragen wohl kaum ernst meint.

Das kann in aller Freundlichkeit geschehen. Es wird bald aufhören, seine ermüdenden Fragen zu stellen, wenn es damit das gewünschte Ergebnis nicht erreicht. Beantwortet man überhaupt solche Fragen, sollte die Antwort nicht logisch sein, da das Kind die Antwort bereits kennt. Man kann ein kleines Spiel mit ihm machen. Es genügt oft schon, wenn man übereinkommt, gegenseitig Fragen zu stellen, zuerst das Kind, dann wir; oder man kann genau in derselben Weise, wie das Kind es tut, ihm Fragen stellen; oder wir erfinden eine phantastische Geschichte, um eine einfache Frage zu beantworten. Aber alle solche Spiele sollten richtig begonnen werden, indem wir dem Kind erklären, wozu es diese Fragen stellt und ihm unseren guten Willen zeigen, ihm die gewünschte Aufmerksamkeit zu geben. Haben wir im Augenblick keine Zeit, vertrösten wir es mit der Antwort auf später. Man spart sich keine Zeit, wenn man logisch antwortet, um das Kind zu beruhigen, oder wenn man »ich weiß nicht« sagt, obwohl es nicht stimmt, oder wenn man es anschreit oder versucht, es zu unterbrechen. Alle derartigen Reaktionen werden das Kind nur dazu bringen, uns noch mehr zu belästigen.

Wir müssen noch einmal betonen, daß Fragen, die aus dem Bedürfnis des Kindes entstehen, sein Wissen zu erweitern, nie ignoriert oder lächerlich gemacht werden dürfen. Eine solche Herabsetzung führt dazu, daß das Kind sein Vertrauen verliert, und drängt es zu anderen Quellen der Information oder kann seine geistige Entwicklung behindern. Ein Kind, das objektiv und ernsthaft eine Frage stellt, ist gewöhnlich fähig, eine einfache Antwort zu verstehen. Man sollte ihm nie sagen, daß es zu klein ist, um sie zu verstehen.

Freilich müssen wir uns die Mühe machen, den wirklichem Sinn der Frage zu entdecken; wenn die Antwort streng auf die Frage begrenzt wird, wird sie die Grenzen des kindlichen Verständnisses nicht überschreiten. Ein Erwachsener wird vielleicht die kindliche Frage als unbeantwortbar ansehen und glauben, daß sie die Fassungskraft des Kindes übersteige, nur weil er, der Erwachsene, zugleich an die zusätzlichen Fragen denkt, die bei einer genaueren Antwort sich ergeben. Das Kind fragt jedoch nicht tiefer, als es denken kann. (Dies gilt natürlich nur für ernstgemeinte Fragen).

Außer den objektiven und aufdringlichen Fragen gibt es noch die sogenannten rhetorischen Fragen: »Ist das recht? — »Glaubst du wirklich?« — »Ist das dein Ernst?« — »Meinst du?« Jede erklärende Antwort auf solche Fragen ist meist ungeeignet und immer ungerechtfertigt. Trotzdem benützen kritische und tadelnde Eltern solche Fragen oft als Gelegenheit für barsche oder zumindest unfreundliche Bemerkungen.

Das »Enfant terrible«

Die Fähigkeit, etwas genau zur falschen Zeit zu sagen oder zu tun, kennzeichnet das Enfant terrible. Sein Zweck ist, unter allen Umständen die Aufmerksamkeit auf sich zu lenken, und es hat auf die einfachste Weise Erfolg: Es verletzt nämlich die ungeschriebenen Gesetze des Taktes und der Konvention, wann immer es kann. Oft sind diese Kinder durch ihre Intelligenz, ihren Witz und den Scharm, mit dem sie sich in Szene setzen, besonders anziehend. Ihre Taktik ist, nichts zu tun, was ausdrücklich verboten ist, aber mit dem Erlaubten bis zur äußersten Grenze zu gehen.

Der acht Jahre alte Franz war ein »Enfant terrible«. Er hatte seine Eltern verloren und wurde mit mehr gutem Willen als gesundem Menschenverstand durch zwei ältere Brüder und eine ältere Schwester erzogen. Zwi-

schen ihrer mitfühlenden Nachsicht und ihrer hilflosen Strenge wurde er hin- und hergerissen. Aber er wußte, wie er jedermanns Aufmerksamkeit auf sich ziehen konnte.
Einmal tadelte ihn sein Bruder sehr streng, weil er gelogen hatte, und hielt ihm eine Predigt über die Notwendigkeit der Wahrhaftigkeit, mit überraschenden Folgen. Am nächsten Tag kam ein entfernter Verwandter zu Besuch; Franz sagte ihm sofort, daß die Familie über ihn in nicht sehr netter Form gesprochen habe. Die anschließenden Vorwürfe von Schwester und Brüdern beantwortete er mit der genialen Bemerkung, daß man doch immer die Wahrheit sagen müsse. Und fortan konnte ihn niemand von seiner übertriebenen Wahrhaftigkeit befreien. Seine Familie zitterte, wann immer ein Gast kam; sie wußten, daß Franz mit unglaublicher Geschicklichkeit irgend etwas ausgraben und erzählen würde, das peinlich, aber wahr war.

Natürlich beschränkt sich ein Enfant terrible, das diesen Namen verdient, nicht auf peinliche Bemerkungen. Es wendet seine Tricks in unendlicher Abwechslung und mit bemerkenswerter Erfindungskraft an.
Man kann ein solches Kind nicht leicht ändern aus dem einfachen Grund, weil es schlau und geschickt ist. Doch sind die Folgen seines Benehmens im späteren Leben selten so schlimm, wie gequälte Eltern glauben, denn diese Kinder sind durchtrieben genug, sich auszurechnen, wenn und bis zu welchem Ausmaß sie einen Streich wagen können. Trotzdem sollte man sie beeinflussen. Natürlich geht dies nur, wenn die Eltern dem Konflikt mit dem Kind ein Ende machen und sein Verständnis und seine Zuneigung gewinnen, denn diese Kinder sind intelligent genug, um den Zweck ihres Verhaltens zu erkennen. Es ist nicht einfach, sie die natürlichen Folgen (siehe Kapitel VI) erleben zu lassen, da sie — wie wir gerade bei Franz gesehen haben — so gewitzt sind, die unangenehmen Auswirkungen ihres Tuns für ihre eigenen Zwecke zu benützen. Doch können geeignete Gelegenheiten für logische Folgen gefunden werden.
Zuerst wird dem Kind viel zu oft erlaubt, mit seinen Machenschaften Erfolg zu haben. Die Eltern tadeln es, lachen aber über seine Schliche: dies spornt es natürlich zu größeren und gesteigerten Heldentaten derselben Sorte an. Besucher oder andere Außen-

stehende, die nur gelegentlich und amüsiert Zeugen solcher Szenen werden, üben einen besonders schädlichen Einfluß aus. Es ist daher ein guter Gedanke, dem Kind die Gelegenheit zu nehmen, sich vor Gästen zu zeigen. Man muß ihm nur sagen: »Glaubst du, daß du dich heute, wenn Tante X kommt, gut benehmen kannst? Sollen wir einen Versuch machen?« Wenn das Kind sich nun nicht richtig benimmt, kann man es das nächste Mal, wenn Gäste da sind, von diesen fernhalten. Später kann man ihm von neuem Gelegenheit geben. In der Zwischenzeit sollten aber Anstrengungen gemacht werden, das Kind für sich zu gewinnen. Vor allem muß man die ganze Situation verstehen, die vielleicht Rivalität mit einem älteren Bruder oder einer Schwester einschließt. Man sollte auch vermeiden, dem Kind zu große Aufmerksamkeit zu schenken oder seinen Ehrgeiz anzustacheln, der der Befriedigung unserer eigenen Eitelkeit dient.

Unbeständigkeit

Auch dieser Charakterzug verfolgt einen bestimmten Zweck.

Die vierzehn Jahre alte Lisl ist in dauernder Aufregung. Sie wechselt fortgesetzt ihre Kleider, ihre Freundinnen, ihre Tätigkeiten, ihre Interessen und hat rasch von allem genug. Für eine kurze Weile zeichnet sie sich in Mathematik aus, dann wendet sie sich der Geschichte zu, verschlingt einen dicken Wälzer nach dem anderen und legt sie wieder auf die Seite. Sie zeigt dauernd, wie begabt sie ist — was sie tun *könnte, wenn* — sie nur für eine längere Zeit bei irgendetwas bleiben könnte. Und folgendes ist der Grundsatz, nach dem sie handelt.

Lisl steht im Schatten eines sehr tüchtigen und gewissenhaften älteren Bruders. Offensichtlich ist sie die Begabtere von beiden. Aber er erreicht mehr und ist zuverlässig. So *versucht* Lisl *zu zeigen, was sie ihren Fähigkeiten nach tun könnte.* Sie traut sich nicht zu, ihre Versprechen zu erfüllen. Sie hat nicht nur Angst vor Enttäuschungen, sondern ruft diese tatsächlich hervor. Überall arrangiert sie diese in ihren persönlichen Beziehungen genauso wie bei Büchern und Interessen. Sie kann nicht erkennen, daß die Enttäuschungen nicht von der Außenwelt kommen, sondern sich in ihr selbst entwickeln.

Ein unbeständiges Kind weiß den Wert der Ausdauer nicht zu schätzen. Auch sein Ehrgeiz ist nicht darauf gerichtet, etwas zu erreichen, selbst wenn es behauptet oder glauben möchte, daß es Erfolg haben wird. Da sein Mut begrenzt ist, gibt es leicht auf und wendet sich dem nächsten Vorhaben zu. Seine zuerst übertriebene Begeisterung verrät seinen Pessimismus. Es kann sich keine Zeit lassen, da es überzeugt ist, daß die Zeit seine Mangelhaftigkeit ans Licht bringen wird.

Es gibt keine Begründung für die Annahme, daß Unbeständigkeit angeboren ist. Solch eine Annahme ist ein Entschuldigung, die das Kind selbst erdichtet hat, vielleicht veranlaßt durch falsch bewerteten Tadel seitens der Familie und der Spielgenossen. Hilfe kann nur von der Einsicht in die Zielsetzung des Kindes kommen und von der Änderung seines Lebensstils. (Siehe Kapitel VI) Mit älteren Kindern kann man diese Tatsache offen besprechen; aber im Falle eines kleinen Kindes kann die Wandlung sich nur aus dem Verständnis der Situation ergeben. Man muß ihm neuen Mut geben und ihm helfen, seine Ziele zu ändern, nicht aber ständig hinter ihm her sein, um es zur Beständigkeit zu zwingen. Das Kind ist daran interessiert, mit der geringsten Anstrengung soviel wie möglich zu erreichen, aber so wenig wie möglich zu tun. Statt sich auszeichnen zu wollen oder leichte und rasche Erfolge zu erzielen, muß es die Befriedigung entdecken, die in der Arbeit und in der Anstrengung liegt, ohne Rücksicht auf den Erfolg.

c) Passiv-konstruktive Methoden

Scharm

Kinder, besonders wenn sie klein sind, finden viele bequeme Methoden, um ohne Anstrengung Aufmerksamkeit zu erregen. Sie brauchen nur herumzublicken, und schon streckt jedermann ihnen seine Hand entgegen. Zu kokettieren und zu bewundern gehört zu ihren Tricks, auf die jeder hereinfällt. Sie benützen ihre Schwäche und

Hilflosigkeit, um andere in ihren Dienst zu stellen; aber sie tun es so scharmant, daß niemand etwas dabei findet, sich für sie zu bemühen. Sie stören und ärgern nie, weil sie dann ihre Macht verlieren würden. Oft kann man einen Zug zur Berechnung feststellen; sie sind tatsächlich völlig mit sich selbst beschäftigt, während sie den Anschein erregen, nur an anderen interessiert zu sein.

Die Neigung, von der Aufmerksamkeit anderer abhängig zu sein, führt früher oder später zu gestörten Beziehungen. Solange sie gefallen können, ist alles gut; wenn aber eine Situation das nicht erlaubt, hören ihre guten Manieren auf. Sie können dann zuerst destruktiv werden, um Aufmerksamkeit zu erregen. Gelingt dies nicht, können sie leicht in die dritte Gruppe der Kinder geraten, deren übertriebener Wunsch, geliebt zu werden, dazu führen kann, daß sie sich ganz und gar ungeliebt glauben. Viele abhängige Kinder wandeln sich in feindliche und sogar grausame Wesen, wenn sie herausbekommen, daß ihr Scharm nicht mehr wirkt; z. B. wenn sie durch neue Geschwister entthront werden.

Eitelkeit

Kinder, die nur für das, was sie sind, bewundert werden und nicht für das, was sie tun, kommen leicht in Versuchung, eitel zu werden. Eitelkeit entspringt der Fähigkeit, Bewunderung zu erregen, ohne irgend etwas zu tun, um sie zu verdienen. Eitelkeit wird durch Bemerkungen von Erwachsenen ermutigt, die die äußere Erscheinung des Kindes loben. Wenn diese Anerkennung von einem Kind als Grundlage für seine soziale Stellung innerhalb der Familiengruppe angesehen wird, dann setzt sich seine Eitelkeit fest.

Es ist eine Gefahr für hübsche Kinder, daß sie lernen, sich mehr auf ihre Erscheinung zu verlassen und auf den Eindruck, den sie hervorrufen, als auf ihre Leistungen und Bemühungen. Daraus entsteht Mangel an Vertrauen in die eigenen Fähigkeiten. Das macht sie nur noch abhängiger von der Anerkennung durch andere und vermehrt ihre Eitelkeit. Dies muß aber letzten Endes zu Konflikten führen,

denn ihre Ansprüche wachsen, während ihre Beiträge kleiner werden.
Die Beseitigung übergroßer Eitelkeit ist eine höchst schwierige Aufgabe. Wer nicht weiß, daß ein übertriebenes Streben nach Geltung von starken Minderwertigkeitsgefühlen herrührt, wird versuchen, das offensichtlich eitle und eingebildete Kind durch Herabsetzung zurechtzuweisen. Dies wird jedoch das Minderwertigkeitsgefühl des Kindes nur verstärken und den Drang nach Anmaßung oder andere Formen der Selbstzurschaustellung vermehren. Eitle Kinder können es nicht ertragen, jemand anderem den Vorrang einzuräumen und werden deshalb jeder Situation, in welcher sie sich nicht hervortun können, ausweichen. Im Falle ausgesprochener Entmutigung kann daher das eitle Kind vor jeder Tätigkeit in Gegenwart anderer zurückschrecken. So ist jedes eitle Kind ängstlich, wenn es seines Erfolges nicht sicher ist. Man muß durch die Maske der Eingebildetheit hindurchblicken lernen, genauso wie durch jene der Gleichgültigkeit.
Ein Kind kann in der Schule nichts lernen, aber trotzdem ehrgeizig sein. Und ebenso schließt ein völliges Vernachlässigen von Kleidung und Erscheinung Eitelkeit ganz und gar nicht aus. Solche Kinder haben einfach aufgehört, zu versuchen, einen guten Eindruck zu machen. Sie sind nicht daran interessiert, nur nett auszusehen wie all die anderen. Wenn sie nicht glänzen und sich geltend machen können, so machen sie sich eben nichts daraus, oder sie mögen sogar versuchen, mit ihrer Unsauberkeit aufzufallen. Eine solche Gleichgültigkeit wird offensichtlich durch Eitelkeit eingegeben. Das Kind würde die herkömmlichen Maßstäbe des Aussehens respektieren, wenn es nicht um den Eindruck, den es macht, besorgt wäre.
Wie können wir Eitelkeit überwinden? Hauptsächlich dadurch, daß wir sie nicht begünstigen. Die meisten Eltern rufen Eitelkeit in den Kindern hervor, indem sie soviel Wert auf das, »was die Leute sagen«, legen. Viele Eltern erwarten, daß das Kind glänzt, entweder durch ein nettes Aussehen oder durch seinen Scharm. Sie ziehen es entsprechend an, machen ein großes Getue über seine Kleidung und freuen sich an seinem »Erfolg«. Aber diese Bewunderung wird durch seine Vorstellung vom eigenen wahren Wert nicht genügend unterstützt.

Dadurch, daß das Kind »angibt«, legt es übertriebenen Wert auf die Meinung der anderen, auf Kosten seiner eigenen Selbstachtung. Wenn es ihm nicht gelingt, Eindruck zu machen, fühlt es seine eigene Bedeutung in Frage gestellt. Doch auch sein Erfolg gibt ihm kein wirkliches Selbstvertrauen. Die Leichtigkeit, mit der es durch seine äußere Erscheinung Anerkennung finden kann, führt oft dazu, produktive Leistungen gering zu schätzen. Es braucht nicht zu lernen, nicht fleißig zu sein und auch keine anderen besonderen Fähigkeiten entwickeln. Auch wenn Eitelkeit mit nützlichen und wertvollen Tätigkeiten verbunden ist, enthüllt sie unverkennbar ein Gefühl von Unzulänglichkeit.

Niemand sehnt sich nach einem schlechten Ruf, wenn er nicht glaubt, sonst keinen Wert zu haben. Wer immer der erste sein will, wird fortdauernd von dem Gedanken gequält, daß er vielleicht einmal keinen Erfolg haben und jemand anderes ihn ausstechen könnte. Eltern, die von ihren Kindern verlangen, etwas Besonderes zu sein, pflanzen ihnen die Angst vor dem Versagen ein. Das eitle Kind will nur deshalb Eindruck machen, weil es in dauernder Angst lebt, nicht imstande dazu zu sein.

Diese Vorstellung — nämlich die Meinung, nur durch andere Leute Bedeutung zu bekommen — wird gleichermaßen von schüchternen und von eingebildeten Kindern geteilt. Lächerlich gemacht zu werden sehen beide als den größten aller Unglücksfälle an. Das eitle Kind hat aber noch den Mut, konstruktive Mittel gegen diese Gefahr anzuwenden, während das ängstliche Kind nur das Ausweichen ersehnt und nur mit Hilfe von Schwäche und Unzulänglichkeit nach Anerkennung strebt. In beiden Fällen muß ein Kind dazu erzogen werden, der Meinung anderer weniger Wichtigkeit beizumessen und seinen wahren Wert in sich und in seinen Leistungen zu finden. Es muß den Wert nützlicher Beiträge erkennen im Gegensatz zu den äußerlichen Eindrücken. Es leidet unter einer falschen Auffassung menschlicher Werte; sein Ehrgeiz sollte nicht unterdrückt, sondern in den richtigen Kanal geleitet werden.

d) Passiv-destruktive Methoden

Schüchternheit

Die zehn Jahre alte Thea ist ein schüchternes Kind, gerade das Gegenteil ihres Bruders, der drei Jahre jünger ist als sie. Er ist voller Leben, resolut und bereit, alles in die Hand zu nehmen; sie ist schnell verlegen und zurückhaltend. Wenn sie etwas gefragt wird, antwortet sie nicht. Sie bleibt am liebsten zu Hause bei ihrer Mutter und geht nie ohne sie aus. Auch in der Schule zieht sie sich zurück und hat nur eine gute Freundin. Sehr charakteristisch ist die Haltung der Mutter, wenn irgendjemand mit Thea spricht: »Warum antwortest du nicht dem Doktor? Schau nicht auf den Boden! Steh aufrecht!« Wenn das Mädchen etwas gefragt wird, antwortet ihre Mutter für sie. Es ist ihr einfach unmöglich, auf die Antwort des Kindes zu warten. So groß das Mädchen ist, versucht es, sich hinter dem Rock seiner Mutter zu verbergen. Was bedeutet dieses Verhalten?
Thea befindet sich in starker Konkurrenz mit ihrem jüngeren Bruder. Sie fühlt, daß sie seinetwillen nicht genügend beachtet wird — und nicht nur, weil er ein Junge ist; er ist schneller, lebhafter, geschickter und tüchtiger. Der Junge wurde durch seine Eltern ermutigt, seine ältere Schwester zu übertrumpfen. Als er klein war, wurde das Mädchen gezwungen, ihm nachzugeben. Alles, was er tat, war nett und klug. Sie, die früher als einziges Kind verwöhnt worden war, wurde trotzig und mürrisch. Sie lernte bald, ihre Abhängigkeit und Ungeschicklichkeit als Mittel zu benützen, nicht nur um weitere Verantwortlichkeiten für den Bruder zu vermeiden, sondern auch um ihre Mutter zu zwingen, ein größeres Interesse für sie zu zeigen. Natürlich gab es eine Schattenseite, das ist wahr; denn sie mußte sich mit dauernden Predigten über ihre Ungeschicklichkeit und Unfähigkeit abfinden. Aber immerhin gelang es ihr, die Aufmerksamkeit ihrer Mutter auf sich zu konzentrieren.

Viele furchtsame Kinder folgen demselben Muster. (Wir müssen sie jedoch von denen unterscheiden, die entmutigt oder sozusagen eingeschüchtert worden sind.) Durch ihr Verhalten zwingen sie andere Menschen, sich mit ihnen zu befassen und ihnen zu helfen. Eine Antwort von ihnen zu bekommen, braucht Zeit und Mühe. Ihr Betragen ist ungefällig und störend; doch kann man ihnen gegenüber nicht gleichgültig sein. Allein schon durch Nichtstun fallen sie auf.
Ihre Entmutigung kann mit Ehrgeiz verbunden sein, denn sonst

würden diese Kinder nicht länger versuchen, Aufmerksamkeit zu erregen, sondern würden in jeder Beziehung aufgeben und in völliger und stumpfsinniger Inaktivität resignieren. Schüchterne Kinder fürchten Spott. Mit Hilfe ihrer Furchtsamkeit trachten sie, jede Situation, in welcher sie eine aktive Rolle zu spielen hätten, zu vermeiden. Trotzdem verlangen und erwarten sie von jedermann, daß er ihnen Aufmerksamkeit schenkt. Diese Technik führt manchmal zu ernsthaften neurotischen Symptonen, wie z. B. der Errötungsangst (Erythrophobie). Menschen, die darunter leiden, vermeiden oft alle gesellschaftliche Verpflichtungen, aber bringen es mit Hilfe ihres Errötens trotzdem fertig, der Gegenstand der allgemeinen Aufmerksamkeit zu sein.

Die Mutter von Thea zeigt, wie man ein schüchternes Kind *nicht* behandeln soll. Das Kind fordert sicherlich zu dauernder Beaufsichtigung und Beschützung heraus; denn dies ist der Zweck der Schüchternheit. Aber man darf es sich nicht leisten, seiner Aufforderung zu folgen. Die Angst des Kindes vor Tätigkeiten und Verpflichtungen kann nur durch systematische Ermutigung überwunden werden. Dieser Prozeß ist besonders kompliziert im Fall von Kindern, die sich hinter einer vorgeschützten Unfähigkeit verbergen, um den Erfordernissen des Lebens zu entgehen. Wenn sie gelobt werden, wolsie es entweder nicht glauben oder fühlen sich geschmeichelt, fürchten aber um so mehr ein zukünftiges Versagen. Es braucht erhebliche Zeit für ein solches Kind, seinen verlorenen Glauben an sich selbst wiederzugewinnen; und es erfordert *systematische* Arbeit. Sogar ermutigende und empfehlende Worte sind nicht genug. Das Kind benötigt einen handfesteren Beweis von Vertrauen und Anerkennung.

Unselbständigkeit und Unordentlichkeit

Abhängige Kinder — die oft unordentlich sind — machen viele Mühe. Sie brauchen immer jemand, der ihnen sagt und sie daran erinnert, was zu tun ist, und der schließlich alles für sie *tut*.

Kinder werden unselbständig, wenn sie mit Gewalt ihres natürlichen Verlangens, unabhängig zu sein, beraubt werden. Wenn Eltern an die Fähigkeiten des Kindes nicht glauben, ihm Unannehmlichkeiten zu ersparen wünschen, oder vielleicht durch ihr Beschützen persönliche Bedeutung erringen möchten, so kann dies ein Kind dazu bringen, jedes Verlangen nach Selbstvertrauen aufzugeben. Je fähiger die Mutter ist, desto mehr neigt sie dazu, alle häuslichen Pflichten und Verantwortungen auf sich zu nehmen, und um so wahrscheinlicher wird ihr Kind abhängig werden.

Man sollte nie für ein Kind irgend etwas tun, das es selbst tun kann. Wenn es gewohnt ist, daß man sich um es bemüht und es umsorgt, dann muß ein solches Vorgehen aufhören. Natürlich sollte man dabei nicht ungeduldig werden. Ist das Kind durch den Mangel an Übung ungeschickt, braucht es eine gewisse Zeit, Geschicklichkeit zu entwickeln. In der Zwischenzeit kann man ihm Mut machen und es anspornen, aber man sollte es nie, weder durch Ungeduld noch durch falsche Sympathie, von irgendeiner Verpflichtung befreien.

Es sind nicht immer die Eltern allein, die für das Fehlen des Selbstvertrauens des Kindes verantwortlich sind.

Die acht Jahre alte Trudi kann nichts selbst tun. Bringt sie wirklich eine Aufgabe zu Ende, ist sie sehr schlecht getan. Sie macht alles falsch, um so fortgesetzt Hilfe zu bekommen. Wenn die Familie spazierengeht, trottet sie hinterher, muß gerufen und schließlich geholt werden. Sie kann sich selbst anziehen, aber nicht sehr ordentlich. Sogar das Essen wird für sie mit dem Messer geschnitten. Schenkt sie sich Wasser ein, verfehlt sie gewöhnlich das Glas. Sie ist flüchtig, unordentlich und faul. Mit einem Wort, sie braucht jemand, der nach ihr schaut und für sie den Diener spielt. Und sie hat diesen Jemand! Ihre Mutter, eine Geschäftsfrau, hat wenig Zeit für sie; sie hat aber eine vier Jahre ältere Schwester, die sie im Übermaß umsorgt. Die zwölf Jahre alte Anna ist ernst, intelligent und weit über ihre Jahre tüchtig. Sie wird nicht nur mit ihren eigenen Angelegenheiten fertig — da kein Erwachsener den Kindern irgendwelche Aufmerksamkeit schenkt — sondern auch mit denen ihrer Schwester. Und sie lehnt es ab, sich von dieser zusätzlichen Bürde befreien zu lassen. Einmal, als die beiden in einem Ferienlager zusammen waren, konnte Anna nicht davon abgebracht werden, ihre jüngere Schwester dauernd zu erziehen. Sie wollte immer um sie sein, nörgelte und regte sich den ganzen Tag auf, wie sie es zu Hause gewohnt war. So störte das nette und fleißige Mädchen die ganze Stimmung des Lagers, mindestens ebenso wie ihre ungeschickte und sich schlecht betragende Schwester.

Man kann leicht erkennen, wieso Trudi sich so entwickelt hat. Die Rivalität zwischen den beiden Schwestern führte zu einer merkwürdigen Verteilung von defensiven und offensiven Waffen. Anna mag als die Tüchtigere siegreich sein, aber mehr Aufmerksamkeit muß Trudi gezollt werden. Das eine Kind versucht, die Anerkennung auf aktive Art, durch nützliche Leistungen, zu erringen, das andere durch Passivität und Unfähigkeit. Es genügt nicht, Trudi lediglich zu ermutigen. Das muß man natürlich tun, wenn man bessere Leistungen von ihr erwartet. Aber sie will Leistungen vermeiden, weil sie sie der Mittel berauben würden, sich gegenüber ihrer tüchtigeren Schwester zu behaupten. Einen Fortschritt kann man nur dadurch erreichen, daß man *beide* Kinder beeinflußt. Ihre starke Rivalität muß abgeschwächt werden; nur dann wird es möglich sein, den Mechanismus der Erregung von Aufmerksamkeit auf beiden Seiten zu verkleinern. Sie müssen lernen, *miteinander* und nicht gegeneinander zu arbeiten. Denn beiden fehlt das Gemeinschaftsgefühl. Es ist charakteristisch und leicht verständlich, daß auch Anna in ihrer Beziehung zu andern Menschen nicht erfolgreich ist. Sie hat keine wirklichen Freundinnen, da diese ihr die überlegene Stellung, die sie erstrebt, verweigern. So müssen beide lernen, ihre Rolle im Leben richtig zu spielen.

Es ist jedoch nicht immer notwendig, den ganzen Lebensstil zu ändern, um ein Kind von einem einzelnen unerwünschten Charakterzug zu befreien. Ein gewisser Sinn für Ordnung kann in jedes Kind eingepflanzt werden. Es genügt, daß wir keine Nachlässigkeit erlauben. Der menschliche Organismus ist von Natur auf Regelmäßigkeit und Ordnung eingestellt. Unordentlichkeit wird zunächst als Trick oder Kunstgriff entwickelt. Das Kind erkennt den Vorteil, wenn es nicht zeitig aufsteht, sich nicht wäscht oder sich nicht selber anzieht, wenn es zu spät zu den Mahlzeiten kommt, sich weigert, seine Spielsachen aufzuräumen, oder zur festgesetzten Stunde nicht ins Bett geht. Auf diese Weise erringt es seine Siege im Kampf mit Mutter und Vater und sichert sich so die Aufmerksamkeit, die es haben möchte. Um es von solchen Gewohnheiten abzubringen, ist es nötig, Streit zu vermeiden und die natürlichen Folgen zur Wirkung zu bringen (siehe Kapitel VI). Aber die Eltern müssen selber Ordnung halten, sonst wird das Kind bald die eigenen Fehler gegen sie verwenden.

Mangel an Konzentration und Ausdauer

Die Unfähigkeit eines Kindes zu arbeiten wird sehr oft irgendeiner geistigen oder körperlichen Schwäche zugeschrieben, die es davon abhalte, einer Aufgabe längere Zeit ununterbrochene Aufmerksamkeit zuzuwenden. Aber eine solche Annahme ist absolut irrtümlich, wenn auch die Erfahrungen ängstlicher Eltern und anderer Leute sie zu bestätigen scheinen. Es gibt immer Menschen, die dazu neigen, ihre eigenen Fehler oder diejenigen ihrer Kinder einer Nervenschwäche oder einer anderen körperlich bedingten Schwächlichkeit zuzuschreiben. Dies wiederum führt, genau wie die allzu bereite Annahme einer angeborenen Geistesschwäche bei jedem Fall von Intelligenzmangel, zu einer Verstärkung der Beschwerden.

Die fünfzehn Jahre alte Frieda ist ein einziges Kind, nervös und »schwächlich«. Sie geht in die Oberschule und hat dort große Schwierigkeit, obwohl sie intelligent ist. Sie ermüdet so rasch, daß sie nach der Schule den Rest des Tages oft im Bett zubringt. Es ist sogar schwer für sie, während des Unterrichts aufmerksam zu sein. Und wenn sie irgendeine unangenehme Aufgabe hat, oder ein Examen droht, verliert sie völlig die »Nerven«. Vorher kann sie weder essen noch schlafen. Manchmal wird sie so krank, wenn sie sich einer Prüfung unterziehen soll, daß sie im Bett bleiben muß. Schon in der Volksschule konnte sie es nicht ertragen, ruhig zu sitzen und ihre Hände still zu halten. Früher mußte sie einmal eine Klasse wiederholen, und aus diesem Grund war man zuerst entschlossen, sie nicht auf die höhere Schule zu schicken, aber durch Weinen und schmeichelndes Überreden gelang es ihr, sich durchzusetzen, da alle ihre

Freundinnen auch hingingen. Sie kommt jedoch nur unter größten Schwierigkeiten mit ihrer Arbeit zurecht und braucht dauernd Hilfe.
Die Eltern und Ärzte nahmen eine konstitutionelle Schwäche an. Aber was war die wirkliche Ursache für diesen Zustand? Bis zum Alter von vier Jahren war Frieda gut entwickelt, energisch und lebhaft. Dann veränderte sie sich völlig. Ihre Mutter lebte in einer sehr schlechten Ehe mit ihrem Vater, widmete dem Kind nur wenig Zeit und überließ es einem Kindermädchen; trotzdem war sie für Frieda sehr ehrgeizig. Das Mädchen war ihr nie hübsch genug. Sie kaufte ihr die schönsten Kleider und kleidete sie wie eine Prinzessin. Frieda legte großen Wert auf ihr Äußeres. Sie konnte einen Tag lang schmollen und weinen, wenn sie Schuhe bekam, die ihr nicht gefielen. Allgemein wurde sie bemitleidet, weil ihr Vater sie und ihre Mutter so schlecht behandelt und schließlich verlassen hatte. Ihre Verwandten kauften ihr, was immer sie sich wünschte. Wenn sie an einem Schaufenster vorbeiging und etwas sah, was sie wollte, hielt sie an und schrie, bis sie es bekam.
Im ganzen benahm sie sich jedoch sehr gut und drückte ihren Willen anderen nie direkt auf. Sie hatte verschiedene Mittel, um das, was sie wollte, zu bekommen. Bis zum Alter von zehn Jahren hatte das Kindermädchen sie an- und auszukleiden. Frieda war sehr nachgiebig, und dadurch, daß sie sich jedermann anpaßte, gelang es ihr wunderbar, sich jedermann zu ihrem Diener zu machen. Auch heute spielt sie noch das »helle kleine Ding« und läuft in Söckchen und Haarreifen umher. Niemand ist so hartherzig, ihr irgendetwas abzuschlagen. Sie wählt sich immer ältere oder sehr kleine Kinder als Spielgenossen aus. Und sogar die jüngeren Mädchen bemuttern sie sofort, was sie gnädig erlaubt. Aber sie zieht es deutlich vor, mit Erwachsenen zu spielen. Ihre Mutter brachte sie davon ab, mit anderen Mädchen Freundschaft zu schließen, indem sie behauptete, sie brächten ihr nur schlechte Gewohnheiten bei. Daher ist es ihr am liebsten, allein zu spielen.
Seit ihrem vierten Lebensjahr benützte sie ihre Schwäche systematisch als ein Mittel, sich bedienen zu lassen. Sie mußte zum Essen gezwungen werden — und verlor prompt an Gewicht. Sie wurde auf langen Spaziergängen erschöpft. Einmal auf dem Land, als sie schon so groß war, daß ihre Angehörigen sie nicht länger tragen konnten, mußten sie einen Mann engagieren, um sie heimzutragen! Sie konnte keine Hausarbeit tun; alles war für sie zu schwer, und sie hielt sich immer von der Küche fern. Sie war nie fähig, Handarbeit zu leisten; sie ermüdete zu rasch. Sie wollte immer etwas für ihre Mutter machen, aber konnte es nie fertig kriegen.

Friedas Mutter schenkte ihr keine Aufmerksamkeit, wenn sie nicht krank war. Und in den letzten Jahren wurde sie sehr oft krank. Wenn in der Schule eine Prüfung drohte, war dies, wie wir gesehen haben, genug, um sie ans Bett zu fesseln. In welchem Ausmaß ihr gutes Benehmen nur leerer Schein ist und ein Mittel, um Eindruck zu machen, kann man aus folgender Einzelheit sehen. Ihre Schulbücher liegen überall in ihrem Zimmer auf Pult und Regalen herum, — ebenso ein Sammelsurium anderer Bücher. Sie liest sie nie, nur wenn jemand das Zimmer betritt; dann scheint sie tief in eine Lektion oder in eine sich selbst gestellte Aufgabe versunken, die sie nie abschließen wird.

Hier kann man deutlich die Kunstgriffe erkennen, die ein ehrgeiziges Kind anwendet, das es als schwierig ansieht, durch nützliche Leistungen Anerkennung zu finden. Friedas grenzenloser Ehrgeiz ist offensichtlich, obwohl niemand von ihrer Umgebung ihn vermutet, da sie nie irgendwelche wirklichen Leistungen in der Schule oder sonstwo versucht hat, sondern bestrebt war, sie zu vermeiden. Ihre scheinbare »konstitutionelle Schwäche« bot sich ihr als wirksamstes Alibi an; und was mehr ist, sie diente auch dazu, sie in ihrem Verlangen, bemuttert und umsorgt zu werden, zu unterstützen.

Wie Frieda versuchen viele Kinder, Zuflucht hinter ihrer Schwächlichkeit zu suchen, und benützen sie als ein Mittel, um ihre Eltern zu Sklaven zu machen. Sie werden dann aus Rücksicht auf diese »Schwäche« von Verantwortung freigestellt. Doch wenn man versucht, sie zur Anpassung zu zwingen, wird man bald herausfinden, daß diese Schwäche stärker ist als unsere Kraft. Kein Zwang oder Druck kann das Kind bewegen, mitzuarbeiten. Sein Ehrgeiz, die ganze Richtung seiner Bemühungen, muß in eine neue Richtung gewendet werden. Das frühere Verwöhnen muß durch ein systematisches Programm gemeinsamer Arbeit abgelöst werden. Bisher war das Kind der Gegenstand der Umsorgtheit, und es hat von dieser Tatsache vollen Gebrauch gemacht. Jetzt muß es ein Mitarbeiter werden.

Genußsucht und Oberflächlichkeit

Der fünfzehn Jahre alte Georg ist ein oberflächlicher, unbeherrschter Junge, der nur dem Augenblick lebt. Er ist ein einziges Kind, das in seinem ersten Jahr einer Tante anvertraut war, weil seine Eltern keine Zeit für ihn hatten. Diese Tante hatte eine Tochter, drei Jahre älter als Georg, aber sie bevorzugte den Jungen, um ihn das Fehlen seines eigenen Zuhauses vergessen zu machen. Er bekam immer einen größeren Teil des Puddings und mehr als seinen Anteil an Süßigkeiten. Später erhielt er mehr Taschengeld und durfte länger schlafen als die eigene Tochter. Sie bekam als Schulvesper nur Brot und Butter, während Georg immer auch noch Wurst auf seinen Broten hatte. Nur ihm wurde bei den Hausarbeiten geholfen. Bis zu seinem achten Lebensjahr wusch ihn seine Tante, während ihre Tochter, als sie kaum aus dem Babyalter war, sich selber waschen mußte.

Trotz dieser Bevorzugung gab es zwischen den beiden Kindern keinen offenen Streit. Das Mädchen paßte sich der Situation an; ihre Tüchtigkeit und Unabhängigkeit gaben ihr einen Ausgleich für die Vernachlässigung, die sie erlitt. Auch sie versuchte Georg zu bemuttern, denn er hatte in der Folge eine eigenartige Fähigkeit entwickelt. Er war ein hübsches Kind und wußte sich beliebt zu machen (passiv-konstruktiver Mechanismus, um Aufmerksamkeit zu erregen). Niemand konnte ihm widerstehen. Er beutete alle Personen, mit denen er in Kontakt kam, bis zum äußersten aus und hatte eine scharmante Art, Verwandte und Bekannte um Geld anzupumpen, das er prompt in Süssigkeiten umsetzte. Auch in der Schule erschlich er sich die Gunst seiner Lehrerin und wurde ihr erklärter Liebling. Er geriet in manche missliche Lage, aber niemand konnte lange böse mit ihm sein, und seine Missetaten wurden immer vergeben. Als er in die höhere Schule kam, erging es ihm zum ersten Mal anders. Seine üblichen Methoden waren wirkungslos. Es wurde ehrliche Arbeit verlangt, und er war nicht vorbereitet. In der Volksschule hatte er lauter Einsen bekommen; aber nur mit Mühe konnte er die erste Klasse der höheren Schule hinter sich bringen. Zu dieser Zeit wechselte er von passiv-konstruktiven Methoden zu passiv-destruktivem Verhalten.

Es ist offensichtlich, daß Georgs ganze Persönlichkeit durch seine Kindheitssituation bedingt war und durch die Art, in welcher er versuchte, sie zu meistern. Es wäre sinnlos, seine Oberflächlichkeit und seine Gier herauszugreifen und daraus einen Plan, ihn zu ändern, zu entwickeln. Er ist sehr ehrgeizig, aber sein Streben ist, *soviel wie möglich aus andern Leuten heraus zu holen.* Nur wenn er darin Erfolg hat, fühlt er sich wichtig. Arbeit ist ihm lästig. Er bemüht sich nicht, sich zu beherrschen, weil er sonst seine Forderungen an andere und an das Leben aufgeben müßte. Die Freude an aktiver Leistung hat er noch nicht entdeckt. Erfolg durch Leistung setzt einen längeren Zeitraum von Anstrengung voraus, und das ist etwas, was Georg noch nie versucht hat. Er plant nicht für die Zukunft; er möchte alles *sofort.* Deshalb kann er weder Spannung noch Aufschub ertragen, sondern benützt diese als Mittel, um sich für den Augenblick größere Vorteile zu sichern. Er läuft von zu Hause fort, wenn ihm zufällig irgendetwas nicht angenehm ist, und macht bei Freunden Schulden, wenn seine Familie sich weigert, ihm das gewünschte Geld zu geben. Durch seine heimtückische Hilflosigkeit bringt er andere Leute soweit, daß sie ernten, was *er* gesät hat. Mit seinem Mangel an Beherrschung oder Disziplin preßt er heraus, was immer er will.

Das größte Hindernis, um Georg von seinem Kurs abzubringen, sind seine Verwandten. Sein Fortschritt hängt davon ab, ob sie zu einer vernünftigeren Haltung gebracht werden können. Als man versuchte, ihn in ein Pflegeheim zu tun, lief er weg und wurde sofort von seiner Familie wieder aufgenommen. Daraufhin machte er allen das Leben unerträglich; es war niemand da, der ihn die Folgen spüren ließ, wenn er die aufgestellte Ordnung rücksichtslos verächtlich machte. Und doch ist dies das einzige Mittel, um ihm schließlich die Augen zu öffnen. Aus der Haltung seiner Umgebung muß Georg natürlich schließen, das er die richtigen Methoden gefunden hat, um sich zur Geltung zu bringen. Und wenn seine Familie nicht aufhören kann, sich seinen Wünschen zu fügen, werden sie einen verzweifelten Kampf beginnen mit Drohungen, Beschimpfungen, Demütigungen und Zwang, die hinwiederum seinen Widerstand sowie seine Rebellion gegen Ordnung nur vermehren. Er will dann nicht mehr nur noch Aufmerksamkeit und Bedienung, sondern Macht und vielleicht sogar Rache.

Festigkeit auf Seiten der Familie und beständige Ermutigung — das sind die Methoden, die eine Umwandlung seines Lebensplanes in die Wege leiten können.

Als gierig kann man Menschen charakterisieren, die nach billigem, augenblicklichem Erfolg trachten, weil sie zu wenig an die Zukunft glauben. Was immer sie im Augenblick nicht bekommen können, scheint ihnen höchst unsicher zu erlangen. Dieser Mangel an Glauben an die Zukunft ist typisch für gierige Kinder. Sie sind nicht fähig zu sparen. Warum sollten sie auch? Das Morgen wird unangenehm genug sein, warum soll man das Heute verderben? Es ist daher für sie ohne Bedeutung, daß die Freude des heutigen Tages das Unbehagen des morgigen mit sich bringt. Sie betrachten dies als unvermeidlich.

Sie sind Kinder, die sich durch erfolgreichere Brüder und Schwestern bedroht fühlen, oder die durch inkonsequente Eltern verwöhnt sind. Natürlich ist ein gewisses Quantum Trotz inbegriffen, wenn das Kind versucht, gegen alle Ordnung einen Genuß zu erlangen. Die hinter dem Rücken gekaufte Süßigkeit, die aus der Speisekammer gemauste Marmelade, die Schokolade, die für eine Woche hätte reichen sollen, *auf einmal* zu verzehren — das schmeckt nicht nur gut, sondern bedeutet einen leichten Triumph über die Erwachsenen, ohne Arbeit und Anstrengung zu fordern. Gier und Entmutigung sind immer nahe beieinander. So zeigt die Gier eines Kindes, daß sein psychisches Gleichgewicht durcheinander gebracht ist und daß es Hilfe braucht. Aber noch einmal: Hilfe ist nicht das gleiche wie Nachsicht.

Angst und Furcht

Als wir oben die übertriebene Gewissenhaftigkeit besprachen, erwähnten wir das Problem der Neurose. Im Mittelpunkt aller neurotischen Phänomene steht die Angst. Während aber große Angst bei Erwachsenen als krankhaft angesehen wird, wird sie bei Kindern für natürlich gehalten. Sie erscheint gelegentlich bei jedem Kind. Nur wenn sie heftig wird, wird sie als ungewöhnlich betrachtet.

Angst ist der Ausdruck der Hilflosigkeit. Wer immer das Gefühl hat, schwach zu sein, fürchtet nicht nur drohende Gefahren; seine Ängstlichkeit sucht unbestimmte und unbekannte Bedrohungen aus. Vielleicht sind die Furchtreaktionen angeborene Erinnerungen einer primitiven Lebensweise; denn die primitiven Menschen leben tatsächlich unter der Drohung dauernder Gefahren, von denen einige unbekannt, andere der primitiven Anschauungsweise unverständlich sind. Der zivilisierte Mensch lebt unter normalen Bedingungen beschützt in einer Gemeinschaft. Aber das Kind fühlt doch seine Hilflosigkeit, und dieses Gefühl nimmt in seiner Empfindlichkeit die Form der Angst an; und da wir mit seiner Hilflosigkeit sympathisieren, reagieren wir auf seine Angst.

Hier liegt der Kern des Problems. Das Kind lernt *seine angeborenen Furchtreaktionen benützen, um seine persönlichen Ziele zu erreichen.* Je mehr die Eltern von der Ängstlichkeit des Kindes beeindruckt werden, (sei es infolge übertriebener Liebe und Sympathie oder weil sie unter ihren eigenen Ängsten leiden), desto bereitwilliger werden sie sich seinem Verhaltensplan unterwerfen. Durch Angst kann das Kind sich zum Tyrannen machen, der jenseits der Grenze von Ordnung und Gesetz lebt.

Ein ängstliches Kind fürchtet sich vor Einsamkeit und Dunkelheit und enthüllt durch seine Angst seine charakteristische Schwäche und ihren Anlaß. Nur ein verwöhntes Kind benimmt sich so. Es hält es für das Schlimmste, allein gelassen zu werden, weil es sich unfähig fühlt, ohne die Hilfe von Erwachsenen zu existieren. Nichts ist erschreckender als allein zu sein, denn dann muß es sich ganz auf sich selbst verlassen. Und ähnlich ist es in der Dunkelheit ganz auf sich selbst angewiesen.

Manchmal geben die Eltern selber einem Kind die Argumente in die Hand, die es gegen sie verwenden kann; sie lassen es zur Strafe allein oder benützen den gespenstischen Butzemann oder unheimliche Märchen, um auf die Schrecken von Nacht und Dunkelheit hinzuweisen.

Die typische Kindheitsangst wird oft durch die Weigerung des Kindes, zu Bett zu gehen, hervorgerufen. Viele Kinder möchten nicht ins Bett geschickt werden. Entweder wollen sie, wenn auch nur zeitweise, die Gesellschaft und Besorgtheit ihrer Eltern nicht missen, oder sie nehmen die Geringschätzung übel, die darin liegt, daß es ihnen nicht erlaubt ist, so lange wie die Erwachsenen oder die älteren Geschwister aufzubleiben. Zu Bett gehen und damit Alleinsein in der Dunkelheit wird zum Stein des Anstoßes. In diesem Fall erweist sich Angst als starke Waffe, der nur wenige Eltern widerstehen können. Der Grad der Abhängigkeit, zu dem Eltern durch diesen Kunstgriff gebracht werden können, ist oft unglaublich. Ein Kind will nicht allein zu Bett gehen. Die Tür muß offen bleiben, mindestens einen Schlitz breit, um das Licht, das den Kontakt mit den andern symbolisiert, hindurch zu lassen. Allmählich steigen die Forderungen: Die Tür zum anschließenden Raum muß offen bleiben; man muß eine Lampe brennen lassen; ein Erwachsener muß im Zimmer bleiben, bis das Kind einschläft; die Mutter muß an seinem Bett sitzen und seine Hand halten, läßt sie sie los, fängt das Kind sofort ein Geheul an; selbst im Schlaf merkt es, wenn seine Mutter versucht, sich zurückzuziehen, wacht auf, schreit und hält sie am Bett bis tief in die Nacht. Kinder, die die Notwendigkeit zu Bett zu gehen, akzeptiert haben, machen es durch Zuhilfenahme von bösen Träumen und nächtlichen Angstanfällen möglich, in das Bett der Eltern zu kriechen und die gefürchtete Einsamkeit zu vermeiden. Auch am Tag erweist sich die Angst als äußerst wirksam.

Der zwölf Jahre alte Paul benützt seine Ängstlichkeit, die ganze Familie zu beherrschen. Er ist ein spät geborenes Kind mit zwei erwachsenen Geschwistern. Jedermann verwöhnt und umsorgt ihn; aber er lebt in beständiger Angst. In der Nacht muß die Tür offen bleiben; am Abend kann er nicht allein in einem Zimmer sein. Er vermeidet jede Situation, in der er allein sein könnte. Er fürchtet sich vor Schularbeit, ist ängstlich, wenn sich die anderen Jungen balgen, und kann weder schwimmen noch am Turnen teilnehmen. Wann immer seine Mutter versucht, ihn allein zu lassen, folgen heftige Szenen. Und so bemüht sich seine Familie immer, ihn zu besänftigen, ihm zu helfen und den Weg für ihn zu ebnen.
Seine Mutter kam, um sich von mir beraten zu lassen, aber nicht aus Sorge um die Ängstlichkeit des Kindes. Sie bat um ein Zeugnis, das ihn

vom Schwimmunterricht befreien sollte; der arme Junge konnte in der Nacht vorher nie schlafen! Daß er lernen könnte, auf seinen eigenen Füssen zu stehen, seiner eigenen Kraft zu vertrauen und mit seinen Schwierigkeiten allein fertig zu werden — dies war etwas, worauf die Mutter nie gekommen wäre. Und nie hätte Paul aus eigenem Antrieb diesen Versuch gemacht; denn er liebt die beschützende Atmosphäre, in der er lebt, obwohl er mit seinen Ängsten teuer dafür bezahlt.

Paul ist jedoch ziemlich konservativ in der Wahl seiner Mittel.

Der vierzehn Jahre alte Ernst hat es besser fertig gebracht, seine Eltern zu erziehen. Sie müssen ihm genau die Minute angeben, wann sie nach Hause kommen werden, denn die Ungewissheit ist ihm unerträglich. Er verhüllt seinen gebieterischen Egoismus hinter einer übermässig gezeigten Liebe für seine Eltern. Er lebt in der dauernden Angst, daß *ihnen* etwas zustossen könne. Deshalb besteht er auf Pünktlichkeit. Bleiben sie länger aus, als sie gesagt haben, müssen sie in regelmässigen Abständen telefonieren, um ihm zu versichern, daß bei ihnen alles in Ordnung ist. Und niemand merkt, daß Ernst nichts als ihre Aufmerksamkeit will.

Welche Schritte kann man gegen die übertriebenen Ängste von Kindern unternehmen? Gewalt ist natürlich nutzlos. Der beste Weg ist, *die Ängstlichkeit zu ignorieren.* Das Kind wird natürlich diese Taktik mit allen Mitteln bekämpfen und sich in alle Arten von Aufregungszuständen versetzen. Solange es noch klein ist, kann man ihm einfach erlauben, seinen Zorn auszutoben und sich zu beruhigen. Man muß ihm die Zuneigung, Liebe und Beachtung schenken, die es braucht und wünscht, aber nicht unter dem Druck der Angst. In schwierigen Fällen kann es notwendig sein, den Fachmann zu Rate zu ziehen. Manchmal ist es auch möglich, dadurch Erfolg zu haben, daß man an den Ehrgeiz und Stolz des Kindes appelliert — indem man Angst als einen natürlichen Kunstgriff kleiner Kinder darstellt, den zu benützen jetzt aber unter seiner Würde liege. Vor allem sollte man seine Aufmerksamkeit nicht auf das *Symptom* richten, sondern die *tieferen Gründe* erforschen.

Die Hilflosigkeit des Kindes kommt gewöhnlich von seinem Gefühl der Abhängigkeit von Erwachsenen. Es muß ihm entsprechend Gelegenheit gegeben werden, einen höheren Grad von Selbstvertrauen zu erwerben. Eltern, die beobachten, können feststellen, daß

die Ängstlichkeit stärker wird, wenn ein Kind einem Problem gegenübersteht. Es muß daher lernen, mit schwierigen Situationen fertig zu werden. Und hier ist die Ängstlichkeit der Eltern gefährlicher als die des Kindes.
Auch seine Neigung, sich zum Mittelpunkt zu machen und um jeden Preis seinen Willen durchzusetzen, muß abgestellt werden. Weniger Nachsicht ist hierzu das beste Mittel, wie schon mehrfach betont wurde. Die Tatsache, daß die Ängstlichkeit des Kindes auf ungebührlicher Nachsicht beruht, wird offensichtlich, wenn es seine Ängste in fremder Umgebung völlig verliert, weil ihm nämlich dort keine besondere Nachsicht zuteil wird. Strenge jedoch vermehrt nur sein Gefühl der Hilflosigkeit. In diesem Fall kann die Notwendigkeit, seine Ängste zu unterdrücken, zu tieferen Störungen, gewöhnlich neurotischer Natur, führen.

Eßschwierigkeiten

Kein Kind wird Schwierigkeiten beim Essen machen, wenn seine Eltern nicht versuchen, es zum Essen zu zwingen. Eßschwierigkeiten beginnen, wenn Mutter oder Vater dem Essen des Kindes eine übertriebene Bedeutung beimessen. Dies kann schon sehr früh geschehen, wenn die Mutter übermäßig um das Gewicht des Kindes besorgt ist oder wenn das Kind kränklich ist oder während einer Krankheit an Gewicht verloren hat. Dann wird es einem Druck ausgesetzt, der anfänglich meist nur mild ist, aber schließlich in Gewalt und heftigen Zwang ausarten kann. Zwang beim Essen stört die Fähigkeit und Bereitschaft, Nahrung aufzunehmen. Es bringt die normale Funktion des Magens durcheinander und macht das Essen widerwärtig. Außerdem reagiert ein Kind, das Druck ausgesetzt ist, im allgemeinen mit Widerstand. Wenn dieser Widerstand sich gegen das Essen wendet, vermehren Eltern, die sich um die Ernährung zu viele Sorgen machen, ihren Druck. Ihre Verzweiflung kann sie rasend machen, aber sie wird nie die Eßbereitschaft des Kindes bessern. Noch mehr, das Kind bekommt den Eindruck, daß das Essen nicht für sein eigenes Wohl, sondern für das der Eltern ist. So wird Essen zur immer bereiten Waffe, die gegen die Eltern benützt wird, besonders, wenn das Kind sich vernachlässigt oder zu kurz gekommen fühlt. Das kann der Fall sein, wenn ein neues Geschwisterchen ankommt oder wenn das Kind von einer Krankheit genest und die Eltern ihre Aufmerksamkeit vermindern.

Ein zwei Jahre altes Mädchen leistete gegen jede Nahrung, die ihm angeboten wurde, in einem solchen Ausmaß Widerstand, daß nicht nur die Mutter, sondern auch der Hausarzt sich Sorgen machten. Das Kind entwickelte bei jeder Mahlzeit Weinkrämpfe und wäre, allein gelassen, tagelang ohne Nahrung geblieben. Es war möglich, den Anfang dieser Abneigung gegen das Essen bis zum Ursprung zurück zu verfolgen. Der Mutter war seinerzeit geraten worden, regelmässige Essenszeiten für das Kind einzuhalten (was ein guter Rat war), aber welche Methoden wandte sie an? Als das Kind zur festgesetzten Stunde schlief, weckte sie es. Weigerte es sich, die Flasche zu nehmen, ließ sie nicht — wie sie es hätte tun sollen — das Kind in Ruhe bis zur nächsten Fütterungszeit, sondern zwang die Flasche in seinen Mund. Als das Mädchen ablehnte, den ersten Löffel Fruchtsaft zu nehmen, griff die Mutter zu einem noch drastischeren Mittel; sie hielt die Nase des Kindes zu, wartete, bis es seinen Mund zum Atmen öffnete, und preßte dann den Löffel in den nach Luft schnappenden Mund. Ist es ein Wunder, daß dieses Mädchen solch einen Widerwillen gegen Essen entwickelte?

Alle Eßschwierigkeiten verschwinden innerhalb weniger Tage oder Wochen, wenn die Eltern den natürlichen Impulsen des Kindes freien Lauf lassen. Diese sind *in jedem Kind* vorhanden. Laßt es hungrig sein, und nach einer gewissen Zeit wird es nach Nahrung fragen. Bietet man diese Nahrung zu regelmäßigen Zeiten an, wird es sich automatisch anpassen.

Statt diesem einfachen Rezept zu folgen, benehmen sich Eltern, die Schwierigkeiten mit dem Eßverhalten ihrer Kinder haben, im allgemeinen auf eine Art, die jedes normale Kind zu einem »Eßproblem« machen würde. Zuerst versuchen sie es mit Überredung. Die Mahlzeit wird zur tragischen Komödie. Die Mutter warnt das Kind vor den traurigen Folgen des Nicht-Essens. Sie füttert es und redet ihm zu. Sie erzählt Geschichten oder gibt gute Ratschläge, verspricht Belohnungen oder droht mit Bestrafung. Schließlich wird sie ärgerlich: sie fängt an zu schimpfen oder zu schreien und wendet sogar Gewalt an, um die Nahrung in den Mund des Kindes zu stopfen. Solch eine Mutter kann aus reiner Liebe zur Furie werden, wobei sie nie bemerkt, wie sich das Kind dreht und wendet, bis es schließlich die Nahrung von sich gibt, die so mühselig in es hineingezwungen wurde. Jetzt gibt sie entweder nach und läßt es ohne Essen sein, oder sie bereitet ein besonderes Essen zu, entsprechend der Vorliebe des Kindes. Es gibt Mütter, die einen großen Teil des Tages damit zubringen, ein Essen zu machen, welches das Kind gern hat und akzeptiert. Oder die Mutter wird hart und beschließt — »damit es sich daran gewöhnt« — ihm bei der nächsten Mahlzeit das gleiche Essen zu geben, das es bei der letzten zurückgewiesen hat, natürlich mit demselben Ergebnis. Und doch könnten sich sowohl Eltern als Kind diese Kämpfe ersparen.

Zuerst, das Essen des Kindes ist kein Thema für eine Aussprache und kein Anlaß zur Aufregung. Die Eltern sollten zu den gesunden Instinkten des Kindes Vertrauen haben. Es hungert nicht, wenn man sich nicht einmischt. Mit unserer Besorgtheit geben wir ihm eine Befriedigung, die viel größer ist als die körperliche Sättigung. Man muß an all die Aufmerksamkeit denken, die es dabei von uns bekommt! Es ist sogar in der Lage, uns zu besiegen und völlig hilflos zu machen, und das nur dadurch, daß es nicht ißt. Dieser soziale Gewinn ist erstrebenswerter als physisches Wohlbefinden. Kein Kind, das mitten im Überfluß auf sich selbst gestellt ist, würde schlechtes Essen und Eßmängel in einem solchen Ausmaß entwickeln, wie es Kinder häufig zeigen, deren Eltern sich um ihre körperliche Entwicklung sorgen und sie zum Essen zwingen.

Der erste Schritt, um die Eßgewohnheiten eines Kindes zu verbessern ist, es allein zu lassen. Kein Wort sollte gesprochen werden, keine Bemerkung darüber gemacht werden, daß es den Teller leeressen oder sich beeilen soll. Aber es genügt nicht, ruhig zu bleiben. Eine ängstliche Mutter kann sehr beredt sprechen, ohne ihren Mund zu öffnen. Wenn man zu Tisch sitzt, das Kind anstarrt und dabei seine ganze Spannung, Verzweiflung, Furcht und Wut verrät, gibt man ihm genauso ungebührliche Aufmerksamkeit und ruft seinen Trotz hervor.

Zweitens muß das Kind die natürlichen Folgen seiner Weigerung zu essen erfahren. Wenn es nicht essen will, was es vorgesetzt bekommt, sollte ihm gestattet werden, die Nahrung zurückzuweisen. Aber man sollte keine Nachsicht mit ihm haben und aus Mitleid oder Angst ihm etwas anderes als Ersatz zu essen geben. Ißt es seine Mahlzeit nicht, muß es bis zum nächsten Mal warten; keine Happen, keine Süßigkeiten oder Brot mit Butter, nicht einmal ein Glas Milch außerhalb der üblichen Essenszeiten! Und bei der nächsten Mahlzeit sollte es das gleiche Essen bekommen, wie der Rest der Familie (und nicht den Rest der vorigen Mahlzeit!).

Verwöhnte Kinder mögen »sich herablassen«, solche Dinge zu essen, die ihnen »gut schmecken«. Wenn sie sich mit solchen Forderungen durchsetzen, verstehen die Eltern entweder nicht die Wichtigkeit von Ordnung oder sie können einfach nicht ihre übertriebene Nachsicht aufgeben. Wir haben bereits erklärt, warum es so wichtig ist, daß das Kind lernt, alles zu essen. Es ist nicht schwierig, ein Kind dazu zu bringen, auch etwas zu essen, was es nicht mag, wenn seine Abneigung nicht auf organischer Empfindlichkeit (Allergie) beruht. Wird es nicht zusammen mit den anderen fertig, sollte der Teller entfernt und ihm während dieser Mahlzeit nichts mehr gegeben werden.

Wenn man es an eine bestimmte Nahrung gewöhnen will, kann man es so machen, daß diese mit einem besonders beliebten Nachtisch aufhört. Es sollte wissen, was kommt, aber man muß darauf achten, es nicht auf eine Art zu erwähnen, die nach Belohnung oder Bestrafung aussieht. Drohungen wie »wenn du deinen Spinat nicht ißt, wirst du auch kein Eis bekommen« sind völlig falsch am Platz. Eine beiläufige Haltung ist notwendig. Man muß aber fest bleiben und alle Versprechungen, Anfälle oder anderen Tricks verstehen, mit denen das Kind versucht, uns schwach zu machen. Unsere Sympathie mit ihm dürfen wir ausdrücken, aber nicht nachgeben.

Auch sollte man sich nicht dadurch beeindrucken lassen, daß es sich anstrengt, zu schlucken, was es nicht mag, es aber nicht herunterbekommt. Sobald es würgt und mit seinem Essen kämpft, sollte man seinen Teller wegnehmen und ihm sagen, daß es offensichtlich nicht hungrig sei und sich nicht zwingen solle; die Folgen müssen aber auf jeden Fall genauso einsetzen.

Der kleine Fred war zu einer Gesellschaft eingeladen. Augenscheinlich war er ein sehr schlechter Esser. Alle anderen Kinder waren schon fertig, aber Fred hatte immer noch beinahe seine ganze Tasse Kakao und kaute ohne sichtlichen Erfolg an einem belegten Brot herum. Seine Großmutter, die ihn begleitete, sagte, daß es oft eine Stunde dauere, bevor er seine Milch getrunken habe. Sie versuchte, ihm zuzureden. »Schämst du dich nicht, Fred? Alle andern sind schon fertig, beeil dich!« Die Gastgeberin bat sie, das Zimmer zu verlassen, und sagte dann zu dem Buben. »In unserem Haus brauchst du nicht essen, wenn du nicht magst. Gib mir deine Tasse und das Brot!« Und sie machte eine Bewegung, um sie wegzunehmen. Sofort packte Fred mit beiden Händen zu und biß eine Riesenportion ab. Jetzt hatte er beide Backen voll, konnte aber das Essen nicht hinunterbringen; sein Training war gegen ihn. So beharrte sie. »Nein Fred, das hat keinen Sinn. Ich sehe doch, daß du keinen Hunger hast; so werde ich eben das Essen wegnehmen müssen, wenn du keine Lust zum Essen hast.« Mehr wurde nicht gesagt. In fünf Minuten war der Kakao getrunken und das Brot gegessen, zur großen Verwunderung der Großmutter, die nicht verstehen konnte, wie dieses Kunststück gelungen war.

Ein Fall in einem Sommerlager: Ein Junge von vierzehn Jahren hatte unter einer Bauchgeschwulst gelitten und mußte sich während der vergangenen Jahre verschiedenen Operationen unterziehen. Zur Zeit ging es ihm gut, er konnte aber nicht essen. Er erbrach, sobald er etwas zu sich nahm, hatte starkes Untergewicht und war dem Verhungern nahe.

An diesem ersten Tag im Lager, zur Essenszeit, mochte er die Suppe nicht. Es wurde ihm erklärt, daß er sie nicht zu essen brauche, aber daß er auch nichts anderes dafür bekäme. Trotzdem weigerte er sich zu essen. Dann, als das Fleisch serviert wurde, bekam er Hunger, aber man gab ihm nichts. Er sagte in äußerstem Erstaunen: »Aber ich möchte essen!« Anscheinend hatte er eine Weigerung noch nie erlebt, wenn er bereit war zu essen. Man sagte ihm in einer freundlichen aber festen Art, daß man mit ihm fühle, aber die Regel nicht durchbrechen könne. Jetzt mischten sich einige andere Kinder ein. Sie sahen, wie unterernährt er war, und als er anfing zu heulen, baten sie darum, daß man ihm etwas Nahrung gebe. Jedermann hatte ein ungutes Gefühl. Aber jetzt nachzugeben würde den Verlust der Schlacht bedeuten. An diesem Tag bekam er überhaupt nichts, aber nach einigen wenigen Tagen aß er alles und hörte mit dem Erbrechen auf. Dies bewahrheitete die Diagnose des beratenden Arztes, daß die Eßschwierigkeiten und das Erbrechen seelischen Ursprungs und wahrscheinlich das Ergebnis der Überbesorgtheit und des Zuredens seiner Eltern seien, deren Angst nur allzu verständlich war.

Sprechfehler

Gelegentliche leichte Sprachstörungen sind während der Entwicklung eines Kindes beinahe normal und sollten nicht als krankhaft angesehen werden. Sogenanntes natürliches Stottern kann jedoch zu ernsthafteren Störungen führen, wenn die Eltern sich mit Warnungen, Ermahnungen und Tadel einmischen. Auch die Sprache kann so zum Mittelpunkt eines Konfliktes werden, in dem das Kind seine Siege gegen alle elterlichen Anstrengungen erringt. Stottern ist eigens gegen den Kontakt mit anderen gerichtet; es beeinträchtigt die Gemeinschaft mit anderen. In seiner Beziehung zu ihnen verlangt das Kind besondere Sicherheiten. Stottern erscheint oft in der Gegenwart von Menschen, vor denen ein Kind Angst hat. Manchmal jedoch liegt übertriebener Ehrgeiz zugrunde. Das Kind fürchtet nicht so sehr die Menschen an sich, als vielmehr, sich selbst in eine unangenehme Situation zu bringen. Stottern ist ein Zeichen von Ängstlichkeit und Furcht vor dem Versagen; aber gleichzeitig zeigt es auch Opposition an, die Besorgtheit und Aufmerksamkeit hervorruft.

Stottern kann fachliche Behandlung erfordern, doch ist das Problem oft weniger eines von Sprachübungen, als vielmehr einer allgemeinen Wiederanpassung. Eltern können dadurch helfen, daß sie der Störung keine Aufmerksamkeit schenken und — was noch wichtiger ist — alle möglichen Methoden anwenden, um die Feindschaft eines Kindes und sein Gefühl der Minderwertigkeit zu verringern.

Eine auffallende Sprechstörung kommt ganz sicherlich von übertriebener Nachsicht und Verwöhnung, nämlich eine Art von Pseudostummheit. Das Kind benimmt sich wie ein Taubstummer, ohne einer zu sein. Manchmal ist es schwierig festzustellen, ob es wirklich ein Taubstummer ist oder nicht. Es redet oder hört nie. Es findet es nicht nötig, etwas zu sagen, da seine Familie all seine Wünsche erfüllt, die es mit Gesten und Gesichtsbewegungen ausdrückt. Eine geeignete Behandlung der *Eltern* führt immer zur Überwindung der Stummheit und erlaubt dabei eine endgültige Diagnose.

Ähnliche Mechanismen rufen ungenügendes Sprechvermögen bei kleineren Kindern hervor. Sie sprechen sehr undeutlich, so daß niemand außer den Mitgliedern der Familie sie verstehen kann. Ihr Mangel an Teilhabe und an einer Beziehung zu anderen geht Hand in Hand mit einer allgemeinen »Faulheit«. Solche Kinder geben sich in keiner Richtung irgendwelche Mühe. Sie verlangen mit Erfolg, daß andere alles Notwendige tun. Sie gehen langsam und schleifen ihre Füße nach; sie ziehen sich nicht selbst an und müssen noch gefüttert werden — alles ähnliche Kunstgriffe, um auf eine passiv-destruktive Art Aufmerksamkeit zu erregen. Mögen sie auch langweilig und apathisch scheinen, sie sind aber tatsächlich geschickt genug zu erkennen, daß sie nicht mehr tun müssen, da ja alles für sie getan wird. Warum sollten sie sich unnötigerweise anstrengen, wenn sie soviel wohltuende Aufmerksamkeit dadurch erregen, daß sie nichts tun? Wenn es gelingt, eine übermäßig beschützende Mutter — oder eine ältere Schwester, die durch ihre Fürsorge für das »Baby« Anerkennung bekommt — zurückzuhalten, wird dieses bald erwachsen und nimmt all die Tätigkeiten auf, die es vorher abgelehnt hat.

Undeutliche Sprache ist nur ein Zeichen für das künstliche Säuglingsalter. Wenn man die Aussprache des Kindes zu bessern wünscht, sollte man alles, was es nicht klar ausdrückt, ignorieren. Es ist nicht angeraten, seine Aussprache zu verbessern oder es zu veranlassen, ein Wort richtig zu wiederholen. Das bedeutet nur ungebührliche Aufmerksamkeit, die das Kind anspornen wird, seine Fehler beizubehalten, anstatt sie aufzugeben. Es wird seine Sprache nur verbessern, wenn es selbst den Eindruck hat, daß das ihm nützt. Der Vorteil des richtigen Sprechens wird ihm klar, wenn es nicht mehr möglich ist, sich auf andere Weise verständlich zu machen.

Zweites Kapitel

DIE ZIELGERICHTETHEIT DES KINDES — 2. ZIEL: ÜBERLEGENHEIT, 3. ZIEL: VERGELTUNG, 4. ZIEL: RÜCKZUG

Wenn immer die Anstrengungen eines Kindes, soziale Stellung durch Erregen von Aufmerksamkeit zu erreichen, fehlschlagen, beginnt eine neue Phase der sozialen Beziehungen. Meistens wird daraus ein Kampf um Überlegenheit. Dadurch, daß das Kind tun kann, was es nicht tun soll, und sich weigert, das zu tun, was man von ihm verlangt, fordert es unsere Macht heraus und versucht, sich selbst innerhalb der Gruppe stärker zu machen. Die Idee der Macht ist natürlich nicht die Erfindung des Kindes. Infolge seiner Beobachtung der Eltern, Verwandten und Bekannten merkt es, daß Macht soziale Stellung gewährt und Streitfragen entscheidet. Wer immer Macht über die anderen erringt, gewinnt Triumph und wird als geschickt und überlegen angesehen. Die ganze Atmosphäre unserer Familien heute, die Teil unserer Gesellschaft sind, begünstigt den Kampf um Herrschaft und Überlegenheit. Wenn andere Methoden beim Versuch, ein Teil der sozialen Gruppe zu werden, versagen, taucht der Kampf um Überlegenheit als der nächste Schritt zu sozialer Anerkennung drohend auf.

2. Ziel: Überlegenheit gewinnen (»Ich will zeigen, wer der Stärkere ist«)

Ungehorsam

Ungehorsam ist ein typisches Mittel des Kampfes eines Kindes um Überlegenheit. Dieser Kampf stört Mitarbeit und die notwendige Ordnung. Wenn immer sich die Frage der Macht erhebt, hört ein Kind auf, sich einzuordnen. So ist Ungehorsam der häufigste und allgemeinste Ausdruck des Aufbegehrens eines Kindes. Er tritt in Verbindung mit einer großen Anzahl verschiedener anderer »Fehler« auf. Man sollte jedoch nicht vergessen, daß jedes gesunde Kind gelegentlich Widerstand leistet. Kinder, die immer stillschweigend gehorchen, sind nicht wohlerzogen, sondern eingeschüchtert. In ihrem Fall tritt der Widerstand nicht nach außen in Erscheinung; ihre Fehler sind ganz anderer Natur. Ein Kind ist nicht ungehorsam, nur weil es nicht alles genauso tut, wie es soll. Wenn man Ordnung aufzwingen muß, dann zeigt das Kind das Ausmaß seines Widerwillens zu gehorchen. Einige Kinder tun dann prinzipiell das Gegenteil von dem, was sie tun sollen.

Der sechs Jahre alte Jakob ist eine große Sorge für seine Mutter. Statt sich anzuziehen, rennt er nackt herum und weigert sich zur Essenszeit, mit Spielen aufzuhören. Er achtet nicht darauf, wenn man ihn um etwas bittet, und wenn man ihm sagt, daß er hereinkommen soll, geht er in die entgegengesetzte Richtung. Seine Mutter ist völlig ratlos. Jakob ist ein einziges Kind. Sein Vater ist ein »schwacher« Mensch, der durch seine nervösen Klagen das Leben der Mutter schwer macht. Sie ist eine fähige und fleißige Frau, aber auch sie kann die Nervosität ihres Mannes nicht ausstehen. Letzten Endes gibt sie ihm immer nach und hält die Ordnung im Haushalt nur durch große Anstrengungen aufrecht. Ihre Versuche, Jakob gute Sitten beizubringen, treffen auf heftige Opposition ihres Mannes, der dem Kind außerordentlich zugetan ist und es von jeder Unannehmlichkeit entlasten will. Er nimmt immer die Partei des Jungen gegen die Mutter. Wenn der kleine Kerl irgendeinen Wunsch äußert, bewilligt sein Vater ihn sofort, ohne Rücksicht auf die Einwände der Mutter; und Jakob hat gelernt, Vorteile aus dieser Situation zu ziehen. Er tut, was er will, denn er ist unter dem Schutz seines Vaters und flüchtet sich sofort zu ihm, wenn seine Mutter versucht, auf etwas zu bestehen. Die Mutter meint, die Nachsicht ihres Mannes mit Strenge ausgleichen zu müssen, was aber nur den Widerstand des Kindes vermehrt.
Der Lebensstil dieses Jungen kann aus seiner Stellung zwischen zwei kriegführenden Despoten verstanden werden. Dadurch, daß er sich mit dem einen verbündet und dem anderen trotzt, trachtet er, seine Stellung in der Familie zu gewinnen. Er kennt keine anderen Triumphe, als die über seine Mutter. Sein Ideal sind nicht Leistung und persönlicher Wert, sondern Sieg durch Widerstand. Und er bedient sich dieses mächtigen Ungehorsams so oft, wie es die Umstände erlauben. Selbst wenn seine Mutter

ihn bittet, etwas zu tun, das er unter anderen Umständen gern tun würde, tut er genau das Gegenteil. Sein Grund-Irrtum ist die Meinung, daß Trotz allein Überlegenheit und Prestige sicherstellen kann. In nützlichen Leistungen ist er weit zurück. Er kann sich nur mit Schwierigkeiten selber anziehen, ist unordentlich, hat kein Selbstvertrauen und stottert häufig.

Der größte elterliche Fehler ist natürlich die unglaubliche Nachsicht des Vaters, obwohl die Tüchtigkeit der Mutter auch eine Rolle beim Versagen von Mann und Sohn spielen mag. Ungehorsam kommt oft in Verbindung mit Verwöhnung vor, denn ein Akt des Ungehorsams setzt eine unentschuldbare Nachgiebigkeit bei einem Elternteil voraus. Auch die Mutter verwöhnt und beschützt Jakob zweifellos zu sehr — wahrscheinlich aus Rücksicht auf den kränklichen Vater und seine Reizbarkeit oder vielleicht auch, weil sie gern zuviel Verantwortung auf sich nimmt. Auf jeden Fall hat es der Junge nie erlebt, daß seine Mutter das Feld behauptet. Statt zu versuchen, sich durchzusetzen, gibt sie neue Befehle: »Jakob, tu das, geh dorthin, laß das!« Und wenn Jakob nicht die leiseste Neigung zeigt, diesen Befehlen zu gehorchen, wiederholt sie sie. Da dies nicht hilft, beginnt die Mutter den Jungen anzuschreien, oder sie haut ihm eine runter. Schließlich läßt sie ihn machen, was er will, da sie sich nicht länger mit ihm herumschlagen will.

Diese Haltung der Mutter ist charakteristisch für die Entwicklung von Ungehorsam.

Zusätzlich zur Verwöhnung spielen rein technische Irrtümer in der Erziehung eine Rolle bei der Entstehung von Ungehorsam, wie Inkonsequenz beim Geben von Aufträgen, Unentschiedenheit im Ton, heftige, aggressive oder demütigende Erziehungsweisen und Ausdrücke, Ungeduld, die nicht einmal auf die Ausführung eines Befehls wartet, usw. Der am meisten ins Gewicht fallende Irrtum besteht jedoch in der Wiederholung einer Anordnung. Jedes Geheiß, welches das Kind nicht ausführt, vermehrt seinen allgemeinen Ungehorsam. Es ist nur sehr selten notwendig, besondere Befehle zu geben, wenn nämlich Gehorsam absolut notwendig ist. Aber wenn *einmal* etwas gesagt wurde, sollte es nicht wiederholt werden; denn

Worte sind nutzlos, und *Taten* müssen ihren Platz einnehmen. Es ist selbstverständlich, daß diese nicht aus der Anwendung von *Gewalt* bestehen sollen. Wenn immer das Kind auf einen Auftrag nicht reagiert, kann und muß man den natürlichen Folgen seines Verhaltens gestatten, voll zur Wirkung zu kommen.

Dies kann ganz friedvoll vor sich gehen. Besonders im Fall eines sehr willigen Kindes muß man den Auftrag verzögern, bis die richtige Zeit da ist — eine Zeit, wenn man bereit ist, auf den Ungehorsam mit einer logischen Folge zu antworten. Solche Gelegenheiten sind häufiger, als Eltern, die nicht gerne überlegen, sich vorstellen können. Auf jeden Fall muß man das Anhäufen von Befehlen und Anordnungen vermeiden. Ein Kind muß zuerst lernen, darauf zu achten. Wenn es bei zwei oder drei Anlässen herausgefunden hat, daß wir in der Lage sind, unsere Aufträge durchzusetzen, wird es geneigter sein, unseren Worten Beachtung zu schenken.

Ein Junge von zwei oder drei Jahren steht vor einem Schaufenster und weigert sich, von der Stelle zu gehen. Seine Mutter und sein Vater sind weitergegangen und rufen jetzt nach ihm und schimpfen. Aber der Junge ist nicht zu bewegen, den Ort zu verlassen. Die Eltern sind verzweifelt. Der Vater kommt zurück und spricht laut und scharf. Das Kind tut so, als ob es nicht hört. Schließlich ist die Geduld des Vaters erschöpft. Er packt den Jungen und beginnt ihn wegzuziehen. Und jetzt fängt erst das richtige Schauspiel an. Das Kind leistet heftigen Widerstand; es heult und schreit und wirft sich auf den Boden. Mutter und Vater zerren es in großer Aufregung weg. Eine Menge Menschen versammelt sich und nimmt für oder gegen die Eltern Stellung, bis der Vater den Jungen hochnimmt und sich mit ihm vom Schlachtfeld zurückzieht, beileibe nicht als strahlender Sieger.

Und doch ist es so leicht, solch ein Kind zur Ordnung zu bringen! Aufregung und Lärm sind unnötig. Wenn die Eltern klug gewesen wären, hätten sie dem Kind nach seiner ersten Weigerung gesagt: »Möchtest du das Schaufenster sehen? Gut, aber es tut uns leid, wir haben keine Zeit, und so mußt du allein dort bleiben; wir gehen nach Hause!« Hätte der Junge gesehen, daß es ihnen wirklich ernst damit ist und daß sie ihn verlassen, hätte er sich wohl kaum getraut, ihnen nicht zu folgen. Aber angenommen, er wäre früher so inkonsequent behandelt worden, daß er seine Eltern nicht ernst nehmen kann, sondern überzeugt ist, daß sie wie immer nachgeben, brauchen sie nur um die nächste Ecke zu gehen und aus ihrer günstigen Stellung heraus ihn vorsichtig beobachten. Wenn sie verschwunden sind, wird er wahrscheinlich hinterhertrotten.

Es gibt Situationen, in denen es nicht leicht ist, logische Folgen zu entdecken. Vor allem, wenn andere Leute zugegen sind, ist es nicht die richtige Zeit zum Erziehen (aber auf der anderen Seite sollte man aus Angst vor einer peinlichen Situation dem Kind nicht freie Hand geben, denn sonst wird es von unserer Angst Gebrauch machen). Wenn die Gelegenheit günstig ist, kann man einem ruhelosen Kind die Wahl geben, entweder still zu sitzen oder allein im Zimmer zu bleiben, da man einfach unter solchen Bedingungen seine Gegenwart nicht ertragen mag.

Ähnlich, wenn es zu Essenszeiten unruhig ist und sich nicht richtig benimmt; dann gibt es keine Wahl für das Kind, als allein zu essen, entweder an einem kleinen eigenen Tischchen, da es noch nicht fähig ist, sich wie ein Erwachsener zu benehmen, oder vielleicht sogar in der Küche, wo es essen kann, wie es will. Man wird sehen, daß es unnötig ist zu kommandieren, zu schimpfen und das Risiko einzugehen, ihm letzten Endes doch seinen eigenen Willen zu lassen. Man sollte aber nie mit den Folgen *drohen*, sondern sie nur *anwenden*!

Bei ungehorsamen, *älteren* Kindern ist es manchmal sehr schwierig zu erreichen, daß ein Auftrag ausgeführt wird, ohne unvernünftige Gewalt anzuwenden. Hier ist es am besten, negative Folgen einzuführen. Die Weigerung nachzugeben kann sogar gegenüber dem stärksten Jungen aufrecht erhalten werden. Wenn er zu den Mahlzeiten nicht pünktlich kommt, kann er mit aller Gewalt nicht durchsetzen, daß ihm besonders serviert wird. Verläßt die Mutter das Zimmer, kann er sie nicht daran hindern. Wenn er ihr nachfolgt, kann sie das Haus verlassen. Natürlich wäre es ein Fehler, zu versuchen, ihn aus dem Zimmer zu schicken, wenn er sich nicht ordentlich benimmt. Dies könnte nicht ohne Gewaltanwendung geschehen und wahrscheinlich nicht einmal dann. Es hängt deshalb viel davon ab, wie wir die Situation, aus welcher ein Kind Gehorsam lernen soll, herbeiführen.

Da der Ungehorsam des Kindes Rebellion und Trotz anzeigt, muß die feindliche Atmosphäre gereinigt werden, ehe der Fehler gutgemacht werden kann. Bei Jakob haben wir deutlich gesehen, welch schweren Fehler die Mutter begangen hat. Sie gab sich kaum Mühe, den Jungen für sich zu gewinnen. Natürlich war es keine leichte Aufgabe, mit der Nachsicht ihres Mannes in Wettbewerb zu treten. Aber sie hätte sicherlich Wege finden können, um das Kind zu interessieren und sein Vertrauen zu gewinnen, wenn sie sich nicht gezwungen gefühlt hätte, die Schwäche des Vaters mit besonderer Strenge ihrerseits auszugleichen. Wenn also ein Kind nicht gehorchen will, muß man zuerst vermeiden, einen Konflikt entstehen zu lassen. Man sollte deshalb dem Kind in den Augenblicken mehr Zeit und Aufmerksamkeit widmen, in denen es sich gerade in einer guten Verfassung befindet und bereit zu freundlicher Mitarbeit ist. Auf diese Weise wird man am besten erreichen können, die Quellen seines Widerstandes zu beseitigen.

Eigensinn

Eigensinn ist eine Abart des Ungehorsams. Deshalb ist vieles, was im vorigen Abschnitt gesagt wurde, auch jetzt wichtig. Was sollte unsere Haltung gegenüber einem Kind sein, wenn es gerade in einer Periode des Eigensinns steckt? Zureden, Drohungen und Versprechungen, sogar die Anwendung von Gewalt sind gewöhnlich nutzlos. Das Kind trotzt und läßt sich nicht ansprechen.

Der zwölf Jahre alte Jörg hat gelegentlich Anwandlungen von Eigensinn. Am Sonntag hatte die Familie beabsichtigt, zum Essen in ein Restaurant zu gehen. Statt dessen wurden sie aber von Freunden eingeladen. Jörg war wütend. Als sie bei diesen ankamen, blieb er draußen im Hof und war nicht dazu zu bewegen, ins Haus zu gehen. Die Eltern schickten seinen älteren Bruder, um ihn zu holen, und die Kinder des Hauses taten das ihrige, ihm zuzureden; aber alle Anstrengungen waren umsonst. Jörg erzählte mir später, wie er es genossen habe, daß sich alle um ihn bemühten; dies war es wert, das Essen zu versäumen. Aber seine Wut fing erst richtig an, als sie endlich aufhörten, ihn zu bedrängen, und zurück ins Haus gingen. Erst dann begann er, seine Störrigkeit zu bedauern.

Das Leben hatte Jörg nicht auf Rosen gebettet. Er stand völlig im Schatten eines älteren Bruders. Nach seiner eigenen Meinung gab es nichts Nützliches und Wertvolles, was er tun konnte, verglichen mit den Leistungen dieses Bruders, dessen Überlegenheit Jörg dauernd vorgehalten wurde. Nur durch seine häufigen Attacken von Eigensinn konnte er sich zum absoluten Meister seiner Familie machen, die nicht wußte, was sie mit ihm tun sollte. In diesen Augenblicken war sogar der Bruder unbedeutend, und er, Jörg, wurde zum Mittel- und Angelpunkt des Hauses.

Eigensinnige Kinder benützen ihr Betragen, um die Leute herauszufordern, mit ihnen zu kämpfen. Und die meisten Eltern geraten so leicht in diese Falle. Eigensinn ist einer der vielen Kunstgriffe, durch welche Kinder, die sich mißbraucht oder vernachlässigt fühlen, versuchen, die Aufmerksamkeit auf sich zu ziehen und ihre Stärke zu zeigen. (»Du schaffst es nicht, daß ich das tue!«) Die beste Antwort ist daher, *das Kind sich selbst zu überlassen.* Man kann es allmählich davon abbringen, diese Taktik anzuwenden, wenn man sich Mühe gibt, seine Konflikte zu verstehen und seinen Ärger zu verringern, indem wir unsere Beziehung zu ihm verbessern.

Wutausbrüche

Stark aggressive und feindliche Emotionen mögen Symptome hervorbringen, die krankhaft wirken. Jedoch liegt hinter ihnen nichts als der Wunsch nach Macht und Einfluß. Dies trifft auch auf Wutanfälle zu. Manche Eltern mögen eine organische Nervenschwäche oder einen Erbfehler annehmen. Wut ist jedoch immer durch richtige Behandlung heilbar; aber Eltern, die befürchten, daß eine nervöse Disposition die Ursache der Wut ist, geben dem Kind im kritischen Augenblick nach.

Man kann leicht zu einer solchen Haltung kommen, wenn auch wir selbst oder andere Mitglieder der Familie unter einem heftigen Temperament leiden. Dann wird es ein Vorurteil, eine ererbte Veranlagung anzunehmen. Doch ist diese Person (sagen wir der Vater) meist ein entmutigter Mensch, der gelegentlich den Drang hat, den Tyrannen zu spielen. Durch das eindrucksvolle Schauspiel zügelloser Heftigkeit versucht er zu beweisen, daß sich niemand einmischen darf. Und wenn es auch so aussieht, als ob er sein Verhalten nachträglich bedauerte, versteckt er nur seine wahren Absichten vor sich selbst und vor anderen hinter seiner Reue und den Selbstvorwürfen. Jedenfalls wird die ganze Familie seine »schwachen Nerven« respektieren und verlangen, daß in solchen Augenblicken alle ihre eigenen Rechte und Vorrechte zurückstellen. Beobachtet ein Kind bei seinem Vater Wutausbrüche, kann es ähnliche Mittel erproben, um für eine schwache Stellung den Ausgleich zu finden; und es wird ermutigt, in dieser Richtung weiterzugehen, wenn die anderen Mitglieder der Familie, erschreckt durch sein »ererbtes« Leiden, seinen Ausbrüchen genauso nachgeben, wie sie dies beim Vater tun.

Die Mutter eines vier Jahre alten Jungen hatte große Schwierigkeiten mit seinen Wutausbrüchen. Sie war fest davon überzeugt, daß er dieses »Gebrechen« von seinem Vater geerbt habe. Das Kind war nach seines Vaters Tod geboren; es konnte also diesen Charakterzug nicht durch Nachahmung erworben haben. Eine genauere Untersuchung der Umstände enthüllte folgendes: Die Mutter, die durch den Tod ihres Mannes stark angegriffen war, widmete sich völlig der Sorge um den nachgeborenen Sohn, ihr einziges Kind. In ihrer Liebe hatte sie ihm immer nachgegeben, schon als er noch ein Baby war. Es war verständlich, daß er zornig wurde, als schließlich eine Situation entstand, in welcher sie ihm nicht mehr nachgeben konnte. Und er tat, was alle Kinder in solchen Fällen tun — er schrie. Da seine Mutter nachgab, wurde er immer heftiger und zorniger, wann immer ihm irgendetwas versagt wurde. Plötzlich bemerkte seine Mutter mit Schrecken, daß er »genau wie sein Vater« war; und wie sie einst allen seinen drängenden Forderungen nachgekommen war, so wurde sie jetzt der Sklave der Launen ihres Kindes. Mit seinen Wutausbrüchen brach es jeden Widerstand. So hatte sie als Ergebnis ihrer nachsichtigen

Schwäche ihr Kind unbewußt soweit gebracht, daß es genau dieselben Methoden anwandte, die sie mit ihrer Unterwürfigkeit wahrscheinlich in ihrem Mann hervorgerufen hatte.

Wutanfälle können manchmal ziemlich erschreckende Formen annehmen, wie in dem folgenden Beispiel:

Der vier Jahre alte Frank, ein einziges Kind, litt unter »Atemkrämpfen«. Nach anfänglichen Wutschreien hörte sein Atem plötzlich auf, er fiel auf den Boden, wurde blau im Gesicht, und sein Körper verdrehte sich im Krampf. Man kann sich den Schrecken von Mutter und Vater vorstellen, die dann mit feuchten Tüchern an dem Jungen arbeiteten, ihn herumtrugen, bis es ihnen schließlich mit Küssen und Liebkosen gelang, den Jungen zu beruhigen. Diesen Anfällen ging immer ein Streit voraus, der entstand, wenn das Kind nicht seinen eigenen Willen haben konnte. Später versprachen ihm die Eltern natürlich alles, um ihn zu beruhigen.

Trotz des bedrohlichen Aussehens solcher Szenen sind solche Anfälle nie eine wirkliche Gefahr. Sie sind nur der Versuch eines Kindes, seinen Willen durchzusetzen; und sie rufen im allgemeinen unmittelbare Erfolge hervor. Wenn man das Kind allein läßt und jedermann aus dem Zimmer geht (so ungern ängstliche und erschrockene Eltern dies auch tun mögen), wird das Kind sehr rasch von selbst wieder in Ordnung kommen. Ist das Kind älter, kann es natürlich nachlaufen, aber solange niemand, was immer es auch tut, ihm Aufmerksamkeit schenkt, sind seine Bemühungen vergeblich. Ein älteres Kind kann damit drohen, die Fenster oder Möbel zu beschädigen oder uns mit Gegenständen zu bewerfen, eine Handlungsweise, die durch vorhergehendes Training erworben wurde. Man sollte sich vor Augen halten, daß zerbrochene Fenster und Möbel nicht so teuer sind wie ein gestörtes Kind. Es ist besser, das Risiko auf sich zu nehmen und es allein zu lassen. Wenn nötig, sollte man sogar das Haus verlassen. Zwei oder drei Vorführungen der Wirkungslosigkeit seines Manövers können genügen, um das Kind von der befürchteten Attacke zu »heilen«. Natürlich sollten wir aber nicht vergessen, die tieferen Schäden, die durch vorangegangene Verwöhnung entstanden sind, zu beheben und die Fehler im allgemeinen Lebensplan des Kindes in Ordnung zu bringen.

Schlechte Gewohnheiten (Daumenlutschen, Nasenbohren, Nägelkauen)

Lästige Gewohnheiten werden durch das nörgelnde und Ärger hervorrufende Verhalten der Eltern gefördert. Viele Fehler werden erst durch dieses Sicheinmischen hervorgerufen; andere, wie Daumenlutschen, zu dem Kinder natürlicherweise neigen, werden nur verstärkt und verlängert. Dasselbe gilt für alle schlechten Gewohnheiten — welche aufzuzählen nicht möglich ist, da sie so zahllos und verschieden sind wie die Forderungen der Eltern. Es ist immer schädlich, wenn beunruhigte Mütter und Väter irgendeinem Tun des Kindes besondere Aufmerksamkeit schenken. »Sitz aufrecht! Geh gerade! Dreh deine Zehen nach außen! Steck dein Messer nicht in deinen Mund! Nimm nicht alles in deinen Mund! Schneide keine Grimassen!« (Man kann sehen, daß es unmöglich wäre, alle diese Varianten aufzuzählen.) Diese Ermahnungen führen fast regelmäßig zu einer gründlichen Ausbildung der gebrandmarkten Gewohnheit — ein Prozeß, der die Rebellion des Kindes gegen die elterlichen Forderungen anzeigt.

Wenn die Angewohnheiten einmal bestehen, vielleicht ohne daß wir irgendetwas damit zu tun haben, sollte man überlegen, wie man mit ihnen fertig werden kann. Wir wollen dies in Verbindung mit den Gewohnheiten besprechen, die wahrscheinlich die häufigsten und andauerndsten sind — Fingersaugen, Nasenbohren und Nägelbeißen.

Daumenlutschen ist ursprünglich keine schlechte Angewohnheit, sondern eine natürliche Neigung des Säuglings. Wenn es jedoch über das erste Jahr hinaus andauert, sollte man vorsichtig sein. Es ist falsch, die Finger des Kindes mit Gewalt aus seinem Mund zu ziehen, oder ihm einen Klaps zu geben. Es gibt viel passendere Methoden, die sogar ein Kleinstkind verstehen kann. Man kann ihm Handschuhe anziehen und, wenn es nicht dem Lutschen als Ergebnis unserer früheren Einmischung besonders ergeben ist, kann dies genügen, um ihm das Vergnügen daran zu nehmen. Wenn es anfängt, eine Ecke des Leintuchs oder irgendeines anderen verfügbaren Gegenstands in seinen Mund zu stecken, sollte man daran denken, daß es um so leichter ist, sogenannte schlechte Angewohnheiten abzuschaffen, je weniger Aufmerksamkeit wir ihnen schenken.

Ist das Kind älter und will man das Daumenlutschen abstellen, kann man mit ihm offen darüber sprechen, daß es die Neigung habe, sich leichte Vergnügen zu verschaffen. Man kann betonen, daß das schließlich sein Problem sei und nicht unseres; es könne aber Mißbildungen an den Fingern oder Zähnen hervorrufen und vielleicht sei es später darüber unglücklich. Solche Aussprachen müssen sehr seltene Ereignisse bleiben, sonst tun wir nichts anderes als nörgeln.

Unsere Hauptanstrengung sollte darauf gerichtet sein, dem Kind zu helfen, andere und gesündere Befriedigungen zu finden. Entweder ist es Protest gegen die Eltern oder Mangel an zufriedenstellender Tätigkeit, wenn das Kind Daumenlutschen beibehält. Deshalb ist es viel besser, das Kind aus dem Daumenlutschen herauswachsen zu lassen, als in einer nutzlosen Weise sich einzumischen und damit die Gewohnheit zu verlängern.

Auch *Nasenbohren* gehört zu den Dingen, die alle Kinder natürlicherweise einmal tun. Wenn das Kind von Anfang an nicht widerspenstig ist, genügt oft eine freundliche Unterredung mit ihm, wobei wir darauf hinweisen, wie häßlich und unangenehm diese Gewohnheit ist. Hat man sein Vertrauen, wird es uns glauben und unserem Rat folgen. Wenn wir aber diese erste Gelegenheit vorüberließen und die Gewohnheit mit ärgerlichen Worten oder Handlungen gefördert haben, müssen wir eine günstige Gelegenheit abwarten, um irgendeinen erzieherischen Einfluß ausüben zu können. Steht man mit dem Kind allgemein auf gutem Fuße, kann man es in einer vertraulichen Aussprache über die Gewohnheit aufklären, sofern eine völlige Harmonie zwischen uns besteht. Oft wird es einverstanden sein, mit der Sache aufzuhören, aber dann trotzdem weitermachen. Sein Trotz verschwindet nur für diese eine friedliche Stunde und kann als tägliche Routine wieder erscheinen. Wirft man ihm seine Inkonsequenz vor, beginnt der Streit wieder von vorne. Es ist besser zu warten, bis die Zeit für die nächste freundliche Aussprache heranreift. Dann wird es wahrscheinlich sagen, daß es wirklich selber gern diese Angewohnheit loswürde, aber es einfach nicht könne — entweder tut es dies unbewußt, wenn es an etwas anderes denkt, oder es findet es unmöglich, sich selbst zu beherrschen.

Mit solchen Ausdrücken beschreibt es den falschen Konflikt in sich selbst. (Siehe Kapitel VIII »Nimm dich zusammen«) Dies kann ihm ruhig und ungeschminkt erklärt werden, indem man ihm zeigt, daß es noch nicht soweit ist, die Angewohnheit aufzugeben. Es ist möglich, durch solche Aussprachen Probleme anzugehen und zu lösen, die für die folgende Entwicklung des Kindes und für die Harmonie der Familie viel größere Bedeutung haben, als die schlechte Angewohnheit an sich. Diese Technik ist mit älteren und reiferen Kindern natürlich leichter.

Bei jüngeren Kindern muß man sich wahrscheinlich auf einfache ermutigende Vorschläge beschränken. »Ich bin sicher, daß es dir gelingen wird, aufzuhören, schon weil du höflich sein willst!« Oder weil »es nicht nett aussieht«. »Glaubst du, daß es dir gelingen könnte, den ganzen morgigen Tag den Finger von deiner Nase wegzulassen?« Wenn es nicht am ersten Tag Erfolg hat, kann es am zweiten oder dritten sein. Diese Versuche des Kindes sollten natürlich nicht durch unpassende Einmischung von anderen gestört werden.

Wie wir noch sehen werden (Kapitel VI), kann man sehr guten Gebrauch von den *natürlichen Folgen* machen, um Kinder von ihren schlechten Angewohnheiten abzubringen. Diese können sogar bei einem Säugling angewandt werden. Ohne es zu kränken, kann man einem Kind sagen, daß man nicht seine Hand nehmen kann, nachdem es in der Nase gebohrt habe. Weiter kann man vorschlagen, daß auch andere Leute sich weigern, ihm ihre Hand zu geben, wenn sie es in der Nase bohren sehen. Wenn es gerade dabei ist, kann man auch aufstehen und das Zimmer verlassen mit der Bemerkung, daß man ihm nicht gerne dabei zusehe. Vielleicht kann unsere Phantasie noch andere ähnliche Antworten finden, die als unangenehme aber logische Folgen zu betrachten sind. Solche Maßnahmen, wenn sie einmal angewandt wurden, müssen jedoch beibehalten und dauernd ausgeführt werden, wenn sie Ergebnisse zeitigen sollen. Es genügt daher im allgemeinen, nur eine dieser Folgen beizubehalten.

Die Situation ist ganz ähnlich beim *Nägelkauen.* Auch hier müssen Aufklärung und natürliche Folgen sich ergänzen. Diese Gewohnheit verrät Trotz, Rebellion und Spannung und steht deshalb gewöhnlich in Verbindung mit anderen Fehlern. Solche Kinder verstoßen auch in anderer Weise gegen die Ordnung. Es sieht aus, als wenn sie ihren aufgelaufenen Ärger an ihren Fingern auslassen wollten. Manchmal wird diese chronische Rebellion in späteren Jahren durch eine betonte Liebeswürdigkeit ausgeglichen oder überdeckt; aber sie zeigt ihre Gegenwart immer noch in verschiedenen Fehlern oder vielleicht gerade durch das Beibehalten dieser speziellen Angewohnheit. Beim Nägelkauen muß man daher besonders die allgemeine Haltung des Kindes überprüfen. Man sollte weniger besorgt sein, es von dieser einen Angewohnheit zu befreien, als ihm vielmehr zu einer größeren Toleranz in Konfliktsituationen zu verhelfen. Wir sollten versuchen, zu den Wurzeln vorzudringen: Verwöhnung verbunden mit extremer Strenge, ein Gefühl des Vernachlässigtseins oder unterdrückte Rivalität zwischen den Geschwistern usw. Ein Kind kann an Ordnung und Sauberkeit gewöhnt werden, indem man seinen Ehrgeiz auf seine persönliche Erscheinung richtet, um schließlich auch die Eitelkeit zu überwinden.

Es genügt jedoch nicht, daß es sich über seine unansehnlichen Finger schämt. Die innere Bereitschaft, für sich selbst zu sorgen, muß geweckt werden. Dieses Ergebnis kann jedoch nicht nur dadurch erreicht werden, daß man es von außen her dazu bringt, was ja nur die Spannung und Rebellion vermehren würde. Direkte Beeinflussung ist nur von Wert, wenn sie eine innere Bereitschaft zur

Wandlung fördert. Man muß daher besondere Aufmerksamkeit der Wirkung der von uns herbeigeführten Folgen schenken und dafür sorgen, daß sie nicht den Eigensinn des Kindes verstärken. Ganz klar sollten wir unseren guten Willen und unseren Wunsch zeigen, ihm zu helfen.

Zum Beispiel kann man vorschlagen, Handschuhe anzuziehen, wenn es mit uns spazierengeht oder wenn wir Freunde treffen wollen, weil diese ihm sonst vielleicht nicht die Hand geben möchten. Man kann es loben, wenn man sieht, daß ein Nagel etwas länger geworden ist als die übrigen. Manchmal ist es — besonders bei Mädchen — gut, die Hand des Kindes maniküren zu lassen. Aber zuerst und vor allem muß jede mögliche Quelle der Demütigung, jede Form von Ärger und Tadel streng von der Behandlung schlechter Gewohnheiten ausgeschlossen werden.

Selbstbefriedigung (Masturbation, Onanie)

Diese »schlechte Gewohnheit« gesondert zu besprechen, ist nur durch die übertriebene Bedeutung, die überängstliche Eltern ihr beimessen, gerechtfertigt, Eltern, die gewöhnlich selbst für diese Entwicklung verantwortlich sind; denn ein richtig behandeltes Kind wird sich selten über längere Zeit vorzeitig sexuell betätigen. Jungen, die mit ihrem Geschlechtsteil lange vor der Pubertät spielen, waren gewöhnlich zwei Arten von Erlebnissen ausgesetzt: erstens, vorzeitiger sexueller Erregung durch übertriebene Liebesbeweise der Mutter, besonders durch Liebkosungen im Bett, Küssen auf den Mund und gegenseitige Zärtlichkeiten (Vorgänge, die sexuelle Erregung sogar schon bei drei Jahre alten Jungen hervorrufen können), und zweitens, elterlicher Einmischung, wenn immer das Kind dabei ertappt wurde, daß es mit seinem Geschlechtsteil spielte. So dient die Masturbation dazu, der elterlichen Gewalt zu trotzen, und sexuelle Befriedigung wurde zum Triumph über einschränkende Verbote.

Es ist nur natürlich, daß jedes Kind, in seinem Bemühen, sich mit dem eigenen Körper bekannt zu machen, seinen sexuellen Organen besondere Aufmerksamkeit zukommen läßt. Diese Beschäftigung mit dem eigenen Körper bleibt solange unschädlich, als sie von den Eltern nicht bemerkt wird. Wird sie aber einmal beobachtet, fängt das Unglück an. Ihre eigenen falschen Auffassungen und Ängste vor dem Geschlechtlichen können die Eltern verführen, sich bei einer Tätigkeit einzumischen, die ursprünglich unschädlich war, die sie aber für verwerflich oder gar verderblich halten. Nun fängt der wohlbekannte Kreislauf an: Ermahnungen und Klapse führen zu einer vermehrten Betätigung auf seiten des Kindes; diese vermehrt die Entschlossenheit der Eltern; dies hinwieder ruft hartnäckiges Beibehalten der Gewohnheit hervor. Erst jetzt — nur als *Reaktion*, als Ergebnis des Konfliktes — wird es zur Quelle heimlichen Vergnügens. Auf diese Weise werden die Geschlechtsorgane frühzeitig zu Empfindungen gebracht, die sonst einer viel späteren Stufe im Wachstum des Kindes vorbehalten sind. Nun schlägt die elterliche Ängstlichkeit natürlich über alle Stränge, und sie greifen zu schrecklichen Drohungen, die die emotionale Entwicklung des Kindes ernsthaft in Gefahr bringen.

Der Kampf gegen schlechte sexuelle Gewohnheiten artet gewöhnlich später in einen allgemeinen Konflikt aus. Ich habe verzweifelte, aufgebrachte Eltern gesehen, die die Hände des Kindes bei Nacht über der Bettdecke zusammenbanden — natürlich ohne Erfolg — denn es ist geschickt genug, jede Gewaltmaßnahme zu umgehen. Ich habe Versuche gesehen, die Geschlechtsteile des Kindes durch Verbände und Vorrichtungen, sogar mit Pflaster, unzugänglich zu machen! Ist es da zu verwundern, daß das Interesse des Kindes an den sexuellen Funktionen gefährlich verstärkt und zum Mittelpunkt seiner Gedanken und Gefühle wird, manchmal für sein ganzes Leben?

Solche Gewohnheiten können leicht vermieden werden, wenn die Eltern einer strengen Politik der Nichteinmischung folgen. Wenn aber einmal die Sexualität frühzeitig aktiviert worden ist, kann dieser Prozeß kaum eingeschränkt werden. Trotzdem braucht man sich nicht zu beunruhigen. Die Theorie vom Schaden, der durch Masturbation verursacht werden soll, hat sich als falsch erwiesen. Solche Betätigungen machen weder das Kind neurotisch, noch behindern sie seine Entwicklung. Es gibt eine Beziehung zwischen Masturbation und späteren nervösen Beschwerden, aber nicht als Ursache und Wirkung. Beide sind der Ausdruck einer unrichtigen Haltung zum Leben und seinen Verantwortungen. Masturbation verursacht nie Nervosität; wenn sie aber zu früh oder im Übermaß betrieben wird, zeigt dies, daß das Kind unbeherrscht ist, Vergnügen sucht und einer Versuchung nicht widerstehen kann. Dies sind die Fehler, die Aufmerksamkeit erfordern, nicht das gelegentliche sexuelle Spiel. Die Überbetonung der Angewohnheit ruft das Schuldgefühl des Kindes hervor. Die sich hieraus ergebenden Selbstanschuldigungen und Gewissensbisse wegen der sexuellen Interessen und Betätigungen hindern das Kind nicht daran, sie fortzusetzen, aber sie verursachen innere Spannung und Konflikte, die viel schädlicher sind als die ursprüngliche Betätigung.

Unaufrichtigkeit

Das Problem des Lügens zeigt ähnliche Mechanismen. Eine ursprünglich harmlose Angelegenheit kann durch die falsche Haltung der Eltern zu einem ernsthaften Problem gemacht werden, indem sie zulassen, daß dieser Fehler zur Waffe im Kampf um die gegenseitige Macht wird.

Wir müssen uns klar machen, daß Flunkereien von Kindern nicht immer Fehler sind. Sie können aber so zur Angewohnheit werden, daß das hinterlistige Kind die Lüge der Wahrheit vorzieht, und zwar aus Gründen, die üblicherweise für die Eltern ein Geheimnis bleiben. Alle Kinder weichen gelegentlich von der Wahrheit ab. (Ist es bei den Erwachsenen anders?) Es gibt Zeiten, wo die lebhafte Vorstellung des Kindes es unfähig macht, zwischen wahr und falsch, zwischen Wirklichkeit und Phantasie zu unterscheiden. Diese Entwicklungsstufe zeigt sich beinahe regelmäßig zwischen dem zweiten und vierten Lebensjahr. Kinder mit starkem Vorstellungsvermögen und lebhaften Tagträumen können auch noch später solch eine Periode durchlaufen. Ein Kind sagt nicht die Wahrheit, entweder weil es seine Phantasien für real hält, oder weil es neugierig ist, zu sehen, was geschehen wird, wenn es die Erfindungen seiner Einbildungskraft dem Test der Wirklichkeit unterwirft. Solche »Lügen« können sogar als Mechanismus, Aufmerksamkeit zu erregen, dienen.

Dies ist jedoch nur *eine* der Ursachen für Lügenhaftigkeit des Kindes. Es ist kein Zweifel, daß es auch vom Beispiel der Erwachsenen seiner Familie lernt und z. B. dann lügt, wenn es Bestrafung oder eine Verantwortung vermeiden will. Strenge Eltern geben genügend Anlaß zum Lügen. Diese Unwahrheiten sind dann die einfachen Methoden der Verteidigung gegen die Ausübung von Macht. Gewaltsame Einschüchterung von Kindern ruft Falschheit hervor. Viele Eltern regen sich schrecklich auf, wenn sie ihr Kind bei einer Lüge ertappen. Sie deuten die Lüge des Kindes als ernsthafte Bedrohung ihrer Macht. Je unsicherer sie sich also in ihrer Autorität fühlen, desto stärker wird sie eine Lüge irritieren. Dies ist keine Angelegenheit der Moral, denn auch die Eltern können in ihrem eigenen Leben nicht einen gewissen Grad von Unehrlichkeit vermeiden. Ängstliche Eltern geben jedoch ihre Besorgtheit um ihre Autorität nicht zu, sondern glauben, daß das Kind entarten wird, wenn sie ihm eine Lüge ungestraft durchlassen. Sie rücken dementsprechend mit schwerer Artillerie an, wenn immer sie die kleinste Abweichung von der Wahrheit bemerken. Nicht selten brandmarken sie ihr Kind als Lügner und führen es so auf einen gefährlichen Weg, den es aus eigenen Stücken nie betreten hätte.

Man sollte darauf achten, daß man eine Lüge nicht zu ernst nimmt. Es ist unnötig, deshalb zornig zu werden; unsere Autorität ist nicht so schwach, daß sie mit einem einzigen Streich erschüttert werden könnte. Lügen machen keinen Verbrecher aus einem Kind. Natürlich sollte man es so erziehen, daß es aufrichtig ist, dies wird aber niemals durch Schimpfen und Drohungen erreicht. Verärgerung und Zorn verraten nur unsere Schwäche. Viele Kinder erwerben einen Hang zu Unwahrheiten, da sie durch solche Mittel ihre Eltern in Verwirrung bringen können. Hat das Kind einmal die Macht, die es durch Lügen erreichen kann, entdeckt, lügt es immer, wenn es den Eindruck hat, es müsse seine Eltern in einen Zustand hilfloser Verzweiflung bringen. Sein Lügen entspringt dann nicht mehr besonderen Situationen, sondern wird zum Zweck an sich. Unaufrichtigkeit wird zum Ausdruck des Kampfes um Überlegenheit zwischen Kind und Eltern.

Derselbe Mechanismus kann im *Fluchen* gefunden werden. Kinder fühlen sich groß und klug, wenn sie »schlechte« Worte benützen, insbesondere, wenn sie die Folge solcher Worte beobachten. Der sicherste Weg, einer Lüge ihre mögliche Wirkung zu nehmen, ist, sie als unbedeutend und nichtssagend erscheinen zu lassen, was sie ja auch wirklich ist. Ein Kind wird dann bald seine Freude an Wiederholungen verlieren. Es muß ihm klar werden, daß es dadurch nichts erreicht. Ein verstehendes Lächeln wird ihm das Gefühl geben, sich lächerlich gemacht zu haben, und es wird sich schämen. Umgekehrt kann man ihm zeigen, daß Vertrauen und Wahrheitsliebe in seinem eigenen Interesse liegen. Man kann es nie zur Wahrhaftigkeit erziehen, wenn wir ihm nicht beweisen, daß Wahrheit praktischer ist als Falschheit. Wenn es das Gegenteil glaubt, dann haben weder rechtschaffene Entrüstung und Predigten noch Ärger und Züchtigung irgendeinen Wert.

Manchmal kann eine Lüge unseres Kindes uns in eine Lage bringen, vor der wir im Augenblick ratlos stehen. In solchen verwirrenden Situationen ist es am besten, innezuhalten und zu überlegen, was wir *nicht* tun sollten (was viel leichter zu entdecken ist!). Von dieser Handlung brauchen wir dann nur Abstand zu nehmen; was immer wir sonst tun, wird angemessen sein. Man kann sich also in einer verwirrenden Lage durch das Prinzip leiten lassen, das Gegenteil von dem zu tun, was das Kind von uns erwartet. Diese Überlegungen werden uns immer auf dem richtigen Weg bleiben lassen. Sie verhindern uns, ärgerlich zu werden, uns in unserem Prestige bedroht zu fühlen und aufgeregt und wütend zu reagieren. Wenn unsere Kinder sich gelegentlich mit einer Lüge großtun, können wir darauf hinweisen, wie leicht es sei, uns zum Narren zu halten; und wenn sie glauben, solche billigen Methoden zu brauchen, um sich wichtig zu fühlen, seien wir damit einverstanden und nehmen es eben hin. Dies ist eine viel stärkere Antwort, als den tiefen Eindruck, den sie mit einer Lüge auf uns machen, zu zeigen.

Wenn sie auf solch eine Methode nicht ansprechen, kann man ein Spiel daraus machen, wobei es jedermann freigestellt ist, zu sagen, was er will, ohne Rücksicht darauf, ob es wahr ist oder nicht. Und auch wir können sie auf den Arm nehmen, indem wir sie z. B. zum Essen rufen, wenn das Essen noch gar nicht fertig ist, oder andere Maßnahmen anwenden, die ihnen nicht angenehm sind. Nach einer Weile kann man ihnen dann vorschlagen, vielleicht doch die Zuverlässigkeit, nämlich die Vertrauenswürdigkeit vorzuziehen. Wir können uns auch die »Wolf! Wolf!«-Geschichte zunutze machen, falls das Kind weiter schwindelt, und glauben dann eben überhaupt nichts mehr, was es sagt. Ist ein Kind jedoch unaufrichtig, nur um Bestrafung oder Mißfallen zu entgehen, sollte man es ohne Ärger hinnehmen, denn wir selber würden sehr wahrscheinlich lügen, wenn wir vor jemand Angst hätten. Und wenn es lügt, um seine eigene Person in den Vordergrund zu schieben, sollte man sein Selbstvertrauen dadurch heben, daß man ihm Anerkennung und Wertschätzung zeigt, so daß es nicht seine Zuflucht zu Ausflüchten nehmen muß, um Eindruck zu machen.

Trödeln

Trödeln ist kein Vergehen an sich; es hat aber eine starke Wirkung. Es treibt manche Eltern zur Raserei, wenn ihr Kind trödelt oder nichts mit sich anzufangen weiß und zu allem, was es tut, eine

Ewigkeit braucht. Trödeln erweist sich wegen der starken Reaktion, die es in anderen auslöst, als mächtige Waffe. Es ist ein Ausdruck des Trotzes. Wir können hierbei klar die Wechselbeziehung zwischen Kind und Eltern in der Entwicklung fehlerhaften Betragens sehen. Denn was tun Eltern, wenn ihre Kinder trödeln? Sie machen Vorhaltungen, treiben an, ärgern sich — kurz, sie wenden die ganze Stufenleiter von Hilfsmitteln an, die dem verbitterten Gefühl der Machtlosigkeit entspringen und auf eine Vermehrung des kindlichen Trotzes und die endgültige Annahme der fraglichen Angewohnheit hinauslaufen. Dies ist die Entstehungsgeschichte der Zeitvergeudung. Sie wächst auf dem Boden einer allgemeinen Passivität und blüht durch falsche Gegenmaßnahmen.

Hier können wir wieder die Nutzlosigkeit des elterlichen Eingreifens sehen, solange das Kind in seinen Beweggründen nicht verstanden wird. Wenige Eltern halten inne und überlegen, *wozu* es sich wohl auf eine derartige Weise benimmt. Wenn das Kind nichts zu tun findet und sie mit Fragen, was es tun solle, belästigt, oder wenn es offensichtlich versucht, etwas zu tun, aber es statt dessen hinausschiebt, dauernd zerstreut ist oder sich mit unnützen Dingen befaßt, handeln die Eltern unter der Annahme, es wolle das tun, was es sagt oder was es tun sollte.

Sie versuchen also, es zu ermahnen, und bedrängen es, seine Arbeit zu beenden. Aber das ist es nicht, was es wirklich will. Es kann zuerst nur unsere Aufmerksamkeit gewollt haben, aber im Laufe des Kampfes zwischen dem Antreiben der Eltern und seinem Widerstand wird sein Trödeln sich darauf richten, seine eigene Macht zu zeigen, die Eltern in seinen Dienst zu stellen und ihrem Druck und ihrer Autorität Widerstand zu leisten.

Was kann man dabei tun? Zuerst muß der Teufelskreis durchbrochen werden. Man darf seine Geduld nicht verlieren! Kein Nörgeln! So schwer es auch fallen kann, man muß lernen, das Kind kühl zu beobachten, auch wenn es uns herausfordert. Je nach Gelegenheit kann man einfach den Dingen ihren Lauf lassen. Wenn es uns hauptsächlich um unser persönliches Prestige zu tun ist, wird man natürlich

zur alten Taktik zurückkehren; aber man sollte dann nicht überrascht sein und sich darüber beklagen, daß das Kind keine Fortschritte macht. Unsere erste Verhaltensweise ist also wieder eine negative: Wir müssen eine falsche Taktik vermeiden.
Mehrere positive Methoden stehen zu unserer Verfügung. Da Trödeln ein Zeichen von Trotz und Konflikt ist, tut man gut, die Situation zu entspannen, die Aufmerksamkeit des Kindes abzulenken oder es aus der Fassung zu bringen. Wenn man sich nicht mehr irritieren läßt und nicht mehr an ihm herumnörgelt, wird dies vor allem anderen es zur Wirklichkeit zurückbringen. Es macht keinen Spaß, langsam zu sein, wenn niemand sich darüber ärgert! Auch indem man mit ihm plaudert oder auf irgendeine Weise sein Interesse erweckt, wird seine Neigung zu trödeln abgeschwächt. Es ist auf jeden Fall nötig, seine allgemeine Feindseligkeit zu vermindern, indem wir die Situation als Ganzes erfassen und ihm aus seinen Schwierigkeiten helfen. Auf solche Art kann Zeitvergeudung von einer praktisch hoffnungslosen Lage in ein lösbares Problem gewandelt werden.

3. Ziel: Vergeltung (»Ich will euch auch wehtun«)

Ein Kind, das sich nicht gerecht behandelt und sich in seinem Kampf um Macht besiegt fühlt, will mit den Eltern darüber, was sie ihm nach seiner Meinung angetan haben, abrechnen. Es hat unzählige Methoden, die es unbewußt benützt, sie zu bestrafen und sich selbst an ihnen zu rächen. Sie unterscheiden sich in ihrer verheerenden Wirkung, haben aber alle gemeinsam, daß sie großen Ärger hervorrufen.

Stehlen

Der Schrecken und die Verzweiflung von Eltern bei einem Diebstahl ihres Kindes ist gut zu verstehen, denn Stehlen zeigt, wie wenig es das klarste und überzeugendste moralische Prinzip beachtet. Eltern haben nun Angst, daß ihr Kind unerbittlich den Weg des Verbrechens gehen wird. Meistens versuchen sie, es mit Strenge, mit Drohungen und Vorwürfen zu beeinflussen. Sie können weder erkennen, wie unwirksam diese Maßnahmen sind, noch sehen, daß sie in vielen Fällen die gefürchtete Entwicklung nur beschleunigen und manchmal sogar den Anstoß dazu geben.

Ich kannte einen Jungen, der auf die wiederholte Versicherung seiner Mutter »du wirst ein Gewohnheitsverbrecher und auf dem Schaffott enden« ungewöhnlich reagierte. Er hatte einen bitteren Haß gegen seine Eltern und war unglaublich trotzig, seit er fühlte, mit einigem Recht, daß er zugunsten anderer Kinder der Familie zurückgesetzt wurde. Als er diese Worte von seiner Mutter hörte, dachte er: »Noch lange nicht! Diese Befriedigung werde ich dir nicht geben!« Er biß auf die Zähne und tat bis aufs kleinste alles, was von ihm gefordert wurde; nicht aber, ohne im Inneren zu fluchen. Er beachtete alle Gesetze des Eigentums, entwickelte aber aus seiner geheimen Gegnerschaft heraus eine ungewöhnlich schwere Zwangsneurose.

Diese Reaktion auf solche prophetische Äußerungen ist jedoch eine Ausnahme. Es gibt kein besseres Mittel, ein Kind in die Arme des Verbrechens zu treiben, als es wie einen Verbrecher zu behandeln und als zukünftigen Verbrecher hinzustellen. Wenn wir ihm helfen wollen, müssen wir zuerst wissen, wie es dazu kam, die Unterscheidung zwischen mein und dein zu verlieren. Dies geschieht nie ohne tiefliegende Konflikte; aber die nebensächlichen Gründe für das Stehlen sind verschieden. Ein Kind stiehlt, weil seine oberflächliche Natur sofort haben will, was immer sein Herz begehrt. Es kann nicht warten und kümmert sich nicht um die Folgen. Als es klein war, bekam es alles, was es wollte, und kann jetzt nicht einsehen, warum es von dieser Regel je eine Abweichung geben sollte. Gelegentlicher Diebstahl ist daher bei unbeherrschten Kindern häufig, denen man zuviel nachgegeben hat. Es zeigt einen wesentlichen Mangel an Einsicht, wenn die Eltern zu dieser späten Stunde hilf-

los und erschreckt vor dieser Verirrung stehen, die ihr Mangel an Festigkeit im Kind hervorgerufen hat.
Die Anlässe zum Diebstahl können ganz verschieden sein. Eltern entdecken selten die wahre Ursache. Ihre Verwirrung beruht auf ihrem Mangel an Verständnis. Ein Kind rechnet nicht damit, verstanden zu werden, da es selbst nicht die Gründe für sein Tun versteht, und erwartet so trotzig seine Bestrafung. Wenn wir ein Kind fragen, warum es gestohlen hat, bekommen wir entweder hartnäckiges Schweigen oder ein erstauntes »ich weiß nicht« zur Antwort. Es ist im allgemeinen wahr, das Kind weiß wirklich nicht, warum es dies getan hat. Was es von seinen Impulsen wirklich weiß — daß es Süßigkeiten, Obst oder irgend etwas anderes haben oder Geld ausgeben wollte, — ist keine Rechtfertigung, und es erwartet durch dieses Eingeständnis keine Milde. So sagt es überhaupt nichts. Es hat selbst nicht die geringste Ahnung von den tieferliegenden Beweggründen. Wenn wir aber dem Kind helfen wollen, muß man diesen Motiven nachforschen. Man muß erkennen, ob das Stehlen als Mechanismus, Aufmerksamkeit zu erregen, diente oder als Mittel, um Macht oder Rache zu erlangen.
Kinder können auch stehlen und die gestohlenen Artikel unter ihre Spielkameraden und Schulfreunde verteilen, um auf diese Eindruck zu machen und eine Rolle zu spielen. Ein größerer Junge klaute Wertsachen und versteckte sie zuhause. Ihre Entdeckung bedeutete die Verachtung der Ideale seines strengen Vaters, die sich damit als machtlos erwiesen. Er konnte damit die Nutzlosigkeit des Zwangs beweisen, der mit Hilfe der sozialen Ordnung durch seinen Vater auf ihn ausgeübt wurde.
Der Hang, Autorität zu verhöhnen, liegt einer großen Anzahl krimineller Handlungen zugrunde. Er wird sogar bei gesunden und anständigen Menschen gefunden. Mancher »angesehene Bürger« hat einen Spaß daran, die Straßenbahngesellschaft um die Kosten für das Billett zu betrügen. Die wenigen Pfennige bedeuten ihm wahrscheinlich gar nichts, aber man freut sich kindisch über den »Erfolg«. Über jemand die Oberhand zu gewinnen — besonders, wenn er der

Wächter der Ordnung ist — wird nicht immer als unehrenhaft betrachtet. Diese Neigung erklärt viele gelegentliche Diebstähle von Kindern. In ihren Augen ist es kein wesentlicher Unterschied, ob sie einen Apfel unter den Augen des Gemüsehändlers stehlen oder eine Haustürklingel betätigen, wegrennen und hinter der nächsten Ecke sich über die Wut des Familienvaters freuen. Es ist wahr, daß man solche Streiche nicht dulden soll, aber große moralische Entrüstung ist sicherlich nicht am Platz. Sie brandmarkt das kindische Tun als Verbrechen und kann auf die spätere Entwicklung eines Kindes einen verderblichen Einfluß ausüben. Die natürlichste Folge ist, das Kind die betreffenden Gegenstände zurückgeben zu lassen.

Natürlich gibt ein großer Diebstahl oder das wiederholte Vorkommen kleinerer Diebereien genug Anlaß, um ernsthaft zu überlegen, was getan werden soll. Solange wir aber aufgeregt und wütend sind, sind wir nicht in der Lage, dem Kind zu helfen; denn wir sind dann nicht des Kindes Freund und nicht fähig, seine Situation zu verstehen. Auch wäre es ein Fehler, das Kind allein für das Vergehen verantwortlich zu machen. Ein großer Teil der Verantwortung liegt bei den Eltern, der Familienkonstellation und all den anderen Faktoren, die zusammen seine Lebenssituation ergeben. In sehr problematischen Fällen kann es notwendig sein, die Hilfe eines Fachmanns in Anspruch zu nehmen. Die übliche Art, mit solchen Vorfällen fertig werden zu wollen — mit einem Übermaß von Ärger oder Verzweiflung und Androhung von Strafen — hat unter anderem den deutlichen Nachteil, daß sie die wirkliche Situation des Kindes unverändert läßt oder sie noch schwieriger macht.

Schließlich ist noch zu bemerken, daß Kinder eine Menge stehlen, was glücklicherweise nie zur Kenntnis ihrer Familien kommt. Obwohl — oder weil — ihre Eltern keinen Schritt tun können, um den Fehltritt wiedergutzumachen, gelingt es diesen Kindern schließlich doch, angesehene Menschen zu werden. Gibt es irgendeinen unter uns, der nicht Erinnerungen an solche Übertretungen in seiner Kindheit hätte? Sogar ernsthafte Vergehen brauchen für die Entwick-

lung des Kindes keine ungünstigen Folgen zu haben, wenn es in der glücklichen Lage ist, Freunde zu haben, die mit Zuneigung und Verständnis ihm aus seiner schwierigen Situation heraushelfen.
Das folgende Beispiel zeigt, daß Stehlen eine große Anzahl von Beweggründen haben kann; es erweist auch, wie schwierig es ist, ein Kind, das die Hoffnung aufgegeben hat, geschätzt und geliebt zu werden, für sich zu gewinnen.

Der sechzehn Jahre alte Daniel war der Schrecken einer sozialen Siedlung. Wenn immer in einer bestimmten Zeit etwas beschädigt wurde, war er der Anstifter. Er wußte genau, wie und wann zuzuschlagen, um am meisten zu verletzen. Einmal zerstörte er vor einer Theatervorstellung alle Klaviere, indem er sie buchstäblich in Stücke schlug. Bei einer anderen Gelegenheit zerschnitt er den Vorhang in der Nacht vor der Vorstellung. Er zerstörte eine Unmenge Eigentum von vielen Leuten. An seine Familie konnte man sich nicht wenden. Er gehörte zu einer großen Bande von Jungen und war zu Hause völlig geächtet. Die Familie kam durch ihn in so viele Schwierigkeiten — in der Nachbarschaft, in der Schule, zu Hause, mit Schulbehörden und der Polizei — daß sie nicht mehr länger etwas mit ihm zu tun haben wollte.
Es wurde beschlossen, ihn einem unserer besten und verständnisvollsten Sozialhelfer zu übergeben. Der junge Mann strengte sich besonders an, Daniel zu gewinnen und ihn für verschiedene Dinge zu interessieren. Er ließ ihn beim Aufbau des Bühnenbildes helfen und gab ihm Verantwortungen während der Vorstellungen, es gelang ihm, das Vertrauen des Jungen und seine Mitarbeit zu gewinnen. Eine ganze Weile gab es keine Klagen über Daniel.
Eines Tages kam der junge Sozialhelfer in großer Aufregung, um eine Begebenheit zu besprechen, die ihn ratlos machte. Er arbeitete mit Daniel zusammen, als dieser seine Uhr vom Tisch nahm und in seine eigene Tasche steckte. Er sah es, war sich aber nicht darüber klar, ob Daniel wußte, daß er es gesehen hatte. Auf jeden Fall wußte er nicht, was tun. Nur so viel war gewiß, daß es ein Fehler wäre, Daniel anzuklagen. So gab er vor, nach der Uhr zu suchen. Daniel half ihm freiwillig dabei. Schließlich gab der Mitarbeiter auf und sagte: »Irgendjemand muß sie genommen haben.« Daniel wurde wild. »Wer könnte Ihnen so etwas antun! Ich werde danach schauen, und wenn ich den Kerl finde, der die Uhr weggenommen hat, werde ich ihn verhauen, aber tüchtig!« So gingen sie durch das Haus und fragten alle anderen, ob sie die Uhr gesehen hätten. Schließlich wurde Daniel unruhig. Plötzlich brach es aus ihm heraus

»Sie wußten die ganze Zeit, daß ich die Uhr hatte. Warum haben Sie sie mir nicht abgenommen?« Und er gab die Uhr zurück.

Der Sozialhelfer hatte richtig gehandelt. Was ihn aber quälte, war seine Unfähigkeit, das Verhalten Daniels zu verstehen. Warum hatte er diesen Trick versucht? Offensichtlich konnte Daniel kaum glauben, daß er eine wirkliche Anteilnahme für ihn habe und sein wahrer Freund sei; er war immer zurückgewiesen worden, und keiner mochte ihn. Er wollte zweifellos sehen, ob dieses Vergehen dieselbe Behandlung hervorrufen würde, die er sein ganzes Leben lang erlebt hatte. Wenn der Sozialhelfer auf die Herausforderung eingegangen wäre, hätte er die Rückgabe seiner Uhr verlangt, vielleicht in scharfem Ton. Der Junge hätte geleugnet, sie genommen zu haben, die Folge wäre ein Kampf gewesen, zuerst in einer mündlichen Auseinandersetzung, die dann vielleicht zu körperlicher Gewalt geführt hätte, wenn der Mitarbeiter versucht hätte, den Jungen zu untersuchen und seine Uhr zurückzunehmen. Auf diese Weise hätte der Junge seinen Unglauben an Freundschaft gerechtfertigt gefunden und wäre zu der Art menschlicher Beziehung zurückgekehrt, an die er gewöhnt war. Dieser Akt des Stehlens war offensichtlich eine letzte Probe, der Daniel den Sozialhelfer aussetzte, der sie glänzend bestanden hat. Eine entscheidende Schlacht für die Ehrenrettung Daniels war gewonnen.

Gewalt und Brutalität

Der hartnäckige Widerstand gegen die Ordnung nimmt oft erschreckende Formen an. Manchmal beschränkt er sich auf Wutanfälle, nach denen das Kind wieder den guten Willen zeigt und seine Ausbrüche nachträglich entschuldigt. Wenn sich diese Anfälle aber häufen und zwar ohne die Vortäuschung, ungewollt zu sein, ist die letzte Spur guten Willens verschwunden und die nackte Feindseligkeit tritt zutage. Diese unverhüllte Brutalität setzt auf seiten von Mutter und Vater eine Mischung von Schwäche und heftiger Unterdrückung voraus. Intelligente Kinder können die wirkungsvollsten Techniken entwickeln, um ihre Eltern an ihren verwundbarsten Stellen zu treffen, und können so zu einer wirklichen Bedrohung werden.

Der siebzehn Jahre alte Michael lag mit Grippe im Bett. Seine Mutter konnte seine Wünsche nicht rasch genug erfüllen, und so bewarf er sie an einem einzigen Tag mit drei Teegläsern und zwei Tellern. Als sie sich zurückzog, stand er mit einer Temperatur von 39 Grad auf, zog sich an und ging auf die Straße. Er wußte den sichersten Weg, um die Schwäche seiner Mutter auszunützen.

Der zwölf Jahre alte Hans war der Schrecken seiner Familie. Niemand wurde mit ihm fertig. Er tat, was ihm gefiel, stahl Geld, weigerte sich zur Schule zu gehen, lag den ganzen Tag im Bett und blieb die nächste Nacht bis ein Uhr morgens aus, schlug nach seiner Mutter und beschimpfte sie wie ein Fuhrknecht. Wenn aber ein Fremder zugegen war, jemand, den er fürchtete, war er ein Muster an Betragen und hatte ein wunderbares Talent, alles in einem harmlosen Licht erscheinen zu lassen.

Es ist klar, daß in solchen Fällen die Schuld bei den Eltern liegt, die durch ihre Nachsicht das Kind völlig ihrer Hand entgleiten ließen. Es ist ebenso augenscheinlich, daß sie der wachsenden Flut des Konflikts nicht durch friedliche und freundliche Mittel entgegenwirkten. Denn sonst hätten sie das Kind für sich gewonnen, und seine Revolte hätte sich nicht bis zu einem solchen Grad entwickelt. Oft genug ist die Grausamkeit, die man einem Kind gegenüber an den Tag legt, die Quelle seiner eigenen Brutalität. Es spiegelt seine eigenen Erlebnisse wider. Manchmal kommt es vor, daß ein Kind nicht mißhandelt worden ist, sich aber trotzdem mißbraucht fühlt. Gelegentlich ist Brutalität nur ein Mittel, um die Lust völliger Macht über andere zu erleben.

Übermäßige Strenge, besonders Schläge, können Widerstand erregen und brutale Instinkte hervorrufen. Wenn einer der Eltern versucht, durch Nachgeben die Strenge des anderen Elternteils auszugleichen, ist das Erregen solcher Instinkte noch viel wahrscheinlicher. Auch Vernachlässigung kann dieselbe Wirkung haben. In beiden Fällen fühlt sich das Kind in seinem Wunsch, sich zu rächen, um so befugter. Ehe irgendeine Besserung im Verhalten des Kindes erreicht werden kann, muß der Konflikt beendet werden, mindestens auf seiten der Eltern. Das Kind muß sich wieder akzeptiert und geliebt fühlen, nicht gefürchtet. Wenn eine *natürliche* Folge (siehe Kapitel VI) nicht leicht und dauernd angewendet werden kann,

kann es auch genügen, nichts zu tun. Es kann einen starken Eindruck auf ein Kind machen, wenn es plötzlich merkt, daß es nicht mehr einschüchtern und verletzen kann. Einige wenige Erfahrungen freundlicher Festigkeit können ein Kind in Schach halten und ihm die Nutzlosigkeit seines Benehmens vor Augen führen. Oft genügen sie, die Autorität der Ordnung wieder zur Geltung zu bringen.

Eine solche Wirkung kann man durch Schläge oder andere gewaltsame Maßnahmen nicht erreichen. Wenn die körperliche Stärke oder Brutalität eines Kindes so groß ist, daß es unmöglich ist, natürliche Folgen anzuwenden, sollte das Kind von seinen Eltern getrennt und in ein Heim geschickt werden, wo es mit anderen Jungen zusammen sein kann. Je früher die Eltern sich zu dieser Erkenntnis durchringen, desto leichter wird das Kind lernen, sich einer ordentlichen Lebensweise anzupassen.

Übermäßige Grausamkeit und Brutalität werden manchmal bei jüngeren Kindern beobachtet. Der psychologische Mechanismus scheint in diesen Fällen etwas verschieden zu sein. Ihre Brutalität ist nicht so sehr gegen Eltern und Ordnung gerichtet, als vielmehr gegen kleinere, »schwächere« Objekte, wie Tiere, jüngere Kinder und sogar unbeseelte Gegenstände.

Zwei Faktoren scheinen zu einem solchen Verhalten beizutragen. Der eine ist die sinnliche Erregung, die durch Akte der Gewalt hervorgerufen wird. Kinder können eine solche Erregung entweder am eigenen Leib erlebt oder bei anderen Kindern, die geschlagen oder gewaltsam zurückgehalten wurden, beobachtet haben. Manchmal kommt der Anreiz auch von Filmen oder dem Anhören von Gesprächen über gewalttätige Handlungen. Sinnliche Stimulierung hat die Neigung, immer weiterzuwirken. Ein Erlebnis, das einmal sinnliche Gefühle erregt hat, bleibt mit derselben Reaktion verknüpft. Es wird als ein Mittel, das Vergnügen verschafft, immer wieder gesucht. Der sinnliche Wunsch nach Brutalität kann aktiv oder passiv sein (sadistisch oder masochistisch). Kinder, die häufig der Gewalt ausgesetzt sind, werden durch die von ihr hervorgerufene Erregung beeindruckt. Sie suchen ähnliche Gefühle, indem sie beißen oder bitten, gebissen zu werden, indem sie schlagen oder Schläge hervorrufen. Sie möchten gerne leiden oder andere als Teil eines sinnlichen Spiels leiden machen. Die psychologischen Faktoren und die richtige Handhabung zur Überwindung sind dieselben, wie die in dem Abschnitt über sexuelle Spiele besprochenen.

Ein anderer dynamischer Faktor, der in jungen Kindern Grausamkeit und Brutalität verursacht,. besteht in Übereinstimmung mit ihrem allgemeinen Lebensstil. Es kann sein, daß sie andere mit ihrem »schockierenden« Benehmen (aktiv-destruktiver Mechanismus) zu beeindrucken suchen oder ihre Macht und Gewalt zu zeigen wünschen. Brutalität gegen andere Kinder ist oft ein Ausdruck von »Männlichkeit«. »Schau, wie stark ich bin.« Der Wunsch zu bestrafen ist häufig nur eine Nachahmung elterlicher Methoden. Wenn Kinder »Familie« spielen, zeigen sie ihre Auffassung des elterlichen Verhaltens. Eltern, die erschrocken sind, zu sehen, wie ihr Kind seine Puppen behandelt, seine »Kinder« und »Schüler« in seinem Spiel, merken nicht, wie das kindliche Betragen ihr eigenes widerspiegelt und wie die Beziehung des Kindes zu anderen nur ein Abbild ihrer eigenen Beziehung zum Kind ist.

Bettnässen

Bettnässen ist selten physischen Ursachen zuzuschreiben, wie dies oft angenommen wird. Es ist wahr, daß organische Minderwertigkeiten der Blase, der Nieren oder des Rückenmarks sein Auftreten erleichtern können. Es gibt jedoch keine Krankheit, die als ihr einziges Symptom eine Unfähigkeit, den Harn zurückzuhalten, hat:

Der fünf Jahre alte Frank begann das Bett zu nässen, als sein Vater ihn in ein Kinderheim brachte. Es geschah nie, wenn er zu Hause schlief.

Der elf Jahre alte Albert stand mit einem sehr strengen Vater in Konflikt. Als dieser ihm eine scharfe Lektion über Schulangelegenheiten erteilte, ihn seiner Freizeit beraubte und schlug, begann der Junge mit Bettnässen.

Der Zweck des Bettnässens war im Fall des sieben Jahre alten Karl sehr klar, der auf einen längeren Besuch zu seiner Tante kam und völlig unerwartet schon in der ersten Nacht das Leintuch beschmutzte. Als seine Tante ihn fragte, warum er dies getan habe, sagte er, daß er nur sehen wollte, wie sie damit fertig würde.

Wenn die Feindseligkeit gegen seine Umgebung eine gewisse Stärke erreicht hat, macht ein Kind keine weitere Anstrengung, um Unangenehmes zu vermeiden. Sein Sinn für Vergeltung wird gelegentlich durch einen masochistischen Zug der Selbsterniedrigung verdeckt. Solche Kinder sind oft betont schmutzig. Ihr ganzer Stolz heftet sich an das *Nicht*waschen. Sie zeigen einen »Ehrgeiz nach unten« (Wexberg) und erreichen durch die Demütigungen, die sie zu erleiden haben, eine Art negativen Ruhms, denn sie sind wirklich eine schreckliche Last für den gesamten Haushalt. Niemand weiß, was mit ihnen tun, und die Verzweiflung, die sie verursachen, gibt ihnen eine besondere Befriedigung. Da dieser Konflikt die Form einer körperlichen Erkrankung angenommen hat, wird oft ein Arzt zu Rate gezogen. Dem Kind muß sein Gefühl für Ehre, sein Glauben an sich selbst und sogar mehr, sein Glauben an die Menschen zurückgegeben werden. Bis jetzt ließ man es Zurückweisung fühlen, ohne daß es merkte, wie es diese oft selbst hervorgerufen hatte.
In vielen Fällen ist das Bettnässen einem nervösen Symptom ähnlich. Die Auflehnung gegen die Ordnung erfolgt nicht offen, sondern bleibt hinter *guten Vorsätzen* verborgen. Diese Kinder wollen scheinbar trocken bleiben. Sie fühlen sich machtlos, ihre Blase während der Nacht zu kontrollieren. Oft sind es Kinder, die immer gerade das tun, was ihnen im Augenblick einfällt. Wenn sie ein Bedürfnis fühlen, können sie sich nicht zurückhalten, ob sie nun im Bett sind oder nicht. Wollen sie schlafen, lassen sie sich durch nichts im tiefen Schlummer stören. Diese Nichtbeachtung sozialer Notwendigkeiten ist wohl allen Bettnässern gemeinsam.
Auch wenn man das Symptom für sich behandeln wollte, wäre es ein Fehler, ein Kind in der Nacht zu wecken. Davon abgesehen, daß dieses Zeichen des Interesses die Befriedigung vermehren würde, die es aus seinem Benehmen erhält, sollte es nicht der Sinn der Er-

ziehung sein, durch *äußere* Hilfe seine Blasenfunktion zu regulieren. Ein Kind muß seine Funktionen aus eigenen Stücken beherrschen. Auf keinen Fall ist es ratsam, ein Kind in der Nacht auf die Toilette zu setzen. Wenn es in der Nacht geweckt wird, wird es im allgemeinen nicht ganz wach, auch wenn es den Anschein hat. Es seine Funktion in einem Zustand des Halbschlafes ausüben zu lassen, stört eher, als daß es ein normales Beherrschen anregt. Normale Beherrschung erfordert volles Wachsein; ein Kind muß fähig sein, seinen Drang zu unterdrücken und zu beherrschen, bis es voll erwacht ist, um für sich selbst zu sorgen.

Wenn die Erziehung in der Vergangenheit nicht erfolgreich gewesen ist, muß sie jetzt nachgeholt werden. Alles was man tun kann ist, das Kind mit einer Lampe, Pyjamas und — wenn es alt genug ist — einem frischen Leintuch zu versehen, so daß es sich in der Nacht um sich selbst kümmern kann. Natürlich braucht es Ermutigung. Kinder, die bettnässen, sind meist tief entmutigt, mit sich selbst unzufrieden und haben keine Hoffnung auf Besserung.

Man muß ihnen sagen, daß es bei ihnen liegt, ob sie trocken oder naß liegen wollen, aber daß sie allmählich lernen werden, selbst für sich zu sorgen. Jedermann lernt es, einige früher, andere später. Es ist von äußerster Wichtigkeit, daß diese Einstellung nicht nur dem Kind gegenüber ausgedrückt, sondern auch von den Eltern tatsächlich gefühlt wird. Solange die Eltern sich selber schämen, sich ekeln und verzweifeln, können sie nicht umhin, einen schlechten Einfluß auf das Kind auszuüben. Vielleicht haben sie eine unrichtige Zuneigung zum Kind, wenn es klein ist, und befreien es von den natürlichen Folgen, z. B. indem sie ihm erlauben, in ihrem Bett zu schlafen, wenn seines beschmutzt ist.

Der erste Schritt, um Bettnässen zu heilen, ist völlige Ruhe und Unbeteiligtsein der Eltern, die dann erfolgreich versuchen können, das Kind für sich zu gewinnen und ihm neue Hoffnung und den ernsthaften Wunsch zu vermitteln, für sich selbst zu sorgen. Es ist genauso schädlich, es zu bestrafen, wenn es naß ist, wie es zu loben, wenn es »nett« ist. Das legt zuviel Betonung auf die Anerkennung der Eltern, während dies ganz seine eigene Angelegenheit sein sollte.

4. Ziel: Rückzug (»Ich will allein gelassen werden«)

Kinder, die in jeder Beziehung völlig aufgegeben haben, weil sie so entmutigt sind, daß sie sich nicht einmal freiwillig bewegen, sind sehr selten. In den meisten Fällen besteht die Entmutigung nur teilweise, und als Folge vermeidet ein Kind nur gewisse Betätigungen. Es muß jedoch festgestellt werden, ob das Kind eine Teilnahme verweigert, um Aufmerksamkeit zu erregen, der Autorität zu trotzen, zu bestrafen und zu verletzen, oder nur weil es nichts gibt, auf das es hoffen kann. Nur in letzterem Fall sucht ein Kind nach Entschuldigungen und versteckt sich hinter einem Unvermögen, das tatsächlich vorhanden sein kann, aber ihm viel häufiger durch seine Umgebung nahegelegt wird. Manchmal nimmt ein Kind infolge einer falschen Auslegung gewisser Erlebnisse seine Zuflucht zur Unzulänglichkeit und erreicht damit, auf andere Eindruck zu machen.

Trägheit

Trägheit ist eine besondere Form der Unordnung. Das Kind weigert sich, seinen Teil zu tun, es weigert sich, mitzuarbeiten. Jedermann neigt gelegentlich dazu, faul zu sein. Kinder können manchmal so in ihre Gedanken, ihr Tun oder in ihre Phantasie versunken sein, daß sie keinerlei Interesse für die Dinge der Außenwelt zeigen. Schimpfen und Tadeln wegen tatsächlicher oder angeblicher Trägheit wird den schlechten Willen eines Kindes nur noch verstärken. Nur eine Methode ist wirksam — das Erwecken seines Interesses. Wenn einmal Interesse da ist, verschwindet Trägheit. Ist z. B. ein Kind in der Schularbeit so stark entmutigt, daß es seine Anstrengungen als nutzlos betrachtet, fehlt ihm jeder Ansporn, etwas zu tun. Kinder, die linkshändig sind, und ähnlich auch Kinder, die aus anderen Gründen von ihrer Ungeschicklichkeit überzeugt sind, zeigen oft die Neigung, eine Aufgabe aufzuschieben. In diesen Fällen genügt es nicht, Interesse zu erwecken. Das Kind muß ermutigt werden, Vertrauen in seine Fähigkeiten zu entwickeln.

Trägheit ist deshalb immer das Zeichen, daß ein Kind Hilfe braucht. Diese Hilfe sollte aber nicht in wörtlichem Sinne, als eine Art Stütze oder Krücke gegeben werden, daß man es also zur Arbeit ermahnt und antreibt oder, was noch schlechter ist, seine Aufgaben für es macht. Dies würde ihm nie helfen, mit seinen Problemen fertig zu werden. Die Hilfe, die es wirklich braucht, besteht aus Gesprächen und praktischen Erlebnissen, die sein Selbstvertrauen stärken und seine innere Bereitschaft festigen, sich seinen Aufgaben froh und interessiert hinzugeben und die Schwierigkeiten zu überwinden.

Dummheit

Der Versuch eines Kindes, Verpflichtungen zu vermeiden und sich der Entmutigung hinzugeben, kann den Eindruck von Dummheit hervorrufen. Viele Kinder erzeugen diesen Eindruck beinahe bewußt. Man muß natürlich die Möglichkeit geistiger Minderwertigkeit ins Auge fassen; aber schwachsinnige und mit Fehlern behaftete Kinder werden selten »dumm« genannt. Dem »dummen« Kind jedoch wird sein Fehler vorgeworfen, da man es als normal ansieht. Seine Dummheit ist nicht immer natürlich. Oft genug verbirgt es eine erworbene geistige Trägheit.

In einem Park beobachtete ich einmal folgende Szene: Eine Kinderschwester spielte mit mehreren Mädchen im Alter von etwa sechs und sieben Jahren. Ein hübsches kleines Kind kam zu ihr gerannt und bat um einen Apfel. Klagend fragte sie, warum die anderen, die schon vorher jedes zwei Äpfel bekommen hätten, auch jetzt wieder zwei erhalten hätten, während sie selbst nur einen Apfel gekriegt habe. Die Schwester nahm sie auf ihren Schoß und fragte: »Wieviel sind eins und eins?« Das glückliche kleine Gesicht wurde plötzlich vergrämt und nahm einen erschrockenen Ausdruck an: die Lippen bewegten sich, ohne ein Wort zu äußern.

Ich wußte nichts über dieses Kind, aber wir können sein Problem nachfühlen. Konnte es wirklich rechnen? Wenn nicht, wie wußte es, daß die anderen Mädchen zwei Äpfel bekommen hatten? Offensichtlich war es nur die formelle »akademische« Frage, die es nicht beantworten konnte. Dies würde zeigen, daß seine Dummheit nur eine Maske war. Wahrscheinlich war es, seit die Schularbeit für es begonnen hatte, auf Schwierigkeiten gestoßen. Sehr verwöhnte Kinder, die zu Hause ein leichtes Leben hatten, finden es oft sehr schwierig, sich der Schule anzupassen. Sie sind es einfach nicht gewohnt, sich auf sich selbst zu verlassen. Mit ihren Schulkameraden können sie nicht Schritt halten und verlieren rasch den Mut. Auch Kinder, die zu Hause sehr viel Aufmerksamkeit bekommen haben, vielleicht wegen ihres Scharms, ihrer Verschmitztheit oder irgendeines anderen Vorteils, der keiner Anstrengung bedarf, sind schnell davon überzeugt, daß die von der Schule vorgeschriebene Arbeit für sie zu schwierig ist. Und dann geben sie sich geschlagen und hören einfach auf, es weiter zu versuchen.

Eltern sind gewöhnlich über das Versagen ihres Kindes erschrocken und entmutigen es so noch mehr. Dann wird der Vorgang des Lernens zu einer vollkommenen Qual für ein bereits unwilliges Kind. Es wird seiner Freizeit beraubt, beim Spiel gestört, und nicht einmal bei den Mahlzeiten wird ihm Ruhe gegönnt. Immer wieder erinnern es seine Eltern an seine Stunden und nörgeln mit Fragen nach seinen Fortschritten an ihm herum. Ist es ein Wunder, daß es streikt und sich einfach weigert, sich mit irgendetwas zu befassen, das wie Schularbeit aussieht? Ich hatte einmal eine Patientin, eine Frau mit einem durchschnittlichen Intelligenzquotienten, die kaum das formale Wissen der vierten Klasse der Volksschule hatte. Sie war auf die eben beschriebene Art erzogen worden und deshalb in den Ruf gekommen, dumm zu sein. Doch war sie in keiner Weise geistig zurückgeblieben. Das einzig Dumme war, daß sie auffallend schön war und sich deshalb ganz auf ihre körperliche Anziehungskraft verließ. So gibt es eine Dummheit, die einzig und allein durch Entmutigung veranlaßt ist. Ein Kind versagt im Lernen, weil es sich für unfähig hält, irgendetwas zu verstehen.

Andere Kinder *verstecken* sich hinter ihrer Dummheit. Sie benützen »Dummheit als Entschuldigung« (Ida Loewy). »Sie spielen dumm«, wenn sie sich einer Verpflichtung entziehen wollen. Kinder, die in der Schule in irgendeinem Fach nicht richtig mitkommen, werden entmutigt; ihre Entmutigung kann aber verschiedene Folgen haben. Übertrieben ehrgeizige Kinder, die immer die erste Geige spielen wollen, werden keinerlei Anstrengungen machen, sofern sie nicht sicher sind, damit an der Spitze sein zu können. Wenn sie diese Gewißheit nicht haben, verlieren sie alles Interesse und behaupten, für das betreffende Fach ungeeignet zu sein, und es deshalb einfach nicht lernen zu können.

Manchmal wenden Kinder sogar schon vor dem Schulalter diesen Trick an. Der kleine Junge, der versuchte, seine Suppe mit dem Messer zu schneiden, ist ein Beispiel hierfür. Seine Eltern stöhnten über seine Dummheit. Jedoch wußte er ganz gut, was er tun *sollte* — und tat unfehlbar das Gegenteil. Solche Kinder spielen dumm, um ihre Eltern dazu zu bringen, sie zu bedienen. Auch hier ist Dummheit ein Mittel des Ausweichens und ein Kunstgriff, um sich Aufmerksamkeit zu sichern.

Ein einziges oder jüngstes Kind kann die beschriebenen Methoden anwenden, wenn es zur Schule kommt. Auf diese Weise kann es seine Mutter zwingen, ihm bei den Schularbeiten zu helfen. Wenn sie nicht neben ihm sitzt, kann es weder schreiben noch rechnen. Und die ängstliche und ehrgeizige Mutter gerät fast immer in diese Falle. Sie bemerkt nie, daß die Unfähigkeit und Hilflosigkeit ihres Kindes im selben Maße zunehmen, wie sie, überrascht und alarmiert, jede Mühe, das Kind zu ermutigen, auf sich nimmt, seine Fehler verbessert und schließlich die Aufgaben selber macht. Einige Kinder behalten ihre Hilflosigkeit ihr ganzes Leben lang bei und sind nie fähig, einen Brief oder einen Aufsatz selbst zu schreiben. Ihr Gehirn ist leer, wenn sie einen Federhalter in die Hand nehmen.

Es ist nicht leicht, die Entschlossenheit eines Kindes, die Hilfe und Unterstützung der Mutter in Anspruch zu nehmen, zu brechen. Wenn sie sich bemüht, sich von der Herrschaft ihres Kindes frei zu machen, wird es darum kämpfen und sie durch Schmeicheln zu überreden versuchen. Bleibt sie standhaft und besteht darauf, daß das Kind seine Arbeiten, so gut es kann, selber machen solle — wird es wahrscheinlich mit jedem Wort oder jeder Figur ankommen, um sie zu fragen, ob es so richtig ist. Schließlich wird es bereit sein, selbst zu arbeiten, aber nur, wenn seine Mutter bei ihm sitzt und zuschaut. Zahllos sind die Situationen, in denen das Kind versucht, von seiner Dummheit Gebrauch zu machen. Entsprechend dem »Totstell-Reflex« (oft bei Tieren zu beobachten, um ihren Feinden zu entkommen) gibt es einen »Dummstell-Reflex«, der bei Kindern — manchmal auch bei Erwachsenen — festgestellt werden kann. Der eine »Reflex« erfüllt im allgemeinen den Zweck des Ausweichens so gut wie der andere. Denn in Wirklichkeit tun die Familie und die Umgebung im allgemeinen nichts, um die tatsächliche oder scheinbare Dummheit zu bekämpfen, sondern anerkennen sie vielmehr als Mittel des Ausweichens. Eltern schimpfen, kritisieren und demütigen das Kind, fallen aber zur selben Zeit, ohne es zu wissen, auf seinen Trick herein; denn schließlich befreien sie es von der Arbeit, die es vermeiden will, oder sie stellen sich in seinen Dienst. Sie ermutigen seine Dummheit durch ihre Kritik und ihren Spott, welche einen der die Dummheit verursachenden Hauptfaktoren stärken, nämlich die Abhängigkeit des Kindes und das fehlende Vertrauen zu seiner eigenen Fähigkeit.

Wie soll man nun mit einem »dummen« Kind umgehen? Sicherlich ist eine Änderung der elterlichen Haltung erforderlich. Sie müssen aufhören, es zu schimpfen und ihm seine Unfähigkeit vorzuhalten oder es zu verspotten oder mit einem brillanten Bruder oder einer Schwester zu vergleichen; sie müssen aber auch mit ihrer Nachgiebigkeit Schluß machen, die es dem Kind ermöglicht hat, sich von seinen Pflichten zu drücken. Durch Antreiben und Drohen kann dies nicht erreicht werden, weil dadurch eine unangenehme Aufgabe für ein Kind nur noch widerlicher wird. Man sollte es die Folgen seiner Pflichtvergessenheit fühlen lassen. In Wirklichkeit fühlen sich die *Eltern* bestraft, nicht das Kind, wenn es versagt. Sie versuchen daher, die unangenehmen Folgen zu vermeiden. Ein Kind hat deshalb das Gefühl, daß es seine Verpflichtungen für das Wohl der Eltern, nicht für sein eigenes erfüllen muß. Ihre Besorgtheit um seinen Fortschritt befreit es von seiner eigenen Verantwortung. Wenn es in der Schule versagt, bestraft es die Eltern.

Es ist die Pflicht der Lehrer, die Interessen der Kinder zu wecken, und Eltern sollten so wenig wie möglich sich in die Schularbeit einmischen. Sie können jedoch sehr viel dazu helfen, indem sie die allgemeinen Interessen des Kindes durch gute Bücher, durch Besuche von Museen und zoologischen Gärten, durch Geschichten aus der Natur und Gespräche, die seinem Alter und seiner Entwicklung angemessen sind, fördern. Dann kann es an den entsprechenden Schulfächern mit mehr Freude teilnehmen.

Die achtjährige Rose ist zu »dumm«, um mit anderen Kindern zu spielen. Sie kann sich nicht selbst an- oder ausziehen und noch nicht einmal richtig sprechen. Die Hälfte der Wörter und Silben verschluckt sie. Selbstverständlich ist sie in der Schule zurück, wird als schwachsinnig angesehen und entsprechend behandelt, obwohl sie es nicht ist und einen Intelligenzquotienten von 91 hat. Wenn es darum geht, ihren eigenen Willen durchzusetzen, ist sie schlau und sogar scharfsinnig, um einen Vorteil, den sie einmal errungen hat, beibehalten zu können. Sie ist nie um eine Antwort verlegen. Rose hat eine sehr geschickte Schwester, die eineinhalb Jahre jünger ist als sie. Diese Schwester ist ihr in jeder Beziehung voraus, aber Rose macht dies durch all die Aufmerksamkeit, die sie erregt, wett. Sie hat sogar ihre eigene Erzieherin und bekam, als sie schulpflichtig wurde, eine Privatlehrerin. Dummheit bringt oft hohe Dividenden! Weniger glückliche Kinder werden einfach über Bord geworfen und sich völlig überlassen.

Es gibt viele Kinder mit einem geringen Intelligenzquotienten, die im Alltagsleben zurückgeblieben erscheinen und doch nur pseudoschwachsinnig sind. Sie haben entweder einen Bruder oder eine Schwester, gewöhnlich das nächst ältere oder jüngere, welches besonders aufgeschlossen und intelligent ist und hervorragend lernt. Seine überlegenen Fähigkeiten entmutigen das andere in einem solchen Maße, daß es völlig aufgibt. Manchmal ist diese völlige Resignation einer besonders tüchtigen Mutter oder älteren Schwester zuzuschreiben, die alles so in die Hand nimmt, daß einem Kind nichts mehr zu tun übrig bleibt.

Die richtige Behandlung kann für Kinder, deren Intelligenz fragwürdig ist, sehr viel tun. Sie blühen manchmal über Nacht auf und erreichen Leistungen, die niemand für möglich gehalten hat. Sogar der Intelligenzquotient wird höher, zum Unbehagen derjenigen, die glauben, daß er sich nicht ändern kann. Unglücklicherweise kann die unterschiedliche Diagnose zwischen echtem Schwachsinn und unechter Zurückgebliebenheit oft nur später gemacht werden, das heißt, nachdem die Eltern gelernt haben, das Kind richtig zu behandeln. Aus diesem Grunde sollte ein niedriger Intelligenzquotient Eltern und Lehrer nie davon abhalten, alles mögliche zu unternehmen, um einem Kind zu helfen. Im Gegenteil sollte es ein Ansporn sein, bessere und wirksamere Methoden anzuwenden, um von den restlichen Fähigkeiten Gebrauch zu machen, so daß das Kind ein nützliches Mitglied der Gesellschaft werden kann.

»Unfähigkeit«

Es wird oft ein »angeborenes Unvermögen« angenommen, wenn ein Kind irgend eine Fähigkeit offensichtlich nicht hat. Diese Annahme wird zur Überzeugung, wenn jedes Bemühen, die Mängel des Kindes zu verbessern, versagt, besonders, wenn es selbst sich anzustrengen scheint.

Das Lernen von Geschicklichkeiten und Fertigkeiten ist ein komplizierter Vorgang. Es erfordert erhebliche Übung und praktische Vorbereitung. Unglücklicherweise ist die wissenschaftliche Einsicht in alle Umstände, die den Lauf der Ausbildung günstig oder ungünstig beeinflussen, noch in den Anfängen der Entwicklung. Viele

Unfähigkeiten und Mängel sind das Ergebnis unerkannter Irrtümer und Versäumnisse bei der Erziehung des Kindes.
Wie können wir ein Kind dazu anregen, seine verborgenen Möglichkeiten zu entwickeln? Es ist unmöglich, alle Methoden aufzuführen. Die Angelegenheit wird noch verzwickter, da dieselbe Anregung bei verschiedenen Kindern eine gegenteilige Wirkung hervorrufen kann. Das Beispiel von Vater und Mutter kann ein Kind anregen, es ihnen nachzutun, und ein anderes, das sich unfähig fühlt, je dieses Niveau zu erreichen, entmutigen. Große Erwartungen regen ein Kind an und behindern ein anderes. Einwände und Verbote wirken wie natürliche Hindernisse und Organminderwertigkeiten; für das eine Kind sind sie der Anlaß zu besonderen Anstrengungen, ein anderes halten sie davon ab, überhaupt irgendetwas zu tun. Gegensatz oder Übereinstimmung, Trotz oder Unterwürfigkeit, Selbstvertrauen oder Entmutigung bestimmen, ob ein gegebener Anreiz eine konstruktive oder destruktive Wirkung hat.
Diese verwirrenden Unterschiede sind für den Mangel an Klarheit in den Methoden, Fähigkeiten zu fördern, verantwortlich und für die Neigung, gewissen Fertigkeiten eine vererbte Veranlagung zu unterstellen. Aus diesem Grunde betrachten viele Eltern und Lehrer, wie auch einige Psychologen, Unfähigkeiten und Mängel als das Ergebnis fehlender Begabung. Die Untersuchung von Kindern und Erwachsenen enthüllt jedoch, daß ungenügende Erziehung verbunden mit Entmutigung als der Hauptfaktor angesehen werden muß. Man kann immer den Punkt in der Erziehung finden, an dem das Kind aufgegeben hat.
Einige Kinder lernen nie *Rechtschreibung*. Sie wurden nämlich, als sie mit der Schularbeit anfingen, so entmutigt, daß sie alle Anstrengungen aufgaben. Andere geben auf, weil sie sich nicht auszeichnen können. Kinder, die gewohnt sind, ihren eigenen Willen durchzusetzen, wollen nicht zugeben, daß ein Wort immer auf dieselbe Weise geschrieben werden *muß*. Sie schreiben, wie es ihnen gefällt, einmal so, das nächste Mal anders. Schließlich werden sie so verwirrt, daß sie nicht länger versuchen herauszufinden, wie das Wort

geschrieben werden sollte. Es gibt viele wohlerzogene und belesene Erwachsene, die die Rechtschreibung nie gelernt haben, weil ihr erster Lehrer nicht in der Lage war, ihr wachsendes Minderwertigkeitsgefühl bezüglich der Rechtschreibung zu überwinden; und jetzt als Erwachsene fürchten sie sich immer noch, wenn sie einen Brief zu schreiben haben.

Die Unfähigkeit, *Rechnen* zu können, kann auf eine zufällige Entmutigung im Verlauf des Lernens zurückgeführt werden. Manche übertrieben beschützte Kinder lernen nie, eigene Entscheidungen zu treffen; sie finden es schwierig, irgend ein mathematisches Problem zu lösen, das Entscheidungen bezüglich des Vorgehens verlangt. Diese Kinder können hervorragende Schüler in Fächern sein, wo sie sich auf das informatorische Wissen verlassen können. Jedes Tun aber, das Selbstvertrauen und Entscheidung verlangt, ist ihnen verschlossen.

Ich möchte diese Tatsache auf einem Gebiet zeigen, das bis jetzt als der ausschließliche Bereich natürlicher Begabung angesehen worden ist — musikalisches Talent. Es gibt Leute, die an Musik überhaupt keinen Gefallen finden, für die sie sogar eine Qual ist. Sie können »Monotone« sein, unfähig sogar einfache Melodien zu singen — was allgemein als Zeichen eines völligen Mangels an Musikalität betrachtet wird. Aber in einer großen Anzahl von Fällen konnte gezeigt werden, daß das unterstellte »Fehlen eines musikalischen Gehörs« nichts anderes war als der Protest gegen musikalische Aktivität als Ergebnis einer Entmutigung — manchmal wegen der Konkurrenz mit einer älteren Schwester oder einem anderen Mitglied der Familie, das ein ausgeprägtes musikalisches Talent verriet. Sehr häufig führt der typische Gegensatz zwischen dem ersten und zweiten Kind zu solchen »Mängeln«.

Als Erik zehn Jahre alt war, schien er völlig unmusikalisch. Man konnte ihn nicht dazu bringen, Musik anzuhören, und er war unfähig, sogar den einfachsten Kinderreim zu singen. Als Kleinkind hatte er einiges Interesse an Musik gezeigt, änderte aber später völlig seine Haltung. Sein Vater leitete oft musikalische Veranstaltungen zu Hause. Der Junge, der als einziges Kind von seiner Mutter verwöhnt war, konnte nicht still sitzen, während Musik gemacht wurde, und schließlich mußte man ihn aus dem Zimmer schicken. Von da an war ihm Musik zuwider. Als er in die Schule kam, weigerte er sich, mit den anderen zu singen, und wurde deshalb getadelt und verspottet. Wenn seine Großmutter versuchte, ihm Lieder beizubringen, wurde er zornig und rannte weg. Als er zehn Jahre alt war, wurden ihm die Gründe für seine Haltung sorgfältig erklärt und infolge seines neuen Verständnisses konnte man ihm helfen, seinen Widerwillen gegenüber der Musik zu überwinden. Mit Hilfe eines verständigen Lehrers entwickelte er ein »gutes Gehör« und lernte schön zu singen.

Kinder, die zu Hause nie angeregt wurden zu singen, können unmusikalisch erscheinen, wenn sie versuchen, beim gemeinsamen Singen in der Schule mitzumachen, und dabei versagen. Durch die überlegene Fähigkeit ihrer Klassenkameraden niedergeschlagen, kann ihre Entmutigung durch gedankenlose Lehrer, die sie verspotten, leicht vergrößert werden, bis schließlich ihr Mangel an musikalischer Begabung als feststehende Tatsache angenommen wird, die scheinbar allen Anstrengungen und praktischen Versuchen widersteht. In späteren Jahren — oft in ziemlich vorgerücktem Alter — können solche Menschen schließlich dazu gebracht werden, ihren Mangel an musikalischer Fähigkeit als Legende zu entdecken und wie andere auch Geschmack an Musik und Gefühl dafür zu bekommen. Ihre »angeborene« Unfähigkeit findet dann ein plötzliches und erstaunliches Ende.

Die natürliche Vorliebe von Kindern für Musik wird durch die elterliche Einstellung zum Üben oft erstickt. Ehrgeizige Eltern bestehen oft darauf, daß ihre Kinder mehr üben. Und sie erkennen dabei kaum den Schaden, den sie damit der musikalischen Entwicklung ihrer Kinder zufügen. Sie wandeln eine Kunst, die Freude und Begeisterung hervorrufen soll, in eine qualvolle und mühselige Aufgabe. Selbstverständlich kann nichts ohne Übung erreicht werden; Üben erfordert aber *Interesse* und *Anregung*. Es genügt nicht, die Bewegungen des Übens durchzuführen. Die übliche Methode des Ermahnens, Tadelns, Bedrohens und Strafens ruft sicherlich weder Anregung noch Interesse oder Begeisterung hervor. Es liegt beim

Lehrer, das Kind zu interessieren; die Eltern sollten dazu noch anregen, aber keinen Druck ausüben. Sie können Schallplatten spielen oder das Kind mit zu Konzerten nehmen; sie können dazu beitragen, daß das Kind gute Musik schätzt, und können seine Fortschritte bewundern. Natürlich können sie es auch zwingen, am Klavier zu sitzen, womit aber oft seine musikalische Begeisterung abgetötet wird. Wenn es dann versagt, geben sie — manchmal auch der Lehrer — dem Mangel an musikalischer Fähigkeit die Schuld. Der Konflikt zwischen Eltern und Kind und die daraus folgenden schlechten Arbeitsgewohnheiten des Kindes sind es aber, die die richtige Ausbildung verhindern. Seine Unfähigkeit ist nur die Folge.

Eine ziemlich ins einzelne gehende Besprechung der musikalischen Begabung schien am Platz zu sein, da sie klar zeigt, wie leicht und gedankenlos die Begriffe der Vererbung und Veranlagung übernommen werden. Solche pessimistische Unterstellungen veranlassen Eltern, die Schwierigkeiten eines Kindes zu vermehren, anstatt ihm zu helfen, sie zu überwinden. Musikalisches Talent entspricht ganz den anderen besonderen Begabungen. Wenn ein Kind scheinbar keine Begabung zum Zeichnen oder für Aufsatz, Mathematik, Sprachen oder andere Schulfächer hat, sollte man zuerst herauszufinden versuchen, ob und wie es entmutigt worden ist, oder ob und warum es den Notwendigkeiten der Schulung Widerstand leistet. Zureden und Antreiben werden natürlich keine bessere Wirkung haben als Schimpfen, Tadeln oder — was schlimmer ist — Übertreiben seiner angeblichen Unfähigkeiten. All dies wird es nur noch weiter auf den Weg des Versagens treiben. Wenn wir dagegen die einst als hoffnungslos angesehenen Mängel in Ordnung bringen wollen, sind die besten Mittel, die Zuversicht des Kindes zu heben, seine Zuneigung zu gewinnen und damit seinen Widerstand zu überwinden, es seinen Fortschritt erleben zu lassen, sein Selbstvertrauen zu stärken, sein Interesse und seine Begeisterung zu erwecken und vor allem, während des nötigen Schulungsvorgangs geduldig zu sein.

Auf der anderen Seite ist es nicht möglich, mit Bedacht ungewöhnliche Fähigkeiten im Kind zu erzeugen. Ein besonderes Talent entwickelt sich nur auf dem Boden eines hochkonzentrierten und intensiven Übens, und dies kann kaum von außen aufgezwungen werden. Ehrgeiz wird manchmal ein Kind zu besonderen Leistungen anspornen; aber sehr oft kann es auch dazu führen, jeder Tätigkeit auszuweichen, falls sein Mut und Selbstvertrauen seinem Streben nicht entsprechen. Man sollte auf alle Fälle seine Einstellung zur Arbeit gut überwachen und seinen Fortschritt durch das Mittel der Ermutigung fördern. Viele übertrieben ehrgeizige Eltern veranlassen ihr Kind in einem frühen Alter zu angestrengtem Üben, das wirklich bemerkenswerte Leistungen zu versprechen scheint. Eine Zeit lang mag es als Wunderkind erscheinen, als Erfüllung aller ihrer Erwartungen, aber in viel zu vielen Fällen ist das endgültige Ergebnis Zusammenbruch und Unglück. Spätere Generationen von Eltern werden sich vielleicht von den Methoden, die Feindschaft erregen und zur Entmutigung führen, lossagen und besseren Erfolg darin haben, die in ihren Kindern schlafenden Möglichkeiten zu erwecken.

»Verbissene Passivität«

Kinder, die völlig passiv sind, sind sehr selten. Sogar Kinder, die sehr gelangweilt sind und keine Fähigkeiten entwickeln, seien sie physischer oder geistiger Art, zeigen manchmal aktive Teilnahme. Der stärkste Eindruck von Passivität wird durch Kinder vermittelt, die ihre Passivität bewußt als Mittel des Widerstandes benützen. Selbstverständlich sind sie entmutigt und haben verzweifelt aufgegeben, ihre Passivität ist jedoch so stark, daß man von einer »verbissenen« Passivität sprechen kann. Diese Kinder zeigen auch Zeichen eines Strebens nach *Macht* und besonders *Vergeltung;* ihre Ziele werden aber nur durch passive Methoden erreicht. Sie treiben Eltern — und noch mehr die Lehrer — zu äußerster Verzweiflung. Scheinbar kann nichts getan werden, um sie in Bewegung zu bringen.

Man schlägt buchstäblich auf Fels, wenn man versucht, sie zu beeinflussen oder zu leiten.

Der neun Jahre alte John wurde zur Beratungsstelle gebracht, weil er weder zu Hause noch in der Schule im geringsten mitarbeitete. Eigentlich stellte er nicht viel an, obwohl er manchmal durch Lügen, Stehlen, Schwänzen und ähnliches auffiel. Er erzürnte mehr durch das, was er nicht tat, denn er war faul, sehr unordentlich und schmutzig, ging halb bekleidet in die Schule und kam fast immer zu spät. In fast allen Fächern versagte er, machte keine Schularbeiten und bemühte sich nicht im geringsten, irgendwelche Prüfungen zu bestehen. Er spielte nicht einmal mit seinen Geschwistern oder mit anderen Kindern. Zuhause wurde er herumgestossen, dauernd gescholten, bedroht und streng bestraft — ohne jede Wirkung. Sein Benehmen war in den letzten beiden Jahren noch schlimmer geworden. Der entscheidende Faktor in seiner Entwicklung war sein ein Jahr jüngerer Bruder, der ihn zu Hause genauso wie in der Schule übertroffen hatte. Sein Bruder war auf keine Weise ein guter Schüler, aber er kam durch; und das Benehmen Johns wurde schlimmer, als sein Bruder in dieselbe Klasse kam und später eine Klasse über ihm war.
Beim ersten Besuch in der Beratungsstelle weigerte sich John, in den Beratungsraum zu kommen. Das nächste Mal kam er mit seiner Mutter herein, blieb aber an der Türe stehen. Weder Einladung noch freundliche Aufforderung oder schmeichelndes Zureden machten irgendeinen Eindruck auf ihn. Wir ließen ihn dort stehen und konnten beobachten, daß sein Gesicht während der Sitzung Interesse an den Vorgängen zeigte. Bei der nächsten Sitzung war er bereit, neben dem Berater zu sitzen, aber er sagte nicht ein Wort, obwohl er verstand und mit gelegentlichem Lächeln und leichten Gesten antwortete. Als es für ihn Zeit war, das Zimmer zu verlassen, damit wir mit seiner Mutter sprechen konnten, weigerte er sich. Er stand einfach nicht auf. Er mußte auf dem Stuhl hinausgetragen werden und akzeptierte dies ohne Widerstand.
Johns verbissene Passivität wurde allmählich durch Methoden überwunden, ähnlich denen, die bei Kindern, die ihre Macht zeigen, angewandt werden. Die Mutter, eine gespannte, harte und sehr perfektionistische Person, die ihn recht oft bestraft und heftig schlägt, wenn er trödelt und zu spät in die Schule geht, lernte sich zurückzuhalten und statt dessen natürliche Folgen eintreten zu lassen. Johns erste aktive Teilnahme geschah bei einer Jazzkapelle. Es war seine erste Erfahrung angenehmer Mitarbeit mit anderen. Später schloß er sich einer Tanzklasse an. In der Zwischenzeit wurde er in den Beratungsstunden freundlicher und mehr und mehr zur Mitarbeit bereit, drückte sich mit zunehmender Offen-

heit und Leichtigkeit aus und begann schließlich, sich in der Schule Mühe zu geben. Es war nur natürlich, daß in diesem Augenblick sein Bruder begann, in Schwierigkeiten zu geraten.

Die Verbissenheit beim Kampf mit dem Mittel der Passivität ist sogar noch eindrucksvoller, wenn sie beschränkt ist.

Der sieben Jahre alte Hans weigerte sich, mit irgendjemand außer seiner Mutter zu sprechen, die ihn stark verwöhnt und seinen Launen nachgibt. Aber dies ist die einzige Beziehung, die Hans ausschließlich akzeptiert. In der Schule sagt er kein Wort. Er hat Schreiben gelernt und beantwortet die Fragen des Lehrers bereitwillig durch Schreiben; er kann sich durch Gesten und Zeichen verständlich machen, äußert aber kein einziges Wort. Äußerlich, paßt er sich an, wenn man mit ihm spricht — er wird tun, was man ihm sagt, aber er wird keine Frage beantworten. In der Beratungsstelle starrt er in den leeren Raum, wie wenn er nicht hören könnte, was gesagt wird. Er ignoriert völlig Verbindung mit anderen.

Wie zuvor gesagt, ist es fraglich, ob Kinder, die ihre Zuflucht zu verbissener Passivität nehmen, wirklich in die vierte Gruppe gehören. Ihre Passivität ist manchmal mehr als nur Resignation. Man sollte das Element der Macht im Nichtstun erkennen. Zwang, gutes Zureden oder Strafe machen ein Kind nur noch entschlossener, sich an nichts zu beteiligen. Die beste Antwort auf sein Benehmen ist, es auf eine solche Weise allein zu lassen, daß es die unangenehme Wirkung seiner Passivität erlebt. Solange das Kind die Eltern unter Druck setzen und sie zu größerer Aktivität und Anstrengung bringen kann, wird das Kind seine Methode nur erfolgreich und angenehm finden.

Drittes Kapitel

DIE ZIELGERICHTETHEIT DES KINDES — KRANKHAFTES VERHALTEN UND HILFE DURCH DEN FACHMANN

Der Widerstand des Kindes kann sich in einem solchen Maß entwickeln, daß es »abnorm« scheinen kann. Man muß jedoch vorsichtig sein, was man bei einem Kind als krankhaft oder abnorm betrachtet. In der Regel sind die Reaktionen des Kindes nicht abnorm, selbst wenn sie extrem und außergewöhnlich erscheinen, weil sie im allgemeinen vernünftige und passende Gegenwirkungen auf eine Situation darstellen, wie das Kind sie sieht. Was jedoch für ein Kind noch als »normal« angesehen werden kann, mag »krankhaft« sein, wenn es in das Erwachsenenalter mitgenommen wird, wo die Reaktion nicht mehr der tatsächlichen Situation entspricht. Auch wenn ein Kind vom Normalen völlig abweicht, sollte es nicht krankhaft genannt werden, weil diese Bezeichnung im allgemeinen auf einen Mangel an Einsicht in seine Beziehungen zu Eltern, Lehrer oder zur Gesellschaft als ganzes beruht.

Der Ausdruck »krankhafte Reaktion« ist nur gerechtfertigt, wenn man gewisse Verhaltensweisen beschreibt, die, falls sie im späteren Leben beibehalten werden, typische psychopathologische Erscheinungen werden würden. Wir können bei Kindern die ersten charakteristischen Zeichen dieser Erscheinungen beobachten, und die Lebensgeschichte erwachsener Patienten enthüllt, daß oft die ersten Symptome schon in der frühesten Kindheit sichtbar geworden sind. Solche Symptome bei Kindern rechtfertigen weder Befürchtungen noch Angst und Pessimismus. Während jedoch einige Symptome besondere Fürsorge und Überlegung erfordern, um ihre Fortdauer, die zu pathologischen Erscheinungen führen kann, zu verhindern, können Eltern, die durch die genannten Emotionen geleitet werden, auf eine bereits gestörte Anpassung schädigend einwirken.

Wir haben bereits typische neurotische Wirkungsweisen bei Kindern besprochen, als wir Angst, übertriebene Gewissenhaftigkeit, Wutausbrüche und den Mangel an Konzentration behandelten. Charakteristisch für jede neurotische Störung, sei sie bei Kindern oder Erwachsenen, ist die Neigung, gute Absichten aufrecht zu erhalten und die Feindseligkeit hinter »Symptomen« zu verbergen, die als Alibis benützt werden. Wahrscheinlich hat das Kind diese Symptome ursprünglich dazu benützt, um sich gegenüber den Eltern zu entschuldigen; sobald es aber seine Entschuldigungen selber glaubt, fängt der neurotische Mechanismus an.

Viele nervöse Symptome können in der frühen Kindheit in Erscheinung treten. Sie sind immer gegen Eltern und Ordnung gerichtet. Auf diese Weise versucht ein Kind gewisse Verantwortungen abzulehnen und sich Rücksicht und Hilfe oder manchmal nur vermehrte Aufmerksamkeit zu sichern. Dementsprechend wechseln die Symptome mit den Umständen. Sie folgen oft dem Beispiel, welches das Kind sieht und können durch gelegentliche Erlebnisse hervorgerufen werden. *Die Entwicklung eines Symptoms hängt von der Art ab, mit der die Familie auf sein erstes Erscheinen reagiert.* Je stärker die Wirkung ist, die ein Symptom hervorruft, desto größer ist die Wahrscheinlichkeit seiner weiteren Entwicklung. Es zu ignorieren, beschleunigt sein Verschwinden, — mindestens am Anfang, wenn es noch nicht fest gegründet ist.

Charakteristisch für ein nervöses Kind ist die Spannung, unter der es lebt. Diese kommt von den Schwierigkeiten, mit denen es sich herumzuschlagen hat: Konflikte mit Eltern, Geschwistern und Lehrern, drohende Gefahren und übermäßiger Ehrgeiz. Sein ganzer Organismus ist dem Druck dieser Anstrengung unterworfen; und so kann jeder Gedanke und jedes Gefühl, jede Funktion der körperlichen Organe, auf welche sich seine Aufmerksamkeit richtet, sich zu einem nervösen Symptom entwickeln.

Nach *Keuchhusten* kann die Reizung viel länger bestehen bleiben, als für den Verlauf dieser Krankheit normal ist; eine Störung des *Magens*, die durch ungesunde Nahrung hervorgerufen ist, kann beibehalten oder wiederholt werden; Klagen der Mutter über *Herz*beschwerden können das Kind dazu führen, seinen eigenen Puls zu beobachten und nervöse Herzbeschwerden zu bekommen. Es muß besonders darauf hingewiesen werden, daß die nervösen Störungen anderer von einem Kind bereitwillig nachgeahmt werden. Und auch hier wieder ermutigt die Beunruhigung der Familie über eine Störung — die anfänglich oft nur als »schlechte Gewohnheit« betrachtet wird — ein Kind, diese dauernd anzunehmen. Es ist unmöglich auch nur eine annähernde Liste der nervösen Störungen, die bei Kindern erscheinen, zu geben. Wir werden kurz auf einige wenige hinweisen.

Ein direkter Ausdruck der Spannung ist der sogenannte *Krampf*. Krämpfe können in jeder Muskelgruppe erscheinen, entweder über den ganzen Körper (in welchem Fall sie oft fälschlicherweise als epileptisch oder Herzanfälle beschrieben werden) oder auf die Augenlider beschränkt (Lidkrampf), oder auf die Muskulatur des Kiefers (Kieferklemme), die Gesichtsmuskeln (blitzartige *Zuckungen* der Gesichtsmuskeln, die zu Grimassen führen), die Muskeln der Kehle und des Nackens oder die Schulter-Arm- und Beinmuskulatur. Sie können als Gähnen, Niesen, Lachen, Heulanfälle oder als Hustenkrämpfe erscheinen. Da sie manchmal von echten körperlichen Beschwerden begleitet sind, ist in jedem Fall eine ärztliche Untersuchung angeraten.

Spannung kann leicht zu nervösen Störungen des *Verdauungs*traktes führen. Nervöse Kinder können nicht essen, wenn sie überreizt sind — vor einer Reise, ehe sie ins Theater gehen und wenn irgend etwas Unangenehmes droht. Auch der Gang in die Schule kann ein Anlaß sein, und aus diesem Grund kann das Frühstück Schwierigkeiten machen. Vielleicht befindet sich das Kind im Gegensatz zur Schule, oder es ist sehr ehrgeizig und fürchtet sein Versagen. Auf jeden Fall scheint es unfähig, am Morgen etwas zu essen, besonders vor einer Prüfung oder einer ungewöhnlichen Klassenarbeit. Wenn man es zum Frühstück überredet, kann ein Kind Magenkrämpfe oder nervöses Erbrechen bekommen. Die krampfartige Zusammenziehung der am unteren (beim Zwölffingerdarm) Ende des Magens liegenden Muskulatur (Pylorospasmus) ist oft mit dem Widerwillen zu essen verbunden. Die Spannung des Verdauungstraktes kann zu *Durchfall* oder *Verstopfung* führen.

Übermäßige Spannung kann den *Schlaf* des Kindes stören. Es wirft sich ruhelos umher und schreit oder spricht manchmal im Schlaf. Sein Hirn arbeitet immer noch an den Problemen, die sein tägliches Leben erfüllen, und führt emotionalen Aufruhr herbei. Oder es kann vielleicht überhaupt nicht schlafen, weil es zu sehr mit seinen Problemen beschäftigt ist. Das Gefäß-System reagiert leicht auf Anspannung, da Ängstlichkeit und Herztätigkeit in einem physiologischen Angstmechanismus verbunden sind. Das Ergebnis ist *Herzklopfen*, beschleunigter Puls, *Erröten* und *Blässe* — auch vermehrte *Schweißabsonderung*, zusammen mit Gefühlen der Angst. Kinder, die starkem moralischen Druck ausgesetzt sind, können *zwang-* und *wahn*hafte Züge entwickeln.

Die Heilung besteht zuerst darin, das Kind und vor allem die Eltern zu beruhigen. In Fällen äußerster Aufregung können Medikamente etwas helfen, aber nur als vorübergehende Abschwächung des betreffenden Symptoms. Was früher von den Fehlern der Kinder gesagt wurde, gilt genauso für ihre nervösen Störungen: Es ist nutzlos, nur das Symptom zu behandeln. Die Persönlichkeit des Kindes und seine Beziehung zu den Eltern müssen geändert werden. Seine ganze Situation braucht eine grundlegende Überprüfung. Auch das Nichtbeachten eines Symptoms gebietet der Entwicklung nur einer einzelnen Erscheinungsform Einhalt. Die allgemeine Gespanntheit wird dadurch nicht berührt. In schwierigen Fällen, besonders bei älteren Kindern, ist psychotherapeutische Behandlung unerläßlich. Es genügt aber nicht, dem Kind aus seiner gegenwärtigen mißlichen Lage herauszuhelfen; die Behandlung muß sich auch auf die Eltern erstrecken und sie veranlassen, eine vernünftigere Haltung einzunehmen.

Die Zahl der Kinder, die heute als psychotisch bezeichnet werden, ist im Steigen. Dies mag auf der Tatsache beruhen, daß man bis jetzt nicht ihre Verschiedenheit gegenüber den eindeutig zurückgebliebenen Kindern erkannt hat. Tatsächlich gibt es Anzeichen, daß diese Kinder eine normale und oft sogar hohe Intelligenz besitzen, obwohl sie sich ganz wie Schwachsinnige benehmen. Da ihr Verhalten höchst unsinnig erscheint und nicht mit Vernunft gelenkt werden kann, werden sie psychotisch oder oft auch schizophren genannt. Ihre geistige Verfassung ist jedoch von derjenigen erwachsener Schizophrener ganz verschieden, obwohl auch sie in ihrer eigenen Welt zu leben scheinen und durch Ereignisse in ihrer Umgebung offensichtlich wenig berührt werden. Ihre Trennung von anderen und ihr Kontaktmangel zeigen sich oft nicht nur in ihrer Abgeneigtheit zuzuhören, sondern auch in ihrer Unfähigkeit zu sprechen. Viele von ihnen sind völlig stumm, und viele scheinen taub zu sein, wobei sich kein organischer Hörfehler nachweisen läßt. Weil das Wesen ihrer »Psychose« so wenig verstanden wird und wegen der schlechten Bedeutung, die diesem Begriff anhaftet, werden diese Kinder oft nicht psychotisch, sondern als »emotional zurückgeblieben« bezeichnet. Eine allgemein anerkannte Erklärung des Ursprungs dieses Zustands gibt es noch nicht. Einige Fachleute führen ihn auf eine organische Minderwertigkeit im Gehirn zurück, speziell auf eine fehlerhafte Entwicklung; andere sehen die Persönlichkeit der Eltern, besonders der Mutter, als die Ursache für diese Art von Abnormität an. Unsere eigenen Beobachtungen zeigen, daß die Eltern der sogenannten psychotischen Kinder sich von denen normaler Kinder kaum unterscheiden und tatsächlich oft andere völlig normale Kinder haben. Andererseits wird die Annahme einer organischen Fehlerhaftigkeit zweifelhaft, wenn wir eine völlige Wiederherstellung und Einordnung beobachten — bis jetzt allerdings nur in wenigen Fällen.

Das hervorstechende Merkmal dieser Kinder ist die Entschlossenheit, ihren eigenen Willen zu haben und jeden äußeren Zwang und

Anspruch zu mißachten. Dieser Widerstand gegen Zwang brachte einige Fachleute zu der Annahme, daß die Behandlung jeden Druck vermeiden sollte. Unsere Beobachtungen führen zu gegenteiligen Schlußfolgerungen. Nachgiebigkeit verstärkt im allgemeinen diesen Zustand, während beharrliche Festigkeit die so oft gezeigte Heftigkeit vermindert. Diese Entschlossenheit des Kindes, der Gewalt einer Autorität Widerstand zu leisten, sei sie nun durch einen Einzelnen oder durch die Forderungen der mitmenschlichen Situation bedingt, können uns den Schlüssel zum Verständnis dieses Zustandes geben.

Es scheint sich um ein Gegenstück der anderen extremen Form jugendlicher Auflehnung, nämlich der Jugendkriminalität zu handeln. Beide zeigen sich in größerem Ausmaß zu einer Zeit, wenn die elterliche Autorität sich in einer demokratischen Umgebung verringert und die seither unterdrückten Kinder es wagen, ihre Auflehnung offen auszudrücken. Mit anderen Worten scheint die Kindheitspsychose die äußerste Rebellion eines Kindes anzuzeigen, welches keine Angst mehr vor Wiedervergeltung und Bestrafung hat oder sie mindestens ohne Aufhebens als Preis für seine neue Art der Unabhängigkeit annimmt. Diese offene Rebellion ist nur in einer Zeit übertriebener elterlicher Nachgiebigkeit möglich, wenn Eltern nicht mehr fähig und willens sind, ihre Kinder zu »beaufsichtigen«. Vielleicht braucht es aber irgendein organisches »Entgegenkommen«, wenn das Kind sich ohne innere Kontrolle von seinen Neigungen beherrschen läßt.

Zur Verhütung eins solchen geistigen Zustands kann wenig gesagt werden, man kann nur hinweisen auf die Notwendigkeit von Ordnung und Regelmäßigkeit in der Familie. Diese können aber nicht mehr durch Gewalt herbeigeführt werden, sondern erfordern den weiten Spielraum von Erziehungsmethoden, wie sie in diesem Buch beschrieben sind. Das leicht verwundbare, kranke und mit körperlichen Fehlern behaftete Kind braucht keine besonderen Erziehungsmethoden, sondern nur eine sorgfältigere Beachtung der grundlegenden Prinzipien. Andererseits machen alle Körperfehler und Mängel die Aufrechterhaltung der richtigen Einstellung und Verfahrensweisen schwieriger und verlangen deshalb von den Eltern eine größere Entschlossenheit und Beharrlichkeit beim Gebrauch der geeigneten Methoden.

Wenn sich der psychotische Zustand einmal entwickelt hat, ist fachliche Hilfe nötig. Neue Medikamente wurden entwickelt, die das Kind so beeinflussen, daß Erziehungsmethoden wirksamer werden. Diese Arzneien heilen nicht das Kind, sondern machen es nur fügsamer; die anschließende richtige Nacherziehung kann dann entsprechend wirken und entweder völlige oder teilweise Anpassung erlauben.

Nach unserer Erfahrung kann *Musik*therapie oft auf ein Kind wirken, wenn alle anderen therapeutischen Bemühungen versagt haben. Psychotische Kinder reagieren im allgemeinen nicht auf Worte, der Gebrauch von Musik jedoch kann Teilnahme und Kontakt herbeiführen. Auch Rhythmus unterstützt die therapeutische Wirksamkeit von Musik. Er legt Ordnung in einer Form nahe, auf die das Kind leicht und bereitwilliger reagieren kann.

Wie bei allen schwerwiegenden Machtkämpfen müssen die Eltern eines psychotischen Kindes fähig sein, sich von den ungebührlichen Ansprüchen des Kindes frei zu machen. Es erfordert einen erheblichen Mut, um der oft heftigen bösartigen Angriffslust solcher Kinder fest aber ruhig Widerstand zu leisten. Um ihre eigene Unabhängigkeit und Selbstachtung zu bewahren, müssen Eltern die Seelenstärke und die Kraft haben, für ihre eigenen Rechte einzutreten und nicht der Gewalt eines kranken Kindes nachzugeben. Falsche Rücksicht und Nachgiebigkeit mit der Begründung zu rechtfertigen, daß »das arme Kind krank ist«, veranlaßt ein Kind, noch kranker zu werden und seine Krankheit wie einen Prügel für sein Opfer zu gebrauchen.

Ein unartiges und rebellierendes kleines Kind kann sich wie ein Psychopath benehmen, ohne tatsächlich einer zu sein *. Es hat keinen Anteil an den Werten und moralischen Auffassungen der Menschen seiner Umwelt. Es kann trotzig oder genußsüchtig sein; es kann seinen eigenen Weg haben wollen und nicht daran denken, sich einzuordnen. Eine große Anzahl dieser Kinder jedoch, man kann sagen die große Mehrzahl, passen sich später an, ohne irgendwelche psychopathischen Neigungen zu zeigen. Während sie sich in Heim und Schule schlecht eingefügt haben, gelingt es ihnen während der Periode des Heranwachsens, sich an die Gesellschaft im ganzen anzupassen, nachdem sie einmal von den Familienbeziehungen, die ihre Einordnung gestört hatten, unabhängig geworden sind. Auf der anderen Seite können Kinder, die früher keine offensichtlichen Zeichen der Fehlanpassung gezeigt haben, während der Pubertät zur offenen Auflehnung tendieren, wenn sich nämlich Familie und Schule einmischen oder es an der notwendigen Hilfe und Obhut fehlen lassen. Die so weit verbreitete Jugendkriminalität ist häufig die Folge einer fehlenden Vorbereitung auf das Heranwachsen oder der Unfähigkeit der Erziehungsinstitutionen, wie Familie und Schule, die heranwachsenden Jugendlichen zu verstehen, zu akzeptieren und in die Gesellschaft einzugliedern. Der Kampf der Generationen gipfelt

*Ein Psychopath, wie wir es verstehen, kann als eine Person bezeichnet werden, die kein genügendes Gewissen entwickelt hat und die Moralvorschriften und Werte der Gesellschaft, in der sie lebt, nicht akzeptiert. Folglich ist ihr Benehmen sozial störend. Sie betrachtet ohne Hemmung und Zurückhaltung ihre eigenen Interessen als die einzigen Beweggründe von Bedeutung. Wir können drei Gruppen Psychopathen unterscheiden: 1. die Nachgiebigen — Alkohol- und Rauschgiftsüchtige, Spieler, Lügner, Perverse, Schwindler, Sonderlinge und Simulanten: 2. die Trotzigen — Kriminelle und Verbrecher, Amoralische, aktive Sexualverbrecher und Prostituierte, Unbeherrschte und Streitsüchtige; 3. die geistig Abnormen, die nicht gelernt haben, Recht und Unrecht zu unterscheiden und die eine begrenzte Kenntnis von Gut und Böse haben. Sie können nachgiebig, trotzig oder nur nicht angepaßt, hemmungslos und impulsiv sein.

in der Revolte des Jugendlichen, und die jugendlichen Verbrecher sind oft nur die Vorkämpfer dieser Rebellion.

Jeder Zug zur Nichtanpassung und zur Nichtteilnahme muß bei Kindern erkannt und überwacht werden. Er kann nicht durch Gewalt unterdrückt oder durch Nachsicht gemildert werden. Diese zwei Methoden der Nachsicht und der Unterdrückung, die heutzutage bei sich schlecht betragenden Kindern vorzugsweise angewandt werden, sind hauptsächlich für die große Anzahl von genußsüchtigen und trotzigen Menschen verantwortlich. Solange die Schulen diesen Mangel nicht ausgleichen können, indem sie die Zuneigung der Kinder gewinnen und sie auf harmonische Weise in die Gruppe eingliedern und der Ordnung anpassen, werden sich psychopathische Persönlichkeiten in steigendem Maße entwickeln, besonders in Zeiten der fortschreitenden Demokratie. Die demokratische Freiheit und das damit verbundene Recht auf Selbstbestimmung begünstigen die Ablehnung moralischer Vorstellungen, die durch Eltern und Autoritäten überliefert werden. Je mehr sich die Kinder berechtigt fühlen, die Werte ihrer Eltern zurückweisen, desto trotziger können sie werden, wenn sie alle moralischen Werte zurückweisen. Es muß nochmals gesagt werden, daß ein solcher vorübergehender Aufruhr während der Pubertät, der sogar zur Kriminalität führen kann, nicht notwendigerweise die endgültige Entwicklung psychopathischer Charakterzüge bedeuten muß. Bestrafung durch die Behörden jedoch und übermäßige Nachsicht oder Vernachlässigung durch die Eltern kann den Jugendlichen noch tiefer in die antisoziale Feindseligkeit treiben, bis sein Rückweg zur Gesellschaft schließlich für dauernd blockiert sein kann.

Einige Kinder entwickeln während der Pubertät ernsthafte psychopathische Züge, manche noch viel früher. Der Reiz der Sexualität kann Trotz und Sichgehenlassen gleichzeitig hervorrufen. Solche Kinder können völlig unkontrollierbar werden, da keine Gewalt von Eltern oder Behörden stark genug ist, diese Triumphe des Trotzes zu verhindern. Spielen und Trinken, Vandalismus und unkontrollierbare Genußsucht jeder Art von Vergnügen und Zerstreuung, gipfelnd in Brandstiftung und Raub, bezeichnen die Entwicklung eines Kindes, das außerhalb der sozialen Ordnung und der erwachsenen Gesellschaft Geltung sucht.

Es ist ungerecht, die Eltern allein für die zunehmende Jugendkriminalität verantwortlich zu machen. Denn wer hilft den Eltern heutzutage in ihrer übermenschlichen Aufgabe, Kinder richtig zu erziehen? Lehrer, Jugendbehörden, Polizei und Gerichtshöfe müssen gleichermaßen lernen, den jugendlichen Verbrecher und seine Probleme zu verstehen. Ein besseres Verständnis derjenigen, die schon mit dem Gesetz in Konflikt geraten sind, kann bei der Verhütung von Jugendkriminalität große Hilfe leisten. Die meisten Jugendlichen mit psychopathischen Charakterzügen sind sehr ehrgeizig, finden aber kein genügendes Ventil für nützliche Leistungen. Sie wollen erwachsen und geschickt sein und erreichen dieses Ziel leichter durch schlechtes Betragen als durch Anpassung. Es ist für sie einfacher, sich groß und wichtig zu fühlen, indem sie mit den Lastern der Erwachsenen wetteifern, als ihre Aufgaben zu erfüllen, die ihnen im allgemeinen wenig Anerkennung in der Welt der Erwachsenen verschaffen.

Wenn einmal ein Kind sich gegen die Erwachsenen gewandt hat, ist es schwierig, es persönlich zu beeinflussen. Es wird im allgemeinen durch seine Altersgenossen gestärkt, die so denken und fühlen wie es selbst; es kann sich ja die Kameraden aussuchen, deren Einstellung mit seiner übereinstimmt. Therapeutische Arbeit mit einzelnen Eltern und Kindern ist deshalb nicht sehr wirksam; Versuche in der Gruppe mit Hilfe neuer Betätigungen und besonders durch Gruppenaussprachen sind viel aussichtsreicher. Auf diese Weise kann es möglich sein, die sozialen Werte und Begriffe der ganzen Gruppe zu beeinflussen und zu verbessern. Es ist leichter, eine ganze Gruppe von Jugendlichen zu beeinflussen, als einen Einzelnen, da man Mitglieder der Gruppe auf seine Seite bringen kann, was eine Grundlage für den Aufbau bietet.

Da die psychopathische Persönlichkeit durch Ablehnung der sozialen Werte der Gesellschaft und durch Rücksicht allein auf die eigenen

Interessen gekennzeichnet wird, ist das Problem der geistigen Zurückgebliebenheit notwendigerweise damit verbunden. Es ist wahr, daß manche Kinder durch tatsächlichen Mangel an intellektuellem Vermögen daran gehindert werden, die komplizierten Auffassungen von Moral und Werten völlig zu begreifen. Während aber Kinder mit starken geistigen Mängeln im allgemeinen davon zurückgehalten werden, mit anderen zusammen zu kommen und anderen und sich selbst Schaden zuzufügen, können Kinder mit einem geringeren Grad zu einer wirklichen Gefahr werden. Viele schwachsinnige Kinder können, wenn sie sorgfältig erzogen, angeregt und überwacht werden, sehr wohl lernen, am Leben genügend und sogar erfolgreich teilzunehmen. Unter den gegenwärtigen pädagogischen Bedingungen, die im besten Falle als nicht zufriedenstellend zu bezeichnen sind, ist das zusätzliche Problem des Schwachsinns für Eltern und Lehrer zu viel. Statt besserer Fürsorge bekommen diese Kinder viel weniger Schulung und manchmal überhaupt keine. Lange ehe sie in die Schule gehen, sind ihre begrenzten Möglichkeiten durch Verwöhnung, übermäßige Beaufsichtigung oder Vernachlässigung bereits erstickt. Es ist wahr, daß die Ausbildung solcher Kinder schwierig ist und keine Belohnung verspricht, die der Schulung des Durchschnitts oder des überdurchschnittlichen Kindes auch nur vergleichbar ist. Die Gesellschaft als Ganze bezahlt jedoch einen hohen Preis dafür, daß Behandlung und Ausbildung zurückgebliebener Kinder vernachlässigt werden: die Rolle, die diese in der Kriminalität spielen.

Um die Aussprache über die am meisten gestörten Kinder abzuschließen, müssen wir den Bedingungen, unter denen sie aufwachsen, Aufmerksamkeit schenken. Man kann sagen: Je mehr Hilfe und Unterstützung ein Kind braucht, desto weniger bekommt es sie. Richtige Behandlung und Ansporn von Eltern, Lehrern und anderen werden nur denen gegeben, die es am wenigsten brauchen, weil sie schon gut angepaßt sind und für sich selbst sorgen können. Sie werden mit all der Zuneigung, Aufmerksamkeit und Rücksicht behandelt, auf welche jedes Kind ein Recht hat. Auf der anderen

Seite bekommt das stark gestörte Kind die schlechteste Behandlung, kein oder nur wenig Verständnis, Unterstützung und Ermutigung. Es wird umhergestoßen, mißbraucht, gedemütigt und in noch größere Rebellion und Entmutigung getrieben. Dieser Widersinn kann nur durch eine größere Kenntnis der wirksamen Erziehungsmethoden überwunden werden und durch eine bessere Vorbereitung für das Verständnis der Persönlichkeit jedes Kindes.

Hilfe durch den Fachmann

Hoffentlich hat das bisher Gesagte dazu beigetragen, einige der häufigsten Erziehungsfehler zu erkennen, ein besseres Verständnis für unser Kind zu gewinnen und vielleicht sogar unsere Beziehung zu ihm angenehmer zu machen. Es ist aber trotzdem möglich, daß wir gerne noch weitere Anleitung hätten, besonders, wenn unser eigenes seelisches Gleichgewicht etwas gestört worden ist oder wenn uns das Betragen des Kindes zu sehr belästigt. Man würde oft gern etwas Näheres über besondere Methoden erfahren, die dazu dienen, Eltern und Kinder zu einer beiderseitig konstruktiven Beziehung zu führen. Fälle aus der täglichen Arbeit einer individualpsychologisch geführten Erziehungsberatungsstelle würden die Anwendung von erfolgreichen Methoden zeigen und uns noch mehr Verständnis für das geben, was in diesem Buch zu beschreiben versucht wurde. Da dies jedoch den Rahmen dieses Buches sprengen würde, ist geplant, die Arbeitsberichte von Erziehungsberatungsstellen, die nach unseren Methoden vorgehen, in einem gesonderten Buch zu veröffentlichen.
Die meisten Eltern wissen so wenig über die Kunst, mit ihren Kindern fertig zu werden, daß in vielen Fällen Hilfe von außen notwendig ist. Auch Lehrer sind in der Regel nicht genügend geschult, um ein Kind, das stört und sich schlecht beträgt, ganz zu verstehen. Deshalb benötigen viele Kinder noch mehr Hilfe, als die Schule sie gewöhnlich geben kann. Die Tatsache, daß ein Kind solche Hilfe

braucht, zeigt in keiner Weise einen krankhaften Zustand an. Ein Kind wird erst dann zum Problem, wenn Eltern und Lehrer nicht wissen, wie sie die Dinge handhaben sollen. Somit ist es nicht nur das Kind, das Hilfe braucht, sondern auch die Eltern haben den Rat eines Fachmannes nötig. Daß sie mit den Schwierigkeiten des Kindes nicht fertig werden, ist nicht ihr Fehler und bedeutet nicht unbedingt ihr Versagen. So lange Eltern und Lehrer selbst keine richtige Vorbereitung und Ausbildung haben, müssen wir die Notwendigkeit erkennen, Beratungsstellen einzurichten, welche die benötigte Hilfe geben. Solche Erziehungs-Beratungsstellen dienen in gleicher Weise der Not von Eltern, Kindern und Lehrern. Diese Beratungsstellen sollten in jeder Gemeinde eingerichtet sein, innerhalb des Schulsystems, aber auch in Gemeindehäusern, Kirchen und anderen Kulturstätten innerhalb der Gemeinde.

Als Berater funktionierten ursprünglich meistens Psychiater, weil man glaubte, daß die Fehler des Kindes und die Unfähigkeit der Mutter, diese zu berichtigen, auf krankhaften Vorgängen im Seelenleben der Mutter und des Kindes beruhten. Heute sehen wir immer mehr ein, daß die meisten Erziehungsschwierigkeiten »normale« Kinder betreffen und daß die »gesündeste« Mutter oft nicht weiß, was mit dem Kinde anzufangen. Daher erscheint die Beratung von Eltern und Kindern immer mehr als erzieherischer Prozeß und nicht als »Behandlung«. Demgemäß finden wir als Berater weniger Psychiater als vielmehr Psychologen und Erzieher.

Es werden heute verschiedene Methoden angewandt. Alfred Adler und seine Mitarbeiter entwickelten eine besondere Methode zum Gebrauch in den Erziehungs-Beratungsstellen. Ihre hauptsächlichsten Grundlagen sind folgende:

1. Unsere Hauptaufmerksamkeit ist den Eltern gewidmet. Besonders jüngeren Kindern kann kaum geholfen werden, ohne die Einstellung der Eltern zu ändern. Das heißt aber nicht, daß die Eltern an allem schuld sind, was das Kind schlecht macht, wie man einmal geglaubt hat. Die Eltern sind ebenso die Ursache wie das Opfer der gestörten Beziehung. Es ist oft das Kind, das mit seinen fehler-

haften Anschauungen die Eltern zu falschen Handlungen herausfordert. Deshalb arbeiten wir immer mit Eltern und ihren Kindern *zusammen.* Nichtsdestoweniger ist es klar, daß das Kind sich ändern wird, wenn die Eltern sich anders benehmen. Ohne aktive Mithilfe der Eltern wird das Kind sein störendes Verhalten nicht fortsetzen.

2. Alle Eltern, die sich an unsere Art von Beratungsstellen wenden, nehmen gleichzeitig an einer Gruppenbehandlung teil. Hierbei wird jeder einzelne Fall in Gegenwart der anderen Eltern ganz offen besprochen. Die anfänglichen Hemmungen gegenüber einer solchen Teilnahme in der Gruppe verschwinden bald, wenn die Elern bei der ersten Sitzung den Geist von gegenseitiger Hilfe und Verständnis feststellen. Vertrauliche oder peinliche Dinge werden nie in der Gruppe vorgebracht, sondern in privaten Sitzungen mit der Fürsorgerin oder dem Berater, je nachdem der Fall es erfordert, besprochen. Der Vorteil der Gruppenbesprechungen wird jedem, der nur einmal daran teilnimmt, bald klar. Die meisten Eltern bekommen schon dadurch, daß sie der Besprechung der Probleme anderer Eltern zuhören, eine bessere Einsicht in ihre eigene Situation; denn es ist viel leichter, sachlich zu sein, wenn wir die Probleme anderer Leute erwägen und verstehen.

3. Derselbe Berater befaßt sich sowohl mit den Eltern als auch mit dem Kind. Alle Probleme der Kinder sind Ausdruck einer gestörten Beziehung zwischen Eltern und Kind, sowie zwischen Geschwistern. In jedem Fall sieht sich der Berater einem ganz speziellen Beziehungsverhältnis gegenüber gestellt und muß es von beiden Enden gleichzeitig in Angriff nehmen. Wir sind noch nie einem besonderen Widerstand bei den Eltern oder dem Kind begegnet, weil wir uns mit beiden befassen; es ist genau so leicht, das Vertrauen beider Parteien zu gewinnen wie nur der einen. Die Erfahrung hat sogar gezeigt, daß die Arbeit mit nur einer Seite einen gewissen Nachteil mit sich bringt. Die Dauer und der Verlauf der Behandlung hängen von der augenblicklichen Lage und Aufnahmefähigkeit der Eltern und des Kindes ab; dies kann nur dann richtig beur-

teilt werden, wenn der Berater mit beiden Seiten engen Kontakt hat.

4. Die Probleme des Kindes werden ganz offen mit ihm selbst besprochen, ohne Rücksicht auf sein Alter. Wenn das Kind den Sinn der Worte versteht, versteht es auch ihren psychologischen Gehalt. Entgegen der allgemeinen Annahme zeigen kleine Kinder eine erstaunliche Fähigkeit, psychologische Erklärungen zu begreifen und zu akzeptieren. Im allgemeinen brauchen Eltern viel mehr Zeit, um die psychologischen Mechanismen einer Situation zu verstehen; das Kind erkennt sie beinahe sofort, sobald sie ihm erklärt werden. Dies liegt aber nicht daran, daß das Kind beeinflußbarer ist und deshalb suggestiven Bemerkungen leichter »erliegt«; sein »Erkennungsreflex« erscheint nur, wenn eine Deutung richtig ist.

Ein Kind wird ohne seine Eltern in den Beratungsraum gerufen, und offenbart in seinen Handlungen, seinem Benehmen und seinen Reaktionen seine Einstellung und die typischen Methoden, mit denen es das Leben zu bewältigen sucht. Die Unterredung ist kurz und befaßt sich direkt mit dem Grundproblem; wenn richtig erklärt wird, macht sie im allgemeinen einen tiefen und dauernden Eindruck auf das Kind. Kinder empfinden die Gegenwart von Erwachsenen nur selten als peinlich; wenn sie sich aber gehemmt fühlen, enthüllen sie in diesen schwierigen Testsituationen mehr von ihren grundlegenden Einstellungen und Reaktionsweisen, mehr von der wahren Natur ihrer Probleme, als in »normalen« Situationen zu Hause oder in der Schule, wo ihre wirklichen Beweggründe durch kompensatorische und festsitzende Verhaltensweisen überdeckt sein können. Psychometrische Tests kommen nur dann in Frage, wenn die Diagnose nicht klar ist oder eine besondere Untersuchung notwendig erscheint; solche Tests sind aber nur in wenigen Fällen nötig.

5. Falls ein Kind Geschwister hat, behandeln wir es nie allein. Jedes andere Kind der Familie spielt eine wichtige Rolle, weil das Problem jedes einzelnen Kindes eng mit dem jedes anderen Mitglieds der Familie verbunden ist. Wir müssen die ganze Gruppe

und die vorhandenen Beziehungen verstehen, die Leitlinien des Verbundenseins, der Konkurrenz und der Rivalität, und müssen die Meinung und das Verhalten jedes einzelnen Mitglieds ganz klar erkennen. Aus diesem Grunde laden wir die Eltern ein, alle ihre Kinder mitzubringen.

Wenn die Kinder in den Beratungsraum kommen, werden sie aufgefordert, nebeneinander auf einer Bank Platz zu nehmen. Die Art, wie sie hereinkommen, wie sie sich setzen, ihre Verteilung und Haltung auf der Bank, die Art, mit der jeder sich am Gespräch beteiligt, ihr Gesichtsausdruck und andere Reaktionen während der Besprechung — all dies sind wesentliche Schlüssel zum Verständnis der Beziehungen, die zwischen ihnen bestehen. Die Bemühung, sie alle gleichzeitig zu behandeln, ist deshalb so notwendig, da jede Wandlung, die in einem Kind erreicht wird, nicht verfehlt, die ganze Situation der Gruppe in Mitleidenschaft zu ziehen. Es ist beinahe unvermeidlich, daß das »gute« Kind, welches seither sein erfolgreicherer Konkurrent war, schwierig wird, wenn das »Problemkind« sich bessert. In vielen Fällen erweist sich das Kind, mit dem die Eltern die größten Schwierigkeiten hatten, nicht als der Friedensstörer; ein anderes Kind ist oft die Ursache seines Versagens. Auf jeden Fall können wir einem Kind nicht helfen, wenn wir nicht ein besseres Gleichgewicht unter allen Kindern herstellen können. Die Wandlung in ihren Beziehungen muß genau überwacht werden, um sofort die notwendigen Schritte zu tun, die Haltung jedes Kindes zu seiner Gruppe zu verbessern.

6. Das hauptsächlichste Ziel unserer Arbeit ist der Wandel in der Beziehung zwischen Kind und Eltern und zwischen den Kindern. Nur dann können wir das Benehmen eines Kindes, seinen Lebensstil, seine Anpassungsversuche an das gemeinschaftliche Leben und seine Meinung von sich selbst in Beziehung auf andere beeinflussen. Die psychologische Behandlung jeden Falls beruht auf der Deutung seiner Stellung in der Familie und auf der Erkenntnis seiner Ziele.

Die erste Besprechung in der Beratungsstelle wird im allgemeinen der Untersuchung und Erklärung der psychologischen Tatsachen, die dem Problem zugrunde liegen, gewidmet. (Ein kurzer Bericht der Fürsorgerin steht gewöhnlich dem Berater zur Verfügung). Als Regel wird sowohl den Eltern als auch dem Kind bei der ersten Besprechung gesagt, wieso sich das Kind so und so benimmt und was die Eltern dazu beitragen, seine Schwierigkeiten hervorzurufen oder zu vergrössern.

Im allgemeinen wird die erste Besprechung schon dazu benützt, Vorschläge für eine Änderung in der Handhabung des Kindes zu unterbreiten. Wir versuchen immer nur ein Problem in Angriff zu nehmen, wobei wir mit dem beginnen, das eine leichte Lösungsmöglichkeit bietet. Die Vorschläge werden immer so klar und einfach wie möglich gegeben, obwohl ihre Ausführung nie so leicht ist, da sie einen Wandel in den bestehenden Beziehungen bedeutet.

Der erste Vorschlag, den wir immer machen — und den auch der Leser immer in Betracht ziehen sollte, ehe er irgend etwas anderes unternimmt — ist, mit dem Kind Waffenstillstand zu schließen. Dieser erste Schritt ist so wichtig, daß er eine mehr ins einzelne gehende Erklärung und Ausarbeitung erfordert.

Bisher waren Kind und Eltern im Kriegszustand. Jetzt muß eine Pause in diesem Kampf eintreten. Es ist notwendig, die Eltern zu überzeugen, daß sie für den Augenblick das Kind einfach so sein lassen, wie es ist, das heißt, daß es weiter unartig ist und seine üblichen Fehler hat. Hieraus wird kein Schaden entstehen, da das Kind wahrscheinlich sich schon einige Zeit ebenso schlecht betragen hat. Die Eltern haben mittlerweile zu lernen, das Kind und sich selbst zu beobachten, und zwar mit einem besseren Verständnis dafür, was vor sich geht. Zuerst und vor allem müssen sie sich zurückhalten. Sie sollen ihre Neigung erkennen, immer dieselbe Leier anzustimmen, und sich angewöhnen, damit aufzuhören. Sie müssen beginnen, an sich selbst zu arbeiten. Viele Eltern sagen, daß sie »alles versucht haben«, aber ohne Erfolg. Sie übersehen im allgemeinen die Möglichkeit der *eigenen Wandlung.* Das ist der Sinn eines Waffenstillstandes. Ohne einen solchen kann es keinen Frieden geben. Und es ist ihre Pflicht und sollte auch ihr ernsthaftes Bemühen sein, mit dem Kind Frieden zu schließen. Sonst ist keine Besserung des Kindes möglich. Indem sie lernen, sich selbst zurückzuhalten, richten sie allmählich eine neue Beziehung zwischen sich und dem Kind auf.

Wir geben zu, daß dieser erste Schritt der schwierigste ist. Wenigen Eltern gelingt es, ihre Überaktivität zu hemmen. Wenn sie es fertig bringen, können wir oft sofort gute Ergebnisse feststellen. In solchen Fällen können die Schwierigkeiten nach ein oder zwei Besprechungen beinahe ganz verschwinden.

Solche unmittelbaren guten Erfolge der ersten Beratung sind so dramatisch und eindrucksvoll, daß eine nähere Erörterung des Zwischenspiels zwischen Eltern und Kindern nötig erscheint.

Die ganze Überaktivität der Eltern muß im richtigen Lichte gesehen werden. Natürlich stammt sie von der Ängstlichkeit der Eltern, das Kind zu »bessern«, und ihrer peinlichen Erkenntnis, daß alle ihre guten Bemühungen umsonst sind. Da gibt es aber noch eine andere Seite, die oft ganz übersehen wird. Das Kind fordert die Eltern geradezu zu dieser Überaktivität heraus. Es *will,* daß die Eltern ihm ständig Beachtung schenken (Ziel 1). Es wird die Eltern nicht in Ruhe lassen und immer etwas Neues ersinnen, um gemahnt, getadelt oder sogar bestraft zu werden. All das ist ihm viel lieber, als ignoriert zu werden, denn — das ist schlechter als der Tod! Doch: Das Kind will die Eltern zu einem Kampf um die Macht herausfordern, weil es sicher glaubt, diesen Kampf zu gewinnen (Ziel 2). Es *will* aber auch, daß die Eltern sich verletzt fühlen, weil Rache sein Ziel ist (Ziel 3). Und wenn es tief entmutigt ist, wird es die Eltern von der Zwecklosigkeit ihrer Bemühungen zu überzeugen verstehen (Ziel 4).

Nun ist es wohl klar, warum »nichts zu tun« so dramatische Erfolge zeitigt. Sieht das Kind, daß die Eltern auf seine Bemühungen, sich ständig mit ihm zu beschäftigen, nicht reagieren, dann wird es diese Bemühungen aufgeben, weil sie hinfort keinen Sinn mehr haben. Wenn es morgens nicht mehr dreimal geweckt wird und die Mutter es nicht mehr ermahnt aufzustehen, und ihm beim Ankleiden nicht mehr hilft, so wird seine ganze »Unselbständigkeit« sinnlos, genau so wie sein Trödeln. Und ein Kind, das jähzornig ist, wird bald herausfinden, daß es dazu Zuhörer braucht. Verläßt die Mutter *schweigend* das Zimmer, wird dem Kind sein Jähzorn bald lächerlich erscheinen — und es wird ihn in Kürze verlieren.

Aus diesem Grunde ist der Waffenstillstand und der Rückzug der Eltern von dem fehlerhaften Verhalten des Kindes nicht nur so dramatisch und erfolgreich, sondern auch unbedingte Voraussetzung weiterer Erziehungsbemühungen und Umstellungen.

Bei den späteren Besprechungen erscheinen neue Seiten des Problems und werden sofort behandelt. Jedesmal wird ein besonderer Punkt betont. Es ist notwendig, dieselbe Erklärung und denselben Vorschlag immer wieder zu wiederholen. Denn schließlich ist es ein Vorgang des Lernens, und Lernen erfordert systematische Wiederholung. Kein Kind wird lesen und schreiben lernen, und niemand wird irgendeine Geschicklichkeit erlangen, ohne daß es ihm wiederholt gezeigt wird, wie er es anzustellen hat. Der Berater muß mit den Eltern genau so viel Geduld haben wie die Eltern mit sich selbst. Wenn die Eltern zu sehr darauf erpicht sind, sich zu bessern, wird ihre Ängstlichkeit ihren Fortschritten im Wege stehen.

Nach unserer Erfahrung ist es nur ein kleiner Prozentsatz der um Rat kommenden Eltern, die so tiefgestört sind, daß sie eine regelrechte psychotherapeutische Behandlung brauchen, das heißt Hilfe für ihre persönliche Anpassung ans Leben. Die überwiegende Zahl der Eltern braucht nur Unterweisung und Führung; dann können sie ihre Probleme mit ihren Kindern selbst zufriedenstellend ausarbeiten. Ihre Not, ihre Aufregung und Reizbarkeit sind oft das Ergebnis des Gefühls, versagt zu haben, weil sie nicht wissen, was sie tun sollen, und weil sie durch das Verhalten des Kindes in die Enge getrieben sind. Wenn sie anfangen zu verstehen und die verschiedenen Methoden entdecken, mit denen sie ihre Probleme lösen können, verlieren sie ihre Spannung, ihre Ängstlichkeit und Aufregung. Die Konflikte mit dem Kind hören dann auf, Sorge zu bereiten, und werden zur interessanten Aufgabe, die dazu einlädt, Versuche anzustellen und schöpferisch zu werden. Diese Einstellung zu einer gespannten Situation ist unbedingt erforderlich, da Kinder immer gewisse Schwierigkeiten bereiten. Wenn immer Menschen zusammen leben, gibt es Konflikte, weil alle engen menschlichen Beziehungen Gegensätze von Interessen, Meinungen, Wünschen und Temperamenten mit sich bringen.

Erfolg oder Versagen hängen völlig von der Reaktion der *Eltern* ab. Wir arbeiten meistens mit der Mutter; sie ist die wichtigste Person im Leben des Kindes, weil sie es mehr als jeder andere beeinflußt. Wenn sie sich nicht ändert und unsere Vorschläge annimmt und anwendet, bleibt ihre Beziehung zum Kind auf einem falschen »Gleichgewicht« bestehen. Die »Besserung« des Kindes beschränkt sich keinesfalls darauf, daß gewisse Verhaltensreaktionen, über die die Eltern sich beklagen, verschwinden. Schlechtes Betragen kann manchmal allein durch direkte Gespräche mit dem Kind unterbunden werden; wenn aber das grundlegende »Gleichgewicht« innerhalb der Familie sich nicht ändert, kann keine dauernde Besserung erwartet werden.

Zielwechsel bei Jugendlichen

Zum Schluß der Kapitel über die Zielgerichtetheit des Kindes ist zu betonen, daß das Arbeiten mit den vier Zielen allein schon deshalb lohnend ist, weil es nach einiger Übung und Überlegung im allgemeinen nicht schwer fällt, das Ziel des Kindes bei einem bestimmten Verhalten zu erkennen. Hinzu kommt, daß die beschriebenen vier Ziele bei Kindern bis zur Pubertät, also bis zum Alter von zehn bis zwölf Jahren ausschließliche Ziele sind.

Erst dann wird der Jugendliche eine Unzahl anderer Ziele verfolgen, wie ja auch der Erwachsene. Solche typischen negativen Ziele unserer Zeit sind zum Beispiel: Leichtes Geld verdienen (durch Wetten, Spielen etc.), Rauchen, Trinken, Abenteuer und Aufregendes erleben, sich dem anderen Geschlecht anziehend machen, sexuelle Vergnügen usw.

Interessant ist, daß das vierte Kinderziel, nämlich der Rückzug, das Zurschaustellen der eigenen Unzulänglichkeit, um in Ruhe gelassen zu werden, mit zunehmendem Alter im gewöhnlichen Leben immer weniger eine Rolle spielt, da diese Kinder oft als krank gelten oder ihr Rückzug in einer Anstalt seinen Abschluß gefunden hat. Dafür gewinnt ein anderes Ziel immer mehr an Bedeutung, nämlich die *Entschuldigung für eigene Mängel.* Man kann sagen, daß in der Pubertät bei den Jugendlichen ein gewisser Zielwechsel stattfindet.

Ausschließliche Ziele bei Kindern bis zur Pubertät:

1. Aufmerksamkeit erregen
2. Überlegenheit gewinnen
3. Vergeltung
4. Rückzug.

Ziele älterer Kinder (auch der Erwachsenen):

1. Entschuldigung für eigene Mängel
2. Aufmerksamkeit erregen
3. Überlegenheit gewinnen
4. Vergeltung.

Diese letzteren sind aber keine ausschließlichen Ziele mehr, auch wenn sie bei sozial störendem Verhalten fast immer als Haupt-Bewegungsgrund (Motivation) festzustellen sind. Der Mechanismus der Ziele 2 (Aufmerksamkeit) und 4 (Vergeltung) ist derselbe wie seither besprochen, während die Ziele 1 (Entschuldigung) und 3 (Überlegenheit) oft auch ohne direkte Reaktion der Umwelt, nämlich gegenüber sich selbst angewandt werden. Man erschleicht sich damit zum Beispiel das Gefühl der Überlegenheit, ohne dies anderen zeigen zu müssen, oder beim Ziel der Entschuldigung für eigene Mängel entwickelt man Symptome, die als Entschuldigung angesehen werden für Fehler, die man nicht gern zugibt oder noch häufiger für Fehler, die man gar nicht hat, sondern nur zu haben glaubt.

Ein Kind, das zum Beispiel vor einer Prüfung steht und befürchtet, diese nicht bestehen zu können, kann dann über Müdigkeit, schlechten Schlaf oder schaurige Träume klagen. Ein anderes kann sich nicht konzentrieren, ein drittes kann nichts im Gedächtnis behalten. Alle schaffen sich damit eine Entschuldigung, falls sie bei der Prüfung schlecht abschneiden oder sie überhaupt nicht bestehen. »Ich hätte es gut geschafft, wenn ich mich nur besser konzentrieren könnte.«

Ein junges Mädchen, achtzehn Jahre, kam zur Beratung. Sie sei nervös und kribbelig, innerlich unruhig und verkrampft.
Sie war ein Einzelkind und hatte ein gutes Verhältnis mit den Eltern. Mit der Mutter gab es seit einiger Zeit viel mehr Streit als früher.
Es stellte sich heraus, daß sie in der letzten Klasse vor dem Abitur war und Angst hatte, dieses zu bestehen. In Wirklichkeit stand sie leistungsmässig gar nicht schlecht und war über dem Durchschnitt der Klasse.
Bald hatte sie sich durchschaut: Wenn sie »nervös« wurde, forderte sie ihre Mutter heraus. Anschließend hatte sie immer Gewissensbisse und konnte später schlecht einschlafen. Auch mit dem Lernen ging es dann nicht so gut. Damit hatte sie sich ein wunderbares Alibi geschaffen für den Fall, daß es beim Abitur schief gehen würde.
Die Erkenntnis des Zieles »Entschuldigung für eigene Mängel« führte in Kürze dazu, daß sie ihrer Mutter weniger auf die Nerven ging, weil sie selbst ruhiger wurde. Ohne Gewissensbisse ging es auch mit dem Schlafen besser. Sie hatte das Gefühl, wieder besser lernen zu können, und auch die an sich unnötige Angst vor dem Abitur war kleiner geworden.

VIERTES KAPITEL

DIE PRINZIPIEN DER WIRKSAMEN ERZIEHUNGSMETHODEN

Wir müssen die psychologischen Faktoren erkennen, die die Entwicklung der Persönlichkeit des Kindes beeinflussen; sonst haben wir keine Grundlage für unsere erzieherischen Bemühungen. Unser Erfolg bei der Erziehung unseres Kindes kann mit dem Maßstab gemessen werden, wie weit sein Gemeinschaftsgefühl (siehe Kapitel VI) entwickelt und erkennbar wird. Die Entwicklung eines guten Gemeinschaftsgefühls sollte das Hauptziel unserer Erziehung sein, wenn wir am Glück unseres Kindes und an seiner körperlichen und geistigen Gesundheit interessiert sind. Wir können dieses Ziel nicht erreichen, ohne die folgenden Prinzipien zu beachten: 1. Unser Kind muß soweit gebracht werden, Ordnung und die allgemeinen sozialen Regeln zu beachten. 2. Wir müssen Streit und Konflikte mit unserem Kind vermeiden, und 3. Unser Kind benötigt dauernd Ermutigung.

Diese grundlegenden Prinzipien bedürfen näherer Erklärung:

1. Das richtige Wachstum des Gemeinschaftsgefühls unseres Kindes erfordert, daß es seine enge Beziehung zu den anderen Familienmitgliedern erkennt. Erziehung ist das Fördern seiner Entwicklung als soziales Wesen. Wenn das Kind lernt, Ordnung zu beachten und den Regeln des gesellschaftlichen Spieles zu folgen, wird es willens und fähig, mit anderen zusammen zu arbeiten. Die Anpassung des Kindes an das Zusammenleben mit anderen ist die wichtigste Methode, um aus ihm einen glücklichen und harmonischen Menschen zu machen. Wie wichtig das Prinzip der Ordnung ist, haben wir schon in den vorausgegangenen Kapiteln mehrfach gezeigt.

2. Konflikte mit unserem Kind verhindern das Wachstum des Zusammengehörigkeitsgefühls und schädigen die Eltern-Kind-Beziehung. Darüber hinaus ist jeder Streit mit einem Kind sinn-und

zwecklos. Harmonie ist die einzige Grundlage sozialer Erziehung. Nichts kann ohne gegenseitige Übereinstimmung erreicht werden. Zu diesem Punkt werden Eltern, die selbst in Uneinigkeit und unter Zwang aufgewachsen sind, oft Einwände erheben. Ist es möglich, so fragen sie, daß Kinder, die in völlig friedvoller Umgebung aufgewachsen sind, für den Kampf ums Dasein gerüstet sind? Nach ihrer Meinung ist eine friedliche Atmosphäre in der Kindheit eine falsche Vorbereitung für das spätere Leben.

Der überzeugendste Beweis für das Gegenteil wird von denen erbracht, die in ruhigen, friedlichen Familien aufgewachsen sind. In der Regel sind sie für den Kampf ums Dasein nicht nur nicht unvorbereitet, sondern es gelingt ihnen, sich sehr gut über Wasser zu halten. Persönliche Konflikte sind als Vorbereitung für die Überwindung der üblichen Schwierigkeiten nicht notwendig. Persönliche Konflikte stellen nur Feindseligkeit, Zank und Aufregung dar und sind mit negativen Gefühlen und Antrieben untrennbar verbunden. Sie sind das Vorspiel für harte Worte und heftige Handlungen und erregen Uneinigkeit und Unversöhnlichkeit. Sie schaffen Unterdrücker und Unterdrückte, deren Abwehrhaltung in ihren häuslichen Beziehungen nicht zur Lösung irgendeines sozialen Problems beiträgt, sondern neue Probleme hervorruft.

Sicher sollte das Kind kämpfen lernen — aber nicht gegen uns Eltern, die wir seine Freunde sein sollten. Es gibt für seine Kampflust genügend Möglichkeiten, sich Luft zu machen. Die unbeseelte Welt gibt ihm viele Gelegenheiten, seine Kräfte auszuprobieren, Hindernisse zu überwinden und das Gefühl des Sieges zu erleben. Später tauchen ähnliche Umstände auf, z. B. in seinen Beziehungen zu Spiel- und Schulkameraden. Es muß lernen, sich feindlichen Kräften zu stellen und sich notfalls gegen aggressive, übelwollende und gehässige Gegner zu wehren. Jedoch ist es sehr wichtig, daß das Kind lernt, ohne Streit zu einer Einigung zu kommen und Differenzen mit Freunden und Kameraden beizulegen. Konflikte im Sinn der Rivalität und der Erfahrung der Selbstbestätigung und des Triumphes über andere sind für die Entwicklung des Kindes nicht nötig, wenn auch die heutige Gesellschaft den Wettbewerb so sehr betont. Konkurrenz kann nicht als unerläßliche Anregung angesehen werden.

Interessen- und Meinungsverschiedenheiten sind unvermeidlich, aber sie brauchen nicht in Unfreundlichkeit oder Feindschaft auszuarten. Das Kind, das ohne den Geist der Konkurrenz aufwächst, ist besser imstande, sich im Wettstreit mit anderen zu behaupten. Wer am Wettstreit interessiert ist, kann die Konkurrenz nur ertragen, wenn er siegt.

Bösartige und sinnlose Konflikte können völlig vermieden werden, wenn sich die Eltern mit der Technik der friedlichen Erziehung vertraut machen. Weil sie aber mit dieser Technik nicht vertraut sind, sind sie, wie andere unausgebildete Personen, meistens nicht fähig, Differenzen oder ein Gegeneinander von Interessen in friedlicher Weise, auf gegenseitiger Achtung beruhend, zu lösen. Meistens können sie nur streiten oder nachgeben. Beide Methoden führen aber nicht zum Ziele, denn sie machen Übereinstimmung unmöglich. Streit bedeutet Verletzung der Achtung für den anderen, und Nachgeben ist die Nichtbeachtung der eigenen Würde. Beide Methoden führen unvermeidlich zu neuen Konflikten, in denen derjenige, der verloren hat, rebelliert und eine neue Gelegenheit sucht, sein verlorenes Prestige wieder zu stärken. Die meisten Eltern fühlen sich völlig hilflos, wenn sie einer Situation gegenüberstehen, in der die Interessen des Kindes und ihre eigenen nicht übereinstimmen. Viele bringen es fertig, gleichzeitig zu streiten und nachzugeben; entweder streiten sie erst mit dem Kind und geben schließlich nach, oder sie geben zuerst nach, und streiten dann, wenn das Kind seinen Erfolg auszunützen versucht und mehr Nachgiebigkeit verlangt. Die richtigen Erziehungsmethoden schließen Streiten und Nachgeben aus. Was immer ohne Konflikt oder Nachgeben erreicht werden kann, ist im allgemeinen gut, weil es zu gegenseitiger Übereinstimmung führt. Kompromisse können, müssen aber nicht Übereinstimmung sein. Beide Parteien können sich unterlegen und unzufrieden fühlen. Kompromisse sind nur Übereinstimmung, wenn eine gemeinsame Grundlage, die für beide Parteien annehmbar ist, gefunden werden kann. Sonst sind Kompromisse nur gegenseitiger Zwang.

3. Ermutigung ist die Grundlage jeder konstruktiven Beeinflussung in der Erziehung. Da das Kind sein Leben in völliger Hilflosigkeit beginnt und während der ganzen Periode des Wachstums einer Folge von entmutigenden Erfahrungen ausgesetzt ist, braucht es bewußte, überlegte und systematische Ermutigung, um Selbstvertrauen, Stärke, Gemeinschaftsgefühl und Zuversicht zu entwickeln, sowie die Geschicklichkeit und die Fähigkeit, erfolgreich mit dem Leben fertig zu werden.

Es ist nicht ratsam, während der Erziehung irgendeinem dieser drei Prinzipien eine spezielle Bedeutung zuzumessen, da alle drei zusammen gehören. Anpassung ist das Ziel, Friedlichkeit die Technik und Ermutigung der Kern der Erziehung. Die meisten Erziehungsprozesse müssen also alle drei Gesichtspunkte in Betracht ziehen. Dies trifft schon auf die einfachsten Einzelmethoden, wie z. B. das Erteilen von Befehlen zu, aber noch viel mehr auf die mannigfaltigen Formen disziplinarischer Beeinflussungen, die unter dem Namen »Autorität« bekannt sind. Es ist kein Zweifel, daß Kinder Führung brauchen und daß wir, die Erzieher, uns Achtung verschaffen und in der Lage sein müssen, unsere Ziele ohne ungebührlichen Widerstand durchzuführen, besonders wenn das Kind klein und seine Auffassung begrenzt ist. Aber die Mittel, um Autorität zu gewinnen und zu behalten, sind sehr vielfältig. Autorität kann durch Verständnis und guten Willen errungen werden; oder sie kann auch durch brutale Gewalt aufgezwungen werden. Sie kann durch unsere *persönliche* Überlegenheit begründet sein, oder sie kann der Ausdruck einer Ordnung sein, die für *alle* Mitglieder der Gruppe bindend ist, der Gruppe, von der wir selbst auch ein Teil sind.

So sind die Faktoren, die bei der Erziehung wichtig sind, außerordentlich mannigfaltig und kompliziert. Auf den folgenden Seiten werden einige der einfachsten besprochen werden.

1. Prinzip: Ordnung

Die Familienatmosphäre

Jede Gemeinschaft hat ihre Gewohnheiten und Gebräuche, und jede Familie ist eine Gemeinschaft für sich. Wenn Zank und Streit, Unordnung und Schlamperei, Mißtrauen und Egoismus den Ton im Familienleben angeben, wird das Kind trotz günstiger Anlagen diese Haltungen und Gewohnheiten annehmen. Aus diesem Grund hängt das Ergebnis der Erziehung weitgehend von der Familienatmosphäre ab. Wenn die Verhaltensregeln, die im Hause herrschen, mit denen der Gesellschaft nicht übereinstimmen, wird das Kind für die Probleme, auf die es in der Schule, in seinem Beruf oder in der Arbeit, in seinen sexuellen Beziehungen und bei seinen mitmenschlichen Kontakten trifft, nicht richtig vorbereitet sein.
Das Beispiel der Eltern ist von größter Wichtigkeit. Wie kann das Kind geordnetes Verhalten entwickeln, wenn seine Eltern unordentlich und planlos sind? Warum sollte es fleißig sein, wenn sich sonst niemand in der Familie einer festen, systematischen Arbeit widmet? Wie kann es sich freundliche Manieren angewöhnen, wenn Schimpfen und Streiten zu Hause alltäglich sind? Nur unter einer Bedingung wird die Entwicklung des Kindes eine Richtung verfolgen, die diesem Beispiel genau entgegengesetzt ist: wenn das Kind seinen Eltern feindlich gegenübersteht. In diesem Fall kann ein schlechtes Beispiel ein Kind dazu bringen, annehmbare Verhaltensweisen zu entwickeln. Es ist nicht außergewöhnlich, daß ein ehrenwerter, fähiger Mann oder eine gute Frau aus einer verkommenen Familie kommt; dieses günstige Ergebnis ist wahrscheinlicher, wenn das Kind jemanden fand, der ihm in seiner Stellungnahme gegen seine Eltern half. Man sollte sich aber nicht auf solche Glücksfälle verlassen. Je besser die Atmosphäre zu Hause ist, desto größer ist die Wahrscheinlichkeit für eine erfreuliche Entwicklung des Kindes.

Die Atmosphäre in der Familie hängt teils von sozialen und wirtschaftlichen Faktoren ab, teils von der allgemeinen Lebensanschauung der Eltern, teils von ihrem Charakter, dem Niveau ihrer Erziehung und Bildung, ihren intellektuellen und geistigen Interessen und auch von der Qualität ihrer ehelichen Beziehungen. Es ist unmöglich, den ganzen Rahmen der Familie zu ändern; aber einige der wichtigen Faktoren können durch Einsicht und Verständnis gebessert werden. Findigen Eltern ist es sogar möglich, ungünstige Umstände, die nicht zu ändern sind, wie z. B. Krankheit und wirtschaftliche oder soziale Schwierigkeiten als Anregung für konstruktive Einstellungen zu benützen.

Eltern sollten den Weg für die zufriedenstellende Erziehung ihres Kindes schon vor seiner Geburt vorbereiten. Wenn sie gehässig sind, wird der Geist der Zwietracht das ganze Heim durchdringen. Freundlichkeit, gegenseitige Achtung und Geduld sind die unerläßlichen Voraussetzungen für erfolgreiche Zusammenarbeit. Von Mutter und Vater erhält das Kind seine ersten Eindrücke der Menschheit schlechthin; folglich müssen Eltern ihr eigenes Benehmen überwachen und es nach ihrer Fähigkeit zu verbessern suchen.

Auch von der großen Welt außerhalb der Familie geben sie ihren Kindern die ersten Eindrücke, und es ist von großer Bedeutung, welches Bild von dieser äußeren Welt sie zeichnen; wie sie von anderen Leuten sprechen, ob sie über Nachbarn mit Interesse und Verständnis reden oder ob sie nur tratschen und sie von oben herab behandeln; ob sie versuchen gerecht zu sein, oder ob sie überkritisch sind und nur allzu bereit, von jedermann das Schlechteste zu glauben. Die meisten Vorurteile werden den Kindern durch ihre Eltern vermittelt.

Kinder sehen die Welt durch die Augen ihrer Eltern. Aus diesem Grund ist ihre Weltanschauung von größter Bedeutung. Es ist ein unschätzbarer Vorteil, wenn sie ein klare, wohlbegründete Lebensanschauung haben; jeder bestimmte Glaube — ob religiös (die besondere Richtung ist nicht so sehr wichtig) oder weltlich, auf ethischer oder wissenschaftlicher Basis — wirkt als konstruktive Kraft. Je klarer und überzeugter ihre Weltanschauung ist, desto folgerichtiger werden sie eine moralische Ordnung beachten und desto leichter wird es für ihre Kinder sein, soziale Übereinstimmung anzunehmen.

Ihre Einstellung zu den Lebensproblemen zeigt sich in ihren Gesprächen. Was die Kinder zu Hause hören, ist von größter Tragweite für ihre Entwicklung. Wir müssen darauf achten, was wir in Gegenwart unseres Kindes sagen, *und dürfen nie seine Auffassungsgabe unterschätzen.* Ein Kind versteht fast immer mehr, als wir glauben. Es mag vielleicht einige Worte nicht logisch und verstandesmäßig begreifen; aber schon im frühen Alter ist es fähig, die besondere Bedeutung der Gespräche zwischen Erwachsenen zu verstehen. Wir sollten ihm die Welt auf eine solche Weise zeigen, die seine geistige und intellektuelle Entwicklung fördert. Pessimistische Ansichten, die von uns und unserer Umgebung geäußert werden, werden die Kinder nicht glücklich und zufrieden machen. Dauerndes Reden von der Verderbtheit der Menschen und der Welt kann die Kinder nicht anregen, nützliche Mitglieder der menschlichen Gesellschaft zu werden.

Wir sollten dem Kind die Schönheit der Welt und den hohen Rang der Kunst zeigen. Wir können es die Freuden lehren, die in der Natur und im Denken und Wissen liegen. Es wird sehr früh sich für solche Gespräche interessieren, wenn wir bei Tisch oder während eines Spazierganges mit ihm darüber sprechen. Die Atmosphäre des Hauses selbst, abgesehen von irgendwelchen besonderen Erziehungsmethoden, dient als Leitlinie des Kindes bei seiner intellektuellen, geistigen und gefühlsmäßigen Entwicklung. Sie übt einen dauernden Einfluß auf seinen Charakter, auf sein Temperament und auf seine Denkweise aus. Wir sparen uns viel schwierige Arbeit bei seiner späteren Erziehung, wenn unsere Einflußnahme von Anfang an ruhig und konstruktiv ist.

Natürlich können wir die vollkommene Familienatmosphäre in unserer Zeit der Unsicherheit, des Streits und der intensiven Konkurrenz kaum finden. Eltern müssen jedoch vor der Versuchung gewarnt werden, den Mangel an Harmonie den allgemeinen Umständen, den Großeltern und anderen Verwandten oder einander in die

Schuhe zu schieben. Dies würde nur eine schon gespannte Situation verschärfen und Stoff für weitere Konflikte abgeben. Wir können die Umstände nur dadurch wandeln und verbessern, daß wir auf *unser eigenes* Benehmen achten und auf jede Art versuchen, unsern eigenen Beitrag zum Bessern zu wandeln. Wirtschaftliche Schwierigkeiten, Charakterfehler oder Widersprüche zwischen den Eltern, überbelegte Wohnungen, unangenehme Nachbarn oder Verwandte, Krankheit — also jede Störung der häuslichen Ordnung und des Friedens — können nicht als Ursachen kindlichen Versagens angesehen werden; sie geben nur Gelegenheiten, den Kindern in ihrer Fähigkeit, Schwierigkeiten zu überwinden, zu helfen. Empfindlichkeit und Entmutigung, Neid und Haß, ungeachtet dessen, wie gerechtfertigt und verständlich sie sein mögen, werden einer bereits bestehenden schwierigen Situation nur neue Nöte hinzufügen und können die Entwicklung des Kindes mehr als die ursprünglichen schädlichen Situationen beeinträchtigen.

Die verschiedenen häuslichen Rechte und Pflichten

Zusammenleben mit anderen erfordert gewisse Verhaltensnormen. Einige von ihnen gelten für alle gleich; andere dienen dazu, entsprechende Rechte einzelner Mitglieder festzustellen. Wahrscheinlich hat noch keine Familie jemals ihre Regeln schriftlich zusammengefaßt; doch ist ihre Gültigkeit durch schweigende Übereinkunft und Gewohnheit festgelegt.

Eltern glauben oft, daß sie bindende Regeln, z. B. für Sauberkeit, Ordnung, Aufrichtigkeit, Rücksicht und Fleiß aufgestellt haben. Nur wenn sie selbst diesen Regeln folgen, wird das Kind sie als allgemeingültige Verpflichtung ansehen und als selbstverständlich hinnehmen.

Natürlich hat jedes Mitglied der Familie verschiedene Funktionen, aus denen sich verschiedene Rechte und Pflichten ergeben. Heutzutage nehmen Kinder Ungleichheit nicht mehr an; sie werden mißtrauisch, wenn jemand Vorrechte hat. Ihre Auflehnung gegen ihre eigene Rolle rechtfertigen sie mit ihrem Gerechtigkeitssinn; tatsächlich sind sie nur vom Konkurrenzgeist geleitet und vom Widerstand gegen die bestehende Ordnung. Aus Furcht vor seiner eigenen Erniedrigung verneint das Kind, daß Vater und Mutter, ältere und jüngere Geschwister verschiedene Funktionen haben und deshalb verschiedene *Verantwortlichkeiten* mit entsprechenden »Rechten« und Vorrechten. Es gibt keine soziale Gruppe, in der alle Mitglieder immer dieselben Vorrechte und Funktionen hätten. Wichtig ist nur, daß ein Unterschied nicht soziale Ungleichheit bedeuten darf (dies muß von der ganzen Familie anerkannt werden, wenn das Kind es verstehen soll). Jedes Mitglied der Familie kann und muß *für seine besondere Funktion* volle Anerkennung bekommen; aber unabhängig von seiner Funktion muß jedem volle Geltung als wichtiges und geachtetes Mitglied der Gruppe gegeben werden. Es ist sein soziales Recht, für das, was es ist und tut, geschätzt, anerkannt und geachtet zu werden, ohne Rücksicht darauf, was die anderen sind und tun.

Man ist so leicht geneigt, dieses notwendige Recht jedes Mitglieds, in seinen Funktionen anerkannt zu werden, zu mißachten. Der Brotverdiener, der die Familie unterhält, gewöhnlich der Vater, hat bestimmte natürliche Vorrechte. Dies heißt aber nicht, daß die Funktionen der anderen Mitglieder minderwertiger wären. Die Frau und Mutter kann nicht mehr in eine zweitrangige Stellung gedrängt werden. Ihre vielen Pflichten geben ihr gewisse Vorrechte. Sie hat entscheidenden Einfluß auf die Erziehung und Disziplin und trägt die Verantwortung für das tägliche Leben des Kindes. Ihre Funktion gibt ihr jedoch nicht das Recht, auf den Mann herabzuschauen, als ob sie eine Königin oder Herrscherin wäre. Jede Verletzung der sozialen Stellung eines Familienmitgliedes führt zu einer Schwächung seines Funktionierens. *Je weniger Anerkennung und Achtung der Funktion eines Gliedes der Familie gezollt wird, desto weniger gut wird dieses funktionieren.* Dies ist eine andere Regel. Sie hat weitreichende Folgerungen für die Erziehung von Kindern.

Welches sind die Rechte des Kindes? Wir sollten diese Frage sehr ernsthaft überlegen. Da ein Kind sein Leben und seinen Unterhalt seinen Eltern verdankt, könnte man annehmen, daß es gegenüber den Eltern nur Pflichten und keine eigenen Rechte habe. Man könnte aber auch zu dem Schluß kommen, daß wir allein die Verantwortung haben und alles dem Kind schuldig sind, da es durch unseren und nicht durch seinen Willen in die Welt gekommen ist. Auf jeden Fall ist das Kind ein vollwertiges Glied der Familie mit *ganz bestimmten Rechten und Pflichten,* und zwar vom ersten Tag seines Lebens an, sogar während seiner ursprünglichen totalen körperlichen Hilflosigkeit. Falls es seiner natürlichen Vorrechte beraubt wird oder aber zu viele genießt, wird es versuchen, viel mehr zu beanspruchen, als ihm eigentlich zukommt.

Das Kleinkind hat ein Recht auf Ruhe, Schlaf und regelmäßige Stillzeiten. In dem Maße, in dem sich die Aktivität des Kindes vergrößert, vermehren sich auch seine Rechte. Es ist berechtigt, sich eines wachsenden Grades von Freiheit und Unabhängigkeit zu erfreuen, seine eigene Initiative zu entwickeln, *seine* Kraft zu erproben und die Möglichkeit zu haben, mit Kameraden seines Alters zu spielen. Auch wenn es noch sehr klein ist, braucht es Gelegenheit, nützliche Beiträge zu leisten, im Hause zu helfen und anderen dienlich zu sein. Es ist sein Vorrecht, gewisse Entscheidungen, die seine eigene Person betreffen, zu treffen, und es braucht einen erheblichen Spielraum in der Wahl und der Art, notwendige praktische Fähigkeiten zu entwickeln.

Dazu braucht das Kind ein gewisses Maß an *Anerkennung.* Wenn wir sein Tun herabsetzen, hemmen wir sein Wachstum. Wir müssen uns darüber klar sein, daß das kindliche Spiel genauso ernst und wichtig ist, wie die Arbeit der Erwachsenen. Es ist wesentlich für seine Entwicklung und erweitert den Horizont seiner Erfahrungen in der gleichen Art, wie bewußtes Studium den Horizont des Studenten erweitert. Durch das Spiel erlangt das Kind Geschicklichkeit und Fähigkeiten, die es im späteren Leben benötigt. Hier lernt es den Gebrauch seines Körpers und die Form und Bedeutung der es umgebenden Gegenstände. Spielend erlangt es körperliche und geistige Gewandtheit und entwickelt die Fähigkeit, mit anderen zu arbeiten und auszukommen. Es ist ein Fehler zu glauben, daß das kindliche Spiel Unterhaltung sei, ähnlich dem Spiel der Erwachsenen. *Alles, was das Kind tut, ist eine ernsthafte Vorbereitung auf das Leben.*

Genauso müssen wir die ersten Versuche unseres Kindes nach unabhängigem Tun offen würdigen — seinen frühen Bemühungen, sich selbst zu waschen und anzuziehen und seine Kleidung und Spielsachen in Ordnung zu halten. Besonders wichtig ist die Erkenntnis, daß die Tätigkeit jedes Kindes, gleichgültig welchen Alters oder Geschlechts, weder wichtiger noch unwichtiger ist als die Tätigkeit irgendeines anderen Kindes.

Das Verantwortungsgefühl jedes Kindes steht in direkter Beziehung zu seinen Rechten und Vorrechten. Sowohl seine Rechte wie seine Pflichten sind mit seinen natürlichen Funktionen verknüpft. Schlaf und Ruhe sind z. B. nicht nur Pflichten, sondern auch Rechte. Das jüngere Kind hat nicht nur die »Pflicht«, sondern auch das »Recht«, früher zu Bett zu gehen als die älteren Geschwister *. Das Kind muß sich den Notwendigkeiten der Familie anpassen. Man kann ihm nicht gestatten, die Ordnung des Haushaltes zu stören. Es muß lernen, die Rechte der anderen gerade so zu beachten, wie sie seine Rechte zu achten haben. Gegenseitigkeit ist die Grundlage der Zusammenarbeit; sie erfordert ein dynamisches Gleichgewicht der Rechte und Interessen jedes einzelnen Mitgliedes, die alle zusammen die Familie bilden.

Konsequenz

Ehe sich das Kind richtig anpassen kann, muß ihm bewußt sein, was von ihm erwartet wird. Je größer die allgemeine Anwendbarkeit

* Weil wir alle mit dem Gefühl aufgewachsen sind, daß ältere Personen das »Recht« haben, später zu Bett zu gehen, sind wir alle geneigt, länger aufzubleiben, als es für uns gut ist.

bestehender Gesetze ist, desto rascher wird es ihre Bedeutung begreifen. Kinder lernen nur durch die Wiederholung ähnlicher Erfahrungen und können daher bestimmte Gebote und Verbote nur verstehen, wenn diese gleichmäßig *immer* und unter *allen* Umständen gelten. Jede Inkonsequenz auf unserer Seite erschwert dem Kind das Verständnis für die Grundsätze, die sein Leben leiten sollten.

Es wird z. B. schwierig sein, das Kind dazu zu erziehen, seine Hände vor den Mahlzeiten zu waschen, wenn wir diese Gewohnheit nicht zum frühest möglichen Zeitpunkt angefangen haben und dann fest dabei bleiben. Eine Anordnung muß in allen Fällen, auf die sie sich anwenden läßt, durchgeführt werden. Wenn Kinder merken, daß eine Regel immer bindend und unveränderlich ist, werden sie sie akzeptieren und ihr automatisch folgen. Wir müsssen daher besonders aufmerksam sein, wenn das Kind zum ersten Mal einer neuen Verantwortung gegenüber steht. Seine ersten Eindrücke einer neuen Situation werden die Richtung seines folgenden Benehmens stark beeinflussen. Wir können es uns nicht leisten, am Anfang nachzugeben, in dem irrtümlichen Glauben, das Kind werde schon allmählich lernen, die nötigen Erfordernisse zu erfüllen. Denn dies heißt für das Kind, die Aufgabe für nicht besonders wichtig zu halten. Ein Kind gewöhnt sich an Ordnung und Sauberkeit nur durch die Konsequenz der einmal aufgestellten Regeln. Wenn es nach dem Lernen seine Bücher und Hefte nicht *immer* in Ordnung bringen muß, glaubt es, daß es den entsprechenden gelegentlichen Anordnungen nicht unbedingt folgen muß. Wenn man ihm gelegentlich, wenn die Zeit knapp ist, erlaubt, nur halb gewaschen zur Schule zu gehen, hat es genug Grund zu glauben, daß gründliches Waschen nicht wichtig ist. An einem Tag bestehen wir darauf, daß das Kind sofort unseren kleinsten Befehlen folgt, und am nächsten Tag kümmern wir uns nicht darum, wenn es unsere wiederholten Worte nicht beachtet. Wir sind vielleicht sogar belustigt, wenn es geschickt und listenreich seine Aufgabe ungetan läßt. Wenn dies unsere Art ist, Aufträge zu geben, wie können wir erwarten, daß das Kind ihnen folgt?

Wir tadeln das Lügen und schärfen dem Kind ein, welch eine

Schande Falschheit ist — und am nächsten Morgen schicken wir es an die Haustür, um einem Versicherungsvertreter zu sagen, daß wir nicht zu Hause seien. Zu welchen Schlußfolgerungen muß es dann über das ethische Gebot des Nicht-Lügens kommen? Oder das Kind macht in Gegenwart von Gästen irgendeine altkluge Bemerkung. Jedermann lacht darüber, und wir fühlen uns geschmeichelt. Einige Tage später, während wir eben eine ernsthafte Aussprache mit einem Bekannten haben, versucht das Kind denselben Trick. Aber merkwürdig, dieses Mal werden wir ärgerlich und schicken es aus dem Zimmer. Wie kann es verstehen, daß dasselbe Handeln uns in einem Fall gefällt und im anderen ärgert? Wenn wir nicht lernen können, in unseren Forderungen konsequent zu sein, können wir vom Kind kaum erwarten, daß es unseren Anordnungen Folge leiste.

Entschiedenheit

Ehe wir von dem Kind etwas verlangen, müssen wir genau im Bilde sein, was notwendig ist. Wenn wir nicht sicher sind, was getan werden soll, können wir uns immer mit dem Kind beraten. »Was hältst du davon, morgen Großmutter zu besuchen? Oder hast du sehr viel Hausaufgaben?« In einem solchen Fall sollte eine bestimmte Anordnung vermieden werden, da es notwendig werden kann, sie zurückzuziehen. Dies ist besonders wichtig, wenn man es mit älteren Kindern zu tun hat. Wir müssen immer sorgfältig entscheiden, ob die Situation einen bestimmten Auftrag verlangt oder erlaubt.

Wenn aber eine Entscheidung getroffen ist, müssen wir entschieden darauf sehen, daß den Anordnungen Folge geleistet wird. Schon der Ton unserer Stimme zeigt dem Kind, ob es Entschiedenheit erwarten kann oder nicht. Seine Beobachtungskraft ist sehr scharf; und der Ausdruck unseres Gesichtes, der Ton unserer Stimme, verraten unsere Gedanken und Ziele viel genauer, als wir uns vorstellen.

Festigkeit kann jedoch nicht mit der Lautstärke gemessen werden. Viele Mütter und Väter glauben, daß sie schreien müssen, um Beachtung zu finden. Gerade das Gegenteil ist wahr. Ein großer Aufwand an Lungenstärke zeigt oft eine innere Unsicherheit an, die das Kind sofort erkennt und zu seinem Vorteil verwendet. Ein Befehl muß entschieden sein, aber er ist viel wirkungsvoller, wenn er mit leiser Stimme gegeben wird. Es ist der *Ton* der Stimme, der die Festigkeit unserer Absicht enthüllt. Auf der anderen Seite sind viele Kinder davon überzeugt, daß sie ihren Eltern keine Aufmerksamkeit zu schenken brauchen, bis diese nicht zu schreien anfangen. Erst dann ist es Zeit zu tun, was sie verlangen.

Direkte Befehle sollten nur sehr sparsam gegeben werden, wenn sie Wirkung haben sollen. Sie sollten für wirkliche Notfälle aufgespart werden, wenn Gefahr im Anzug ist und das Kind sofort reagieren muß. In den meisten Fällen ist es besser, sie zu vermeiden; es ist unmöglich, ihre Ausführung mit der notwendigen Sorgfalt zu überwachen, wenn sie zu zahlreich sind. Und wenn das Kind je fühlt, daß es nicht unbedingt unseren Anordnungen nachzukommen hat, wird unser Wort immer weniger Gewicht haben.

Die meisten Befehle können durch freundliche *Vorschläge* ersetzt werden: »Wäre es nicht nett, wenn Du ...« »Es würde mich freuen, wenn Du ...«

2. Prinzip: Vermeidung von Streit

Zurückhaltung

Eine der grundlegendsten Voraussetzungen, Kinder zu beeinflussen, ist größtmögliche Zurückhaltung. Abgesehen von Augenblicken akuter Gefahr ist es unter *allen* Umständen von Vorteil, sich möglichst wenig in das, was das Kind tut, einzumischen und nicht vom Kind zu impulsiven Akten verleitet zu werden. Wenn wir dieser Regel folgen, wird unser Einfluß, wenn wir ihn zur Geltung bringen wollen, viel stärker sein; und wir laufen nicht Gefahr, die lebenswichtige Entwicklung von Selbstvertrauen in unseren Kindern zu verhindern. *Die beste Erziehungsmethode ist die, die sich so bald wie möglich überflüssig macht und die schnellste Umformung des Kindes von einem unverantwortlichen Gegenstand der Erziehung zu einem unabhängigen Mitmenschen mit einem gereiften Sinn für die eigene Verantwortlichkeit ermöglicht.*

Das Kind kann schon außerordentlich früh kleine Pflichten auf sich nehmen und sie aus eigener Initiative durchführen. Das soll natürlich nicht heißen, daß man die Kinder vernachlässigen soll. Sie brauchen Liebe und Zärtlichkeit, Ermutigung und Anregung. Wir sollten uns nie vom Kinde abschließen; aber in unserer Eigenschaft als Erzieher sollten wir uns nicht mehr, als unbedingt notwendig ist, in seine Handlungen einmischen. Bei Gelegenheit müssen wir natürlich in Aktion treten, aber diese Gelegenheiten sollten selten sein. Nach Möglichkeit sollten wir die Kinder durch Erfahrung lernen lassen. Dies können wir nur, wenn wir lernen, uns zurückzuhalten. Es ist nicht unsere Pflicht, alles für das Kind zu tun. Solche Neigungen entspringen ungebührlicher Angst oder dem Wunsch, unsere eigene Wichtigkeit und Macht zu beweisen.

Anpassungsfähigkeit

Ständig wiederkehrende Reaktionsweisen sind immer impulsiv, ohne Überlegung. Eltern, die nicht nachdenken, folgen einer gewissen Routine, die sie vielleicht von ihren eigenen Eltern übernommen haben, oder die bei einer bestimmten Gelegenheit angewandt wurde und nun durch Trägheit beibehalten wird. Solche Eltern antworten auf jede Unart mit der gleichen Gewohnheit des Gut-Zuredens, Predigens und Schimpfens oder mit Drohungen körperlicher Bestrafung. Gewöhnlich weiß das Kind schon im voraus, wie sie sich verhalten werden. Es lernt, unsere Einstellung als gegeben anzunehmen, und paßt sich ihr an — mit dem Erfolg, daß alle unsere Ermahnungen und Bemühungen überhaupt keinen Eindruck mehr machen.

Der Vorschlag, ab und zu unsere Methoden zu ändern, steht mit dem

früheren Vorschlag, konsequent zu sein, nicht in Widerspruch. Soziale Anforderungen und Regeln müssen fest begründet, bestimmt und dauerhaft sein. Aber unsere Bemühungen, das Kind zu ihrer Anerkennung und Beachtung zu veranlassen, müssen wechseln.
Da ist noch ein anderer Grund, warum starre Methoden so oft versagen. Sie sind nicht den besonderen Bedürfnissen und Erfordernissen des einzelnen Kindes angepaßt. Sogar dasselbe Kind kann nicht immer auf dieselbe Weise behandelt werden. Nur, wenn wir die Methoden wechseln, ihre Erfolge und Wirkungen beobachten und neue Methoden erproben, können wir diejenigen finden, auf die das Kind anspricht.
Dies ist für die kleinen Einzelheiten der Erziehung genauso wichtig, wie für die weiteren Gesichtspunkte. Wir müssen uns ja auch den verschiedenen Entwicklungsstufen des Kindes anpassen. Sogar das Maß der Aufmerksamkeit, die es braucht, ist keine feste Größe. In den ersten Monaten sollte seine Ruhe so wenig wie möglich gestört werden. Später wird es mehr Aufmerksamkeit brauchen. Nach wenigen Jahren müssen wir uns aber wieder zurückziehen, denn dann braucht es mehr Kinder seines eigenen Alters. Während gewisser Zeiten seines Lebens ist das Kind der Belehrung sehr zugänglich; zu anderen Zeiten wird es auf unseren Rat überhaupt nicht hören. Bei bestimmten Gelegenheiten will es unsere Führung und in anderen Umständen wird es darauf bestehen, seine eigenen Entscheidungen zu treffen. Eine starre Haltung auf unserer Seite läßt für die abwechselnden Bedürfnisse des Kindes keinen Raum. Die wirklich wirksamen Erziehungsmethoden passen sich jeder besonderen Situation an sowie den Veränderungen, die das Wachstum des Kindes begleiten.

Das Erwecken von Interesse

Kinder werden unserem Einfluß viel zugänglicher, wenn wir ihr Interesse wecken können. Dies allein sollte genügend Anreiz sein, unsere Methoden zu wechseln. Eltern beklagen sich oft, daß ihre

Worte in ein Ohr hineingehen und aus dem anderen herauskommen. Und doch muß die tödliche Langeweile der ständig gleichen Anordnungen, Ermahnungen und Erklärungen notwendigerweise dazu führen. Das viele und unaufhörliche Sprechen der Mutter macht das Kind nur muttertaub.

Aus diesem Grunde hängt auch viel vom *Ton unserer Stimme* ab, mit dem wir uns an das Kind wenden. Je lebhafter und natürlicher unser Ausdruck, desto bereitwilliger wird das Kind zuhören. Ärgerlichkeit macht es nie aufnahmebereit. Viele Eltern nehmen ihrem Kind gegenüber einen langweiligen, leblosen oder sogar harten Ton an, der entweder keine Reaktion hervorruft oder eine solche, die klar den Wunsch des Kindes anzeigt, allein gelassen zu werden. Auch die häufige Neigung zur Babysprache langweilt das Kind nur; es hält sie für lächerlich — und mit Recht.

Jeder, der mit Kindern zu tun hat, begegnet ungezählten Situationen, wo es unmöglich erscheint, mit dem Kind Kontakt herzustellen. Das Kind ist so eigensinnig, daß weder Reden noch Raten es irgendwie beeindrucken. Dies sind die Situationen, wo wir leicht unsere Selbstbeherrschung verlieren, weil wir dieses Gefühl der Hilflosigkeit nicht ertragen können. Doch gibt es eine Handlungsweise, die man in jeder Situation anwenden kann, auch wenn wir gar nicht wissen, was zu tun ist. Diese Methode kann viele Situationen retten, die sonst völlig unkontrollierbar zu sein scheinen. Sie besteht darin, sich vorzustellen, was das Kind jetzt von uns erwartet — und dann *gerade das Gegenteil* zu tun! In jeder Situation, auch wenn uns das Kind offensichtlich völlig ignoriert, rechnet es mit einer bestimmten Reaktion. Es mag Drohungen erwarten oder Ausbrüche, körperliche Bestrafung oder in vielen Fällen nur Schimpfworte oder Predigten. Auf diese ist es vorbereitet und es ist entschlossen, sich nicht beeindrucken zu lassen.

Wir können entdecken, was das Kind erwartet, indem wir beobachten, was wir zu tun geneigt sind. Unsere eigenen Reaktionen entsprechen im allgemeinen ganz der Erwartung des Kindes und sind genau das, was es wünscht und sogar hervorruft. Wenn wir das

Gegenteil tun, bringen wir das Kind aus seiner Fassung und aus seinem Gleichgewicht. So erwecken wir nicht nur sein Interesse, sondern zwingen es darüber hinaus noch, sich seine eigene Haltung zu überlegen. Zumindest haben wir eine Atempause gewonnen, die uns Zeit gibt, zu überlegen, was wir nun weiter tun können. Das Kind zu loben, wenn es Tadel erwartet, seine Überlegenheit anzuerkennen, wenn es Unterdrückung erwartet, Gleichgültigkeit, wenn es einen Ausbruch oder mindestens Verärgerung erwartet, und ihm freie Hand zu geben, wenn es erwartet, zurückgehalten zu werden — all dies ist eine Taktik, die die Atmosphäre entgiftet, die augenblickliche Spannung löst und das Kind für das Kommende bereit macht. Es ist sehr oft möglich, diese gegenseitige Entspannung für freundliche Aussprachen zu benützen, auf die das Kind dann willig eingeht.

Wie leicht es ist, das Interesse eines Kindes zu erwecken und es in eine bestimmte Richtung zu lenken, zeigt die folgende kleine Fabel. Ein Mann wurde von der Dorfjugend geärgert, die immer hinter ihm herlief und über sein rotes Haar spottete. Schließlich sammelte er alle um sich und versprach jedem von ihnen täglich zehn Pfennige, wenn sie mit dem richtigen Schwung spotten und schreien würden. Die Buben waren überrascht, nahmen aber den Vorschlag mit Begeisterung an. Und am nächsten Tag bekam jeder, wie abgemacht, zehn Pfennige. Am fünften Tage aber hörte der Mann plötzlich mit diesen Zahlungen auf. Die Buben ärgerten sich und riefen: »Wenn der Rotkopf nicht zahlen will — *umsonst* schreien wir nicht.« Und sie gingen ihrer Wege.

Das Vertrauen des Kindes gewinnen

Unser Einfluß auf unser Kind wird um so stärker sein, je mehr wir sein Vertrauen gewinnen können. Liebe und Zärtlichkeit allein erreichen dieses Ziel in keiner Weise. Das Kind kann uns sehr zugetan sein und trotzdem unzugänglich und verstockt bleiben. Erst wenn es nicht mehr im Gegensatz zu uns steht, sondern freiwillig unsere Führung anerkennt und gern unseren Wünschen folgt, haben wir es für uns gewonnen. Seine Folgsamkeit hängt nicht nur von seinem Glauben an unsere Gerechtigkeit ab, sondern auch von seinem Vertrauen in unseren guten Willen und unsere praktische Zuverlässigkeit. Jedes Anzeichen eines Kampfes um Macht auf unserer Seite macht eine solche Zusammenarbeit unmöglich.

Es ist besonders wichtig zu wissen, wie man ein Kind in kritischen Situationen gewinnen kann. Wir können, wie oben gezeigt, seine Aufmerksamkeit durch ein Überraschungsmanöver erregen. Aber um sein Vertrauen zu gewinnen, ist noch mehr nötig. Die besten Mittel, die uns zur Verfügung stehen, sind Freundlichkeit und echte Güte. Kinder haben ein durchdringendes Wahrnehmungsvermögen. Sie können leicht zwischen leerer Überschwänglichkeit und wahrem guten Willen unterscheiden und entdecken leicht, wer ihr ehrlicher Freund ist und wer nicht. (Diese Feststellung ist immer wahr, auch wenn der äußere Schein nicht immer dafür spricht. Wir mögen uns selbst immer als den Freund unseres Kindes angesehen haben, wenn auch in Wirklichkeit unsere Haltung ihm gegenüber oft unbewußt bösartig und feindlich war.)

Der Ton unserer Stimme sollte deshalb immer freundlich sein. Dies ist notwendiger denn je in kritischen Augenblicken. Wenn es uns nicht gelingt, bei solchen Gelegenheiten eine freundliche Haltung zu bewahren, können wir kaum hoffen, die Entwicklung des Kindes zu fördern. Was immer wir dann tun, wird nur seine Feindseligkeit vermehren. Aus diesem Grund ist es wesentlich, persönlichen Tadel oder Bestrafung zu vermeiden und dem Kind die Möglichkeit zu geben, von den rein logischen, unpersönlichen Folgen seines schlechten Verhaltens zu lernen. Wenn wir diesem Verfahren folgen, können wir es vermeiden, uns in einem unfreundlichen Licht zu zeigen. Harte Worte stoßen das Kind unvermeidlich zurück.

Aber auch bloße Nachsicht kann uns nicht das Vertrauen der Kinder gewinnen. Nachgiebigkeit erscheint nicht als guter Wille, sondern als Zeichen der Schwäche. Wir können das Kind ganz leicht dadurch gewinnen, daß wir wahres Interesse an ihm und an seinen Angelegenheiten zeigen — indem wir mit ihm spielen, es zu Spaziergängen mitnehmen, uns mit ihm unterhalten oder ihm Geschichten erzählen. Aber unser ganze Aktivität wird wirkungslos sein, wenn wir nicht mit ganzem Herzen und genau so intensiv, wie das Kind selbst, daran teilnehmen. Solche Ablenkungen schalten Konflikte aus. Sie sind viel wirkungsvoller als Schmeicheln oder Zärtlichkeit, die selten frei von einer unangenehmen Note des Besitzens und der Herablassung sind. Wer immer ein aktives, freundliches Interesse dem Kind zeigt, kann seiner Aufmerksamkeit und Reaktion sicher sein, wenn die entsprechende Gelegenheit da ist.

Entspannung eines kritischen Augenblicks

Es gibt unzählige Umstände, die das Kind zu Feindseligkeit und Trotz anregen. Es ist daher gut zu wissen, wie man solchen Widerstand ohne Streit überwinden kann. Die sicherste Methode, besonders bei jüngeren Kindern, besteht darin, ihre Aufmerksamkeit vom Gegenstand der Meinungsverschiedenheit abzulenken. Wenn das Kind hartnäckig ist, oder wenn es trotzt und nicht folgen will, genügt es, schnell irgend etwas zu erfinden, das sein Interesse erweckt. Wenn es aber besonders trotzig und widerspenstig ist, mag diese einfache Methode nicht genügen. Vor allem bei älteren Kindern kann es unmöglich sein, ihre Opposition schnell und leicht zu überwinden. Trotzdem wird es nicht unbedingt notwendig sein, sofort etwas zu tun. Das ältere Kind ist gewöhnlich vernünftig. Im Falle tatsächlicher Gefahr kann es schon besser für sich selbst sorgen; und in anderen Situationen können wir auf eine Gelegenheit warten, die erzieherische Einflüsse ermöglicht.
Wenn die kleine Maria darauf besteht, durch eine tiefe Pfütze zu waten, wenn sie irgendeinen spitzen Gegenstand in den Händen hat, sich aus dem offenen Fenster lehnt, oder auf einen Stuhl klet-

tert, werden wir ihr sicherlich zurufen, sofort herzukommen. Wenn sie darauf nicht reagiert, können wir versuchen, ihre Aufmerksamkeit abzulenken. Wir können ihre Neugierde erregen, indem wir sagen: »Schau, was ich hier habe!« oder indem wir laut pfeifen, oder plötzlich in die Hände schlagen — irgend etwas, was ihr Interesse erweckt. In den meisten Fällen genügen diese Methoden, um die augenblickliche Gefahr ohne Aufregung abzuwenden. Wenn das Kind aber besonders eigensinnig ist, genügen diese Methoden natürlich nicht. In Augenblicken der Gefahr können wir es uns nicht leisten zu warten, aber auch in Notfällen sollte es möglich sein, eine freundliche Haltung zu bewahren. Wenn das Kind klein ist, nehmen wir es einfach hoch oder bei der Hand und führen es weg.

Unglücklicherweise wird eine der erfolgreichsten Methoden, eine Situation zu entgiften, nur sehr selten angewandt. Es ist der *Humor.* Viele vernachlässigen ihren Sinn für Humor; sie fühlen es irgendwie als ihre Pflicht, ernst und womöglich noch verdrießlich zu sein, und betrachten ein gelegentliches Lachen schon als Verlust ihrer Würde. Und doch sollte Humor nie fehlen, wenn wir mit Kindern zu tun haben. Wer Humor besitzt, hat es viel leichter. Wir können damit nicht nur die Spannung anderer, sondern auch unsere eigene lösen. Wenn wir jemanden zum Lachen bringen, kann er uns nicht wirklich böse sein. Wir dürfen aber Humor nicht mit Hanswursterei verwechseln. Der Humor liegt oft in der Art des Sprechens und nicht so sehr im Inhalt, als im Ton. Humor sollte auch nie hart und schneidend sein, sonst verliert er seine versöhnende Wirkung und erhöht nur noch die Feindseligkeit. Das Ziel ist, das Kind *mit* uns zum Lachen zu bringen. Wir sollten aber nie das Kind lächerlich machen.

Es ist nicht leicht, Beispiele zu bringen, da so viel von den Begleitumständen, dem Ton unserer Stimme und der Art des Sprechens abhängt. Oft wird die Betonung der spaßhaften Seite einer Situation und unsere eigene Belustigung genügen. Wenn sich keine unmittelbare Gelegenheit ergibt, können wir eine lustige Geschichte oder Anekdote erzählen. Kleine Kinder kann man oft durch die einfachsten Kunstgriffe zum Lachen bringen — ein Stückchen Schnur mit irgend etwas, das daran tanzt, eine humorvolle Geste oder eine drollige Grimasse.

Wie verdrießlich, eigensinnig oder ungehorsam Kinder auch sein mögen, *wir* können immer ruhig und freundlich bleiben. Dies ist ein Grundsatz, den alle Eltern annehmen *müssen*. Ein warmes Wort, ein Ausdruck der Zuneigung und des Verstehens werden oft Wunder wirken und den unterdrückten Trotz und Zorn des Kindes in Seufzer und Tränen wandeln. Denn in vielen Fällen sind Frechheit, Unverschämtheit, Ungehorsam und Eigensinn nur Versuche, ein Gefühl des Verletztseins, des Vernachlässigtseins und der Einsamkeit zu verbergen. Häufig kann ein Zeichen unseres Willens, dem Kind zu helfen, die feindliche Spannung sofort lösen. Aber es muß zuerst an die Ehrlichkeit unseres Willens, ihm zu helfen, glauben; unglücklicherweise fehlt aber oft dieses Vertrauen auf seine eigenen Eltern.

Sich zurückziehen

Viele Kinder sind nur wegen der Eltern unartig, entweder um sie mit sich zu beschäftigen, oder um ihnen eine Niederlage zu bereiten. Sich zurückziehen, das heißt sich tatsächlich von der augenblicklichen Situation räumlich zu entfernen, hat oft erstaunliche Folgen. Ein Großteil unserer Bemühungen in der Erziehungsberatung ist darauf gerichtet, den Müttern zu helfen, sich von dem ungebührlichen Zwang und den Ansprüchen ihrer Kinder freizumachen. Das Betragen des Kindes muß sich ändern, wenn die Mutter es ablehnt, ein unbewußtes Opfer zu sein. Sogenannte abhängige Kinder sind gewöhnlich anspruchsvoll. Eine tatsächliche oder eingebildete Hilflosigkeit oder einen Mangel benützen sie, um die Mutter in ihren Dienst zu stellen. Wenn sich die Mutter weigert, diese Rolle zu spielen, überwindet das Kind oft seine Unfähigkeit oder Schwäche und beginnt, sich angemessen zu betätigen. Ein unfolgsames Kind ist gewöhnlich herrschsüchtig. Es ist gut darauf vorbereitet, jedem Zwang zu widerstehen, und bringt es glänzend fertig, anstatt den Wünschen der Eltern nachzugehen, sie zu zwingen, seinen Willen zu erfüllen. Aus diesem Grund ist jeder Versuch vergeblich, Gehorsam zu erzwingen; das Kind kann aber die Nutzlosigkeit von Gewalt erfahren, wenn die Eltern darauf achten, ihm nicht nachzugeben.

Bei einem Wutausbruch das Kind allein zu lassen ist eines der wirksamsten Mittel, um solche Neigungen zu unterbinden. Der großartigste Ausbruch ist nutzlos, wenn niemand zuhört, erschreckt oder beeindruckt wird.

Streit zwischen den Kindern richtet sich gewöhnlich an die Adresse der Mutter. Wenn sie es fertig bringt, sich nicht einzumischen oder den Richter zu spielen und die Kinder zu trennen, lernen sie, allein miteinander auszukommen und ihre Konflikte selbst zu lösen.

Wenn sich die Mutter in einem gegebenen Streit entfernt, am besten indem sie sich ins Badezimmer zurückzieht und sich einschließt, bis die Gemüter sich beruhigt haben, kann sie einen großen Beitrag für die Eintracht der Familie leisten. Solch ein taktischer Rückzug ist besonders ratsam, wenn sie sich am Ende ihrer Weisheit fühlt und merkt, daß sie sich nicht länger beherrschen oder »es ertragen« kann. Ehe auch sie ihre Haltung verliert und sich in den Streit hereinziehen läßt, kann sie immer zwischen sich und ihr Kind eine trennende Tür bringen. Wenn sie dann von ihrem freiwilligen Zufluchtsort zurückkehrt, kann sie wieder freundlich und voll Wärme sein.

3. Prinzip: Ermutigung

Anerkennung

Wie wir gesehen haben, beruhen die Schwierigkeiten eines Kindes immer auf irgendeiner Form von *Entmutigung*. Vielleicht waren es die Eltern oder andere Personen seiner Umgebung, die es verzagen ließen; oder erfolglose Bemühungen, irgendeine Aufgabe zu meistern oder eine Fertigkeit zu erreichen, mögen es veranlaßt haben, den Glauben an seine eigene Kraft zu verlieren. Was auch immer die Begründung für seine Schwierigkeit sei und in welcher Verkleidung sie auch erscheinen mag, es ist die Pflicht der Eltern, sein Selbstvertrauen zu stärken. Ermutigung ist für die Entwicklung des Kindes dasselbe, was Wasser für die Pflanze bedeutet. Wie die Pflanze ohne Wasser nicht wachsen kann, so kann es das Kind nicht ohne Ermutigung. Man muß ihm zeigen, daß es nicht so schwach und untauglich ist, wie es selber glaubt. Es braucht trotz oder gerade wegen seines Mangels an Vollkommenheit Anerkennung. Diese soll aber unpersönlich und sachlich sein. »Da hast du eine gute Arbeit geleistet ...« »Ja, das ist richtig ...!« »Ich bin froh, daß du das fertig bringt ...« Das Kind sollte für das, *was es getan* hat, gelobt werden, und nicht für das, *was es ist*, sei es nun gut, nett, hübsch, niedlich oder klug.

Wenn z. B. ein Kind sich noch nicht ganz selbständig anziehen kann, könnte man betonen, wie nett der eine Strumpf angezogen sei und daß es versuchen könne, auch einen Schuh anzuziehen. Wir sollen die *Bemühung* loben, sei sie erfolgreich oder nicht. Oder wenn es in der Schule schlecht schreibt, dann können wir sicher in seinen Heften eine Seite oder eine Zeile finden oder vielleicht nur einige einzelne Buchstaben, die aufrichtig lobenswert sind. Was auch immer das Versagen des Kindes sein mag, durch Ermutigung können wir eine Verbesserung erreichen. Sie ist gleich nötig für die Entwicklung des Charakters und der moralischen Fähigkeiten. Auch hier braucht das Kind Anerkennung, falls es den rechten Weg nicht von selbst findet.

Wenn ein Kind sich richtig entwickeln soll, muß es mutig sein. Wir müssen alles vermeiden, was sein Selbstvertrauen herabsetzen könnte. Die Sätze der »Erziehungsmerkblätter« von Dr. Alice Friedmann (siehe Beilage) sollten soviel wie möglich angewandt werden.

Anspielungen auf das Alter des Kindes haben manchmal eine gute Wirkung; sie sollten jedoch mit Vorsicht verwendet werden, denn sonst mag das Kind das Gefühl bekommen, es sei nicht fähig, das zu tun, wozu es eigentlich hätte imstande sein müssen. Erklärende oder kritische Bemerkungen sollten sehr vorsichtig ausgedrückt werden. »Es ist nicht länger nötig, daß ich dir beim Anziehen helfe« usw. Wir müssen unsere Worte immer sorgfältig wählen und beobachten, wie das Kind auf sie reagiert — ob sie ermutigend wirken oder nicht.

Letzten Endes hängt es vom Kinde selbst ab, ob unsere Bemerkungen ermutigend gewirkt haben oder nicht. Man kann zwei Kindern ehrlich sagen, daß man an ihre Fähigkeit glaubt. Das eine wird überzeugt werden — und das andere nur noch mehr überzeugt sein, daß niemand wirklich weiß, wie unfähig es ist. — In derselben Weise kann Lob schädlich wirken. Manche Kinder fühlen sich durch Anerkennung verpflichtet, mehr zu leisten, als sie wirklich können — und als Folge werden sie am Ende dann noch mehr entmutigt. Und andere können so abhängig von Lob werden, daß sie ganz einfach gar nichts machen, wenn sie nicht sicher sind, daß sie wieder gelobt werden.

Anleitung und Unterweisung

Wenn wir dem Kind eine neue Aufgabe oder Verantwortung übertragen, müssen wir besonders darauf achten, Entmutigung zu vermeiden. Das Kind lernt am besten durch eigene Bemühung; hinfort ist jede neue Fertigkeit ein fühlbarer Schritt vorwärts. Wenn das Kind zu sehr geleitet wird, kann es leicht den Eindruck bekommen, daß die Aufgabe zu schwierig ist und daß wir an seiner Fähigkeit, sie auszuführen, zweifeln. Es ist ratsam, ihm nur eine

Starthilfe zu geben und es fernerhin für sich selbst probieren zu lassen, bis das gewünschte Ergebnis erreicht wird.
Wichtig ist, *wann* wir mit dem Kind reden. Gespräche haben nur dann einen Sinn, wenn das Kind bereit ist zuzuhören. Es ist völlig sinnlos, irgend etwas zu sagen, wenn etwas falsch gemacht wurde, weil das Kind hinterher entweder widerspenstig oder niedergeschlagen ist. Die beste Zeit für eine Aussprache ist ein ruhiger, nachdenklicher Augenblick, wenn wir allein mit dem Kind sind und mit ihm plaudern oder spazieren gehen. Auch kurz vor dem Zubettgehen gibt es oft gute Gelegenheit zu einer vertraulichen Aussprache. Wir können diese Gelegenheit vorteilhaft ausnützen. Doch dürfen wir nicht vergessen, daß Unterweisung und Führung ohne Freundlichkeit und guten Willen völlig wirkungslos sind.
Bei diesen Aussprachen müssen wir vermeiden, unsere eigene Überlegenheit über das Kind zu zeigen. Wenn immer oder worüber wir auch mit dem Kind sprechen, wir müssen ihm klar machen, daß Regeln des Benehmens, die es lernen muß, für jedermann gelten. Es soll uns als Kamerad und Gleichberechtigten ansehen, der ihm helfen will, seine Probleme zu lösen. Jeder Vorschlag wird viel besser aufgenommen, wenn wir sagen: »Komm, das wollen wir *zusammen* machen!« Dieser Geist der Zusammenarbeit sollte uns aber niemals veranlassen, dem Kind seine Verantwortung abzunehmen. Er soll nur dazu dienen, die vielen kleinen Notwendigkeiten etwas angenehmer zu machen. Wenn immer das Kind eine Aufgabe unangenehm findet, wird sich dieses Vorgehen als nützlich erweisen.
Viele Eltern wundern sich, warum ihr Kind lieber auf fremde Leute hört als auf sie. Der Grund ist, daß Außenstehende Kinder eher als ihresgleichen behandeln, wenn sie mit ihnen sprechen. Eltern aber neigen dazu, ihre Überlegenheit über das Kind zu betonen. Je mehr sie das tun, desto weniger sind die Kinder bereit, ihrem Ratschlag zu folgen. Echte Überlegenheit sucht keinen Ausdruck des Prestiges. Wir können das Kind trotz größeren Wissens, unserer Erfahrung und Urteilskraft als gleichberechtigt behandeln. Und

das Kind wird desto williger sein, unsere Überlegenheit anzuerkennen, je weniger seine Aufmerksamkeit darauf gelenkt wird und je weniger wir eine solche Anerkennung verlangen.

Wenn wir entschlossen sind, um jeden Preis überlegen zu scheinen, werden wir in Verlegenheit kommen, falls wir eine Frage des Kindes nicht beantworten können. Sonst können wir offen zugeben, daß wir etwas nicht wissen. (Wir müssen es unbedingt vermeiden, dem Kind eine bewußte falsche Antwort zu geben, denn dies ist der sicherste Weg, seine Achtung zu verlieren.) Es schadet nichts, persönliche Fehler und Schwächen zuzugeben. Das Kind wird sie auf jeden Fall entdecken, und zwar viel deutlicher, als wir im allgemeinen erwarten. Jede unserer Bemühungen, unsere Schwächen zu verbergen, wird als das beurteilt, was es tatsächlich ist, nämlich als eine zusätzliche Schwäche.

Gegenseitiges Vertrauen

Wenn wir unsere eigenen Unvollkommenheiten offen eingestehen, können wir eine nähere Beziehung zu dem Kind herstellen. Solche Offenheit erzeugt größeres Vertrauen. Wenn wir zugeben, daß wir in seinem Alter auch nicht besser oder schlechter waren, wird es deshalb nicht weniger von uns halten. Wenn wir ehrlich sind, wird es uns mit einem größeren Vertrauen belohnen, als wenn wir ihm erzählen, welche Engel wir als Kinder waren. Gute Kameradschaft ist das beste Mittel, das Vertrauen des Kindes zu gewinnen.

Doch ist es nicht genug, daß uns das Kind menschlich sieht; wir müssen es im selben Licht betrachten. Viele Mütter und Väter mißachten die offenkundigsten sozialen Rechte ihrer Kinder. Sie haben keine Bedenken, Versprechen zu brechen oder Vertrauen zu enttäuschen. Sie achten nicht das Vorrecht des Kindes, eine gewisse Zurückhaltung auch den Eltern gegenüber zu zeigen und seine Geheimnisse nach eigener Wahl zu enthüllen oder zu behalten. Sie stecken ihre Nase in die Korrespondenz der älteren Kinder und kränken sie, indem sie ihre Gefühle und Meinungen nicht ernst nehmen. Trotzdem sind sie dann erstaunt und verletzt, wenn ihre Kinder kein Vertrauen zu ihnen haben. Auch wir würden jemandem, der uns so behandelte, kein Vertrauen schenken. Ein Kind ist ein Mensch wie wir und hat Empfindungen, die nicht anders sind als die der Erwachsenen. Eltern können Vertrauen nicht *verlangen* oder erzwingen; es muß verdient werden. Wenn ein Kind seine Eltern nicht als Freunde betrachtet, ist niemand anderer daran schuld als sie selbst; und sie sollten nicht überrascht sein, wenn sie herausfinden, daß ihr Einfluß nur oberflächlich ist und daß das Kind sich an andere um Rat wendet, die es als würdigen Mitmenschen behandeln.

Eltern glauben oft, es sei zum besten des Kindes, daß sie alles wissen, was es denkt und tut. Je mehr wir aber auf seiner Offenheit bestehen, desto weniger werden wir dieses Ziel erreichen. Wenn unsere unaufhörlichen Fragen wie Neugierde aussehen, wird das Innenleben des Kindes mehr als je ein verschlossenes Buch für uns bleiben; und wenn wir nicht aufhören es zu bedrängen, können wir es schließlich zu Heuchelei und Lügen treiben. Die Enthüllung der ganz persönlichen Gefühle und Gedanken ist ein Akt des intimsten Vertrauens. Nur wenn wir unsere Kinder mit dem richtigen Takt und mit Diskretion behandeln, werden sie uns ins Vertrauen ziehen. Als Ergebnis ihrer falschen Methoden und Einstellungen wissen nur wenige Eltern, was im Inneren ihres Kindes vorgeht.

Wir müssen im Auge behalten, daß Vertrauen gegenseitig sein muß. Das Kind braucht Beweise unseres Vertrauens. Der wertvollste Ausdruck unseres Vertrauens ist unsere Anerkennung der Bedeutung des Kindes als menschliches Wesen. Viele Gelegenheiten ergeben sich, dieses Vertrauen zu zeigen. Schon ehe das Kind das Schulalter erreicht, kann es mit vielen nützlichen Aufgaben im Hause betraut — nicht beauftragt! — werden und kann sich in vielerlei Art anderen Mitgliedern der Familie nützlich erweisen. Wir können es Besorgungen machen, Botschaften zu unseren Freunden bringen und kleine Einkäufe ausführen lassen. Wenn es älter wird, müssen wir stärkere Zeichen unseres Vertrauens verwenden. Wir können wichtige Fragen mit ihm besprechen und vielleicht seine Meinung und seinen Rat einholen. Auf diese Weise machen wir aus unserem Kind einen Kameraden, und alle gewinnen durch dieses gegenseitige Vertrauen.

Unser Vertrauen in die Vernunft unseres Kindes und in seine Verläßlichkeit kann jeden Tag von neuem gezeigt werden. Das ist der Sinn der Offenheit, die wir empfohlen haben. Wir brauchen nicht zögern, dem Kind manche unserer Sorgen und Probleme mitzuteilen; andererseits darf unser Vertrauen nie eine Last bedeuten. Das Kind zu unserem Vertrauten zu machen bedeutet wieder etwas anderes. Seine Entwicklung wird ernsthaft in Frage gestellt, wenn es der dauernde Zufluchtsort für unsere Klagen wird. Dies wäre ein Mißbrauch des Kindes durch Eltern, die nicht fähig sind, ihr eigenes Leben zu bewältigen und die nicht imstande sind, Freunde zu gewinnen, denen sie ihr Herz ausschütten können. Dies ist kein Beweis von Vertrauen zum Kind, sondern ein Zeichen von Verwirrung und Einsamkeit enttäuschter Eltern, die die erste beste Gelegenheit benützen, ihre Sorgen abzuladen, ohne daran zu denken, welchen Schaden sie damit verursachen.

»Du darfst« anstelle von »du mußt«

Früher wurden Belohnung und Bestrafung als die grundlegenden Erziehungsmethoden angesehen, und Eltern konnten ohne sie nicht auskommen. Sie sind notwendige und erfolgreiche Mittel einer autokratischen Gesellschaftsordnung, wo es darum geht, die Unterwürfigen im Zaume zu halten. In einer demokratischen Ordnung werden weder Belohnung noch Strafe dauernd gute Erfolge haben. *Sie sind der Ausdruck willkürlicher elterlicher Autorität.* Das Kind mag schließlich der Unterdrückung nachgeben; es wird aber gleichzeitig seine Feindseligkeit verstärken. Es ist wahr, es muß lernen, sich unterzuordnen — aber nicht der despotischen Macht eines einzelnen. Die einzige Konformität, die wir berechtigterweise erwarten können, ist die Anpassung an die sozialen Notwendigkeiten, die von jedem verlangt wird. Die allgemeinen Gesetze der natürlichen und der sozialen Ordnung sind genügend stark und klar, um das Kind mit den angenehmen und unangenehmen Folgen seines Verhaltens zu beeindrucken. Dies ist jedoch nur dann möglich, wenn wir als Eltern uns nicht durch Bevormundung des Kindes einmischen. Das soll nicht heißen, daß wir völlig passiv und gleichgültig sein und eine »wurstige« Haltung einnehmen sollen, besonders wenn Gefahr damit verknüpft ist. Wir können und sollen dem Kind hilfreich bei seinen Bemühungen beistehen, die Erfordernisse jeder Situation zu erkennen und sich ihr anzupassen.

Es ist empfehlenswert, das Wort »muß« aus unserem Wortschatz zu streichen und dafür zu sagen: »Du darfst«, oder »Du kannst«. Gegen »müssen« lehnen wir uns alle auf, Kinder und Erwachsene; aber als freie Menschen sind wir bereit das zu tun, was die Situation von uns verlangt. »Dürfen« ist die Stimme der natürlichen Ordnung; »müssen« ist gewöhnlich der willkürliche Zwang persönlicher Autorität. Dies ist weder Wortklauberei noch Haarspalterei.

Wir können den Erfolg dieser Methode bei unseren eigenen Kindern immer wieder sehen. Achten wir auf die Reaktion, wenn wir zu unserem kleinen Mädchen sagen: »Du mußt den Tisch decken« oder: »Du darfst heute den Tisch decken — glaubst du, daß du es kannst?« Der Unterschied in der Wirkung wird offenkundig sein.

Es ist überhaupt gut, vom negativen Befehl abzusehen. Wir sollten *das richtige Vorgehen betonen und nicht das unrichtige verbieten.* Etwas freundliche Ermutigung wird eine willige Antwort hervorrufen, besonders wenn wir auf einen Unterschied zwischen der Leistung des Kindes und seiner wirklichen Fähigkeit hinweisen. — »Ich bin überzeugt, daß du es besser kannst!« Ein Appell an seine Selbstachtung und an seinen Wunsch nach Anerkennung wird sich oft als wirksam erweisen und das Kind zum gewünschten Ziel führen.

Sich Mühe geben

»Ich bin überzeugt, daß du das fertig bringst, Hauptsache, du versuchst es!« — dieses Mittel, das Kind in Übereinstimmung mit den Zielen der Erziehung zu bringen, kann immer angewandt werden, wenn wir sein Verhalten verbessern und ihm helfen wollen, schlechte Gewohnheiten los zu werden oder einer neuen Aufgabe gewachsen zu sein. Es ist eine Zauberformel. Sie enthält einen Appell an die Initiative des Kindes; sie gibt ihm das Gefühl, erwachsen zu sein, und ermuntert es daher, seine Anstrengungen in einer bestimmten Richtung zu konzentrieren. Jeder Fehler oder Mangel, eigentlich alles, was erzieherischen Einfluß benötigt, wird so zu einem greifbaren und lösbaren Problem. Wenn wir beiseite stehen, eine freundliche und gütige Haltung bewahren und unsere Bereitschaft zur Zusammenarbeit ausdrücken, können wir jeden Konflikt vermeiden. Auch wenn das gewünschte Ergebnis nicht sofort erreicht wird, sind drastischere Maßnahmen unnötig. Wir haben dabei Gelegenheit, das Kind zu ermutigen und so unsere Stellung als sein wohlmeinender Freund zu verstärken. Die Art der Schwierigkeit ist unwichtig. Vielleicht handelt es sich um die Entfaltung einfacher Geschicklichkeiten oder um die Überwindung von Charakterfehlern und unangenehmen Angewohnheiten, die zu ernsthaften Schwierigkeiten führen könnten. Gleichgültig jedoch, wie lang oder mühsam der Vorgang ist, wir werden immer unsere freundliche Haltung durch Anerkennen und Betonen jedes Zeichens des Fortschritts, wie klein es auch sein möge, beibehalten können. Diese Haltung auf unserer Seite hilft unfehlbar, die konfliktgeladene und Konflikt erzeugende Atmosphäre zu reinigen. Aus Feinden werden Verbündete, die auf ein erreichbares Ziel hin *zusammenarbeiten.*

Zusammensein mit anderen Kindern

Schon sehr frühzeitig braucht das Kind gleichaltrige Spielkameraden. Sie sind für seine Entwicklung notwendig, denn nur mit anderen Kindern kann es sich gleich unter Gleichen fühlen und lernen, sich dem sozialen Schema richtig anzupassen. Wenn es nur in der Gesellschaft von Erwachsenen ist, erhält es entweder zu wenige oder zu viele Rechte; in beiden Fällen ist seine Stellung unnatürlich, und es wird sich wahrscheinlich zum unangenehmen Sonderling entwickeln. Auch das Zusammensein mit einem einzigen Bruder oder einer einzigen Schwester ist nicht genug, da diese Kameradschaft nur allzu oft in die Beziehung eines Überlegenen zum Unterlegenen ausartet und Anlaß zu Gefühlen der Macht oder der Schwäche gibt. Auch gelegentliches Spielen mit zufälligen Spielkameraden auf der Straße oder im Park genügt für das Kind nicht. Die beste Gelegenheit zu freier und natürlicher Anpassung an die Ordnung wird durch eine organisierte Gruppe von Kindern unter erfahrener Aufsicht geboten. Bei unserem System der kleinen Familien ist es daher ratsam, unsere Kinder vom dritten Jahr an in einen guten Kindergarten zu schicken; nach dem sechsten Jahr können wir sie schon an einem Sommerlager teilnehmen lassen.

Da wir in dieser Darstellung nicht näher auf die allgemeinen Probleme solcher Feriengruppen eingehen, werden wir nur die Fragen besprechen, die die Eltern unmittelbar angehen. Wenn wir einen Kindergarten oder ein Sommerlager auswählen, sollten wir vorher die nötigen Auskünfte einholen, um herauszufinden, wem wir unser Kind anvertrauen. Wenn wir einmal diese Entscheidung getroffen haben, haben wir kein Recht mehr, uns in die inneren Angelegenheiten dieser Gruppe einzumischen. Wenn wir unsere Unzufriedenheit und unsere Befürchtungen offen aussprechen, können wir leicht die Anpassung des Kindes stören und damit seine Entwicklung behindern. Jeder Kindergarten oder jedes Ferienlager haben natürlich ihre Fehler und könnten wahrscheinlich besser sein. Wir sollten jedoch daran denken, daß unser Kind niemals in seinem Leben vollkommene Menschen treffen wird und es deshalb frühzeitig lernen muß, sich mit den bestehenden Unvollkommenheiten abzufinden. Vor allen Dingen sollten wir nie unsere Ängstlichkeit als Vorwand nehmen, um unserem Kind besondere Vorrechte zu sichern, da gerade dies die Erreichung unseres Ziels vereiteln würde.

Wir sollten im allgemeinen uns so wenig wie möglich einmischen, wenn unser Kind mit anderen Kindern zusammen ist. Es muß selbst herausfinden, wie es mit anderen auskommt und wie es seine Interessen denen der anderen anpaßt. Fehltritte werden an ihren Folgen erkannt, und der Lehrer oder Berater der betreffenden Gruppe wird den richtigen Weg finden, um dem Kind zu zeigen, wie es das nächste Mal es besser machen kann. In Fällen, wo sein Spiel nicht überwacht wird, sollten wir dies tun, aber unsere Bemerkungen zurückhalten, bis wir mit unserem Kind allein sind. Aber wenn immer wir sein Benehmen mit ihm besprechen, müssen wir darauf achten, daß wir ihm nicht unseren eigenen Egoismus, unsere Menschenfeindlichkeit, unser Mißtrauen, unseren Hunger nach Prestige, oder unsere Ängstlichkeit, was immer der Fall sein möge, aufpflanzen. Keine dieser Eigenschaften wird seinen Charakter verbessern. Es muß lernen, seine Spielkameraden nicht als Feinde anzusehen, sondern als Kameraden, in deren Gesellschaft es glücklich sein kann.

Wie sollen wir uns zu Raufereien stellen? Dies ist eine oft diskutierte Frage. Wahrscheinlich ist niemand dagegen, daß Streitigkeiten so gut wie möglich verhindert werden und ernsthafte Haßgefühle sich unter Kindern nicht erheben sollten. Eine Balgerei läßt sich jedoch nicht verhindern. Kinder werden immer den Antrieb fühlen, ihre Kräfte zu messen, und das Kind sollte darauf vorbereitet sein, sich verteidigen zu können, wenn es angegriffen wird. Wenn wir ihm das Raufen verbieten, wird es wimmernd angelaufen kommen, wenn immer ein anderes Kind es geschlagen hat. Solange es klein ist, können wir seine Gegner einschüchtern und wegjagen; aber was sollte man tun, wenn es älter ist und nicht immer in unserer Nähe sein kann, um von uns beschützt zu werden? Es scheint in der Natur der Dinge zu liegen, daß das Kind fähig sein muß, für sich selbst zu sorgen; und so muß es auch kämpfen lernen wie die übrigen. Natürlich sollte man es von allzu rohen und unerwünschten Kameraden fernhalten; und wir können auch seine Raufboldneigungen entmutigen. Eine friedfertige Veranlagung zeigt sich jedoch nicht in der Angst vor Rauferei, sondern in der Fähigkeit, andere friedlichere Mittel zu finden, um Differenzen beizulegen.

Angst vor ansteckenden Krankheiten sollte uns nicht davon abhalten, das Kind in den Kindergarten zu schicken. Zu Hause ist es vor Ansteckung auch nicht sicherer als im Klassenzimmer. Auf der Straße, in der Straßenbahn oder bei Besuchen ist es genau den gleichen Gefahren ausgesetzt wie in der Schule. Wir sollten diese Gefahren nicht überschätzen. Nichts gewagt ist nichts gewonnen.

Es ist wahrscheinlich für viele Eltern schwer, ihr Kind allein in ein Sommerlager zu schicken. Diese wertvolle Einrichtung wird jedoch von Jahr zu Jahr populärer. Wie in so vielen anderen Fällen, begünstigt auch hier die Not das Wachsen einer guten Einrichtung. Heutzutage können Eltern sich selbst oft nicht Monate lange Ferien leisten, sind aber froh, eine Gelegenheit zur Erholung für ihre Kinder zu finden. Die Zahl der Sommerlager wird dauernd größer, da sich mehr und mehr Eltern damit befreunden, sich eine Zeit lang von ihren Kindern zu trennen. Solch eine Abwechslung tut beiden Seiten gut. Sie vermindert die Spannung, die im allgemeinen zwischen Eltern und Kind besteht. Im Herbst werden beide ein erhöhtes Zusammengehörigkeitsgefühl haben und den erneuten guten Willen, sich gegenseitig entgegenzukommen; beide können von neuem beginnen, mit neuem Mut und verminderter Feindseligkeit. Wenn das Kind in der Zwischenzeit Fortschritte gemacht hat und wenn wir Zeit für ein bißchen Nachdenken und Lernen gehabt haben, können die Sommerferien zum Wendepunkt in den Familienbeziehungen werden.

Fünftes Kapitel

DIE WIRKSAMEN ERZIEHUNGSMETHODEN
1. METHODE: BEOBACHTEN

In den letzten zehn Jahren hat der Mitverfasser besonders in der Schweiz und in Deutschland Tausende von Eltern in Eltern-Seminaren und Eltern-Studiengruppen in diesen Erziehungsmethoden geschult. Dabei hat es sich erwiesen, daß nicht nur die Herausstellung der im vorigen Kapitel geschilderten drei Hauptprinzipien wesentlich ist, sondern daß die Eltern eine Gedankenstütze bei der Anwendung der wirksamen Erziehungsmethoden brauchen. Als beste Gruppierung haben sich folgende Hauptmethoden ergeben:

1. Beobachten
2. Überlegen
3. Sich einstellen
4. Handeln

und von Reden ist nicht die Rede!

Unter diesen vier Stichworten werden in den folgenden drei Kapiteln die wichtigsten Faktoren besprochen, soweit sie nicht schon früher zur Sprache gekommen sind.

Wenn Kinder von Geburt an richtig erzogen werden könnten, wenn es Eltern ohne Fehler gäbe und die Atmosphäre, in der die Kinder aufwachsen, völlig harmonisch wäre, dann würden wahrscheinlich störendes Benehmen, Verletzung von Ordnung und mangelnde Angepaßtheit nicht vorkommen. Aber weil sich diese günstigen Umstände kaum finden, geben Kinder zu einer unendlichen Zahl von Schwierigkeiten Anlaß. Es hilft wenig, darüber zu sprechen, was man ganz zu Anfang hätte tun sollen, um diese mißliche Lage zu vermeiden. Es ist vielmehr notwendig, Eltern und Kindern zu helfen, eine Lösung ihrer schon bestehenden Probleme zu finden.

Wir versuchen, die Methoden aufzuzeigen, die bei der Erziehung der Kinder wirkungsvoll sind, und auf die Fehler hinzuweisen, welche die meisten Eltern unvermeidlicherweise machen. Dies kann Anlaß zur Selbsterziehung* werden, um frühere Irrtümer zu vermeiden und Methoden anzuwenden, die bisher nicht versucht wurden. Jedoch darf man nicht erwarten, einen sofortigen Erfolg zu erzielen.

Das Kind hat nämlich keineswegs seine bisherige Feindseligkeit aufgegeben. Es ist sogar möglich, daß das Kind als erste Reaktion auf unser verändertes Verhalten noch schwieriger wird. Noch immer rechnet es mit Konflikten, und wenn wir den Kampf abbrechen, wird es seine Anstrengungen vielleicht verdoppeln, um uns in die alte Beziehung zurückzuzwingen, welcher es sein Betragen angepaßt hat und auf welche es eingestellt ist. Um es aus der Konfliktsituation herauszubekommen, müssen wir gegenüber seinen Herausforderungen fest bleiben und dürfen uns nicht durch sie verleiten lassen, unsere früheren Fehler zu wiederholen.

Frühere Methoden aufzugeben ist nur ein erster Schritt. Wir können unserem Kind nicht helfen, wenn wir es nicht verstehen. Der völlige Mangel an Verständnis ist eine der Tragödien der gegenwärtigen Beziehungen zwischen Eltern und Kindern. Die meisten Eltern haben nicht die geringste Ahnung, warum ein Kind sich schlecht benimmt. Sie sind sich über die Gründe und Ziele seines Tuns ganz im unklaren. Wir müssen aber sowohl die Ziele des störenden Verhaltens als auch den Plan verstehen, auf dem das Kind sein Dasein aufgebaut hat. Dies wird uns helfen, den Lebensstil zu erkennen, der sein Handeln leitet. Wir können dann die Schwierigkeiten ermessen, denen das Kind gegenübersteht. Bisher waren wir wahrscheinlich nur von den Schwierigkeiten, die *wir* mit ihm hatten, beeindruckt. Nur wenn wir abzuschätzen lernen, was *seine* Konflikte sind, können wir ihm wirklich helfen, diese zu überwinden.

Damit wir einen konstruktiven Einfluß auf unser Kind ausüben

---

* Siehe E. Blumenthal, Wege zur inneren Freiheit — Praxis und Theorie der Selbsterziehung, Rex-Verlag, München.

können, müssen wir lernen, es objektiv zu *beobachten*. Dies können wir nur, wenn wir sein schlechtes Benehmen weniger ernst nehmen. Wir müssen aufhören, seine Fehler als Ausfluß seines Charakters zu betrachten. Das Kind, das sich schlecht aufführt, ist nicht etwa ein schlechtes Kind. Es ist nur unglücklich, falsch geleitet und entmutigt und hat nicht die richtige Antwort auf die sozialen Probleme gefunden, denen es gegenübersteht. Jedes schlechte Betragen verrät nur seine Irrgänge im Bemühen, innerhalb der Familie seinen Platz zu finden und dem Zwang und den Anforderungen, denen es unterworfen ist, zu begegnen.

Da Eltern selten Auffassung und Urteil des Kindes verstehen, werden sie durch die Art und Weise, wie es seine Probleme zu lösen sucht, verwirrt. Oft zählt eine Mutter in völliger Verzweiflung und moralischer Entrüstung die verschiedenen Missetaten, Fehler und Übertretungen ihres Kindes auf. »Wie kann es das nur tun? Schauen Sie, was es wieder getan hat!« Dem Augenschein nach kann man tatsächlich keine vernünftige Erklärung finden. Das Benehmen des Kindes zeigt nur dann einen Sinn, wenn man die Gegenrolle kennt, die durch die Eltern oder andere führende Personen in seiner Umgebung gespielt wird.

Aktion und Reaktion sind auf beiden Seiten völlig logisch, aber unter psychologischem Gesichtspunkt gleicherweise falsch. Der wirkliche Sachverhalt ist kein moralischer, sondern es ist eine Frage der gegenseitigen persönlichen Beziehungen. Die moraliche Note wird von den Eltern nur als Werkzeug benützt, um ihre angeschlagene Autorität wiederherzustellen (ein Kunstgriff, zu dem die Gesellschaft allgemein neigt). Auf diese Weise wird die eigentliche gestörte Beziehung verschleiert, und das Problem läßt eine Beurteilung aufkommen, die als objektiv angesehen wird. Eine solche Einstellung macht das Problem der Erziehung statisch und unlösbar.

Jede Tätigkeit des Kindes hat einen Zweck, der mit seinem Bemühen, sich seiner Umgebung anzupassen, übereinstimmt. Ein Kind mit ordentlichen Manieren und guter Anpassung hat seinen Weg zur gesellschaftlichen Anerkennung gefunden, indem es mit den

Regeln übereinstimmt, die die Gruppe, in der es lebt, bestimmen. Es spürt die Erfordernisse der Gruppe und handelt dementsprechend. Es ist aktiv, wenn die Situation es erfordert, und passiv, wenn es nötig ist. Es spricht zur rechten Zeit und weiß, wann es still sein soll. Es kann Führer oder Geführter sein. Ein vollkommen angepaßtes Kind — wenn es das je geben kann — würde wenig Individualität zeigen, sondern nur die sozialen Bedürfnisse seiner Umgebung widerspiegeln. Nur in der geringen Abweichung von der vollkommenen Anpassung und durch die charakteristische Einstellung, die es gefunden und für sich selbst entwickelt hat, zeigt ein Kind seine individuelle Persönlichkeit.

In diesem Sinne bedeutet jedes individuelle Tun eine leichte Abweichung von absoluter Konformität. Wir brauchen diese Abweichung nicht als schlechte Anpassung zu betrachten, weil die Erfordernisse jeder sozialen Gruppe nicht statisch sind. Die soziale Gruppe selbst benötigt Förderung, Wachstum und Entfaltung. Der einzelne, der der Gruppe seine Ideen aufprägt, ist Anlaß zu ihrer Entwicklung. Wenn seine Ideen und Methoden der Gruppe nützen, ist er gut angepaßt, obwohl er sich nicht völlig konform verhält. So kann also reine Konformität zu einem Hindernis für die soziale Entwicklung werden und damit Ausdruck ungenügender sozialer Anpassung sein.

Schlechte Anpassung kann somit als ein Verhalten definiert werden, welches das Funktionieren der Gruppe und ihre Entwicklung stört. Das psychologische Kräftespiel, das einer schlechten Anpassung Erwachsener zugrundeliegt, ist sehr kompliziert. Es braucht Zeit und Anstrengung, um die Verschiedenheit der Faktoren, die jenseits des Bewußtseins am Werke sind, und die Maske des Erwachsenseins zu entschleiern. Erwachsene haben dieselbe grundsätzliche Einstellung, die sie schon als Kinder hatten. Aber in der Zeit des Heranwachsens lernen sie, hinter dem Berge zu halten, um den Schein zu wahren und das Muster, das durch die Gesellschaft gesetzt ist, zu akzeptieren. Das erfolgreiche Maskieren der eigenen Absichten und Beweggründe wird dann Reife genannt.

Das Kind hat diese Stufe der Entwicklung noch nicht erreicht. Obwohl es sich seiner Ziele und Absichten nicht bewußt ist, zeigt es seine Einstellung offen. Es ist daher möglich, die Ziele des Verhaltens des Kindes durch bloße Beobachtung zu erkennen. Wichtig ist dabei, unsere eigene Reaktion auf das Verhalten der Kinder sowie die Reaktion der Kinder auf unser Verhalten oder auf unsere Reaktion festzustellen. Eine Situation sachlich zu erkennen ist notwendig, ehe wir wirksam handeln können. Dazu gehört das Verständnis sowohl für die Lage des Kindes als auch für die Lage, in der wir Eltern uns heute befinden.

1. Methode: Beobachten

a) Die Lage des Kindes

Ein Kind zu verstehen heißt, die menschliche Natur zu kennen. Es ist möglich, eine Person intuitiv zu kennen; ein klares, vernünftiges Verstehen einer Persönlichkeit kann aber nur durch Kenntnis ihrer Entwicklung erreicht werden. Diese Einsicht erfordert ein systematisches, psychologisches Studium der kindlichen Entwicklung. Alfred Adler und seine Schüler haben eine Technik ausgearbeitet, welche ein Verständnis der menschlichen Persönlichkeit auch dem Laien ermöglicht.

Unsere Hauptaufgabe besteht darin, die ganze Persönlichkeit des Kindes zu erfassen. Ihre grundlegende Struktur wird durch alle Lebensalter beibehalten. Änderungen des Verhaltens sind oft die Antwort des Kindes auf veränderte Bedingungen und bedeuten nicht unbedingt einen tieferen strukturellen Wandel der Persönlichkeit. Das Erkennen der *grundlegenden* Vorstellungen, auf denen die Persönlichkeit des Kindes aufgebaut ist, trägt mehr zum Verständnis eines Kindes bei, als die Kenntnis zufälliger Verhaltensarten, die verschiedene Abschnitte seiner Entwicklung charakterisieren. Der äußere Wandel, den ein Kind zu verschiedenen Zeiten zur Schau trägt, stellt oft nur eine Abwandlung des Themas dar, das als Basis seiner zugrundeliegenden Persönlichkeit verstanden werden muß. In jedem Fall ist unsere Aufmerksamkeit auf die Struktur der Persönlichkeit in ihrer einzigartigen individuellen Ganzheit gerichtet.

Soziale Unsicherheit

Das natürliche Bedürfnis des Kindes, sich der Gruppe, in die es hineingeboren ist, anzupassen, begegnet vielen Schwierigkeiten. Alle Irrtümer, die durch Eltern und Lehrer begangen werden, stellen Hindernisse dar; und all die fehlerhaften Erziehungsmethoden — auch wenn sie gar nicht gleichartig oder sogar völlig entgegengesetzt sind — rufen dieselbe Wirkung hervor. Eltern können entweder zu nachsichtig oder zu streng sein; sie können dem Kind zuviel Aufmerksamkeit geben oder es vernachlässigen. Ob sie aber zuviel Liebe zeigen oder unmäßig streng sind, ob sie das Kind demütigen oder vergöttern, die Wirkung ist dieselbe. Statt zur Anpassung erziehen sie zu Rebellion und Feindschaft.

Diese Feindschaft — die seltsam genug mit Zuneigung vermischt sein kann — richtet sich in erster Linie gegen Eltern oder Erzieher. Diese erscheinen dem Kind als Vertreter der Gemeinschaft, da sie als die Vollstrecker ihrer Gesetze handeln. Deshalb beginnt die Rebellion zuerst gegen die Eltern und erstreckt sich dann auf die verschiedenen Phasen des sozialen Lebens. *Der Kampf gegen den Erzieher entwickelt sich immer als ein Kampf gegen Vorschriften und Ordnung.* Was ist die Ursache dieser Revolte, die sich zuerst gegen den Erzieher oder die Eltern und später gegen die Gesellschaft wendet?

Ein Zusammengehörigkeitsgefühl ist nur dann möglich, wenn man sich akzeptiert und nicht verachtet oder vernachlässigt fühlt. Ein Neugeborenes mag Lust oder Unlust zuerst nur körperlich empfinden. Aber es ist mehr als ein bloßer biophysischer Organismus; es ist ein menschliches Wesen. Und als solches erkennt es bald die sozialen Beziehungen als eine Quelle angenehmer oder unangenehmer Empfindungen. Als Folge bringt es seine körperlichen Bedürfnisse in Übereinstimmung mit den Regeln der Gruppe und ordnet die Wichtigkeit seiner Körperfunktionen der Notwendigkeit unter, sozialen Kontakt mit seiner Umgebung aufrecht zu erhalten. Von jetzt an ist es die Qualität dieser Kontakte, die sein Wohlbehagen hauptsächlich bestimmt. Der heftigste Schmerz, das tiefste Leid in der Kindheit beruhen nicht auf physischer Krankheit und körperlichem Unbehagen. Viel bedrückender ist das Gefühl, zurückgesetzt und ausgeschlossen zu sein. Das Gefühl, nicht dazu zu gehören, Gleichgültigkeit, Mißachtung und Vernachlässigung bereiten die schmerzhaftesten Erfahrungen für jedes Kind.

Das Kind leidet, ohne klar die Ursache seines Unglücklichseins zu erkennen. Jedes menschliche Wesen, das sich von seiner Gruppe ausgeschlossen fühlt, hat den Eindruck, in irgendeiner Weise *minderwertig* zu sein. Dieses Gefühl der Minderwertigkeit kommt jedoch nicht zum Bewußtsein des Kindes; es ist aber in seinen Handlungen offenkundig. Seiner Wirkung kann und muß sowohl bei Kindern wie bei Erwachsenen durch *Hebung der Selbstachtung* entgegengearbeitet werden. Das kleine Kind ist gegenüber Mißachtung besonders empfindlich. Seine Stellung in der Familie gibt ihm genügend Grund, anzunehmen, daß es minderwertig und unzulänglich ist. Es ist viel kleiner, ungeschickter und unfähiger als die anderen Personen seines Kreises; und es erhält seine Stellung nur durch die anderen, die größer und wichtiger sind. Seine Rechte müssen oft denjenigen der anderen weichen, auch wenn es verwöhnt ist — oder vielleicht gerade dann erst recht. Wie oft fühlen sich Kinder völlig unbeachtet, besonders wenn sie an zuviel Beachtung gewöhnt sind! Die Bemühungen des Kindes, seine soziale Unsicherheit zu überwinden, führen oft zu einem Streben nach Überlegenheit — der charakteristischen Folge eines Minderwertigkeitsgefühls. Wer immer sich sozial niedrig fühlt, sucht sich zu erhöhen. Jeder Mensch sucht eine gewisse Bedeutung.

Die Revolte des Kindes entspringt seinem übertriebenen Minderwertigkeitsgefühl, das gleichzeitig das Haupthindernis für die Entwicklung seines Gemeinschaftsgefühls darstellt. Statt sich für die soziale Teilhabe zu interessieren, wird das Kind, das sich minderwertig fühlt, immer mehr an seiner eigenen Erhöhung interessiert. Seine Bemühungen um soziale Anerkennung werden so zu einer Sucht nach Überlegenheit umgeleitet. Aus diesem Streben entwikkeln sich all die Fehler und Schwächen des Kindes, all seine schlechten Angewohnheiten und Mängel.

Minderwertigkeitsgefühl und Entmutigung

Die Schwierigkeiten des Kindes können auf seine Annahme der Minderwertigkeit zurückgeführt werden und auf seine Neigung, wirkliche oder eingebildete soziale Nachteile und Schwächen auszugleichen. Es gibt zwei hauptsächliche Wege, das Minderwertigkeitsgefühl zu überwinden — Resignation oder Überkompensation. In ähnlicher Weise gibt es bei allen angeborenen oder organischen Minderwertigkeiten eine von zwei möglichen Handlungsweisen: entweder führen sie zum Übersehen und Außerachtlassen der mangelhaften Funktion, oder geben sie Veranlassung zu einer besonderen Entwicklung gerade dieser geschwächten Funktion, die dann oft außergewöhnliche Leistung hervorbringt. Zum Beispiel werden einige Kinder mit angeborener schlechter Muskelkoordination ihr ganzes Leben unfähig und tolpatschig sein, während andere mit der gleichen ungünstigen Veranlagung durch dauerndes Selbsttraining eine ungewöhnliche körperliche Geschicklichkeit erreichen. Angeborene Mißbildungen veranlassen manche Kinder, asozial zu werden und zurückzubleiben, während sie bei anderen den Antrieb zu hervorragenden Leistungen bilden. Schwäche der Augen kann ein ungenügendes Sehen zur Folge haben; aber häufiger führt sie zu einer besonderen Entwicklung des Sehens, zu guter Beobachtungsgabe und visuellem und künstlerischem Feingefühl. Allen auftauchenden Schwierigkeiten wohnen die gleichen gegensätzlichen

Möglichkeiten inne. Das Kind hat die Wahl, entweder ihnen nachzugeben oder zu lernen, sie zu überwinden. Was bestimmt aber seine Entscheidung?

Der Faktor, der diese Frage entscheidet, ist der *Mut*, mit dem das Kind an sein Problem herangeht. Solange es nicht entmutigt ist und an seine eigenen Kräfte glaubt, wird es unaufhörlich streben, die Schwierigkeit zu meistern; und der angeborene Mut eines Kindes ist bemerkenswert groß, *falls er noch nicht durch fehlerhafte Erziehung verloren ging*. Aus diesem Grunde werden Schwächen, die das Kind sehr zeitig im Leben bemerkt, — z. B. eine organische Minderwertigkeit der Augen — viel wahrscheinlicher zur Überkompensation als zum Ausweichen und Versagen führen, denn im frühesten Alter ist der Mut des Kindes gewöhnlich noch unversehrt. Körperliche Behinderungen, die das Kind zu einem späteren Zeitpunkt erlebt, führen viel eher zu dauernden Mängeln. Kinder können Leistungen vollbringen, die für Erwachsene unmöglich sind. Diese bemerkenswerte Fähigkeit der Kinder wird im allgemeinen ihrer größeren geistigen Vitalität und ihren unverbrauchten Energien zugeschrieben; wahrscheinlich ist es jedoch der größere Mut, den sie noch besitzen, verglichen mit den meist entmutigten Erwachsenen.

Wenn es wahr ist, daß Kinder von Natur aus mutig sind und ohne Zögern Hindernisse, die ihnen im Wege stehen, angreifen, warum verlieren sie allmählich diesen Mut? Hier werden die Wirkungen falscher Erziehung offenkundig. Viele Erzieher, Laien oder Fachleute, sind sich der Bedeutung des Mutes nicht bewußt und mißachten deshalb dieses grundlegende Bedürfnis des Kindes. *Statt es zu ermutigen, vermindern sie fortgesetzt sein Selbstvertrauen.* All die vielen (und manchmal grundverschiedenen) Erziehungsfehler treffen sich in diesem einen Punkt.

Das Kind kann entmutigt werden, indem man ihm jedes Hindernis sorgfältig aus dem Weg räumt, so daß es keine Möglichkeit hat, seine eigene Kraft zu erproben und seine Fähigkeiten zu entwikkeln. Ganz ähnlich ist die Folge, wenn ihm zu große und zu viele

Hindernisse in den Weg gestellt werden; dann erweisen sich seine Kräfte als ungenügend, und es verliert sein Selbstvertrauen. Eltern entmutigen oft, ohne es zu wissen, ihre Kinder in tausend kleinen Dingen; und die Folge dieser ständig zunehmenden Entmutigungen ist das wachsende Gefühl der Minderwertigkeit des Kindes.

So entgegengesetzte Erziehungsmethoden wie Verwöhnung und Vernachlässigung, Nachsicht und Strenge, führen in gleichem Maße zum Zusammenbruch des Selbstvertrauens des Kindes, und untergraben seine Zuversicht und seinen Mut. Sein Minderwertigkeitsgefühl steht in keinem Zusammenhang mit seinen tatsächlichen Fähigkeiten. Zu Beginn seines Lebens, in der Zeit der größten Hilflosigkeit, wird es durch die Gefühle der Minderwertigkeit viel weniger behindert; dann geht es seine Probleme viel mutiger an, als in späteren Jahren, wenn es tatsächlich viel stärker und fähiger ist. Die Beurteilung unserer eigenen Person hängt nicht von unseren tatsächlichen Fähigkeiten oder Mängeln ab, sondern von unserer eigenen Deutung unserer Stellung in der Gruppe, von unserem persönlichen Urteil über unsere relative Stärke und Fähigkeit, von unserer vorurteilsvollen Einschätzung unserer Taten als Erfolg oder Versagen und von unserer eigenen Meinung, ob wir unsere Probleme, die meistens sozialer Natur sind, ausreichend oder unzureichend meistern. Mut ist die Vorbedingung für erfolgreiches Leben — Entmutigung und Minderwertigkeitsgefühl führen zu Versagen und mangelnder Anpassung.

Der Kampf um Überlegenheit

Das bloße Ausweichen vor einer schwierigen Aufgabe befriedigt eine entmutigte Person nicht. Die unangenehme Aufgabe mag beseitigt sein, aber das Gefühl der Minderwertigkeit bleibt und drängt weiter auf Ausgleich. Niemand findet sich damit ab, ungenügend zu sein. Tief in jedem Menschen ist der Wunsch verankert, in der Gemeinschaft seinen Platz einzunehmen. Daher das Bedürfnis nach persönlicher Geltung, die die Stellung eines anerkannten Mitglieds der Gruppe gewährleistet. Menschsein heißt, ein Gefühl der Minderwertigkeit zu haben. Die menschliche Gattung erlebt ihre *biologische* Unterlegenheit im Kampf ums Dasein, denn in ihrem Ringen gegen die Natur ist sie schlecht ausgerüstet. Der Mensch wird aber auch durch das Erkennen seiner *kosmischen* Begrenztheit tief bewegt, gewahr seiner kosmischen Bedeutungslosigkeit und eingedenk seines unvermeidlichen Todes.

Durch seine Kleinheit in der Welt der erwachsenen Riesen erlebt das Kind seine Unterlegenheit noch viel unmittelbarer. Während die biologische und kosmische Unterlegenheit die menschliche Gattung als ganze angeht und sie nach Ausgleich, nach Bemeisterung der Natur und zum geistigen, religiösen und philosophischen Wachstum streben läßt, betrifft die *soziale* Unterlegenheit das kleine Kind ganz persönlich und distanziert es vom Rest der Familie. Indem es sich mit Eltern und Verwandten, mit älteren und jüngeren Geschwistern vergleicht, fühlt es sich in seiner Stellung nie sicher. Diese dauernde Angst, seine Stellung zu verlieren, wird durch die Konkurrenz verschärft, die unsere gegenwärtige Gesellschaft charakterisiert und auch in das Leben der Familie eingedrungen ist. Dadurch wird die Beziehung zwischen allen Mitgliedern der Familiengruppe gestört. Solange das Kind noch Mut hat, wird es versuchen, seine Bedeutung durch nützliche Leistungen und soziale Beiträge zu erringen. Wenn es aber entmutigt ist, wird sein Gemeinschaftsgefühl eingeschränkt. Dann mag der Weg zu nützlichen Leistungen blockiert sein, so daß das Kind nach Mitteln Ausschau hält, die seine persönliche Überlegenheit auf der »nutzlosen Seite des Lebens« beweisen (Alfred Adler).

Der Drang nach Überlegenheit bildet beim Kind gewisse Grundlinien des Benehmens heraus. Dies geschieht meist in intuitiver Weise, da seine bewußten Verstandeskräfte noch begrenzt sind. Es kann versuchen, eine Person, die mächtig und einflußreich scheint, nachzuahmen. Das Ideal der Männlichkeit, das oft hoch überschätzt wird, kann dabei eine starke Anziehungskraft ausüben. In vielen

Fällen wird aber eine überlegene Mutter als Vorbild genommen. Das Kind benützt jede Gelegenheit, um sein Prestige zu vermehren. Dieses Streben nach Geltung ist besonders offensichtlich bei Kindern, die ein starkes Gefühl der Minderwertigkeit entwickelt haben. Überlegenheit bedeutet für das Kind »Sicherheit«. Da es nicht sicher ist, akzeptiert zu werden und sich richtig zu verhalten und da es *sich nicht auf seine eigene Kraft verlassen kann, erwartet es Sicherheit durch andere.* Geliebt zu werden, Aufmerksamkeit und Bewunderung zu erwecken, Macht über andere zu haben und bedient zu werden — dies sind häufig seine Vorstellungen von Sicherheit. Manche Kinder glauben, soziale Anerkennung nur zu finden, wenn sie etwas ganz Besonderes vollbringen oder Führer sind oder andere Kinder überflügeln. In diesen Fällen ist ihr Beitrag für die Gruppe, auch wenn er sozial nützlich sein sollte, nicht Ergebnis ihres Gemeinschaftsgefühls, sondern nur des Interesses an sich selbst; es geht ihnen nicht darum, einen Beitrag zu leisten, sondern sich selbst zu erhöhen, um persönliche Anerkennung zu gewinnen. Die große Mehrzahl kindlicher Missetaten dient einer vermeintlichen Überlegenheit, nach der ein entmutigtes Kind strebt, indem es ungebührliche Beachtung sucht, durch Wut und Gewalttätigkeit herrscht oder andere für sein oft unbegründetes Gefühl der Zurücksetzung und Vernachlässigung bestraft.

Alle Kinderfehler, alle Schwächen und Verirrungen des Kindes sind falsch berechnete Anstrengungen, einen Platz für sich selbst zu finden. Sie mögen sowohl gegen die Eltern, als auch gegen die soziale Ordnung gerichtet sein. Das Kind, das den gestellten Anforderungen und Aufgaben ausweicht, gewinnt eine Art von Überlegenheit über die Eltern. Im Kampf mit dem Kind befinden sich Eltern oder Lehrer in einem deutlichen Nachteil. Sie können nie mehr als einen vorübergehenden Sieg erringen und müssen am Ende ihr Versagen eingestehen; das Kind hat seinen eigenen Willen, und der Erzieher hat ein dauerndes Problem auf dem Halse.

Trotz ist deshalb nicht nur ein Ausdruck des Aufbegehrens, sondern gleichzeitig ein Werkzeug, um sich Macht zu sichern. Trotz reißt alle Schranken von Ordnung und elterlicher Autorität nieder. Zwischen zwei und vier Jahren kommt das Kind zu einem besseren Verständnis des Systems und der allgemeinen Struktur der Familie und kann durch falschen Zwang in Opposition getrieben und allmählich entmutigt werden. Aus diesem Grunde entwickelt es häufig eine Trotzperiode. Eigentlich ist es das Alter, in dem die Anpassung erreicht werden sollte; aber mit unserem System der kleinen Familien und infolge der Fehler unserer gegenwärtigen Erziehungsmethoden wird dieses Ergebnis selten ohne Kampf erreicht.

Das Gewissen

In den ersten Lebensjahren handelt das Kind unbewußt. Sein Tun beruht noch nicht auf bewußtem Denken, das geäußert werden kann; trotzdem ist es zweckmäßig und zielgerichtet. Seine verschiedenen Absichten sind für den erfahrenen Beobachter offensichtlich. Aber das Kind kann ihrer völlig unbewußt sein, besonders wenn sie gegen seine Umgebung gerichtet sind. Es weiß selbst nicht, daß es oft nur Aufmerksamkeit haben oder seine Macht zeigen will, wenn es z. B. nach einem Ball oder einem Glas Wasser verlangt oder auf die Toilette muß. Solche Absichten müssen jedoch in ihrer Bedeutung erkannt werden, wenn man das Kind verstehen will.

Zuerst sind die Handlungen des Kindes automatisch und richten sich nach Erfahrung und Anpassung, ohne folgerichtig miteinander verbunden zu sein. Wenn sein Tätigkeitsbereich und sein Verständnis wachsen, begreift es allmählich Folgerungen und Bedeutung seines Benehmens. Langsam wird ihm klar, was *recht* und *unrecht* ist; es erlangt Einsicht in die allgemeinen Regeln des gesellschaftlichen Spiels. Wenn seine Beziehungen in der Familiengruppe frei von Gegensatz wären, würde es sich natürlich und ohne Einwände ihren Regeln anpassen. Wie es aber heute steht, findet das Kind es nötig, um seine Stellung zu kämpfen. Sein Streben nach Überlegenheit als

Ausgleich für seine unsichere soziale Stellung muß schließlich mit den moralischen Spielregeln in Widerspruch geraten. Nur zwei Wege stehen dann für seine folgende Entwicklung offen.

Sein Gegensatz zu den Eltern und anderen Familienmitgliedern kann so stark sein, daß es die allgemeinen Belange aus den Augen verliert und jede Spur eines Gefühls für andere aufgibt. Das Ergebnis ist offene Rebellion — das Kind weigert sich, irgend eine Ordnung anzuerkennen und leistet absichtlich allen Regeln und Vorschriften Widerstand. In einem solchen Fall bleibt sein Gewissen unentwickelt. Es akzeptiert weder moralische Maßstäbe noch gesellschaftliche Regeln. Einen ähnlichen Mangel an Gewissen findet man bei Kindern einer Familie, die selbst mit der Gesellschaft in Konflikt steht und die allgemeinen Maßstäbe des richtigen sozialen Verhaltens nicht anerkennt. (Siehe Kapitel III, Psychopathie.)

Die andere Möglichkeit, Opposition auszudrücken, ist häufiger und beinahe die Regel. Das Kind bleibt seinen Eltern zugetan und akzeptiert Gesetz und Ordnung, aber in einer etwas oberflächlichen Art. Es entwickelt genügend Gewissen, weiß, was recht und unrecht ist und versucht, sich anzupassen. Sein »gesunder Menschenverstand« drückt sein Gefühl nach Zusammengehörigkeit aus; es denkt auf dieselbe Art wie die anderen. Das hindert es aber nicht daran, seinen eigenen Willen haben zu wollen, und zwar gegen sein besseres Wissen und gegen die Maßstäbe, die es im allgemeinen akzeptiert hat. Es handelt in solchen Fällen nach seiner »privaten Logik«. Es weiß, was es tun sollte, aber entscheidet anders, wenn es dabei etwas für sich selbst gewinnen kann. Es tut so, als ob es die allgemeinen Regeln akzeptiert, bricht sie aber immer, wenn es persönliche Stellung und Prestige gewinnen will. Es folgt diesen Regeln nur, wenn sein Prestige nicht in Gefahr ist.

Dieser Konflikt zwischen gesundem Menschenverstand und privater Logik ist nicht nur für das Kind, sondern auch für Erwachsene charakteristisch. Wir gestehen uns nur solche Absichten ein, die mit den gesellschaftlichen Regeln übereinstimmen. Handlungen, die gesellschaftlich nicht annehmbaren Absichten dienen, scheinen gegen unseren eigenen Willen zu entstehen, beinahe wie ein Zwang, ohne offensichtlichen Sinn und Verstand. Da sie antisozial sind, können wir keine Verantwortung für sie übernehmen, wenn wir unsere guten Absichten aufrecht erhalten wollen. Folglich sucht man nach Ausflüchten, um solche verwirrenden Handlungen, Triebe oder Gefühle zu erklären.

Das Kind lernt zeitig den Nutzen guter Ausreden kennen. Was immer es falsch macht, wird auf weniger Kritik und Vergeltungsmaßnahmen von seiten der Eltern stoßen, wenn man eine plausible Entschuldigung findet. Eltern sind guten Entschuldigungen zugänglich, weil sie sich selbst, in ihrem eigenen Verhalten, ihrer bedienen. Nichts regt sie mehr auf, als wenn das Kind schlechte Absichten offen zugibt. Dies ist eine Auflehnung, die nicht geduldet werden kann. Aber solange das Kind Entschuldigungen hat, drückt es wenigstens seinen guten Willen aus. Es macht einen großen Unterschied, ob ein Kind, wenn es irgend etwas zerbrochen hat, sagt, es sei ihm leider aus der Hand gerutscht, oder zugibt, daß es sich über die Mutter geärgert und gewünscht habe, sie zu bestrafen. Während kein Zweifel sein kann, daß dies seine wirkliche Absicht war, blieb dem Kind selbst sein wirkliches Ziel unbewußt. Wenn ein Kind gefragt wird, warum es sich schlecht benimmt, kann es keine zufriedenstellende Antwort geben (siehe nächstes Kapitel: Psychologische Enthüllungen). In vielen Fällen wird es sagen, daß es dies nicht wisse. So eine Antwort macht die Eltern oft wütend; trotzdem ist sie richtig. Die Entschuldigungen, die das Kind vorbringen könnte, sind nichts als Rationalisierungen. Es kann sie erfinden, nur um den Zorn der Eltern zu mildern, oder es kann sie wirklich selber glauben. In der Regel werden die Entschuldigungen für die Eltern gemacht; doch wenn das Kind größer wird und sich sein Gewissen entwickelt hat, braucht es die Ausreden für sich selbst, um sein eigenes Gewissen zu beruhigen.

Ein fünfjähriges Mädchen stand in starker Rebellion gegen seine dominierende Mutter, die gleichzeitig überängstlich war. Diese konnte nicht verstehen, warum so wenig Verlaß auf das Kind war. Wenn es eine

Freundin in der Nachbarschaft besuchte, kam es nie zur Zeit heim, noch konnte die Mutter es da finden, wo es hätte sein sollen. Die Kleine war sehr intelligent und offen. Wir fragten sie, ob sie lieber tue, was ihr die Mutter sage, oder was *sie selbst* wolle. Überraschend antwortete sie, daß sie das tue, was sie wolle. Frage: »Und wenn die Mutter dir sagt, was du tun sollst?« Antwort: »Dann höre ich nicht zu.« Frage: »Und wenn Mutter dich bittet zuzuhören?« Antwort: »Dann fange ich auch zu reden an.« Frage: »Und was macht dann deine Mutter?« Antwort: »Dann sagt sie mir, daß ich ruhig sein und zuhören soll.« Frage: »Und was tust du dann?« Antwort: »Dann vergesse ich, was sie mir gesagt hat.« Dieses Kind hatte keine Schwierigkeit, seine Absichten sich selbst offen zuzugestehen. Wenn es älter wird und seinen Wunsch, der Mutter zu zeigen, wer der Herr ist, nicht aufgibt, wird dies für sein Gewissen nicht mehr leicht zu ertragen sein. Dann wird es lernen, seine wirklichen Absichten vor sich selbst zu verbergen und neurotische Alibis zu benützen, die es jetzt schon langsam vorbereitet. Es könnte einen zwanghaften Rededrang entwickeln, oder eine wirkliche, nicht vorgetäuschte Vergeßlichkeit.

Gewissen und bewußter Wille sind nur ein Teil der ganzen Persönlichkeit. Sie entwickeln sich wohl gleichzeitig mit der Fähigkeit zu sprechen und Gedanken auszudrücken. Gewissen oder das Bewußtsein von Gut und Böse ist für die Entwicklung des Kindes notwendig. Die erzieherische Bedeutung des Gewissens wird jedoch weit überschätzt. Ein Appell richtet sich meist nur an das Gewissen und an die Bewußtheit des Kindes. Die meisten Erzieher sehen alle anderen Seiten der Persönlichkeit des Kindes (Emotionen, Gewohnheiten, Antrieb) als jenseits der Reichweite von Willen und Erkenntnis an. Da solche Beweggründe oft nicht verstanden werden und einer direkten Berichtigung widerstehen, werden sie gerne als unverbesserliche Folgen einer ererbten Anlage, als sinnlose Instinkte oder tiefe, geheimnisvolle Gefühlsantriebe angesehen. Diese Ausdrucksformen der Persönlichkeit des Kindes sind jedoch die *Kennzeichen seiner wirklichen Absichten,* die aber nicht zugegeben werden, weil sie mit seinem Gewissen nicht in Übereinstimmung stehen. Dem Kind klar zu machen, daß es unrecht hat, könnte notwendig sein, wenn es wirklich nicht wüßte, daß es unrecht hat. In den meisten Fällen weiß es dies aber ganz genau, und ein Appell an sein Gewissen ist nicht nur überflüssig, sondern sogar schädlich. Er verstärkt den inneren Konflikt zwischen dem gesunden Menschenverstand und der »privaten Logik« des Kindes, welcher schon im Augenblick des schlechten Betragens bestand.

Moralpredigten führen zur Entwicklung von Schuldgefühlen, die einen der am gründlichsten mißverstandenen psychologischen Mechanismen unserer Zeit darstellen. Sehr wenige erkennen, daß die Schuldgefühle kein Ausdruck von Reue sind, sondern im Gegenteil eine Vorbereitung für weiteres schlechtes Betragen. Schuldgefühle werden nur bei Menschen gefunden, die *so tun*, als ob sie bedauern, was sie getan haben, und die beabsichtigen, es wieder zu tun. In anderen Worten: Schuldgefühle sind der Ausdruck guter Absichten, *die man nicht hat*. Gleichgültig, wie sehr man das Geschehen bedauert, man entwickelt keine Schuldgefühle, wenn man willens ist, von jetzt ab das Richtige zu tun. Schuldgefühle sind verschieden von tätiger Reue; sie beziehen sich immer auf ein Geschehen in der Vergangenheit, anstatt in Erwägung zu ziehen, was man *jetzt* tun sollte. Das Kind mag erkennen, daß es Unrecht getan hat, aber es kennt nicht die Absichten seines Tuns und behält die Absicht bei, die zu einer Wiederholung des Fehlers führen muß. Wenn man also die Schuldgefühle des Kindes vergrößert, hindert man es daran, sich zu bessern. Anstatt dem Kind eine Predigt zu halten, muß man ihm seine wahren Absichten klarmachen (siehe nächstes Kapitel: Psychologische Enthüllungen).

Wenn man einem Kind seine unmittelbaren Absichten enthüllt, kann es oft seine Methoden und sein Ziel plötzlich ändern. Sobald es seiner antisozialen Absichten gewahr wird, kann sich sein ja schon entwickeltes Gewissen nicht länger mit ihnen abfinden. Es hat nicht, wie wir Erwachsenen, ein kompliziertes Schema von Selbsttäuschungen entwickelt, mit denen wir unser Gewissen zu beruhigen pflegen, indem wir uns selbst mit ausgezeichneten Rationalisierungen an der Nase herumführen. Es ist schwierig, Erwachsenen ihre wirklichen Absichten klar zu machen; ihre festgegründeten Rationalisierungen erlauben ihnen, ihren Glauben an ihre eigenen guten Absichten beizubehalten, sogar wenn ihre Handlungen offensichtlich in die gegensätzliche Richtung deuten. Wenn wir einem Kleinen zeigen können — mit aller Vorsicht natürlich —, daß es in seinem Stühlchen hin und herwackelt, um unsere Aufmerksamkeit zu erregen, wird es in vielen Fällen damit aufhören (dieses Ergebnis ist weniger wahrscheinlich, wenn wir ihm sagen, dieses Hin- und Herwackeln sei nicht nett). Dieser Kunstgriff, sein Ziel zu erreichen, hat keinen Sinn mehr, wenn seine wirkliche Bedeutung einmal entdeckt ist. Wenn das Kind immer noch Aufmerksamkeit auf sich ziehen will, wird es nun eine andere Methode suchen, wiederum ohne ihre Bedeutung zu erkennen, wenn diese ihm nicht bewußt gemacht wird.

Die Erkenntnis des begrenzten Wertes des Gewissens macht es nicht unnötig, das Gewissen des Kindes zu entwickeln. Ohne ausreichendes Gewissen sind soziale Anpassung und Zusammenleben unmöglich; aber Gewissen allein genügt eben nicht. Es ist notwendig, das »private Ziel« des Kindes und seinen Lebensstil zu erkennen, zu überwachen und, wenn notwendig, eine Wandlung anzuregen. Sonst entwickelt das Kind eine Lebensanschauung und wählt Methoden zur Erlangung seiner Stellung in der Gesellschaft, die sein Glück und seine Fähigkeit, mit anderen harmonisch zusammen zu leben, behindern. Wenn ein Kind sich falsch benimmt, enthüllt es damit nur die irrtümlichen Auffassungen, die es entwickelt hat. Moralpredigten, Tadel oder Appelle an sein Gewissen sind dann meist nutzlos. Sie berühren nicht seine Impulse und Gefühlsregungen. Erst dann tritt eine Änderung ein, wenn seine Absichten und Auffassungen nicht mehr im Gegensatz zu seinem Gewissen und bewußten Denken stehen, sondern in Übereinstimmung mit den sozialen Verpflichtungen sind. Die richtige soziale Einstellung allein erlaubt ein Verschmelzen des bewußten Willens mit den gefühlsmäßigen Wünschen. Jeder Kampf zwischen Gewissen und emotionalen Impulsen verschwindet, sobald das »private Ziel« mit dem gesunden Menschenverstand zusammenfällt.

Die Haltung von Eltern und Lehrern ist die häufigste, aber nicht die einzige Quelle des Minderwertigkeitsgefühls des Kindes. Seine Stellung innerhalb der Geschwisterreihe spielt eine große Rolle bei der Entwicklung seines Charakters. Die Beziehung zwischen dem ersten und dem zweiten Kind ruft in beiden Unsicherheit hervor, und die daraus entspringende Konkurrenz führt zu typischen Unterschieden der Persönlichkeit. Der weniger Mutige der beiden — derjenige, der verwöhnt wurde, oder vielleicht körperlich der Schwächere ist oder der sonst in irgendeiner Art vernachlässigt worden war — wird wahrscheinlich eher versagen. Es ist immer ein Unglück, wenn Eltern viel Aufhebens von einem der beiden Kinder machen, weil es zufällig ein Junge ist oder weil es vielleicht besonders schwächlich und zart ist. Oft wird der Ältere in die Opposition gedrängt, weil die Eltern seine erhöhte Empfindlichkeit und Feindseligkeit nach der Geburt eines anderen Kindes nicht richtig zu behandeln wissen. In anderen Fällen kann die ungewöhnlich rasche Entwicklung oder die außergewöhnliche Fähigkeit eines Kindes vom anderen als ernsthafte Bedrohung seiner eigenen Stellung angesehen werden.

So bringt die Reihenfolge des Kindes innerhalb der Familie eine große Mannigfaltigkeit von Entwicklungsmöglichkeiten mit sich und regt die Entwicklung gewisser Charakterzüge und Eigenschaften an. Das zweite Kind ist im allgemeinen das aktivere, sei es positiv oder negativ; es benimmt sich so, als ob es verlorene Zeit gutzumachen hätte. Das Erstgeborene auf der anderen Seite kann sein ganzes Leben lang durch das Gefühl beunruhigt sein, immer wieder entthront zu werden.

Das zweite Kind wird zum mittleren Kind durch die Geburt des dritten. Zuerst mag es vielleicht glauben, es werde gegenüber dem Neugeborenen dieselbe überlegene Stellung einnehmen können, die sein Bruder ihm gegenüber hatte. Aber bald entdeckt es, daß das neue Baby gewisse Vorrechte hat, die ihm verwehrt sind. Als Folge fühlt das mittlere Kind sich sehr oft mißachtet und glaubt, zu kurz gekommen zu sein. Es hat weder die Rechte des Älteren noch die Vorrechte des Babys. Wenn es ihm nicht gelingt, seine zwei Konkurrenten zu überflügeln, wird es wahrscheinlich sein ganzes Leben lang überzeugt sein, ungerecht behandelt zu werden und keinen Platz im Leben zu haben.

Aus diesem Grunde bilden das erste und das dritte Kind sehr oft ein Bündnis gegen ihren gemeinsamen Konkurrenten. Ein Bündnis zwischen Kindern zeigt sich immer in der Ähnlichkeit des Charakters, des Temperaments und der Interessen, so wie die Konkurrenz zu grundlegenden Persönlichkeitsunterschieden führt. Das vierte Kind wird sehr häufig dem zweiten ähnlich sein, also mit ihm ein Bündnis eingehen. Man muß jedoch im Auge behalten, daß es keine allgemeinen Regeln gibt, da die Bildung von Bündnissen und Konkurrenzverhältnissen davon abhängt, wie die Kinder jeder Familie ihre Beziehungen und das Gleichgewicht untereinander herstellen. Die Situation ist in jeder Familie völlig verschieden.

Das einzige Kind hat einen eigenartig schwierigen Start ins Leben. Wie ein Zwerg unter Riesen bringt es seine ganze Kindheit unter Personen zu, deren Fähigkeiten die seinen weit übersteigen. Aus diesem Grunde mag es versuchen, Fertigkeiten und Eigenschaften zu entwickeln, die ihm das Interesse und den Beifall der Erwachsenen sichern, ohne besondere Anstrengung auf seiner Seite zu benötigen. Es wird sich leicht den Kunstgriff aneignen, das Interesse und die Besorgtheit der Erwachsenen auf sich zu ziehen, entweder durch persönlichen Scharm und Anmut, durch Liebenswürdigkeit und Zärtlichkeit, oder durch die typischen Hilfsmittel des Schwachen: Hilflosigkeit, Schüchternheit und Ängstlichkeit. Oft scheut sich das einzige Kind vor jeder Anteilnahme, wenn seine bloße Anwesenheit ihm nicht ein gewisses Maß an Auszeichnung verspricht.

Das jüngste Kind ähnelt dem einzigen in mancher Weise; seine Stellung kann aber auch der des zweitgeborenen gleichen; und es wird dementsprechend einen beachtlichen Drang, nach oben zu kommen, entwickeln. Seine Bemühungen, alle anderen Kinder auszustechen, können bemerkenswerten Erfolg haben. Da es eine ganze Reihe der verschiedensten Tricks anwenden muß, um seine Situation als der Kleinste der Familie zu verbergen, wird es oft erfinderisch und geschickt.

Die beträchtlichen Unterschiede im Alter unter Kindern großer Familien können zur Bildung von Gruppen oder Cliquen innerhalb der Familie führen, wobei eine Gruppe als ganzes die Stellung des ersten, zweiten oder mittleren Kindes einnehmen kann. Ein Kind, das viele Jahre später als das vorhergehende geboren ist, entwickelt oft dieselben Kennzeichen wie ein einziges Kind.

Wenn ein Kind aus irgendeinem Grund eine Sonderstellung einnimmt, wird es ihm besonders schwierig werden, sein Gemeinschaftsgefühl zu entwickeln. Dies kann z. B. auf ein einziges Mädchen in einer Familie von Jungen zutreffen, oder auf einen einzigen Jungen unter einer größeren Anzahl von Schwestern. Auch ein besonders häßliches oder kränkliches Kind hat mit demselben Problem zu kämpfen. Auffallende Vorteile oder Verdienste können die Entwicklung des Gemeinschaftsgefühls ebenso behindern. Eltern sollten sich darüber klar sein, daß Minderwertigkeitsgefühle auch infolge zu starker Beachtung entstehen können. Zum Beispiel kann ein ungewöhnlich anziehendes Kind sehr leicht entmutigt werden, praktisch etwas zu leisten, da es viel einfacher ist, Anerkennung und Wohlwollen durch seine äußere Erscheinung zu gewinnen als durch tatsächliche Leistungen. Seine Eitelkeit führt es dazu, dauernd Bewunderung und Lob zu erwarten, und es ist allzu bereit, sich von jeder Situation zurückzuziehen, in der diese Anerkennung nicht leicht oder völlig sicher erscheint.

Der Lebensbeginn jedes Einzelnen ist verschieden. Keine zwei Kinder haben genau dieselben Voraussetzungen für ihre Entwicklung. Daher sind die Erziehungsprobleme in jedem einzelnen Fall anders, auch für die Kinder derselben Familie. Eltern glauben oft, daß sie ihre Kinder alle auf dieselbe Art großziehen und daß dabei die Ursache für die verschiedenen Ergebnisse in der Verschiedenheit der Vererbung zu suchen sei. Sie haben aber nicht recht. Erstens behandeln Mütter und Väter *keines* ihrer Kinder gleich. So sehr sie sich anstrengen mögen, völlig unparteiisch zu sein, wird doch das eine oder andere Kind den Eltern näher stehen. Aber wenn die Eltern auch jedes Kind genauso wie das andere behandeln könnten — das Älteste und das Jüngste, das Starke und das Kleine, die Jungen und die Mädchen — auch dann würde es Ungleichheiten in ihrer Stellung und ihren Konflikten geben. Demgemäß wird jedes Kind auf die Eltern und auf seine Situation anders reagieren. Jedes hat seine eigene Kindheit und bildet sich deshalb einen Lebensplan, der sein eigener ist. Wahrscheinlich sind die Lebensstile der jüngsten Kinder zweier verschiedener Familien ähnlicher als diejenigen des jüngsten und des mittleren Kindes derselben Familie; so stark ist der Einfluß der Familienkonstellation. Die Erfahrungen, aufgrund derer ein Kind seinen Lebensplan entwickelt, sind in ihrer Verschiedenheit unbegrenzt. Wir können niemals hoffen, sie alle zu erkennen; wir können aber die Schlußfolgerungen verstehen, die das Kind aus seinen Erfahrungen zieht. Wir müssen die Meinung erkennen, die ein Kind von sich selbst hat, sonst können wir das Kind nie richtig leiten, noch ihm helfen, seine falsche Anpassung zu verbessern oder einen sonstigen Fehler abzulegen.

b) Die Lage der Eltern

Für den Lebensunterhalt und die ausreichende Pflege unserer Kinder zu sorgen, ist eine Verantwortung, die hohe Anforderungen stellt; aber unser Leben wird durch kleine Ärgernisse noch mehr erschwert, die wir als überflüssig, ja sinnlos ansehen. Kinder können und sollen die Quelle der größten Freude sein. Die Mehrzahl der Eltern hat tatsächlich an ihren Kindern Freude, wenn auch nicht immer. Zahllos sind die Gelegenheiten, bei denen uns die Kinder Anlaß zu Ärger, Kummer, Sorge und Verwirrung geben. Da die Reibungen und Konflikte in der ganzen zivilisierten Welt dieselben sind, können wir annehmen, daß schwerwiegende Ursachen zugrunde liegen.

Allzu tief in diese Schwierigkeiten verwickelt, um ihre Gründe verstehen zu können, suchen wir nach einem Sündenbock. Manche schieben die Schuld auf die wirtschaftlichen Verhältnisse oder auf die schlechte Veranlagung des Kindes. Andere machen die übrigen Familienmitglieder verantwortlich — der Mann beschuldigt die Frau, die Frau den Mann, und beide vielleicht gegenseitig ihre Verwandten. Nur wenige erkennen, in welchem Grade *sie selbst* zu den Schwierigkeiten beitragen, denen sie bei der Erziehung ihrer Kinder begegnen.

Um die allgemeine Eltern-Kind-Beziehung zu verstehen, ist eine gründliche Untersuchung derjenigen Fehler erforderlich, welche Eltern im allgemeinen machen. Ohne völliges Verstehen der Streitfragen ist vernünftiges Handeln unmöglich. Positive und schöpferische Maßnahmen können nur dann ergriffen werden, wenn begangene Fehler und falsch angewandte Verhaltensarten erkannt und aufgegeben worden sind. Zu wissen, was man *nicht* tun soll, ist eine große Hilfe für die Entscheidung, was getan werden soll.

Jeder, der mit den Problemen der Erziehung von Kindern vertraut ist, muß ein tiefes Mitgefühl für die schwierige Lage der Eltern haben. Die Not und die Leiden des Elternseins sind wirklich ungezählt. Es ist rührend, Eltern zuzuschauen, wie sie umhertappen, verwirrt durch die tiefe Kluft zwischen ihren Zielen und dem, was sie tatsächlich erreichen. Die große Mehrzahl hat wirklich den aufrichtigen Wunsch, gute Eltern zu sein. Sie versuchen ihr Bestes, die Kinder so weit zu bringen, daß sie glücklich und erfolgreich werden können. Das Verhalten der Eltern beeinflußt nicht nur ihre gegenwärtige Beziehung zum Kind, sondern auch *sein* ganzes zukünftiges Leben; es ist der wichtigste Einzelfaktor bei seiner Entwicklung.

Das Minderwertigkeitsgefühl der Eltern

Ohne Zweifel sind die meisten Eltern sich ihres Unvermögens in der Erziehung ihrer Kinder bewußt. Viele ihrer Fehler sind die Folge ihres Gefühls des Versagens, ob dieses nun tatsächlich oder nur eingebildet ist. Ängstlichkeit, übertriebene Ansprüche gegenüber dem Kind, eine Tendenz, dieses herabzusetzen, spiegeln dieses persönliche Minderwertigkeitsgefühl wider. Ein Ausdruck tiefer Entmutigung ist auch die Unschlüssigkeit.

Wenn wir in der Erziehung unentschlossen sind, keinen Plan oder kein Ziel haben, sind wir einmal streng und dann wieder nachgiebig, jetzt verzweifelnd und im nächsten Augenblick kindisch zuversichtlich. Diese Einstellung führt zu einem dauernden Wechsel der Methoden und Techniken. Schlägen folgt übertriebene Zärtlichkeit, und auf Schelten folgen Versprechungen und Belohnungen. Jeder Ratschlag erzeugt die stereotype Antwort: »Ich habe das schon vorher probiert — ich habe alles versucht.« Wegen ihrer Unschlüssigkeit sind solche Eltern meist unfähig, einem Rat zu folgen. Kaum haben sie einen Weg eingeschlagen, wenden sie sich schon einem anderen zu. Es fehlt ihnen der Mut, eine bestimmte Leitlinie des Handelns beizubehalten. Sie benützen ihre Verwirrung als Entschuldigung für ihr Versagen oder ihr Unvermögen, sich entsprechend zu benehmen. Eine häufige Form der Entschuldigung ist Nervosität. »Nervöse« Eltern finden in ihrer »Nervosität« eine gute Zuflucht und eine annehmbare Begründung, um ihre Verantwortung zu umgehen. Sie werden niemals müde, ihre guten Absichten zu beteuern, die auszuführen nur ihre »Nerven« verhindern. Sie sind keine schlechten Menschen, sondern nur entmutigt, unfähig, den schweren Aufgaben der Erziehung nachzukommen. Sie brauchen Hilfe. Wenn sie lernen, was man mit Kindern tun soll und kann, dann verschwindet ihre Nervosität gewöhnlich ganz.

Manchmal erscheint die Nervosität der Eltern nur bei besonderen Gelegenheiten. »Ich bin mit den Nerven herunter« oder »Ich kann es nicht aushalten«, sind die typische Entschuldigung für ein Verhalten, das unter normalen Umständen nicht gerechtfertigt werden kann. Diese Erklärung wird allgemein benützt, wenn Eltern z. B. ihr Kind geschlagen oder beschimpft oder was immer gesagt und getan haben, was weder angebracht noch gerechtfertigt war. »Es nicht auszuhalten«, ist die übliche Entschuldigung für eine Situation, in der man sich hilflos fühlt. Man fühlt, daß das Kind einem »über« ist, und ist nicht willens, diese Niederlage zuzugeben. Um seinen Stolz zu wahren, greift man dann zu irgendwelchen Mitteln, die die Autorität wenigstens äußerlich aufrecht erhalten. Die gewöhnlichsten Mittel sind Drohen, Schelten und Schlagen. Wenn wir die wahre Natur dieses offenen Kampfes um Überlegenheit verbergen oder die angewandten Methoden beschönigen wollen, können wir uns immer auf unsere »Nerven« oder unser Temperament berufen. Diese Kriegslist hat außerdem noch den Vorteil, besondere Berücksichtigung unserer eigenen Wünsche verlangen zu können.

Die Eltern sind die Opfer

Wir müssen uns klar sein, daß unsere Gefühle des Versagens in der Erziehung unserer Kinder oft völlig gerechtfertigt sind. Schon ganz früh beginnen Kinder eine aktive Rolle in der Errichtung der zwischenmenschlichen Beziehungen innerhalb der Familie zu spielen. Das Kind reagiert nicht nur, sondern handelt aktiv in Übereinstimmung mit seinen eigenen Vorstellungen und Zwecken. Anreiz und Anlaß seiner Aktivität beginnen sehr bald — schon innerhalb des ersten Lebensjahres. Eltern versäumen es oft, die Pläne des Kindes als entscheidende Faktoren in der Familiensituation zu erkennen.

Das Handeln des Kleinkindes beruht nicht auf einem »bewußten« Plan. Seine geistige Entwicklung erlaubt noch keine bewußten Gedanken und Entscheidungen. Seine Handlungen aber können trotzdem entschieden und zielgerichtet sein. Ein Kleinkind, das hochgenommen werden will, weil es einmal das damit zusammenhängende Vergnügen erlebt hat, verfügt über einen großen Reichtum an Kunstgriffen, um den erwünschten Effekt zu erreichen. Je älter das Kind wird, desto größer wird seine Fähigkeit, Listen und Tricks zu erfinden, auf welche die Eltern und andere Erwachsene hereinfallen, lange bevor es ihnen klar wird, was geschehen ist. Auch das Kind

ist sich seiner Maßnahme nicht bewußt; daher wird von allen Beteiligten ein oft sehr bedauernswertes Spiel fortgesetzt, weil niemand weiß, was eigentlich vor sich geht.
Die ersten Jahre im Leben eines Kindes sind mit einer wachsenden Vertrautheit mit seinen körperlichen Funktionen sowie den Menschen und Gegenständen seiner Umgebung erfüllt. Das Kind macht dauernd Beobachtungen, Experimente und Erfahrungen. Als Folge weiß das Kind mehr über seine Eltern als diese von ihm. Das Durchschnittskind kann seine Eltern viel erfolgreicher behandeln, als diese es zu tun vermögen. Kein Wunder, daß so viele Eltern sich bei der Behandlung ihrer Kinder unzulänglich fühlen.

Was wissen Eltern von Erziehung?

Ein anderer Umstand, der oft zum mangelnden Selbstvertrauen der Eltern beiträgt, ist ihre Unkenntnis der wirksamen Erziehungsmethoden. Sogar bei ausgeglichenen und selbstsicheren Personen kann diese Unkenntnis leicht ein Gefühl der Entmutigung hervorrufen; wenn aber ein tiefes Gefühl der Minderwertigkeit eintritt, wird die Eltern-Kind-Beziehung grundlegend gestört.
Daß Eltern für ihre Funktion als Erzieher schlecht vorbereitet sind, ist allgemein bekannt. Jedes Gewerbe oder Handwerk muß erlernt werden, ehe es ausgeübt werden kann; und doch wird eines der schwierigsten von allen, nämlich die Aufgabe, die Jugend zu erziehen, Personen anvertraut, die darauf völlig unvorbereitet sind. Systematisches Lernen und praktisches Üben sind für den Erzieher unerläßlich. Wo können aber Väter und Mütter Zeit und Gelegenheit finden, sich dieser Vorbereitung zu unterziehen?
So sehr wir jedoch diese Lage beklagen und wie energisch wir auch versuchen sollten, sie im Laufe der Zeit zu verbessern, müssen wir zugeben, daß der Mangel an Ausbildung allein auch nicht das schlimmste Hindernis ist. Halbes Wissen ist gefährlich. Wenn Eltern von Erziehung überhaupt nichts wüßten, wären sie manchmal bes-

ser daran. Sie würden dann eher ihrem gesunden Menschenverstand folgen und zu gegebener Zeit Rat suchen. Sie wären dann oft bereiter, auf Vernunftgründe zu hören. Wie die Dinge jedoch liegen, glaubt jeder etwas von Erziehung zu verstehen, und dieses Etwas ist oft falsch. Wir alle haben Erziehung und ihre Probleme am eigenen Leib erlebt und erfahren, als wir selbst »erzogen« wurden. Doch welche unserer Reaktionen auf die an uns angewandten Methoden bleibt in unserem Gedächnis? Dichter und Schriftsteller können die Entmutigungen und Demütigungen, denen Kinder ausgesetzt sind, ins Gedächtnis zurückrufen, sie können all die Enttäuschungen und Leiden der Kindheit beschreiben, die oft weit schwerer wiegen als die Freude, ein Kind zu sein. Aber wenige Eltern erinnern sich daran; und wenn sie es tun, mißdeuten sie es oft. Viele versuchen, ihre Eltern zum Beispiel zu nehmen. Andere haben den guten Willen, die alten Methoden zu ändern. Vielleicht suchen sie wegen ihrer eigenen bitteren Erfahrungen vorurteilslosere und aufgeklärtere Methoden. Sie neigen vielleicht zu strengerer Disziplin, wenn sie glauben, daß ihre Eltern zu nachsichtig waren. Sie können sich aber genausosehr irren, wenn sie das Gegenteil von dem, was ihre Eltern taten, zu tun versuchen. Dieser Wechsel in den Methoden — der oft eine Vermischung von väterlichen und mütterlichen Methoden darstellt — ändert aber nichts an der Tatsache, daß die meisten Eltern bei der Erziehung ihrer Kinder *dem Beispiel ihrer Eltern folgen.* Erziehung beruht immer auf Tradition.

Als Folge davon werden dieselben Methoden der Erziehung von einer Generation auf die andere weitergegeben. Heute erscheinen die Methoden der Vergangenheit, die auf eine autokratische Gesellschaft eingestellt waren, den Eltern, die in einer anderen Welt mit geänderten Vorstellungen über menschliche Beziehungen leben, unmöglich. Darüber hinaus hat das Vorherrschen kleiner Familien die Lage der Eltern bedeutend erschwert. Früher, als große Familien die Regel waren, hing viel weniger von dem pädagogischen Geschick der Eltern ab. Die Kinder erzogen sich damals gegenseitig, und der Mangel an Ausbildung bei den Eltern hatte weit weniger schädliche

Folgen. Es ist niemals leicht, sich die Grundsätze neuer Erziehungsmethoden zu eigen zu machen. Die Eltern sind immer abgeneigt, Rat anzunehmen, der ihren Ansichten zuwiderläuft. Sie glauben, daß ihre frühen Erlebnisse als Kinder sie dazu befähigen, ihre eigenen Kinder auf ihre Weise, in ihrer Lebensanschauung und nach demselben Vorbild der verwandtschaftlichen Verhältnisse aufzuziehen, welches sie als Kinder erlebt und angenommen hatten.

Jede Bemühung, einen Vater, der mit Schlägen erzogen worden war, zu überzeugen, daß Kinder nicht mit Gewalt erzogen werden dürfen, ruft im allgemeinen den Einwand hervor: »Ich wurde auf diese Art erzogen, und ich bin dabei ganz gut gefahren. Warum sollte ich also meine Kinder nicht genauso erziehen?« Wie alle Eltern, die diese Haltung einnehmen, hat er sich nie überlegt, was aus ihm wohl geworden wäre, wenn er eine andere und bessere Erziehung genossen hätte. Eine der hauptsächlichsten Folgen des Erziehens scheint die Wandlung intelligenter Kinder in ziemlich dumme Erwachsene zu sein. Das ist die Folge eines störrischen Verfahrens, Kinder zu *entmutigen.* Unsere Erziehungsmethoden bedeuten für das Kind eine ständige Reihe entmutigender Erlebnisse. Obwohl diese Tatsache seit Rousseau oft erkannt worden ist, hat sich in der Praxis der Familienerziehung nicht viel geändert. Der Vater, der an Schläge »glaubt«, hat keine Ahnung von dem Ausmaß, in dem die Schläge, die er als Kind erhalten hat, das Glück seines Ehelebens, seine Beziehungen zu seinen Freunden und schließlich seine Haltung zu seinem eigenen Kind gestört haben. In gewisser Beziehung hat er sich vielleicht »recht gut« entwickelt, aber zu gleicher Zeit ist er mißtrauisch, brutal und tyrannisch geworden (siehe Kapitel VIII: Körperliche Bestrafung). Dasselbe gilt für alle Mütter und Väter, die die Erziehungsprinzipien ihrer Eltern damit rechtfertigen, daß sie auf ihren eigenen Erfolg im Leben hinweisen. Es ist unmöglich, das Ausmaß unnötiger Schwierigkeiten, Charakterfehler und nicht entfalteter Möglichkeiten abzuschätzen, Schäden, die durch andere Erziehungsmethoden hätten vermieden werden können.

Der uralte Teufelskreis der falschen Voraussetzungen von sich verewigenden Prinzipien muß gebrochen werden, ehe wir hoffen können, die Erziehungsschwierigkeiten zu überwinden, die Last der Eltern zu erleichtern und die Fehler der Kinder zu verbessern. Dies ist ohne eine Neuorientierung der Eltern nicht möglich. Wenn wir bessere Kinder haben wollen, müssen die Eltern bessere Erzieher werden. Sie müssen lernen, die Kinder zu verstehen, zu erkennen, was in ihnen vorgeht, und den Anlaß für ihre Handlungen zu begreifen. Und zweitens müssen sie unterscheiden lernen zwischen den wirksamen Erziehungsmethoden und falschen, wertlosen oder gar schädlichen.

Man muß jedoch erkennen, daß das Wissen allein nicht genügt. Viele Lehrer, die mit der tiefsten pädagogischen Einsicht begabt waren und größten Erfolg mit Kindern anderer Leute hatten, haben mit ihren eigenen Kindern bedauerungswürdig versagt. Eines der schlagendsten Beispiele war Rousseau selber, der Pionier der modernen Pädagogik, der seinen Sohn durchaus nicht im Sinne seiner pädagogischen Prinzipien behandelte.

Väter und Mütter haben auch viele gefühlsmäßige Hindernisse zu überwinden. Störende Gefühle sind die Folge falscher Einstellungen, wie Verteidigungsstellung gegenüber dem Leben, Angst vor der Zukunft, Kampf um Macht. Die Erziehung der Erzieher, das Schlüsselproblem der modernen Pädagogik, muß von zwei Seiten angegriffen werden. Aufklärung, die Überlieferung des notwendigen Wissens ist das eine Ziel; das andere ist die Entwicklung der Persönlichkeit der Erzieher. Eltern sind selber wie Kinder — und manchmal »Problemkinder« — die »erzogen« werden müssen. Es ist aber kein leichtes Unterfangen, Erwachsene zu beeinflussen; größtenteils werden sie die Verantwortung, sich selbst zu erziehen, auf sich nehmen müssen. Sie müssen — und können — lernen, sich selbst zu verstehen. Zuerst müssen sie ihr Mißtrauen in sich selbst überwinden, um gegenüber ihren Kindern eine mehr ausgeglichene und zuversichtliche Haltung einnehmen zu können. Dann, und nur dann, können sie die Konflikte vermeiden, die eine harmonische Entwicklung ihrer Kinder stören.

Wenn wir Freude an unseren Kindern haben und unsere eigene erzieherische Wirksamkeit steigern wollen, müssen wir an unserer eigenen Verbesserung arbeiten. Wir müssen bereit sein, uns neu zu orientieren und von unseren Kindern genauso zu lernen wie von unseren eigenen Erfahrungen. Wir müssen willens sein, moralische Verpflichtungen, die wir den Kindern auferlegen, selbst zu akzeptieren. Wenn wir feststellen, daß die Beachtung von Ordnung und Regelmäßigkeit für die Entwicklung des Kindes grundlegend ist, müssen wir uns derselben Regelmäßigkeit und Folgerichtigkeit unterwerfen. Wenn wir uns selbst aber nicht ändern wollen, können wir nicht verlangen, daß die Kinder sich ändern.

Das Benehmen des Kindes ist seine logische *Antwort* auf unser Benehmen. Erziehung ist nicht etwas, das von oben her aufgedrängt wird; das Kind ist nicht nur ein passiver Gegenstand unseres Willens. Die Erziehung von Kindern bedeutet ein dauerndes Aufeinandereinwirken zwischen Eltern und Kind. Die Aktionen von Eltern und Kindern folgen einander wie die Worte in einem Dialog. Der sich ergebende Prozeß, Erziehung genannt, ist das Ergebnis der Tätigkeit beider Seiten. Das Benehmen des Kindes entspricht dem Verhalten der Erwachsenen und ändert sich, wenn sich deren Verhalten ändert. Seine Fähigkeit, dem Verhalten der Erwachsenen zu entsprechen, ist besser ausgebildet als die der Erwachsenen. Es beobachtet schärfer, ist sensitiver und weniger starr. Wir müssen lernen, im Benehmen unseres Kindes die Spiegelung unserer eigenen Aktionen und Einstellungen zu erkennen.

Die Funktion der Mutter

Wer immer mit dem Kinde regelmäßig zu tun hat, übt einen bestimmten Einfluß aus. Dieser Einfluß hängt hauptsächlich von der Persönlichkeit des Erwachsenen ab und von der Art seiner Beziehung zum Kinde. Daneben muß man aber auch die Rolle in Betracht ziehen, die bestimmte Personen in der Familie spielen.

Hier ist in erster Linie die Mutter zu nennen. Sie ist die wichtigste Person im Leben des Kindes*. Von der Stunde der Geburt an ist sie unmittelbar und beinahe ununterbrochen mit ihm beschäftigt. Sogar wenn es schläft, ist ihre Hauptaufmerksamkeit und Sorge auf das Kind konzentriert. Schon in den ersten Tagen reagiert das Kind auf ihr Verhalten. Diese Beziehung ist aber nicht — wie manche glauben — nur eine physische. Das neugeborene Kind scheint für soziale Gegebenheiten sehr empfindlich zu sein, und spricht sofort auf freundliche oder gespannte soziale Beziehungen zwischen den Personen seiner Umgebung an. Nichtsdestoweniger ist die Mutter die Hauptperson in seinem Leben, ungeachtet seines Geschlechtes; sie ist die schöpferische Kraft, die durch ihre Beziehung zum Kinde diesem den ersten Eindruck mitmenschlicher Beziehungen vermittelt. Damit bleibt sie die Hauptperson für das Kind, solange sie nicht in ihrer mütterlichen Funktion versagt.

Die Funktion aber wird nicht nur durch ihre Persönlichkeit und ihre Einstellung zum Kinde geprägt. Diese Einstellung, einer der wichtigsten Faktoren in der Beziehung zwischen Mutter und Kind, ist leider nicht nur von ihr abhängig; andere Mitglieder der Familie können die Mutter zur Einstellungsänderung verleiten, und das Kind selbst beginnt frühzeitig durch sein eigenes Verhalten und seine Erfassung dieser Beziehung die Mutter zu beeinflussen. Im allgemeinen kann man sagen, daß die meisten Mütter ihre Kinder so behandeln, wie es die Kinder erwarten. In anderen Worten: Die Mutter-Kind-Beziehung wird ebenso vom Kinde wie von der Mutter aus hergestellt; und oft ist es das Kind, das stärkeren Einfluß auf die Beziehung hat als die Mutter.

* Eine Betrachtung der verschiedenen Funktionen einzelner Familienmitglieder zieht die Persönlichkeit der verschiedenen Individuen nicht in Betracht. Eine starke Persönlichkeit innerhalb der Familie kann für das Kind eine größere Bedeutung bekommen, als dies ihre Stellung in der Familie sonst rechtfertigen würde.

Die wichtigste Aufgabe der Mutter ist nicht, wie man allgemein glaubt, ihm Liebe zu schenken. Natürlich sind Wärme und Liebe, Zärtlichkeit und Behagen für die Entwicklung des Kindes nötig. Diese gefühlsmäßigen Seiten der Mutter-Kind-Beziehung werden gegenwärtig aber weit überschätzt. Viel wichtiger für das Kind ist eine Beziehung der Verläßlichkeit, die Erkenntnis, daß die Mutter sein erster und treuester Freund ist. Dieses Gefühl der Geborgenheit in der Verläßlichkeit der Mutter kann sich sehr zeitig, in den ersten Wochen der kindlichen Existenz, entwickeln. Verzärtelung, übergroße Aufmerksamkeit und Sorge werden wenig dazu beitragen. Sie geben dem Kind mehr das Gefühl der Hilflosigkeit. Es ist wichtig, daß die Mutter da ist, wenn sie gebraucht wird, und nicht nur, wenn das Kind verhätschelt werden möchte. Die Grundlagen einer guten mitmenschlichen Beziehung werden sehr zeitig hergestellt — oder sie fehlen für immer. Das Kind kann seiner Mutter alles eher verzeihen als Unverläßlichkeit. Verständnis, Zuneigung und ein wenig Zärtlichkeit können ihr einen Dauerplatz in seinem Herzen sichern. Alle anderen mütterlichen Merkmale — Ängstlichkeit, Besorgtheit, Nachsicht, Wachsamkeit und ähnliches — sind unnötig und sogar schädlich. Die Mutter muß ihre Aufmerksamkeit allmählich vermindern und soll sich nicht allzuviel mit dem Kind beschäftigen, besonders wenn es älter wird. Die Wärme, die es braucht und natürlich von ihr erwartet, kann oft in einem Mindestmaß an Worten und Handlungen ausgedrückt werden. Keiner ihrer Handlungen sollte diese Wärme fehlen. Dann wird sich das Kind gern von seiner Mutter führen lassen.

Auf diese Weise kann auch eine geschäftlich oder beruflich tätige Frau ihrem Kind geben, was es von seiner Mutter braucht, besonders, wenn das Kind älter wird. Es ist weniger wichtig, wieviel Zeit die Mutter mit ihrem Kinde verbringt, als die Art und Weise, in der sie sich mit ihm beschäftigt. Besonders schädlich ist ein schlechtes Gewissen wegen ihrer langen Abwesenheit; wenn sie diesen Mangel gutmachen will, verwöhnt sie gewöhnlich das Kind zu sehr. Sie kann immer für eine Atmosphäre von Sicherheit und Dauer im har-

ten Kampf ums Dasein sorgen. Eine Erzieherin, so fähig und herzlich sie auch sein möge, kann der Mutter ihren Platz nicht wegnehmen, weil ihr gewöhnlich Grenzen gesetzt sind in Bezug auf Zeit und Verantwortlichkeit. Wo aber eine Erzieherin versagt, kann eine Stiefmutter oft Erfolg haben. Es gibt genügend Beweise dafür, daß Stief- und Pflegemütter als Mütter im vollsten Sinne des Wortes angenommen wurden.
In dem Maße, in dem Frauen die Rolle der Vollkommenheit und Überlegenheit spielen, können sie besonders ihre Töchter entmutigen und sie zweifeln lassen, jemals so gut und tüchtig zu werden, wie die Mutter es ist.

Die Funktion des Vaters

Die Bedeutung des Vaters hängt von der Stellung ab, die der Mann in der Gesellschaft einnimmt. Diese ist gegenwärtig großen Änderungen unterworfen. Die geänderte Stellung des Mannes ist die Folge der demokratischen Entwicklung. Sie führt zu größerer Gleichwertigkeit zwischen Mann und Frau. Diese Gleichwertigkeit zwischen den Geschlechtern entwickelt sich nicht gleichmäßig in allen Ländern. Sie läuft nicht parallel der politischen Demokratie. Eines der ältesten demokratischen Länder wie die Schweiz blieb in dieser Beziehung weit zurück im Vergleich zu den Vereinigten Staaten und Israel. Hier ist die Gleichwertigkeit und Gleichberechtigung der Frau wohl am weitesten fortgeschritten. Als Folge davon hat sich die Funktion des Vaters in diesen Ländern am meisten geändert.
Die übliche Funktion des Vaters, die er noch immer in vielen Ländern ausübt, war die des Trägers männlicher Autorität, des Familienoberhauptes. Als solches repräsentierte er Stärke, Ordnung und Arbeit. Die Rolle als hauptsächlicher Verdiener hat er noch weitgehend beibehalten; als solcher verkörpert er in den meisten Familien die Außenwelt, speziell die beruflichen Aufgaben. Jedoch seine Rolle in der Familienerziehung wird erst allmählich bestimmt werden. Im Augenblick herrscht große Verwirrung über die Rolle, die

der Vater annehmen soll. Er ist noch immer geneigt, die Erziehung des Kindes der Mutter zu überlassen. Sie verbringt nicht nur viel mehr Zeit und Mühe mit den Kindern; es ist auch gewöhnlich die Frau, die sich für Erziehungsfragen interessiert, zu Vorlesungen und Kursen geht, Bücher liest und im allgemeinen für Kultur, Kunst und Psychologie Verständnis zeigt, während der Mann sich in die typisch männlichen Betätigungen wie Geschäft, Politik und Sport zurückzieht.

Nun ist in letzter Zeit betont worden, wie notwendig eine starke Vaterfigur ist. Man nimmt an, daß besonders die Knaben einen Vater brauchen; sonst wird ihre persönliche Entwicklung angeblich gefährdet. Solche Forderungen können leicht erhoben, aber nicht so leicht erfüllt werden. Die Frauen verlangen, daß der Vater eine Autorität sei — aber nur für die *Kinder*. Das geht natürlich nicht. Die Frau kann nicht auf der einen Seite den Mann seiner Überlegenheit und Autorität berauben und sie dann in beschränktem Maße — nämlich den Kindern gegenüber — wieder verlangen. Selbst wenn der Vater zu dieser aufgezwungenen Autorität bereit wäre, so weiß er gewöhnlich gar nicht, sie anzuwenden. In vielen Fällen ist er nachsichtiger als die Mutter. Und ist er doch noch autokratisch eingestellt und dazu fähig, dann wird die Mutter den Kindern wahrscheinlich zu Hilfe kommen und sie gegen die Strenge des Vaters verteidigen. Eine starke Vaterfigur, gleichgültig wie sehr die Mutter sie für die Kinder wünschte, würde ihr selbst gewöhnlich unerträglich sein.

Es wird eine Zeitlang brauchen, bis ein neues Gleichgewicht zwischen Vater und Mutter in einer demokratischen Familie wird hergestellt werden können. Manches wird man vorher lernen müssen. Erstens, daß ein starker Vater gar nicht mehr nötig ist. Es ist ganz einfach nicht wahr, daß der Junge ohne einen Vater neurotisch werden muß, wie viele Psychoanalytiker behaupten. Die Neigung der Frau, vom Vater eine Autorität zu verlangen, ist nur der Ausdruck ihrer eigenen Schwierigkeiten mit den Kindern. Wenn sie lernt, wie man mit ihnen fertig wird, dann braucht sie nicht den

Vater herbeizurufen, wenn sie selbst am Ende ihres Wissens ist. Darüber hinaus erscheint es lohnender, daß in einer demokratischen Familienordnung weder die Mutter dem Vater sagen kann, was er machen soll, noch umgekehrt. Jeder Elternteil wird lernen müssen, selbst zu tun, was nötig ist, ohne dem anderen Teil vorzuschreiben, was getan werden soll. Es ist nur natürlich — und durchaus nicht schädlich — daß sich jeder Elternteil seine eigenen Gedanken macht über Erziehung, über jedes einzelne Kind, über die Familienangelegenheiten im allgemeinen. Es ist unmöglich zu erwarten, daß alle immer übereinstimmen. Die Kinder wissen ganz genau, was jeder Elternteil denkt; und sie spielen gewöhnlich erfolgreich einen gegen den anderen aus. Daher hat es keinen Zweck, Meinungsverschiedenheiten vor den Kindern zu verbergen. Diese Verschiedenheiten brauchen aber nicht zu Zank und Streit zu führen und in einen Machtkampf zwischen den Eltern auszuarten. Wenn jeder einen gesunden Respekt vor dem anderen hat, dann kann jeder die Überzeugung des anderen als Tatsache hinnehmen und trotzdem den Mut zu seiner eigenen Überzeugung haben. Diese demokratische Familienordnung ist heute nur selten zu finden, wird aber eine unerlässliche Voraussetzung der Zukunft sein. Dann wird es nicht mehr nötig sein, Konflikte durch Kampf zu lösen; wir werden die Techniken brauchen — und hoffentlich haben — wie man Übereinstimmung erzielen kann ohne Sieg oder Niederlage.

Die Stellung der Großeltern

Großeltern leisten oft einen großen Beitrag zum Glück des Kindes; sie können aber seine Erziehung auch ernstlich stören. Ihre Funktion ist die der reinen Liebe; sie verlangen nichts, aber geben immer. So neigen sie dazu, ihre Enkel zu verwöhnen; deshalb sollte ihr Einfluß sorgfältig eingeschränkt werden. Nicht allzu häufige, gelegentlich auch einmal etwas längere Besuche bei ihnen bringen Wärme und Vergnügen in das Leben des Kindes. Sie können es sich leisten, sanft und freundlich zu sein, da sie im Gegensatz zu den Eltern frei von jeder Verantwortung sind. Sie haben reine Freude am bloßen Dasein und am Wohl des Kindes.

Es ist jedoch nicht ohne Gefahr, sowohl für Eltern als auch Kinder, mit den Großeltern im selben Haus zu leben. Unter gewissen Umständen können sich Großeltern gezwungen sehen, elterliche Verantwortung auf sich zu nehmen; in diesem Fall funktionieren sie wie alternde Eltern von spät geborenen Kindern. Anders ist die Situation, wenn Großeltern sich in die elterlichen Erziehungsmethoden einmischen — und dies kommt sehr leicht vor, wenn alle unter demselben Dach wohnen. In einem solchen Haushalt vermehrt der Konflikt zwischen den älteren Generationen die Spannung zwischen Eltern und Kindern. Das Kind bekommt es bald heraus, wie es eine Autorität gegen die andere ausspielen kann, besonders wenn die Großeltern sich auf die Seite des Kindes stellen und die Eltern selbst wie Kinder behandeln, die nach Gutdünken getadelt und zurechtgewiesen werden können. Im allgemeinen stört eine Großmutter häufiger als ein Großvater, weil sie mehr zur Einmischung neigt. Manchmal kann man aber mit Großeltern leichter und mit mehr Erfolg reden, als mit den Eltern; trotzdem sollten Großeltern bei der tatsächlichen Erziehung des Kindes sich nicht einmischen.

Sechstes Kapitel

DIE WIRKSAMEN ERZIEHUNGSMETHODEN — 2. METHODE: ÜBERLEGEN 3. METHODE: SICH EINSTELLEN 4. METHODE: HANDELN

2. Methode: Überlegen

Auf die Wichtigkeit dieser Methode wurde in den bisherigen Ausführungen sehr oft hingewiesen. Situationen, die für die Lenkung der kindlichen Entwicklung von besonderer Bedeutung sind, können ohne gründliches Nachdenken nie voll ausgenützt werden. Es ist unmöglich, ein Kind ohne Nachdenken und Überlegen zu erziehen. Wenn wir automatisch und impulsiv reagieren und uns von augenblicklichen Launen und Ideen fortreißen lassen, werden wir nie richtig mit Kindern umgehen können. Denn Kinder sind sehr überlegt und beharrlich in der Erfindung neuer und wirksamer Mittel, um ihre Zwecke zu erreichen — nämlich unsere Beachtung zu gewinnen und unangenehme Pflichten zu vermeiden.

Hier können wir sehen, wie scharf das Kind beobachtet. Es entdeckt schnell die kleinste Schwäche von Eltern, Lehrern und Erwachsenen und weiß, sie zu seinem Vorteil auszunützen. Es versteht es gut, den einen Erwachsenen gegen den anderen auszuspielen. Es weiß genau, wie es seine Taktik zu ändern hat, je nachdem, ob es mit der Mutter oder mit dem Vater zu tun hat, und wie es bei beiden seinen Willen durchsetzen kann. In einem Fall kann hartnäckiger Trotz seine Wirkung tun, in einem anderen Schmeicheln und Bitten und in einem dritten Fall tränenreiches Mitleid mit sich selbst. Das Kind paßt sein Verhalten jeder Situation und jeder Person an.

In dieser Beziehung haben wir von unserem Sprößling viel zu lernen. Wenn wir wissen wollen, was unter besonderen Umständen am besten zu tun wäre, müssen wir das Kind sorgfältig beobachten, um überlegen zu können, welcher Weg in dem gegebenen Fall der beste ist. Am erfolgreichsten können wir eine schlechte Gewohnheit ändern, wenn wir die unangenehmen Folgen, das logische Ergebnis, erkennen und wirken lassen. Dies kann aber nicht ohne Nachdenken und Überlegen geschehen, da der Zusammenhang von Ursache und Wirkung dem Kind klargemacht werden muß. Wir sollten uns im voraus überlegen, was seine Reaktion sein wird. Vielleicht wird es unangenehme Erfahrungen nicht ruhig hinnehmen, sondern sich gegen sie auflehnen, schmeicheln und schreien und vielleicht mit einer neuen Missetat reagieren.

Man sollte niemals sagen, daß man keine Zeit zum Überlegen hat und daß man durch Arbeit und Sorgen überlastet ist. Natürlich erfordert Nachdenken Zeit, aber bei weitem nicht so viel wie dauernde Ermahnungen, Strafpredigten und Vorhaltungen, die völlig wirkungslos sind. Ein wenig Zeit für Überlegung erspart uns viel Aufregung und Verwirrung und am Ende auch Zeit. (Eltern, die so sehr verstört sind, daß ihre Emotionen richtiges Überlegen unmöglich machen, brauchen für ihre eigene Erziehung und für die Neuorientierung im Leben psychologische Hilfe.) Es mag im Augenblick rascher und einfacher erscheinen, blindlings um sich zu hauen, wenn das Kind etwas anstellt, Selbsterkenntnis und ruhige Überlegung ermöglichen es jedoch, vernünftiger und auch erfolgreicher zu handeln.

Dieser Rat trifft jedoch nicht für Situationen zu, wo Lebensgefahr besteht. Denn dann kommt es nicht darauf an, eine erzieherische Funktion auszuüben, sondern eine akute Gefahr durch sofortiges Handeln abzuwenden. Wir müssen uns vor Augen halten, daß die Gelegenheit für Belehrung und disziplinarische Maßnahmen später kommt, wenn der kritische Augenblick vorüber ist. In Augenblicken der Gefahr kann nichts einen erzieherischen Wert haben. Vorwürfe dienen mehr der Erleichterung unserer Spannung als einer zukünftigen Verhütung. Situationen, die eine wirkliche Gefahr in sich bergen, sind aber viel seltener, als wir in unserer Angst um das Kind zu glauben geneigt sind.

Es folgt nun die Besprechung einiger wichtiger Faktoren, die für unsere Überlegungen in Erwägung zu ziehen sind:

Liebe

Ohne Zweifel lieben wir unser Kind. Es ist ein Teil von uns und steht uns näher als irgend ein anderes Lebewesen.

Liebe wird als das tiefste und schönste menschliche Gefühl angesehen. Wie ist es aber möglich, daß dieses Gefühl soviel Leid und Leiden verursachen kann? Nur allzu oft quälen sich die Menschen, wenn sie lieben; nur allzu oft wird Liebe zur schweren Last.

Die Liebe zwischen Eltern und Kind wird im allgemeinen als die reinste Form der Liebe angesehen: sie ist frei von den geschlechtlichen Verwicklungen. Mutterliebe ist der Inbegriff von Sympathie, Verständnis und selbstloser Hingabe. Doch wieviel Kummer und Sorge erleben die Mütter gerade wegen ihrer Liebe! Und wieviel Leid bereiten sie ihren Kindern!

Die Persönlichkeit des Kindes sollte in dieser Liebe Stärke und Antrieb für seine harmonische Entwicklung finden. Kein Geschöpf braucht soviel Liebe wie ein Neugeborenes. Es zu nähren und zu pflegen, erfordert von der Mutter alles, was sie geben kann. Und doch kann ein Kind durch ein Übermaß an Liebe erdrückt, in seiner Entwicklung gehemmt und beinahe zugrunde gerichtet werden. Diese Behauptung tönt wie ein Widerspruch. Kann es wirklich ein Übermaß an Gutem und Schönem geben? Wir müssen uns vor Augen halten, daß man viele Gefühle Liebe nennt, die weit davon entfernt sind, dieses Namens würdig zu sein. Der Kampf des täglichen Lebens und die Unsicherheit der Existenz haben in Vielen falsche Auffassungen und Einstellungen hervorgerufen, die sie unfähig zu wirklicher Liebe machen. Für sie ist *Besitz* ihr einziger Zweck, Angst ihr Merkmal, Nehmen ihr Ziel und Eifersucht oft ihr Verlauf. Diese Liebe, ichhaft und ohne Verantwortung, denkt nur an den Liebenden, an seine Wünsche und seine Bedürfnisse. Er glaubt, daß er liebt, weil er leidet.

Eine wirkliche Mutter stellt ihre eigenen Wünsche hinter den Bedürfnissen ihres Kindes zurück. Es gibt aber Eltern, die durch eine herrschsüchtige und ichhafte Liebe getrieben werden und die tatsächlichen Bedürfnisse ihres Kindes mißachten. Sie stören seinen Schlaf, stellen es als ihr Meisterwerk aus und behandeln es wie eine Puppe, die nur zu ihrer Befriedigung geschaffen ist. Ihre »Liebe« treibt sie, mit ihm zu den unmöglichsten Stunden herumzufahren und es über jede Vernunft zu herzen und zu küssen. Sie versagen ihm sogar sein Bedürfnis nach Regelmäßigkeit, also nach einem festen Plan gefüttert zu werden, weil ihre »Liebe« es nicht ertragen kann, das Kind schreien zu hören. Um ihrer »Liebe« willen machen sie aus dem Kind ihren Abgott. Sie geben allen seinen Launen nach, oft in einem solchen Maße, daß sie es damit zum Tyrannen der Familie werden lassen. In ihrem Bestreben, seine ganze Liebe allein für sich zu haben, schließen sie es häufig von der äußeren Welt ab und verhindern seine normalen sozialen Beziehungen zu Freunden und Spielkameraden. Solche »liebende« Eltern machen ihr Kind zum Sklaven oder zum Herrscher. Damit legen sie den Grund für seine abwegige Entwicklung: entweder wird das Kind für ein normales Leben völlig unfähig und bereitet endlose Sorgen mit seinen hoffnungslos verwickelten Problemen, oder es wird sich schließlich gegen den goldenen Käfig auflehnen.

Aber auch reine und selbstlose Liebe hat ihre verborgenen Gefahren. Sie kann zu Vorurteilen führen und so eine objektive Beurteilung vieler Situationen verhindern. Liebe hat ein Recht, blind zu sein, aber Erziehung sollte niemals dieses Vorrecht beanspruchen. Wenn man liebt, neigt man dazu, Fehler zu übersehen, die sich dann unkontrolliert entwickeln. So kann man das Kind überschätzen und es zu einer falschen Ansicht seiner persönlichen Bedeutung verleiten. Unsere Liebe für unser Kind erschwert in dieser Form oft unsere Beziehung zu ihm. Wie jede andere Art von Liebe kann sie leicht zu einer gewissen Abhängigkeit von ihrem Gegenstand führen; wir laufen dann Gefahr, in den Händen unseres Kindes willenlose Werkzeuge zu sein anstatt seine Führer und Lehrer.

Ängstlichkeit

Die Situation ist besonders erschwert, wenn die Liebe zu unserem Kind mit Ängstlichkeit verbunden ist. Entmutigte Personen neigen dazu, die Gebrechlichkeit der menschlichen Natur und die Feindseligkeit der Umwelt zu überschätzen. Wenn sie Eltern werden, haben sie für ihren Sprößling doppelt Angst; denn von allen Lebewesen ist ein Baby zweifellos eines der hilflosesten. Übermäßiges Besorgtsein um das Wohl des Kindes ist eine gefährliche Schwäche. Wenn wir unsere eigene Fähigkeit, mit dem Leben fertig zu werden, bezweifeln, sind wir um so mehr überzeugt, daß unser Kind nicht fähig sein kann, die Probleme des Lebens zu lösen. Auf der anderen Seite, je mehr Selbstvertrauen wir haben, desto mehr wird auch das Kind in sich die Kraft und die Mittel finden, mit dem Leben fertig zu werden.

Zahlreich sind die Quellen elterlicher Ängstlichkeit. Es ist häufig die ichhafte Liebe, die oben erwähnt wurde. Eltern, die ihr Kind in egoistischer Weise lieben, sind im allgemeinen furchtsam und entmutigt und haben Angst um ihr eigenes Wohl. In jedem Augenblick droht eine neue Gefahr, und sie sind nicht willens, irgendein Risiko einzugehen. Natürlich, der Verlust eines Kindes würde für jeden ein fürchterlicher Schlag sein. Glücklicherweise machen aber nicht alle diese Möglichkeit zum grundlegenden Kern ihrer erzieherischen Bemühungen, mit denen sie die Entwicklung des Kindes und seine ganze Existenz ernsthaft gefährden können. Je mehr man sich vor einer Gefahr fürchtet, desto eher setzt man sich ihr aus!

Unsere Ängstlichkeit kann durch unser Gefühl der Verantwortung noch mehr verstärkt werden. Viele leben in dauernder Angst, irgendeine wichtige Seite ihrer Pflichten zu vernachlässigen. Sie vergrößern jeden kleinen Fehler ihres Kindes, der als sicheres Zeichen eines endgültigen Versagens des Kindes angesehen wird. Je geringer unsere praktischen Kenntnisse von Kindererziehung sind, desto schwerer müssen wir die Last unserer Verantwortung empfinden.

Wie elterliche Liebe uns veranlassen kann, die guten Seiten unseres

Kindes zu überschätzen, so kann Ängstlichkeit um sein Wohl uns dazu führen, seine Fehler überzubewerten. Beide Prozesse können gleichzeitig verlaufen. In einem Augenblick erscheint das Kind der Gipfel der Vollkommenheit, und im nächsten Moment ist es voller offensichtlicher Fehler, die für seine Zukunft schwarz sehen lassen.

Erwartungen

Wenn wir geneigt sind, das Kind sowohl zu überschätzen als auch zu unterschätzen, dann sind wir wohl überehrgeizig und erwarten von unserem Kind, daß es die Sehnsüchte unseres eigenen unerfüllten Lebens befriedigt. Diese Hoffnung auf persönliche Befriedigung vertieft den Konflikt zwischen unserem Stolz und unserer Enttäuschung, weil unsere übertriebenen Erwartungen die Möglichkeiten des Kindes oft weit übersteigen.

Was dürfen wir von unserem Kind erwarten? Man sollte denken, daß die Eltern wünschen, ihr Kind werde ein nützliches und glückliches Mitglied der menschlichen Gemeinschaft. Unglücklicherweise aber handeln viele Eltern so, wie wenn die Kinder geboren würden, um die persönlichen Wünsche ihrer Mütter und Väter zu befriedigen, also ihnen eine verspätete Ernte an Zufriedenheit, Ehre und Glück einzubringen. Viele ehrgeizige Eltern streben danach, ihre Kinder zu Persönlichkeiten von Macht und Auszeichnung zu erheben. Wenn der Vater unter den Folgen seiner geringen Ausbildung gelitten hat, kommt es vor, daß er sein Kind zu einem Gelehrten machen will. Wenn er sein ganzes Leben lang zu arbeiten hatte, faßt er vielleicht den Entschluß, daß sein Sohn einmal ein Leben von Sorglosigkeit und Genuß führen soll. Wer immer fühlt, daß er zu kurz gekommen und herabgesetzt worden ist, möchte sein Kind zu seinem Vergelter erziehen; und einer, der in der Liebe zum anderen Geschlecht enttäuscht worden ist, strebt danach, seine ungestillte Sehnsucht durch die Liebe seines Kindes zu befriedigen. Eine Frau, die glaubt, in ihren Beziehungen zum anderen Geschlecht zu kurz gekommen zu sein, neigt dazu, ihren Sohn als den einen Mann, der ihr gehört, zu betrachten, den sie nie verlieren will und der sich nie treulos zeigen darf.

All diese Sehnsüchte und Erwartungen machen das Kind zum blossen Spielball in einem elterlichen Gefecht, ganz besonders, wenn Mutter und Vater jeweils ihre eigenen Ideen und Interessen vertreten. Zu gleicher Zeit in verschiedene Richtungen gezerrt, muß das Kind letzten Endes beide Eltern enttäuschen. Im großen und ganzen werden die elterlichen Erwartungen eher zur Enttäuschung als zur Erfüllung führen. *Das Kind muß sein eigenes Leben führen.* Seine persönlichen Ziele und Bestrebungen entstehen aus Beweggründen, die von denen der Eltern völlig verschieden sein können.

Forderungen

Auf diese Weise wird vom Kind oft mehr verlangt, als erwartet werden sollte. Wenn es ein nützlicher Mitmensch werden soll, muß es Ordnung in seine Ansichten bringen, muß es die gesellschaftlichen Regeln kennen und akzeptieren und einen Sinn für Verantwortung entwickeln. Es muß Anstand lernen, der eine Voraussetzung für das Leben in einer menschlichen Gesellschaft ist. Das von unserem Kind zu verlangen, ist nur geziemend und richtig. Unsere Forderungen hören jedoch nur selten damit auf.

Vielleicht erwarten wir Vollkommenheit. Wir überlegen uns nur selten, ob wir selbst ein gutes Beispiel geben für das, was wir von unserem Kind verlangen. Manche glauben, daß sie wenigstens einen Teil erreichen, wenn sie ihre Anforderung vergrößern. Dies ist ein Trugschluß. Ein solches Verfahren wird das Kind nur veranlassen, *alle* unsere Wünsche zu mißachten, da es sie doch niemals erfüllen kann. Wir können die strikteste Wahrhaftigkeit von unseren Kindern verlangen — aber sind wir selbst wirklich so völlig frei von Falschheit und Hinterlist? Das Kind darf niemals faul sein . . . Ist unser eigener Fleiß so über jeden Tadel erhaben? Das Kind soll blind gehorchen und niemals widersprechen ... Aber sind wir selbst solch ein Muster bedingungslosen Gehorsams? Ein zweifacher Wertmaßstab ist unmöglich in einer demokratischen Gesellschaft; das Kind ist genau so ein menschliches Wesen wie seine Eltern und lebt mit ihnen nach denselben moralischen Grundsätzen.

Auf der anderen Seite kann unser Interesse am eigenen Frieden und an Bequemlichkeit uns manchmal selbstsüchtig machen. Ein Großteil von dem, was wir von dem Kind verlangen, dient nicht so sehr *seiner* Entwicklung als unserer persönlichen Bequemlichkeit. Unter solchen Umständen werden die berechtigten Ansprüche des Kindes oft vernachlässigt. Wenn wir uns ausruhen wollen, muß sich das Kind ruhig verhalten; dagegen ist nichts einzuwenden. Es selbst muß aber auf sein Recht auf Ruhe verzichten, wenn wir es um uns haben wollen. Eine solche Einstellung mißachtet die Erfordernisse der kindlichen Entwicklung.

Der Kampf der Generationen

Aus den irrtümlichen Verhaltensweisen, die eben besprochen wurden — ichhafte, herrschsüchtige Liebe, übertriebene Ängstlichkeit um das Kind, Zweifel an seinen Fähigkeiten, unberechtigte Erwartungen und unvernünftige Anforderungen — entsteht der Kampf zwischen Eltern und Kindern, der heute ähnliche Formen annimmt wie der Kampf der Geschlechter. Unterschiede in Temperament und Ansichten erklären nicht den Mangel an Zusammenarbeit zwischen Eltern und Kindern. Es muß vielmehr tiefere Gründe für die häufigen Reibereien geben. Oft ist es ein Kampf um Überlegenheit, der zu einem heftigen Widerstreit der Interessen führt.

Der heutige Mensch fühlt sich von allen Seiten bedroht. Seine wirtschaftliche Zukunft ist unsicher, seine gesellschaftliche Stellung und sein politischer Einfluß ständig gefährdet. Auf diese Weise wird sein persönlicher Wert sehr oft in Frage gestellt. Er ist sich beinahe schmerzlich seiner Geringfügigkeit bewußt in einer Welt voll Gefahr und Beschämung, so daß er dauernd nach Verteidigungsmaßnahmen und Sicherungen Ausschau hält. Aus diesem Grunde ist er so selbstsüchtig in seiner Liebe, so unfrei und angstvoll darauf bedacht, sich einen Zufluchtsort zu schaffen. Daher ist er immer auf der Suche nach Wegen, die ihm eine erhöhte Selbstachtung ermöglichen. Was könnte natürlicher sein, als diese Bestätigung seines Wertes von seinen Kindern zu erhoffen? Hier wenigstens kann er erwarten zu herrschen. Unglücklicherweise ist ihm auch diese Möglichkeit verschlossen. Kinder mögen klein, schwach und abhängig sein; aber wer es wagt, sich auf eine Auseinandersetzung mit ihnen einzulassen, wird bald entdecken, daß Kinder mehr als fähig sind, sich in einem Streit mit Erwachsenen zu behaupten. Sie müssen nicht die Folgen in Betracht ziehen und sind deshalb unbeschränkt in der Wahl ihrer Kampfmittel. Überdies ist ihre Intelligenz im allgemeinen beweglicher, und sie sind schlauer und erfinderischer als die Erwachsenen. Durch Probieren und Versuchen findet das Kind praktisch unbegrenzte Quellen, aus denen es die verschiedensten Methoden der »Kriegführung« schöpfen kann. Je mehr Eltern sich in einen Kampf hereinziehen lassen, desto ernsthafter wird ihre Autorität untergraben. Und wenn ihre Stellung sich verschlechtert, kämpfen sie umso härter, um ihre Überlegenheit und ihr persönliches Prestige aufrecht zu erhalten. Sie erkennen selten, daß sie damit ihre eigenen Zwecke niemals erreichen können. Eine ganze Reihe von disziplinarischen Maßnahmen (Nörgeln, Tadeln, Strafen), deren Nutzlosigkeit schon seit langem erwiesen ist, wird immer noch angewandt, und zwar aus keinem besseren Grund, als daß diese Methoden den Eltern den Schein einer Überlegenheit über ihre Kinder ermöglichen. In früheren Zeiten mögen solche Methoden bis zu einem gewissen Grade die Bestätigung der elterlichen Autorität gestattet haben; aber unter den gegenwärtigen sozialen Bedingungen, mit zunehmender Gleichberechtigung in der Beziehung von Mensch zu Mensch, sind solche Bemühungen völlig fruchtlos.

In unserer Zeit ist die Neigung zu falschen Einstellungen gegenüber unseren Kindern und deshalb zum Konflikt mit ihnen viel größer.

Die Stellung von Mutter und Vater, sowohl innerhalb als auch außerhalb der Familie, ist ungünstiger und unsicherer als je zuvor. Was aber noch wichtiger ist, die Schwierigkeiten der Eltern werden durch die Kleinheit der Familien stark vermehrt. Unsicherheit und Ängstlichkeit wachsen. Ihre Aufmerksamkeit und Sorge konzentrieren sich auf ein oder zwei Kinder, und ihre persönlichen Erwartungen und Forderungen müssen oft von einem einzigen Kind erfüllt werden. Früher verteilten sich die Liebe und die Hoffnungen der Eltern auf eine beträchtliche Anzahl von Kindern. Selbst dann bestand noch die Wahrscheinlichkeit, daß einer aus dieser Zahl, oft der Beste, der Wildeste oder der Jüngste, den elterlichen Maßnahmen besonders stark ausgesetzt war. Aber im allgemeinen berühren in einer großen Familie die persönlichen Konflikte zwischen Eltern und Kindern das einzelne Kind nicht so stark. Die Kinder sind mehr miteinander beschäftigt, und die Eltern müssen ihre Aufmerksamkeit auf einen größeren Kreis verteilen.

Natürlich wissen wir, daß der Konflikt zwischen den Generationen sich nicht auf die Familie beschränkt. Seine Auswirkungen sind auch in der Geschäftswelt und im öffentlichen Leben offensichtlich. Die Alten haben Angst vor den Jungen, und die Jungen fühlen sich benachteiligt. Streit und Verdacht, Eitelkeit und Machtstreben werfen ihre Wälle zwischen den Generationen auf. Als Folge will die Beharrlichkeit der Älteren den Schwung der Jüngeren hemmen, und die jüngere Generation möchte diesen Stein des Anstosses beiseite schieben; in Wirklichkeit würde eine Verbindung von junger Begeisterung und alter Vorsicht der ganzen Gemeinschaft viel besser dienen. Stattdessen werden ältere Leute einfach beiseite geschoben, sobald sie die Eigenschaften der Jugend verlieren. Man kann kaum sagen, ob diese Uneinigkeiten in der Familie beginnen und sich von dorther ausbreiten, oder ob sie von außerhalb in die Familie eindringen. Beide Vorgänge finden gleichzeitig und nebeneinander statt. Die Menschheit ist im allgemeinen von Entmutigung erfaßt und hat an die Stelle des Geistes menschlicher Zusammenarbeit einen furchtbaren Kampf um persönliche Überlegenheit gesetzt.

Dieses Streben nach Überlegenheit führt leicht zur Forderung von Vollkommenheit bei den Kindern. Ohne sich über die Bedeutungen ihrer Handlungen klar zu werden, neigen Eltern dazu, jeden Fehler ihres Kindes zu vergrößern. Dadurch, daß sie es systematisch herabsetzen, können sie — natürlich unbewußt — ihre eigene Fähigkeit betonen und überlegen erscheinen, mindestens dem Kind gegenüber. Dieselben Methoden werden oft gegenüber anderen Mitmenschen angewandt. Indem man andere geringschätzt und herabsetzt, versucht man seine bedrohte Selbstachtung hochzupäppeln. Viele haben, ohne es zu wissen, ein lebhaftes Interesse an den Fehlern anderer, sogar ihrer eigenen Kinder.

Die folgende Krankengeschichte kann vielleicht diese beinahe unglaubliche Tatsache klarer veranschaulichen:

Ein sechzehn Jahre altes Mädchen mit verschiedenen Angstsymptomen wurde von der Mutter zur Behandlung gebracht. Sie beklagte sich darüber, daß ihre Tochter sehr unordentlich sei, nie ihre Kleider aufräume, sondern ihre Sachen im ganzen Hause herumliegen lasse und auch all ihre anderen Pflichten vernachlässige. Man müsse ihr immer alles besonders auftragen und sie dann wiederholt erinnern und antreiben, ihre Hausarbeiten zu tun. Im Verlaufe der Behandlung wurde es offensichtlich, daß das Mädchen — ein einziges Kind — sehr verwöhnt war und noch nie gelernt hatte, für sich selbst Verantwortung zu tragen. Nach kurzer Zeit war es bereit und willens, seinen Verpflichtungen als Mitglied der Familie nachzukommen.

Aber bald begann es sich seinerseits zu beklagen. Es erzählte, wie die Mutter es weiter bedränge und ermahne, sogar bevor es Gelegenheit habe, eine Aufgabe in Angriff zu nehmen. Seine Pflichten würden ihm dauernd vorgehalten; auf der anderen Seite hielt die Mutter es von seinen Aufgaben ab mit der Begründung, daß das Mädchen es sicher doch nicht richtig machen werde. Ich ließ die Mutter wieder kommen und erklärte ihr, sie müsse dem Mädchen mehr Freiheit geben, wenn sie wolle, daß es ordentlich und tüchtig werde. Ich versicherte ihr, daß ich nur wenig erreichen könnte, wenn sie ihr Benehmen gegenüber ihrer Tochter beibehielte. Sie versprach, meinem Rat zu folgen. Trotzdem berichtete das Mädchen, daß sich zu Hause nichts geändert habe. Es war ganz so, als ob ich nie mit der Mutter gesprochen hätte. Jeder Hinweis der Patientin, daß sie sehr leicht allein fertig werde, traf auf heftigen Widerspruch der

Mutter. Schließlich mußte ich die Mutter noch einmal zur Besprechung bitten. Ich fragte sie, warum sie in dieser Haltung beharre. Sie wurde sehr erregt und wollte keine Schuld anerkennen. Sie blieb dabei, daß ihre Tochter zu ungeschickt und unzuverlässig sei, um allein gelassen zu werden. Sie behauptete, sie würde überhaupt keine Ordnung mehr halten, wenn sie allein auf sich angewiesen wäre, sondern ihr ganzes Leben verpfuschen. Nur durch Anwendung erheblicher Überredungskunst gelang es mir, der Mutter klar zu machen, daß das Mädchen die Folgen seiner Unordentlichkeit selbst erfahren müsse und schon bereit sei, sich zu ändern.

Am folgenden Tag erhielt ich einen dringenden Telefonanruf des Mädchens: die Mutter habe einen nervösen Zusammenbruch erlitten. Diese Entwicklung offenbarte eine neue Seite des Problems. Die Familie war früher wohlhabend gewesen, aber durch die Umstände gezwungen worden, zu sparen und in eine bescheidenere Behausung zu ziehen. Sowohl der Vater wie die Tochter, die die Schule besuchte, waren den ganzen Tag nicht zu Hause, und die Mutter, mit ihren begrenzten Mitteln, zum Wohl ihrer Familie beizutragen, fühlte, daß niemand sie mehr benötigte. Ihr Mann und das Kind kamen ganz gut ohne sie zurecht. Jede Haushälterin hätte ihren Platz einnehmen können — *wenn nur die Tochter nicht so hilflos gewesen wäre.* Dies war offensichtlich ihr einziger restlicher Anspruch auf Nützlichkeit. Je unordentlicher und ungeschickter ihre Tochter war, desto größer war das Gefühl ihrer eigenen Wichtigkeit. Wenn ihr Kind je lernen sollte, auf seinen eigenen Füßen zu stehen, so würde das sie, die Mutter, völlig nutzlos und überflüssig machen. Natürlich war sie sich dieses Beweggrunds für ihre Einstellung nicht bewußt. Nachdem man ihr dies aber erklärt hatte, konnte sie einsehen, wie sehr sie an der Beibehaltung der Fehler ihrer Tochter interessiert war. Sie hatte, ohne es zu wissen, ihre Unfähigkeit geradezu ermutigt.

Dieses Beispiel ist keineswegs eine Ausnahme oder außergewöhnlich. In diesem Fall war es möglich, durch Behandlung sowohl der Mutter als auch der Tochter die Neurose zu heilen.

Die Mutter lernte, ihre Bedürfnisse auf eine andere Weise zu befriedigen, und zwischen beiden wurde eine neue und bessere Beziehung aufgebaut.

Vererbung

Wenn man die Motive eines Kindes nicht versteht und seinen verborgenen Verhaltensplan nicht erkennt, dann neigt man dazu, viele Eigentümlichkeiten, Fehler und außergewöhnliche Eigenschaften als Folge der Anlage anzusehen. Der Mensch ist wie alle Lebewesen gewissen Gesetzen der Vererbung unterworfen; die Wirksamkeit dieser Gesetze ist jedoch auf gewisse unveränderliche Faktoren beschränkt, wie z. B. bestimmte körperliche Merkmale, die nicht durch Schulung und Trainieren beeinflußt werden können. So sind z. B. Körperbau und Figur, die Farbe von Haaren und Augen und vieles andere eindeutige Ergebnisse der Vererbung.

Dies gilt jedoch nicht für seelische Eigenschaften, Charakterzüge und Fähigkeiten. Sie werden alle nach der Geburt entwickelt, hauptsächlich durch Erziehung in zahllosen Tätigkeiten und Unterlassungen, durch Versuche, Irrtümer und Anpassungen. Selbstverständlich besteht eine Verbindung zwischen der persönlichen Entwicklung und der ursprünglichen Vererbungsgrundlage; sie ist aber nicht so einfach, wie man oft glaubt. Man neigt dazu, vom Endergebnis das Vorhandensein einer entsprechenden Anlage abzuleiten. Manche glauben, daß die guten und schlechten Eigenschaften eines Erwachsenen die Folge einer entsprechenden Erbanlage seien. Diese Annahme wird heute weitgehend als falsch angesehen. Die besten Anlagen werden zu nichts führen, wenn sie nicht entwickelt werden. Das soziale Leben ist äußerst kompliziert und kann ohne entsprechende Schulung nicht gemeistert werden; wer nichts gelernt hat, kann keine besonderen Fertigkeiten entwickeln, gleichgültig, wie günstig seine Anlage ist.

Die Sachlage wird noch weiter kompliziert, da eine natürliche Schwäche oder ein angeborener Fehler nicht unbedingt zu einer dauernden Unzulänglichkeit führen müssen; sie können im Gegenteil den Antrieb zu außerordentlichen Leistungen bieten. (Siehe voriges Kapitel: Minderwertigkeitsgefühl und Entmutigung). Viele hervorragende körperliche oder intellektuelle oder künstlerische Leistungen sind auf die Überkompensation einer Benachteiligung, besonders einer angeborenen organischen Minderwertigkeit zurückzuführen.

Die endgültige Entwicklung des Kindes kann nicht einfach als das Ergebnis seiner ursprünglichen Veranlagung angesehen werden. Durch die Wechselwirkung von Übung und Vernachlässigung formt das Kind eigenmächtig seine Kräfte und Eigenschaften in Übereinstimmung mit seinem Plan.

Bei der Entwicklung der Persönlichkeit ist die angeborene Grundlage weniger bedeutsam als der erworbene Überbau. Es ist weniger wichtig, womit das Kind geboren ist, *als was es nachher damit anfängt* — eine Tatsache, die durch viele Beobachtungen bestätigt wurde. In den meisten Familien sind das erste und das zweite Kind in Charakter, Neigungen und Interessen völlig verschieden. Dies wäre unmöglich, wenn diese Verschiedenheit allein durch die Veranlagung bestimmt wäre. Kein Vererbunsgesetz kann diese großen und regelmässigen Unterschiede in Charakter, Temperament und Interessen, die speziell zwischen dem ersten und zweiten Kind zu beobachten sind, erklären. Diese Unterschiede sind die Folge von Training. Die beiden ersten Kinder, auch wenn sie manchmal sehr gut miteinander auskommen, sind gewöhnlich ernsthafte Konkurrenten. Das ältere Kind, das einmal ein einziges Kind war und seine Eltern für sich allein hatte, hat Angst, seine bevorrechtigte Stellung zu verlieren. Es sieht, wie sich die Zuneigung seiner Mutter und ihre Sorge dem zweiten Kind zuwendet, und fürchtet, daß der Neuankömmling es ihrer Liebe beraubt. Selbst die Überlegenheit, die es dank seines Alters besitzt, ist in Gefahr. Es sieht, wie das jüngere Kind ihm langsam ein um das andere seiner alten Vorrechte wegnimmt, und es befürchtet, überholt und zurückgesetzt zu werden.

Das zweite Kind hat auf der anderen Seite immer einen Rivalen vor sich, der ihm in jeder Beziehung voraus ist, der schon allein gehen und sprechen, essen und sich anziehen, sogar vielleicht schon lesen und schreiben kann. In seinem Streben, sich zu behaupten, wird das zweite Kind eine Chance gerade auf den Gebieten sehen, wo das ältere schwächer ist oder Fehler hat. Als Folge dieses Wettkampfes bilden sich zwei völlig verschiedene Persönlichkeiten heraus. Wo das eine Erfolg hat, wird das andere aufgeben. Wenn das eine unordentlich ist, wird das andere ordentlich und sauber sein; wenn eines gut studiert, wird das andere sich vielleicht dem Sport zuwenden oder gesellschaftlich interessiert werden. Unordentlichkeit und Sauberkeit, Großzügigkeit und Kleinlichkeit, Sanftheit und Brutalität, Sentimentalität und Sachlichkeit, Schulerfolge oder Versagen — dies sind einige der typischen Gegensätze zwischen den ersten zwei Kindern.

Häufig kommt es vor, daß das eine Kind dem Vater, das andere der Mutter nachgerät. Dies bestätigt scheinbar die Bedeutung der Vererbung; aber auch hier kann gezeigt werden, wie psychologische Faktoren zu dieser Art der Entwicklung führen. Das Bestreben, wie Mutter oder Vater zu sein, ist oft die Folge eines Kampfes um die Autorität in der Familie, bei welchem die Kinder die Partei des einen oder anderen Elternteils ergreifen. In einigen Fällen kommt es vor, daß ein Elternteil infolge der äußeren Ähnlichkeit eines der Kinder als »sein eigenes« für sich beansprucht. Oder das Kind kann den Vater oder die Mutter als besonders machtvoll und nachahmenswert ansehen. So gibt es viele Anlässe, die ein Kind dazu verleiten, den Charakter und die Gewohnheiten des Vaters oder der Mutter nachzuahmen. Eine zwischen Kind und Eltern bestehende Charakterähnlichkeit kann deshalb nicht als gültiger Beweis für Vererbung angesehen werden. Es ist nicht wahrscheinlich, dass wir je fähig werden, genau zu entscheiden, wie weit der Einfluß der Vererbung geht, da der Prozeß der Erziehung schon am ersten Tag des Kindeslebens sich bemerkbar macht. Zu dieser Zeit können wir kaum bestimmen, welche Erbfaktoren, mögen sie gut oder schlecht sein, im Kind am Werk sind; und später können wir nicht mehr zwischen den Folgen der Vererbung und der Wirkung der Erziehung unterscheiden. Im ganzen überdeckt der »Phänotyp« den »Genotyp« so vollständig, daß sich der letztere einer wissenschaftlichen Untersuchung ganz entzieht.

Der Glaube an Vererbung und »natürliche« Veranlagung übt immer noch einen nachteiligen Einfluß auf das Denken vieler Erzieher aus. Er führt zu einem fatalistischen Pessimismus. Statt bessere Erziehungsmethoden anzuwenden, benützen die entmutigten Eltern und Lehrer das Argument einer geringen natürlichen Begabung, um ihre eigene Unfähigkeit zu rechtfertigen. »Er ist genau wie sein Vater!« Je bestürzter und hilfloser Eltern sind, desto stärker sind sie von der unveränderlichen Kraft der Vererbung überzeugt. Diese Annahme hindert sie noch mehr, die wirklichen Kräfte, die im Kind arbeiten und sein Verhalten bestimmen, zu verstehen und zu benützen.

Gemeinschaftsgefühl

Ist der Mensch von Natur aus gut? Die Antwort auf diese Frage spiegelt die grundsätzliche Anschauung des Erziehers wider und unterscheidet die verschiedenen Erziehungstheorien. Eltern oder Lehrer, die glauben, daß sie die natürliche Schlechtigkeit der Kinder *zähmen* müssen, werden ganz andere Maßnahmen ergreifen, als die Eltern, die an die guten Entwicklungsmöglichkeiten *aller* Kinder glauben und es als ihre Pflicht ansehen, diese Möglichkeiten ganz auszuschöpfen.

Wir brauchen uns jedoch nicht allzu sehr in diesen philosophischen Streit einzulassen. Die Frage, ob der Mensch von Natur gut *ist,* ist unerheblich; wesentlich ist, daß jedermann gut *werden* kann. Der Begriff »gut« jedoch — wenn wir ihn definieren wollen — führt zu einem anderen ethischen Problem. Im täglichen Gebrauch ist der Begriff »gut« relativ, da er sich auf die Regeln und Richtlinien bezieht, die durch die jeweilige menschliche Gesellschaft festgelegt sind. Jeder, der den Regeln seiner Gesellschaft folgt, wird als gut und anständig betrachtet. Diese Regeln selbst stehen oft zur Diskussion und bedürfen ständiger Revision und Verbesserung. Für das Kleinkind kommt aber dieses Problem kaum in Betracht. Für das Kind ist es wichtig, sozial mitspielen zu lernen. Das Verstehen und das Beachten sozialer Regeln erfordern eine besondere Eigenschaft, die wir Gemeinschaftsgefühl nennen. Tausende von Jahren haben die Menschen ein kollektives Leben geführt und es für notwendig befunden, miteinander zu arbeiten und sich den Erfordernissen der Gruppe, in der sie leben, anzupassen. Jeder Mensch bringt einen Sinn für soziale Teilnehme mit in die Welt, eine Erbschaft dieser kollektiven Vergangenheit, die gleichzeitig die notwendige Grundlage für seine eigene persönliche Existenz darstellt. Er braucht sie von allem Anfang an, um in der ersten kleinen Gruppe, in die er hineingeboren wird, seinen Stand zu wahren. Das Kleinkind macht sich durch Schreien und Gesten und Lächeln verständlich. Es lernt sehr rasch und beginnt, sich vom ersten Tag seines Lebens an nach den Regeln zu orientieren, denen es begegnet.

Das Gemeinschaftsgefühl muß aber weiter entwickelt werden; denn das Maß des Gemeinschaftsgefühles, das das Kind erwirbt, wird über Erfolg und Glück seines ganzen späteren Lebens entscheiden. Es bestimmt, in wieweit es mit anderen Menschen zusammen arbeiten kann, ob es Freunde gewinnen und halten kann; ob es Freundlichkeit oder Antipathie erregt, ob es jede neu auftauchende Situation richtig erfaßt und sich entsprechend verhält. Das Gemeinschaftsgefühl zeigt sich im Gefühl des Zusammenhaltens, im Interesse für andere und für die Probleme des allgemeinen Wohles. Es drückt sich aus in der Neigung, mit anderen zu leben, mit ihnen als Partner zu arbeiten und nützliche Beiträge zu leisten. Die Belastungen, die uns durch das Schicksal oder durch unsere Mitmenschen auferlegt werden, sind ein ständiger Test für unser Gemeinschaftsgefühl. Je größer es ist, desto mehr Belastungen können wir ertragen, ohne uns zurückzuziehen. Unsere Toleranzschwelle zeigt an, wie sehr wir uns dazugehörig fühlen, zu Menschen oder Gruppen.

Bei Erwachsenen verhindert die Verworrenheit des Lebens oft ein genaues Abschätzen ihres Gemeinschaftsgefühls. Leichter ist es bei Kindern, da ihr richtiges oder unrichtiges Benehmen offensichtlicher ist. Das Gemeinschaftsgefühl des Kindes entscheidet darüber, ob es sich richtig benimmt, das heißt, ob es sich den Notwendigkeiten der Schule und der Familie anpassen kann, sei es in der Gesellschaft mit anderen Kindern oder für sich allein. Das Kind sieht sich dauernd neuen Problemen des Zusammenlebens mit anderen gegenübergestellt; es kann sie nicht zufriedenstellend lösen, wenn sein Gemeinschaftsgefühl sich nicht frei und voll entwickeln konnte. In diesem Licht gewinnen Eigenschaften wie Höflichkeit, Gehorsam, Fleiß Ehrlichkeit, Bescheidenheit und Selbstvertrauen eine neue und besondere Bedeutung.

Der Erzieher muß deshalb die Faktoren erkennen, die das Wachstum vom Gemeinschaftsgefühl fördern, und diejenigen vermeiden, die seiner Entwicklung entgegenstehen. Dieser Gesichtspunkt erlaubt eine bessere und vielleicht neuartige Abschätzung der Erziehungsmethoden, als dies bisher möglich war.

Der Lebensstil

Vom Tag seiner Geburt an beginnt das Kind mit der Welt, in der es lebt, vertraut zu werden. Es experimentiert mit seinem Körper, lernt ihn zu gebrauchen und versucht, Menschen und Gegenstände seiner Umgebung zu erfassen. Kurz, es versucht, in seine Welt und ihre Probleme einen Sinn zu bringen. Da dies geschieht, bevor bewußtes Denken sich entwickelt, kann das Kind seine Eindrücke und Schlußfolgerungen nicht in Worten ausdrücken.

Schon in frühester Kindheit entdeckt es in genialer Weise Mittel, Schwierigkeiten zu meistern. Zum Beispiel wurde ein fünf Monate alter Junge mit einer Schwäche der Muskeln des oberen Augenlides fertig, indem er seinen Kopf auf eine Seite fallen ließ und seine kleinen Fäuste benützte. Eine sorgfältige Beobachtung zeigt, daß alle Tätigkeiten von der frühesten Kindheit an zweckvoll sind, auch wenn das Kind sich dessen nicht bewußt ist. Wir können das Verhalten eines Kindes nur verstehen, wenn wir das Ziel erkennen, dem es unbewußt zustrebt.

Das Kind benützt frühzeitig seine Eindrücke und Erfahrungen, um einen »Plan« für sein folgendes Verhalten zu ersinnen. Schon im Kleinkindalter lernt es, das Verhalten seiner Eltern zu seinem eigenen Vorteil zu wenden. Sobald ihm z. B. klar wird, wie seine Eltern auf Schreien reagieren, wird es immer schreien, wenn es aufgenommen werden will. Sogar in diesem Alter ist das Kind bereits gewissen Eindrücken zugänglich und paßt rasch sein Verhalten den neuen Erfahrungen an. Diese geistige Fähigkeit — wir können sie Intelligenz nennen — ist ein wichtiger Ausgleich für seine körperliche Hilflosigkeit.

Ein dramatisches Beispiel bieten normale Kinder von taubstummen Eltern. Schon als Säuglinge empfinden sie, daß das Schreien keine Wirkung hat. Sie weinen, Tränen fließen über die Wangen, die Gesichtsmuskeln sind verzerrt, der ganze Körper schüttelt sich — aber kein Laut kommt aus ihrem Mund: sie »schreien« tonlos!

Wenn das Kind älter wird, werden seine Eindrücke und Erfahrungen so kompliziert, daß es sie nie erfassen und ordnen könnte, wenn es sie nicht in eine Art von System bringen würde. Auch hier sehen wir wieder die Zielstrebigkeit seines Verhaltens aus der Art, in der das Kind sich entwickelt. Durch die Erfahrung mit seinem eigenen Körper erfaßt es seine körperlichen Kräfte und Grenzen hauptsächlich durch die Leichtigkeit oder Schwierigkeit gewisser Funktionen. Auf diese Weise begegnet es seiner *organischen* Konstitution, seiner ererbten körperlichen Ausstattung, die als »*innere* Umgebung« angesehen werden kann. Seine seelische Konstitution entwickelt sich aus der Wechselwirkung mit seiner *äußeren* Umgebung, mit seinen Eltern und allen anderen Menschen, mit denen es in regelmäßigem Kontakt steht, hauptsächlich mit seinen Geschwistern. Je intimer sein Kontakt mit einer dieser Personen ist, desto bedeutender wird die Rolle sein, die diese Beziehung in der Entwicklung seines Verhaltensschemas spielt. Das Kind ist aber nie das passive Ziel äußerer Einflüsse. Was als bloße Reaktion erscheinen mag, zeigt sich bei näherer Betrachtung als zweckvoller Teil eines ganz bestimmten Verhaltensplanes. Dieser Plan besitzt bei jedem Kind, ja sogar bei jedem

Menschen, unabhängig von seinem Alter, eine ausgeprägte individuelle Prägung. Aus diesem Grund reagieren verschiedene Kinder auf neue Situationen und spezielle Erziehungsmaßnahmen verschieden, weil jede Antwort von der persönlichen Art abhängt, in der das Erlebnis gedeutet und aufgenommen wird. Eindrücke derselben Art können das Kind veranlassen, seinen Plan in einer bestimmten Richtung zu entwickeln, das heißt, sich diesen Eindrücken besonders anzupassen.

In den meisten Fällen ist dieses Verhaltensschema so geschickt ersonnen, daß ein zufälliger Beobachter seine erstaunliche Folgerichtigkeit kaum erkennen kann, besonders wenn das Kind so jung ist, daß wegen des Mangels an bewußtem Denken niemand die Existenz eines Planes vermuten würde. Es hat oft die Wirkung einer geheimnisvollen Offenbarung, wenn dieser verborgene Plan vor den erstaunten Augen der Eltern enthüllt wird. Die rätselvollsten Gewohnheiten und Besonderheiten des Kindes bekommen plötzlich einen Sinn; die verwirrendsten Widersprüche werden verständlich, und jedes Tun des Kindes kann als ein Teil seines geheimen Verhaltensschemas erkannt werden.

Der drei Jahre alte Peter ist der Stolz und die Freude aller, die ihn kennen. Sein natürlicher Charme, seine Lebhaftigkeit, seine altklugen Aussprüche und köstlichen Bemerkungen machen ihn zum dauernden Mittelpunkt der Aufmerksamkeit. Gelegentlich aber zeigte er eine sehr häßliche Laune. Er ist oft widerspenstig und stampft, heult und schreit, um das zu bekommen, was er möchte; im nächsten Augenblick aber zeigt er das unschuldigste Lächeln, das jeden entwaffnet. Er hat eine wunderbar ausgefeilte Technik, um das allgemeine Interesse auf sich zu konzentrieren; alles, was er tut, dient diesem Zweck. Seine altklugen Aussprüche und Erwägungen über seine Zukunft sind Mittel, sich noch mehr ins Rampenlicht zu stellen und die Aufmerksamkeit auf sich zu ziehen — wie z. B. sein Wunsch, in einem Orchester die Baßgeige zu spielen. Das Bild des kleinen Jungen mit dem großen Instrument entspricht seinem Ideal, bedeutend zu sein.

Dieser Junge, ein einziges Kind, hatte nie Gelegenheit gehabt, mit Kindern seines Alters und seiner Größe zu spielen. Seine Bedeutung hing immer von denen ab, die größer waren als er. Durch Versuche und Beobachten von anderen hatte er bald entdeckt, wie er sich am besten zur Geltung bringen könnte. Dieses Schema verbesserte er dann, natürlich unbewußt, aber dennoch systematisch; und jetzt ist er damit beschäftigt, diese Methode mit allen Mitteln, die sich ihm bieten, zu erweitern.

Das Ziel — sich zum Mittelpunkt des allgemeinen Interesses zu machen — wird von sehr vielen Kindern verfolgt und charakterisiert oft das einzige oder das jüngste Kind. Der Plan des Handelns ist jedoch in jedem Fall verschieden. Nur die Unzulänglichkeit der Sprache und der Mangel an genauen Ausdrücken zwingt uns, dieselben Worte zu verwenden, um eine große Verschiedenheit von irgendwie ähnlichen Tendenzen zu beschreiben. Wenn wir zum Beispiel von einem Wunsch des Kindes, um jeden Preis der Erste zu sein, sprechen, dürfen wir nicht vergessen, daß dies nur ein ganz allgemeines Ziel ist; jeder individuelle Fall wird nuancenhaft verschieden sein. Der Plan, der Erste zu sein, kann eine tausendfach verschiedene Schattierung und Färbung annehmen.

Es ist verhältnismäßig einfach, diesen verborgenen und manchmal unverständlichen Verhaltensplan des Kindes bis etwa zum sechsten Lebensjahr zu ändern. Wenn das Kind durch Erfahrung lernt, daß sich ein gewisses Verhalten als unpraktisch erweist; wenn es mit seiner Methode das, was es möchte, nicht erreicht — dann wird es eine andere Richtung einschlagen und versuchen, andere und wirksamere Methoden herauszufinden. Nach dem sechsten Lebensjahr ist eine solche Änderung jedoch weit schwieriger. Denn dann sind die geistigen Kräfte schon so weit entwickelt, daß sie dem Kind gestatten, das alte Schema mit Hilfe einer Reihe von Kunstgriffen und Tricks beizubehalten. Von all seinen Eindrücken und Erfahrungen wählt es nur diejenigen als entscheidend aus, die mit seinem Plan übereinstimmen. So entwickelt es die sogenannte »tendenziöse Apperzeption«, die Fähigkeit, seine Wahrnehmungen seinem persönlichen Vorurteil anzupassen. Solche vorurteilsvollen gefälschten Vorstellungen sind für alle Erwachsenen charakteristisch. Sie halten uns davon ab, aus Erfahrungen zu lernen, die nicht mit unserer persönlichen Lebensanschauung übereinstimmen. Wir »machen« unsere Erfahrungen; wir sehen nur das, was in unser Schema paßt und provozieren häufig Ereignisse, nur um zu beweisen, daß unsere Vorstellungen berechtigt sind.

Die Vorstellungen, die sich ein Kind über die Welt, über sich selbst und über seine Möglichkeiten in früher Kindheit gebildet hat, und die Methoden, die es als erfolgreich ansah, um eine Stellung in der Familie einzunehmen, werden zu seinem *Lebensstil.* Dieser grundlegende Plan bleibt immer unbewußt. Kinder — und der Erwachsene — suchen nach Beweisen und Gründen, um ihr Benehmen zu rechtfertigen, ohne zu wissen, daß ein ganz bestimmter Plan ihr ganzes Tun beherrscht. Wenn immer eine Lebenssituation es unmöglich macht, entsprechend unserem Lebensstil zu handeln, versuchen wir, den Aufgaben auszuweichen; wenn dies zu totalem Versagen kommt, kann man sich von der Logik des Lebens ganz zurückziehen.

Die Mutter des elfjährigen Johann beklagte sich, daß ihr Junge, der immer ein ausgezeichneter Schüler gewesen war, fleißig und strebsam, sich plötzlich geändert habe. Er vernachlässigte seine Schularbeiten und interessierte sich nicht für sein Zeugnis. Sein einziges Interesse war Fußball. Johanns Geschichte war einfach genug. Er war der Sohn eines bekannten österreichischen Industriellen und wuchs in einem kleinen Dorf auf, wo der Vater seine Fabrik hatte. Als »Kronprinz« des großen Mannes erfreute er sich einer besonderen Stellung sowohl in der Familie wie auch im Dorf. Er beherrschte nicht nur seine jüngere Schwester, sondern auch alle anderen Kinder. In der Schule, die sich durch seine Gegenwart »geehrt« fühlte, war er weitaus der Beste und war natürlich auch in allen Spielen der Kinder der Führer.

Als er zehn Jahre alt wurde, beschlossen seine Eltern, ihn nach der Hauptstadt ins Gymnasium zu bringen. Hier, in der großen Stadt, konnte er nicht mehr die gewohnte Stellung beibehalten. Da er nur die kleine und unzulängliche Dorfschule besucht hatte, waren die meisten seiner neuen Kameraden in ihren Kenntnissen viel weiter als er. Außerdem hielten sie nicht viel von dem »Jungen vom Lande«. Da er daran gewohnt war, immer der Erste zu sein, und dies nicht mehr sein konnte, verlor er alles Interesse an der Schularbeit und gab in dieser Richtung alle Anstrengung auf. Doch entdeckte er, daß er den Stadkindern im Sport voraus war; so wandte er sein ganzes Interesse dem Sport und dem Fußball zu — zum großen Bedauern der Eltern, die die Veränderung, die mit ihrem Sohn geschehen war, nicht verstehen konnten. Die Mutter sprach von Johanns völligem Mangel an Ehrgeiz und konnte es einfach nicht glauben, als ihr erklärt wurde, daß es der zu große Ehrgeiz des Jungen war, der die Schwierigkeiten verursacht hatte. Er konnte nur funktionieren, solange und soweit er den anderen überlegen, also der Erste war.

Jeder Mensch wird in seinem Benehmen von einem bestimmten Plan geleitet, der die Grundlage für die *einheitliche Persönlichkeit* bildet, die all die scheinbaren Widersprüche seiner Natur und seines Verhaltens in sich begreift. Der Lebensstil gibt jedem Menschen seine Individualität, seine eigene persönliche »Schrittart im Leben«. Der Lebensstil bestimmt das Verhalten jedes einzelnen in der Verschiedenheit der Lebenssituationen und beeinflußt daher in hohem Maße sein Schicksal, da er die tiefere Begründung für all sein Tun darstellt.

3. Methode: Sich einstellen

Dies kann als unsere Hauptmethode angesehen werden, denn der Erfolg unserer Bemühungen hängt von nichts so sehr ab wie von unserer Einstellung zum Kind. Man kann sagen, daß die Faktoren, die bei der Anwendung dieser Methode zu beachten sind, sich wie ein roter Faden durch alle unsere Ausführungen in diesem Buch hindurchziehen.

Zur richtigen Einstellung gehört in erster Linie, daß ich an das Kind und seine Kräfte und Fähigkeiten *glaube*. Es ist kein hilfloses Bündel von Trieben, sondern von allem Anfang an ein intelligentes Wesen, das sich rasch in seiner Umgebung orientiert und viel früher, als die meisten Mütter sehen wollen, sich selbst helfen und durchsetzen kann. Von der Wiege an braucht es unser Vertrauen und unsere Achtung und sollte als sozial gleichwertiger Partner in seiner Erziehung betrachtet werden.

Wir können nicht früh genug damit beginnen, dieses kleine Wesen als eine selbständige Persönlichkeit zu behandeln, die schon immer Selbstverantwortung hat. Je früher wir unseren Kindern von unserer Mitverantwortung abgeben, desto weniger Schwierigkeiten werden sie uns machen, wenn sie älter werden. Sie haben dann gelernt, für sich selbst zu sorgen, unabhängig und damit glücklich zu sein. Eine Mutter, die sich unglücklich fühlt, weil sie für ihr Kind nicht mehr so viel tun kann, sollte wissen, daß sie zu wenig kindbezogen und zu sehr selbstbezogen ist.

Die richtige Einstellung zum Kind kann allerdings nicht gespielt werden, sondern muß echt sein. Dafür haben die Kinder ein unglaublich feines Gespür. Manchmal sieht es wie Zauberei aus, wenn unsere richtige Einstellung schon wirkt, ohne daß es zu Handlungen gekommen wäre:

Die dreijährige Bettina schrie seit einiger Zeit jede Nacht. Zuerst hatte die Mutter versucht, dies zu ignorieren, wie sie es in einer Eltern-Studiengruppe gelernt hatte. Als dies nicht sofort wirkte, kam der Gedanke an die anderen Hausbewohner, und sie ließ sich dazu verleiten, bei Nacht aufzustehen und nach dem Kind zu schauen. Selbstverständlich wurde dadurch das Schreien nicht besser, so daß sie es doch wieder mit Ignorieren probierte. Jetzt kam das Kind aber ins elterliche Schlafzimmer! Schließlich war sie mit den »Nerven« so fertig, daß sie zur Beratung kam.

Nachdem alles durchgesprochen war, wurde ihr der Rat gegeben, das Schreien des Kindes in erster Linie als »seine Sache« anzusehen. »Wenn es schreien will, das ist sein gutes Recht! Es ist *sein* Schreien und *seine* Nachtruhe!« Die Mutter war damit einverstanden, entschlossen, sich durch das Geschrei nicht mehr stören zu lassen. Sonst hat sie nichts unternommen. Am nächsten Morgen wachte sie auf und stellte mit Erstaunen fest, daß ihre Tochter diese Nacht überhaupt nicht geschrien hatte. Seither blieben die Nächte ungestört. Bettina hatte die Entschlossenheit der Mutter, sich nicht mehr stören lassen, gespürt und sich — wenn auch unbewußt — entschieden, diese Methode des Schreiens als voraussichtlich nicht mehr wirksam aufzugeben.

Was immer das Kind versucht, es wird seine Methode, mit der es eines der vier Nahziele erreichen will, aufgeben, sobald wir uns positiv, logisch, sachlich und vertrauensvoll dazu einstellen und es als »seine Sache«, als »sein gutes Recht« betrachten. Es spürt dann, daß seine Methode ausgespielt hat und nicht länger wirksam sein kann.

Der fünfjährige Matthias hatte sich angewöhnt, sich zehn Minuten vor dem Mittagessen einzukoten. Dieser Zeitpunkt war sehr intelligent gewählt, denn es war die Zeit, wo die Mutter mit dem Kochen beschäftigt war und jeden Augenblick ihr Mann und der zweite wesentlich ältere Sohn zum Essen heimkommen mußten. Sie steigerte sich dadurch in eine solche Aufregung hinein, daß unter ihrer Nervosität die Mahlzeit für die ganze Familie immer unerquicklicher wurde.
Es wurde ihr geraten, die logischen Folgen eintreten zu lassen: Da sie das Essen richten mußte, hatte sie keine Zeit für Matthias. Mit der stinkenden Hose konnte er sich mit den anderen nicht zu Tisch setzen. Ferner fielen die zehn Minuten nach der Mahlzeit weg, wo der Vater immer mit seinem kleinen Sohn gespielt hatte, ehe er wieder zur Arbeit ging.
Die Mutter informierte ihren Mann und den älteren Sohn entsprechend, so daß die ganze Familie für das nächste »Ereignis« vorbereitet war. Dieses ist aber nie eingetreten, obwohl man mit Matthias kein Wort darüber gesprochen hatte. Er hatte offensichtlich die Entschlossenheit der anderen Familienmitglieder gespürt, mit diesem Problem fertigzuwerden.

Der Anlaß und die Art unseres Dazwischentretens sollten der Vernunft und nicht impulsiven Gefühlen entspringen. Unsere Gefühle leiten uns gewöhnlich auf Abwege. Dies ist weniger die Folge unserer eigenen Schwäche, als die der Stärke des Kindes. Das Kind spielt mit unseren Gefühlen wie ein Künstler auf der Harfe. Unsere gefühlsmäßige Reaktion auf das Verhalten des Kindes entspricht üblicherweise genau seinen unbewußten Absichten. Es ist das Kind, das uns aufregen oder ärgern will. Nur dann geben wir ihm die Aufmerksamkeit, die es verlangt, oder die Macht, die es uns zeigen will. Gefühle können den Erfolg des Erziehers verhindern und ihn oft völlig beherrschen. Aufregung, Reizbarkeit und Ärger sind der Ausdruck der Schwäche und des Versagens. Sie anerkennen den Sieg des Kindes, und wir wissen nicht mehr, ob wir nun nachgeben oder einen festen Stand einnehmen sollen. Alles was wir aus diesem Gefühl der Schwäche heraus tun, muß falsch sein. Es ist menschlich verständlich, daß der schlechte Wille oder die Feindseligkeit unserer Kinder uns entrüsten und verärgern. Diesen Gefühlen nachzugeben, mag man dem Menschen verzeihen, er hört dann aber auf, als Erzieher zu wirken.

Wenn man sieht, wie ein Junge ein Tier quält, kann man sich leicht so aufregen, daß man ihn haut. Aber man muß sich in diesem Fall darüber klar sein, daß dieser Schlag nicht die Tat eines Erziehers war, sondern lediglich eines aufgebrachten Mitmenschen. Solch ein Handeln mag wohl entschuldbar sein, es ist aber mehr als zweifelhaft, ob es den Jungen von seinen grausamen Angewohnheiten abbringen kann.

Erziehung ist unmöglich, wenn der Erzieher nicht an seine eigene Fähigkeit und Wirksamkeit glaubt. »Seine Fassung zu verlieren« zeigt den Verlust unseres Selbstvertrauens an. Wenn wir uns also durch das Kind aufregen lassen oder wenn wir aus irgendeinem Grund merken, daß wir uns nicht mehr beherrschen können, ist es besser, alles stehen und liegen zu lassen und aus dem Zimmer zu gehen. Dann können wir wieder unsere Fassung und Ruhe gewinnen. Vorher werden wir nicht in der Lage sein, zu überlegen, uns richtig einzustellen und zu entscheiden, was jetzt getan werden muß.

Eine wichtige Hilfe zur richtigen Einstellung zu unserem Kind ist es, zwischen Tat und Täter zu unterscheiden. Was das Kind auch angestellt hat, ob es eine kleine Unart eines kleinen Kindes oder eine große eines Jugendlichen war, das falsche Verhalten dürfen und sollen wir ablehnen, nicht aber das dahinterstehende Kind, das durch sein Tun ja auch nicht glücklich geworden ist und unsere Hilfe braucht. Wir dürfen unserem Kind nie das Gefühl geben oder ihm gar noch sagen, daß wir es nicht lieb haben. Nur wenn wir Person und Sache trennen, können wir die richtige Einstellung finden, die uns zum wirksamen Handeln führen kann.

Noch eine andere Überlegung kann uns zu einer besseren Einstellung verhelfen: Wir sollten uns mehr am Geistigen orientieren, dann werden wir von den materiellen Dingen nicht so sehr betroffen. Ein zerbrochener Teller fällt nicht ins Gewicht, wenn wir an die geistige Gesundheit des Kindes denken. Ein zerstörtes Spielzeug spielt keine Rolle, wenn das Kind dabei etwas gelernt hat.

4. Methode: Handeln (und nicht Reden)

Auch diese vierte Hauptmethode wurde und wird an vielen Stellen unseres Buches erwähnt. Sie muß an Stelle der heute leider häufigsten Erziehungsmethode treten, nämlich des vielen Redens der Mütter. *Reden ist keine Methode,* sondern könnte höchstens als negative Methode beschrieben werden.
Ein besonders wichtiges Prinzip ist: *Wir können gleichzeitig immer nur an einem Punkt des kindlichen Verhaltens arbeiten.* Wenn wir mehr versuchen, werden wir überhaupt nichts erreichen. Zum Beispiel können wir das Kind die Folgen seines Nasebohrens fühlen lassen, indem wir uns weigern, anschließend seine Hand zu berühren. Egal, wie seine Reaktion sein wird, wir müssen völlig ungerührt sein, sonst zerstören wir die Wirkung dieser Maßnahmen. Es ist unmöglich, eine schlechte Angewohnheit zu verbessern und zu gleicher Zeit den verschiedenen Trotzreaktionen Einhalt zu gebieten, die als die Antwort des Kindes auf den ausgeübten Druck angesehen werden sollten.
Alle Methoden der Erziehung von Kindern sind nur dann wirksam, wenn sie *sparsam,* aber beharrlich angewandt werden.
Hauptmethode ist das Handeln. Hier sollen einige der besonders wichtigen Handlungsweisen erläutert werden:

Natürliche und logische Folgen

Eine der wirksamsten Methoden zur Aufrechterhaltung von Ordnung (eines unserer Hauptprinzipien) ist, das Kind die Folgen seines schlechten Benehmens erfahren zu lassen. Wir müssen dabei zwischen den *natürlichen* Folgen, die ohne unser Dazutun eintreten und den *logischen* Folgen unterscheiden, die wir überlegen und arrangieren müssen. Ein weiterer Unterschied besteht darin, daß die natürlichen Folgen immer wirken, während die logischen in einem ausgesprochenen Machtkampf kaum wirken können. Beispiele für die Anwendung dieser so wichtigen Methode haben wir schon an vielen Stellen dieses Buches angeführt.

Direktes Dazwischenfahren durch Befehlen, Tadeln oder Schelten wirkt nur oberflächlich. Das Kind fühlt sich mehr oder weniger zu einer bestimmten Art des Benehmens gezwungen. Das richtige Benehmen muß jedoch von innen kommen, indem das Kind sich freiwillig einer Situation anpaßt und sich aus eigenem Antrieb entsprechend benimmt. Wenn es innerlich nicht bereit ist, Ordnung zu halten, werden alle erzieherischen Bemühungen nur von geringem und zeitlich begrenztem Wert sein. Das Kind kann aber zu dieser inneren Bereitschaft für Ordnung nur gelangen, *wenn ihm klar wird, daß es zufriedenstellender ist, die Regeln des Benehmens zu beachten, als sie zu verletzen.* Dieser Vorgang hat nichts mit persönlicher Unterwerfung oder Demütigung zu tun. Es ist das einzige Mittel, durch welches das Kind lernen kann, sowohl unangenehme als auch angenehme Verantwortungen auf sich zu nehmen und notfalls seine eigenen Wünsche zu ändern.

Im natürlichen Gang der Ereignisse wird es immer Gelegenheiten geben, das Kind die unangenehmen Folgen seiner Vergehen fühlen zu lassen, falls wir nicht aus falschem Mitleid ihm peinliche Erfahrungen ersparen wollen. Stolz oder falsches Schamgefühl für unser Kind kann uns dazu verleiten. Zum Beispiel: Es steht zu spät auf, trödelt beim Ankleiden und verspätet sich so für die Schule. Und doch sind wir dann oft bereit, eine Entschuldigung zu schreiben und ihm die Folgen der vertrödelten Zeit zu ersparen. Oder wir helfen ihm zu tun, was es selbst tun sollte, nur um ihm das Zuspätkommen zu ersparen.

Natürliche Folgen von Vergehen, die dem Kinde automatisch die Vorteile richtigen Benehmens vor Augen führen, ergeben sich häufig, ohne uns besondere Mühe zu kosten. Wenn wir darauf achten, keine dieser wertvollen Gelegenheiten, durch die das Kind lernen könnte, ungenützt vorbeigehen zu lassen, können wir es leicht durch Erfahrung lernen lassen. Wenn es nicht auf seine Schritte achtet, wird es stolpern. (Eine Türschwelle zwischen zwei Zimmern gibt eine natürliche Gelegenheit für diese Erfahrung.) Wenn es den linken Schuh an seinen rechten Fuß anzieht, wird es den entsprechenden Druck fühlen. Wenn es trödelt, wird es eben an irgend einem Vergnügen nicht teilnehmen können. Die natürlichen Folgen können aber ihre richtige Wirkung nur dann haben, wenn sich Erwachsene nicht einmischen. Eine solche Zurückhaltung wird dann sowohl ihnen wie dem Kind viel Ärger ersparen.

In gewissen Fällen wird es jedoch nötig sein, bestimmte Erfahrungen auszudenken. Wir können harmlose Mittel ersinnen, um dem Kind zu zeigen, daß ein Ofen heiß ist, daß eine Nadel sticht, oder daß ein Stuhl rückwärts umfallen kann. Solche Tatsachen sind sehr wichtig; eine beiläufige Gelegenheit, sie zur Aufmerksamkeit des Kindes zu bringen, beeindruckt viel mehr, als kluge und schreckliche Warnungen. Ebenso müssen wir darauf achten, daß gewisse Folgen immer wieder eintreten. Wenn das Kind unpünktlich zu den Mahlzeiten kommt, sollte es finden, daß für alle außer ihm schon serviert worden ist. Wenn es seine Spielsachen nicht aufräumt, sollte es nicht überrascht sein, sie am nächsten Tag nicht vorzufinden. Wenn es bei den Vorbereitungen für Spaziergänge und Ausflüge trödelt, muß es erleben, daß wir allein weggegangen sind.

Das Kind darf aber diese unangenehmen Wirkungen des sich nicht

---

* Rousseau und Herbert Spencer beschreiben u. a. diese natürlichen Folgen als »natürliche Strafen«. Dieser Begriff ist nicht gerechtfertigt, wenn die Folgen das unausweichliche Ergebnis von Fehlern sind. In solchen Fällen entspricht die Wirkung ganz den unangenehmen Folgen, die Erwachsene als Folge ihres falschen Benehmens akzeptieren müßen. Wenn ein Mann nicht arbeiten will und deshalb sich seinen Unterhalt nicht verdient, oder wenn er rechthaberisch ist und andere ihn deshalb meiden, sind diese Folgen keine Strafen und werden auch nie als solche betrachtet. Sie sind einfach logische Folgen; und Kinder sollten belehrt werden, die natürlichen Folgen ihres Benehmens im selben Licht zu sehen.

Anpassens niemals als Strafe* oder als feindliche Akte unsererseits erleben. Bei solchen Gelegenheiten müssen wir eine völlig passive, wenn auch wohlwollende Haltung einnehmen. Wir können dem Kind gegenüber ehrlich unser Bedauern ausdrücken, daß es durch diese schmerzliche Erfahrungen gehen muß; aber niemals sollten wir ihm diese erleichtern. Es wird eine solche Haltung nicht als feindlich oder gemein ansehen, wenn es dahinter die konsequente Ordnung, die sowohl unser Benehmen als auch seines bestimmt, erkennen kann, wenn die Folgen nicht willkürlich durch die Macht der Erwachsenen auferlegt werden und wenn ihre *Logik* offensichtlich ist.

Diese Durchführung der natürlichen oder logischen Folgen ist eine der stärksten Erziehungsmethoden. Sie lehrt Achtung für Ordnung und entwickelt Einigkeit. Und doch ist sie eine der am schwierigsten zu lernenden Methoden, weil die Eltern nicht gewohnt sind, auf diese Art zu denken und zu handeln.

Viele finden es sehr schwer, den feinen Unterschied zwischen »Folgen« und Bestrafung zu verstehen. In oberflächlicher Betrachtung kann es wie Haarspalterei aussehen. Die eine Methode ist für das Kind genau so unangenehm wie die andere; warum also diese Unterscheidung machen und die Bedeutung einer Verschiedenheit betonen? Vom psychologischen Standpunkt aus ist der Unterschied außerordentlich. Und Kinder reagieren auf psychologische Faktoren viel mehr als auf verstandesmäßige. Sie können gegen Bestrafung und gegen »Folgen« genau so rebellieren und mögen sich genau so bemühen, beide zu vermeiden. Dies ist aber nur eine augenblickliche Reaktion, und bald wird der gesunde Menschenverstand das Kind zur Einsicht bringen, daß wir wahrscheinlich recht hatten. Folgen sind für das Kind annehmbar —, Bestrafung ist im besten Falle ertragbar.

Wir müssen uns selbst sorgfältig dazu erziehen, diese Erziehungsmethode zu gebrauchen. Ihre Anwendung erfordert Denken, Überlegung und Phantasie. Wenn wir in einer Konfliktsituation impulsiv handeln, setzen wir nur den Kampf fort und versuchen, mit unserer Macht zu beeindrucken; dann sind wir aber unfähig, die unpersönlichen Folgen einer gestörten Ordnung anzuwenden.

Einige wenige Hinweise mögen helfen, die feine aber so überaus wichtige Linie zu unterscheiden, die die Folgen von der Bestrafung trennt. Ein Hinweis wurde schon besprochen — nämlich, daß die Folgen eine innere Logik zeigen müssen, die für das Kind verständlich ist. Ihm zu sagen, daß es nicht ins Kino gehen darf, wenn es sein Essen nicht aufißt, ist unlogisch; wenn es aber vom Kino nicht beizeiten heimkommt, ist es nur vernünftig, daß es in der nächsten Woche nicht gehen kann.

Da ist ein anderer Unterschied, der außerordentlich wichtig ist und doch oft nicht verstanden wird. Folgen sind ein natürliches *Ergebnis* des falschen Benehmens — sie sind aber keine Vergeltung. Wenn wir sagen »du hast dich falsch benommen, also mußt du jetzt ...« dann ist das eine Strafe. Folgen sind eher eine Aufforderung: »so lange du dich falsch benimmst, wird es für dich unmöglich sein ...« Es wird also weniger betont, was sich ereignet *hat,* sondern was kommen *wird* — in der Zukunft. Statt die Angelegenheit abzuschließen, wird die Tür für zukünftige Anpassung geöffnet. Ein gutes Beispiel dieser wesensmäßigen Verschiedenheit kann durch folgende einfache Situation gegeben werden: Das Kind ist laut und unfolgsam. Wenn wir sagen: »Ich kann diesen Lärm nicht mehr länger aushalten, gehe jetzt auf dein Zimmer und bleibe dort!«, dann ist das Bestrafung. Ganz anders aber ist es, wenn wir sagen: »Es tut mir leid, daß du jetzt nicht mehr bei uns bleiben kannst, wenn du uns so störst. Vielleicht ist es besser, wenn du jetzt auf dein Zimmer gehst, bis du spürst, daß du dich wieder richtig benehmen kannst.« In beiden Fällen müssen wir darauf achten, daß das Kind das Zimmer verläßt; aber im ersten Fall ist die Isolierung endgültig und beendet ein Geschehen, während im zweiten Fall das Kind zurückkommen kann, sobald es dazu bereit ist. Es liegt also an ihm, die Situation zu ändern.

Es ist immer besonders wichtig, dem Kind eine Wahl zu lassen, besonders in gespannten Situationen, wenn es nicht gehorchen will.

Erwachsenen, die nicht psychologisch, sondern nur logisch handeln, wird es schwer fallen, die volle Bedeutung zu verstehen, weil es für sie wenig Unterschied macht, welch unangenehme Folgen man zu ertragen hat; für das Kind aber ist es sehr wichtig, wenn wir ihm sagen: »Willst du das Zimmer selbst verlassen oder soll ich dich hinaustragen?« Für uns Erwachsene bleibt die unangenehme Pflicht, das Zimmer zu verlassen, in beiden Fällen gleich unangenehm. Nicht aber für das Kind. Wenn es selbst entscheiden kann, fühlt es sich wichtig und wird weniger widerwillig sein. Auch wenn es nicht antwortet, können wir immer sagen: »Wenn du nicht selbst hinausgehen willst, werde ich dich hinaustragen müssen.« In den meisten Fällen, wenn das Kind noch nicht zu eigensinnig und feindlich ist, wird ein solcher Vorgang die Situation retten. Wenn das Kind älter ist, können wir es natürlich nicht mehr hinaustragen. In diesem Fall liegt die Wahl zwischen den Möglichkeiten, daß es oder wir das Zimmer verlassen. Und wenn es uns folgt, verlassen wir das Haus. Wenn es uns auch dann noch folgt, kann die Situation dadurch gerettet werden, daß wir nicht beachten, was immer es auch tut. Dies wird aber ein sehr extremer Fall sein; bei den meisten Kindern wird der Bann schon in einem früheren Stadium gebrochen. In der Regel reagiert das Kind schon bei der ersten Wahl, wenn es spürt, daß wir es ernst meinen, besonders wenn es von früheren Erfahrungen her weiß, daß wir auch meinen, was wir sagen.

Ein anderer Faktor, der die Folgen von Bestrafung unterscheidet, ist der Ton unserer Stimme. Wenn wir in einer harten, ärgerlichen Stimme sprechen, dann *bestrafen* wir es. Wenn wir eine freundliche Haltung bewahren, betonen wir, daß es um die *Ordnung* geht, die beachtet werden muß, nicht um unsere persönlichen Wünsche oder um unsere Macht. Im ersten Fall stellen wir uns gegen das Kind, und dieses fühlt sich zurückgewiesen. Im zweiten Fall stellen wir uns nur gegen das Benehmen des Kindes, wobei sein persönlicher Wert nicht beeinträchtigt wird. Die Unterschiede in der Stimme drücken den Unterschied in der Beziehung aus. Bei der Bestrafung unterbricht unser Ärger die Beziehung, während wir bei den Folgen unsere Zuneigung und Freundlichkeit beibehalten. Daher ist es kaum möglich, die logischen Folgen eintreten zu lassen, wenn man sich in einem Machtkampf mit dem Kinde befindet. Im Moment, wo es nur seine Macht zeigen will, müssen wir uns zuerst aus diesem Kampf zurückziehen. Logische Folgen, die geplant sind, um das Kind zum Nachgeben zu zwingen, sind immer Strafen, auch wenn die Situation natürliche Folgen ermöglichen würde.

Während wir bei der Anwendung der natürlichen Folgen durchaus mitfühlend sein können, müssen wir vorsichtig sein, daß unser übertriebenes und falsch geleitetes Mitgefühl uns nicht gerade in dem Moment schwächt, wenn das Kind durch Erfahrung lernen kann. Eine falsch geleitete Sympathie kann bewirken, daß wir uns seinen geschickten Bemühungen, sich aus der Sache heraus zu reden, unterwerfen. Versprechen annehmen, seien sie erbeten oder freiwillig, ist die Fallgrube unserer Schwäche. Im kritischen Moment sollte das Kind keine »zweite Chance« haben. (Es sollte diese andere Chance *immer* das nächste Mal haben.) Jetzt ist die Zeit zum Handeln, nicht zum Reden.

Psychologische Enthüllungen

Bis jetzt haben wir hauptsächlich die äußeren Erziehungsmethoden untersucht; die viel weiter reichenden psychologischen Methoden sollten jedoch nicht außer Acht gelassen werden. Alle Eltern brauchen eine gewisse Kenntnis einer praktischen Psychologie, um das Kind verstehen und richtig mit ihm umgehen zu können. Die Kenntnis psychologischer Vorgänge und speziell der kindlichen Motivation ist notwendig geworden, da mit dem Ende der autokratischen Familienordnung auch die Wirkung des Zwanges von außen geschwunden ist. Statt das Kind durch Druck zu zwingen, müssen Eltern und Erzieher seine inneren Beweggründe kennen und benützen lernen. Der äußere Zwang muß durch psychologische Anregungen ersetzt werden.

Das Kind weiß nicht, warum es sich unrichtig benimmt und handelt. Es ist unnütz, ein Kind zu fragen: »Warum hast du das getan?« Eltern ärgern sich oft, wenn sie: »Ich weiß nicht« zur Antwort bekommen. Doch ist dies meistens wahr. Das Kind folgt seinen Impulsen, ohne sich seiner Ziele voll bewußt zu sein. Wenn es versucht, sein Benehmen zu erklären, gibt es meistens Rationalisierungen und Entschuldigungen, aber nicht die wirklichen Motive an. Statt das Kind nach dem »warum« seiner Handlungen zu fragen, sollten wir in der Lage sein, ihm durch Aufklärung über seine Ziele und den Zweck seines Verhaltens zu helfen. Sich selbst verstehen, kann seine Einstellung ändern.

Spezielle Vorsichtsmaßnahmen sind nötig, um psychologische Aussprachen wirksam zu machen und die Möglichkeit, Schaden anzurichten, zu vermeiden. Die erste Frage ist, wann und wie wir diese Aussprache durchführen. Dies soll nie in einer Konfliktsituation geschehen, wenn das Kind etwas schlecht gemacht hat. In solchen Augenblicken kann man durch Reden nichts erreichen. Das zweite Grundgebot ist, daß diese Gespräche immer sachlich und nicht mit Gefühlen belastet sein sollen. Wenn nur der kleinste Hauch von Kritik und Vorwurf zu spüren ist, erwecken sie Opposition und treffen auf taube Ohren. Man sollte immer daran denken, daß Psychologie wie alle hoch-wirksamen Mittel auch eine Waffe von ungeheuer destruktiver Kraft sein kann. Wenn Psychologie zur Strafe und Demütigung benützt wird, kann sie mehr schaden als die ärgste körperliche Mißhandlung. Psychologische Deutungen brauchen Ruhe und Freundlichkeit und einen Augenblick persönlicher Nähe, wenn ein offener Meinungsaustausch für beide Parteien annehmbar ist. Gleichgültig, wie richtig eine psychologische Deutung sein mag, ihre Wirkung ist schlimmer als nutzlos, wenn sie im Ärger oder zur falschen Zeit gegeben wird.

Psychologische Deutungen sollten nicht mit Versuchen, zu analysieren, in das Unbewußte einzudringen, oder in die tiefen Quellen der Antriebe einzutauchen, verwechselt werden. Ohne gründliche Schulung und Ausbildung in Psychotherapie sollte niemand eine psychologische Analyse versuchen. Wir müssen aber zwischen *Psychotherapie,* die den Psychotherapeuten und Psychologen vorbehalten werden muß, und einer *Deutung* unterscheiden, zu der jeder, der mit Kindern zu tun hat, fähig sein sollte. Der Hauptunterschied zwischen den beiden Verfahren ist die Art der psychologischen Untersuchung; die Psychotherapie versucht die *vergangene* Entwicklung zu enthüllen, die tiefgehenden Vorstellungen und den Lebensstil der Person des Kindes oder des Erwachsenen. Deutung auf der anderen Seite befaßt sich nur mit der *gegenwärtigen Einstellung und den unmittelbaren Zielen des Kindes,* die in seinem gegenwärtigen Verhalten direkt zum Ausdruck kommen.

Alle Eltern und Erzieher brauchen eine gewisse psychologische Kenntnis sowie Verständnis für die Persönlichkeit des Kindes. In schwierigen Fällen kann diese Kenntnis durch die Dienste eines Kinderpsychologen erworben werden. Psychologische Einsichten sollten aber nie zum Tagesgespräch benützt werden; sie können nur als Leitlinien für unsere Behandlung des Kindes dienen. Wir müssen die Handlungen des Kindes verstehen, um sie zu beeinflussen. Was man wissen soll, ist nicht, *warum* ein Kind auf diese Weise handelte, sondern *zu welchem unmittelbaren Zweck.* Die Unterscheidung zwischen »warum« und »wozu« mag bei oberflächlicher Betrachtung als unbedeutend erscheinen. Sie bedeutet jedoch einen grundlegenden Unterschied zwischen der Betonung der Vergangenheit und der gegenwärtigen Ziele. Es mag tausend Gründe geben, die zur gegenwärtigen Haltung eines Kindes geführt haben; sie dient jedoch nur *einem* Zweck. Die Suche nach dem »warum« ist für den unausgebildeten Erzieher reines Rätselraten; die Erkenntnis des Zweckes zeigt Verständnis an. In diesem Lichte werden alle kindlichen Handlungen als zielgerichtet erkannt; dies hilft dem Erzieher und dem Kinde. Das Kind reagiert auf eine Erklärung der *Gründe* ganz anders als auf eine Erklärung der *Ziele* seiner Handlungen.

Tatsächliche Erklärungen, wie Eifersucht, Minderwertigkeitsgefühle, Gefühle der Vernachlässigung, Unterdrückung oder Zurücksetzung, sowie Gefühle der Schuld oder des Mitleids mit sich selbst, gleichgültig, wie zutreffend sie für das Verhalten des Kindes sein mögen, werden im besten Fall vom Kind mit freundlicher Gleichgültigkeit hingenommen. Sie erzählen dem Kind nur, was es *ist*. Seine Reaktion ist jedoch ganz anders, wenn man ihm erzählt, was es *will:* z. B. Aufmerksamkeit auf sich lenken, seine Überlegenheit zeigen, der Chef sein, seine Macht beweisen, sich rächen oder andere bestrafen. Solche Deutungen seiner wirklichen Absichten erwecken, wenn sie richtig sind, sofort eine ganz bestimmte und charakteristische Reaktion seitens des Kindes. Diese Reaktion ist unmittelbar und automatisch; ein »Erkennungsreflex« zeigt die Richtigkeit der Auslegung an. Dieser Erkennungsreflex besteht aus einem schelmischen Lächeln und einem eigenartigen Augenzwinkern, charakterisch für die Katze, die den Kanarienvogel gefressen hat. Das Kind braucht kein Wort zu sagen, oder es mag sogar »nein« sagen; der Ausdruck seines Gesichts verrät es jedoch. Diese Enthüllung seiner psychologischen Absichten führt oft, speziell bei Kleinkindern, zu einem sofortigen Wandel des betreffenden Benehmens. Sogar sehr kleine Kinder sind, sobald sie die Bedeutung der Worte verstehen — das heißt, etwa mit zwei Jahren — fähig, ihre Absichten zu erkennen, und neigen dazu, ihre Haltungen zu ändern, wenn sie ihnen bewußt gemacht werden. (Siehe Kapitel V »Gewissen«.) Das bedeutet natürlich nicht einen völligen Wandel des Lebensstils; aber es kann schließlich zu einem Wandel der grundlegenden Haltungen gegenüber den Erwachsenen führen.

Psychologische Deutungen müssen mit großer Vorsicht angewandt werden. Wenn sie wiederholt oder übertrieben werden, sind sie keine Enthüllungen mehr. Sie sollten nie eine demütigende oder herabsetzende Wirkung haben und sollten vom Kind nie als Tadel und Kritik empfunden werden. Es ist im allgemeinen ratsam, keine bestimmte Feststellung zu treffen: »Du handelst so, weil du ... willst«. Viel besser sind Bemerkungen der ungefähren Vermutung: »Es scheint mir, daß du vielleicht zeigen willst, daß du stärker bist als ich?« »Könnte es sein, daß du nur haben willst, daß ich mich mit dir abgebe?« Aussprachen in dieser Form können keinen Schaden anrichten. Wenn wir auf der falschen Fährte sind, sehen wir eben keine Reaktion. Man kann dann eine andere Mutmaßung anstellen, und die Reaktion des Kindes wird uns zeigen, welche richtig ist.

Zwei Jungens, neun und zehn Jahre alt, ärgerten ihre Mutter, weil sie jeden Abend zur Schlafenszeit in ihren Betten miteinander rauften. Die Mutter konnte nichts dagegen tun und wußte nicht, was zu machen. Ich hatte darauf eine Aussprache mit den Jungens. Ich fragte sie, warum sie nach dem ins Bett gehen immer rauften. Natürlich erwartete ich nicht die richtige Antwort auf diese Frage, sondern wollte nur hören, was sie zu sagen hätten. Sie erklärten beide, daß es so viel Spaß mache, im Bett zu raufen, wo es nicht weh tue, wenn man auf die Kissen geworfen werde. Dies war ihre Rationalisierung.
Ich fragte sie nun, ob es ihnen recht sei, wenn ich ihnen den wirklichen Grund sagte. Natürlich hatten sie nichts dagegen. Dann versuchte ich: »Könnte es sein, daß ihr es tut, damit Mutter einige Male kommt und euch ermahnt, ruhig zu sein?« Der Jüngere antwortete gleichgültig: »Kann sein.« Der Ältere aber sagte nichts, sondern strahlte. Man muß wissen, daß der Ältere Mutters Liebling war und sehr von ihr abhing, während der Jüngere sich etwas ausgeschlossen fühlte und mehr auf sich selbst angewiesen war. Im allgemeinen war er immer zu Streit bereit, weil er ein besserer Kämpfer war; aber abends war es immer der Ältere, der anfing, damit die Mutter komme und sie zur Ruhe bringe. Weiter wurde nichts gesagt; aber dies hatte genügt, daß die abendlichen Raufereien aufhörten und nie wieder aufgenommen wurden. Das heißt nicht, daß der ältere Junge plötzlich unabhängig von seiner Mutter geworden wäre. Aber diese besondere Methode war nicht mehr praktisch, nachdem man einmal ihren Zweck erkannt hatte.

Die Enthüllung von persönlichen Einstellungen und Zielen ist auch ein sehr wirksames Mittel, um ganze Gruppen von Kindern zu beeinflussen. Aussprachen in Gruppen können sehr helfen, die Haltung von einzelnen und von Gruppen zu ändern, und sollten in der Schule und bei Erziehungsberatungsstellen regelmäßig stattfinden.

Da die Gesellschaft die Kinder heute als sozial gleichwertige Partner ansieht, ist es notwendig, daß sie auch als gleichberechtigte Partner in der Familie betrachtet werden. Gleichberechtigung bedeutet in diesem Sinn nicht die gleiche Funktion. Vater und Mutter, Schwestern und Brüder, Jüngere und Ältere, können und müssen verschiedene Funktionen ausüben. Diese Unterschiede sollten jedoch nicht länger irgendeine Benachteiligung hinsichtlich der sozialen Stellung mit sich bringen; sonst führen sie unvermeidlich zu Verstimmung und der Abneigung, die Funktionen auszuüben, die ein geringeres soziales Prestige mit sich bringen.

Die größere Freiheit gibt aber auch jedem einen größeren Anteil an der Verantwortung für das Wohl des Ganzen. Solange die Eltern und besonders die Mutter alle Verantwortung auf sich nehmen und die Kinder sich der Freiheit erfreuen, zu tun was ihnen gefällt, ist ein unausgewogenes Verhältnis unvermeidlich; den Kindern ist die Möglichkeit genommen, sich nützlich zu betätigen, und sie neigen dazu, Ansprüche zu stellen und herrschen zu wollen. Die Erfahrung der Freiheit, die Selbstbestimmung ist, erfordert einen Sinn für Verantwortung; sonst führt sie zum Chaos.

Der Familienrat nun gibt jedem Mitglied der Familie die Gelegenheit, sich über alle Angelegenheiten, die die Familie und das Heim betreffen, frei zu äußern. Jeder kann alles beanstanden und kritisieren, was er nicht gern hat; diese Einwände sollten aber dazu führen, daß *er* Vorschläge für eine bessere Lösung macht. Das Recht auf Kritik bedeutet Teilnahme an den Beiträgen, die alle für ein glückliches Familienleben zu leisten haben. In diesem Sinne ist der Familienrat eine Erziehung zur Demokratie. Solche erzieherischen Erfahrungen sind für Eltern und Kinder gleich wichtig.

Die Tradition gibt uns keine Leitlinien, wie wir miteinander in sozialer Gleichwertigkeit leben. Wir haben sie durch Versuch und Irrtum aufzustellen. Und jede Familie ist ein Pionier in dem Abenteuer des Zusammenlebens mit anderen als Gleichberechtigte. Wenn es uns als Kindern nicht gelingt, zu lernen, wie man demokratisch in der Familie lebt, werden wir kaum Gelegenheit haben, es später zu lernen, weil dann nämlich unser eigenmächtiger Maßstab von Überlegenheit und Minderwertigkeit eingespielt ist; wir versuchen, überlegen zu sein, während wir tatsächlich Angst haben, unterlegen zu sein. Mehr als alles andere gibt der Familienrat jedem Mitglied das Gefühl des gleichen sozialen Wertes sowohl hinsichtlich der Rechte als auch der Pflichten; in diesem Sinne erleichtert er die Anwendung demokratischer Grundsätze auf das Familienleben.

Oft ist die Schwierigkeit, demokratische Beziehungen zwischen Gleichberechtigten aufzurichten und zu unterhalten daran schuld, daß der Familienrat nicht weitergeführt wird. Eltern mögen mit guten Absichten und großer Begeisterung den Anfang machen, aber bald verletzen sie oder die Kinder die grundlegenden Voraussetzungen eines demokratischen Vorgehens, und der Rat verliert seine Funktion und Bedeutung. Ein Familienrat auf längere Sicht erfordert beträchtliche Beharrlichkeit, den Willen, seine eigenen Fehler einzusehen, und die Fähigkeit, die eigene Einstellung zu ändern und die der anderen zu respektieren. Neue Wege ohne Angst und Mißtrauen zu erkunden und zu versuchen, erfordert Mut und die Überzeugung, daß auch die anderen in Harmonie und Frieden leben wollen, aber vielleicht nicht wissen, wie sie dieses Ziel erreichen können.

Ohne Vertrauen und ohne Achtung für die anderen Mitglieder der Familie ist es kaum möglich, gegenseitige Schwierigkeiten und Konflikte gemeinsam zu beraten und eine Lösung zu finden.

Um die Durchführung von Familienberatungen und ihre Fortdauer zu erleichtern, werden einige wenige Grundsätze empfohlen:

a) für die Beratung sollte jede Woche ein bestimmtes Datum vorgesehen werden. Es ist nicht ratsam, eine Beratung dann einzuberufen, wenn immer ein einzelnes Mitglied es wünscht; nichts ist so dringend, daß es sofort geregelt werden müßte. »Sofort« bedeutet gewöhnlich eine Konfliktsituation, ein Gegeneinander von Interessen. Gerade dann ist nicht die Zeit für ein Gespräch, da in einer

Konfliktsituation Worte keine Mittel zur Vermittlung sind, sondern Waffen. Es ist durchaus möglich, während der regelmäßigen Beratung Richtlinien für Notsituationen aufzustellen.

b) Alle Familienmitglieder sind eingeladen, teilzunehmen; Teilnahme ist aber keine Pflicht. Wenn ein Familienmitglied, sei es der Vater oder ein Kind, nicht teilnehmen will, kann seine Abwesenheit dazu benützt werden, um zu Entscheidungen zu kommen, die der Betreffende nicht besonders gern hat. Ein solches Vorgehen genügt üblicherweise, um das nicht zur Mitarbeit bereite Mitglied dazu zu bringen, die nächste Sitzung mitzumachen, wo es dann Gelegenheit hat, die frühere Entscheidung zu ändern.

c) Alle Mitglieder nehmen als Gleichwertige teil, das heißt, jedes hat eine Stimme. Das für die Teilnahme erforderliche Alter hängt von der Fähigkeit jedes Kindes ab, zu verstehen, was beraten wird. Sogar ganz kleine Kinder können beitragen und einige ihrer Vorstellungen ausdrücken. Auf der anderen Seite kann jedes Mitglied, das die Beratung stört, mit Zustimmung aller gebeten werden, die Sitzung zu verlassen.

d) Der Vorsitz geht entweder wöchentlich oder monatlich um, so daß jedes Familienmitglied dieses Vorrecht und diese Verantwortung erfährt. Es wird oft angenommen, daß Kinder nicht fähig seien, den Vorsitz richtig zu handhaben. Das ist wahr, aber genau so oft finden wir Eltern, die nicht in der Lage sind, in demokratischer Weise den Vorsitz zu führen.

e) Die parlamentarische Ordnung gibt jedem Mitglied die Gelegenheit, sich frei zu äußern, aber auch die Verpflichtung, den anderen zuzuhören. Wenn die Eltern die Sitzungen dazu benützen, »zu erklären«, zu predigen, zu schimpfen oder ihren Willen auf andere Art den Kindern aufzuzwingen, dann ist die Beratung undemokratisch und verfehlt ihren Zweck. Wie alle anderen Familienmitglieder können die Eltern ihren Standpunkt der Gruppe lediglich unterbreiten. Das erste Ziel der Beratungen sollte der gute Wille aller sein, aufrichtig dem zuzuhören, was jeder zu sagen hat. Ehe irgendwelche befriedigenden Lösungen gefunden werden können, muß die neue Art, aufeinander zu hören und zu verstehen, was der andere meint, zur festen Voraussetzung der Beratungen geworden sein.

f) Die meisten »dringenden« Entscheidungen sind nicht so dringend, wie die Eltern oder ein Kind meinen. Alle Familienmitglieder müssen sich die Geduld aneignen, auch unter Umständen, die nicht ganz nach ihren Geschmack sind, warten zu können. Die meisten Eltern finden es schwierig, ruhig dabei zu sitzen, wenn irgend etwas falsch läuft oder wenn das Kind sich schlecht benimmt. Was sie tun können und üblicherweise auch tun, mag tatsächlich die Situation überhaupt nicht besser machen, aber alles scheint besser zu sein, als nur zu warten und zu sehen, was geschieht. Solange durch den Rat noch keine Entscheidung getroffen ist, hat jeder das Recht, das zu tun, was *er* für das Beste hält; keine Entscheidung aber, die andere betrifft, hat Gültigkeit, solange sie nicht durch den Rat gebilligt worden ist. Eine der ersten Entscheidungen kann sich auf eine mögliche Lebensgefahr beziehen, wenn auf ein vereinbartes Zeichen hin jede Diskussion unterbrochen wird, um sofortige Handlungsmöglichkeit zu gewährleisten. In den meisten anderen Konfliktsituationen genügt es, wenn sich die Eltern zurückziehen und die Kinder sich selbst, ohne Zuhörerschaft, überlassen.

g) Das Wesen der Entscheidungen erfordert sorgfältige Überlegung. Sie sollten dem Wohl aller dienen und nicht nur einem persönlichen Interesse. Irgendwelcher Zwang sollte im Familienrat keine Rolle spielen dürfen, der ja dazu dienen soll, Lösungen zu bestehenden Problemen auszuarbeiten. Welches Problem auch zur Beratung steht, die Frage sollte immer sein: »Was können wir dazu tun?« Es ist wichtig, daß die Betonung auf das *wir* gelegt wird, und nicht darauf, was ein einzelnes Mitglied tun sollte. Der Familienrat kann nicht als ein Machtinstrument funktionieren, das über irgendeines seiner Mitglieder einen Urteilsspruch fällt. Wenn auf irgend jemand ein Einfluß ausgeübt werden soll, dann sollte zuerst geklärt werden, was alle anderen tun würden, wenn ... Gleichzeitig muß beraten werden, was zu tun ist, wenn verschiedene

Familienmitglieder das, was bei der Beratung entschieden wurde, nicht durchführen. Mit anderen Worten, man braucht Entscheidungen oder Aktionspläne sowohl für angenehme als auch für unangenehme Möglichkeiten oder Situationen. Einstimmigkeit ist anzustreben; wenn sie aber nicht möglich ist, dann entscheidet die Mehrheit. Tatsächlich sind Kinder meistens sehr vernünftig, wenn ihre Probleme in sachlicher Weise und getrennt von jedem gerade anhängigen Konflikt beraten werden.

h) Eltern haben oft vor falschen Entscheidungen Angst, die gegen ihr »besseres Urteil« getroffen werden. Solche falschen Entscheidungen, die gewöhnlich von den Kindern vorgeschlagen werden, können sehr vorteilhaft benützt werden. Eltern sollten nicht versuchen, eine solche Entscheidung zu verhindern, sondern die Kinder erleben lassen, was geschieht. Allzuviel Schaden kann daraus nicht entstehen. Bei der nächsten Beratung werden die Kinder vorsichtiger sein und ihre Stimme für eine bessere Lösung abgeben.

i) Wenn eine Entscheidung einmal getroffen ist, sollte jede Änderung bis zur nächsten Sitzung warten. In der Zwischenzeit hat niemand das Recht, anders zu entscheiden oder seine Entscheidung anderen aufzuzwingen. Wenn auf der anderen Seite eine Entscheidung, so und so zu handeln, durch die Kinder mißachtet wird, sind auch die Eltern nicht daran gebunden. Wenn zum Beispiel die Mutter die Verantwortung auf sich nahm, einzukaufen und zu kochen, während die Kinder die Aufgabe übernahmen, Geschirr zu waschen, ist es nicht Aufgabe der Mutter, darauf zu sehen, daß sie dies auch tun; es ist aber natürlich, daß sie nicht kochen kann, wenn die Küche nicht sauber gemacht worden ist.

j) Der Familienrat ist die einzige Autorität. Kein einzelnes Mitglied kann ein Gesetz machen oder Entscheidungen für andere treffen. Genauso aber kann keine einzelne Person die volle Verantwortung für das gute Funktionieren des Haushaltes auf sich nehmen. Für die meisten Eltern, besonders für Mütter, ist dies eine sehr schwierige Lektion zu lernen. Den Müttern macht ihr Gefühl für Pflicht und Verantwortung großen Eindruck, und sie fühlen sich nachlässig, wenn sie sich nicht um die Bedürfnisse aller kümmern. Als Folge haben die Kinder keine Gelegenheit, selbst Verantwortungen auf sich zu nehmen. Wenn die Mutter willens ist, den Familienrat als höchste Autorität zu akzeptieren, braucht sie sich nicht schuldig fühlen, wenn nicht alles so läuft, wie es sollte. Es ist wichtiger, daß die Kinder ihre Verantwortung auf sich nehmen, als daß alles immer wunderbar läuft.

k) Wenn man mit der Einrichtung des Familienrates beginnt, muß man sich darüber klar sein, daß damit eine grundsätzlich neue und noch nicht erlebte Art des Handelns anfängt. Es braucht Zeit und Mühe, bis alle Familienmitglieder sich an ein solches Vorgehen gewöhnen. Weder Kinder noch Eltern hatten vorher entsprechende Erfahrung. Sie haben kein großes Vertrauen zueinander und deshalb auch keinen großen Glauben zu einem Vorhaben, das Mitarbeit erfordert. Kinder haben Angst, daß es lediglich ein anderer Trick ist, sie dazu zu bringen, sich gut zu betragen und Dinge zu tun, die sie nicht tun wollen; und Eltern haben Angst vor Ansprüchen und Entscheidungen ihrer Kinder, die ungerechtfertigt sind. Aus diesem Grunde sind die Beratungssitzungen oft für alle eine Last. Manchmal mag es schwierig sein, überhaupt damit zu beginnen, in anderen Fällen mag die erste Begeisterung rasch verschwinden. Den Rat in Gang zu bringen, kann für die Eltern vorübergehend manche Härte mit sich bringen. Wenn die schwierige Anfangsperiode aber ohne Unterbrechung der regelmäßigen Sitzungen durchgehalten werden kann, sollten die Wirkungen des Rates für alle Beteiligten von großem Nutzen sein.

Siebtes Kapitel

DIE WIRKSAMEN ERZIEHUNGSMETHODEN — SPEZIELLE SITUATIONEN

Im Leben eines Kindes gibt es gewisse äußere Situationen, die besondere Probleme aufwerfen. Wenn diese nicht richtig gehandhabt werden, können sie schädliche Folgen für seine spätere Entwicklung haben und Anlaß zu größeren Schwierigkeiten werden. Verborgene Konflikte treten dabei nicht selten mit verwirrender Plötzlichkeit zutage. Wenn wir die richtige Einstellung zum Kind haben und die grundlegenden Verhaltensweisen beachten, werden wir ohne Mühe in jeder neuen Situation das Richtige tun. Es wird aber nützlich sein, über die Bedürfnisse des Kindes in den aufeinander folgenden Wachstumsstufen noch etwas mehr zu erfahren. Moderne Mütter bereiten sich für die Kleinkinderpflege durch Kurse und praktische Übungen vor, besonders, was die *körperliche* Pflege anbelangt. Die Pflege des Kleinkindes erfordert aber auch das Verstehen anderer Bedürfnisse — in Bezug auf sein Handeln, sein Spiel und seine Interessen, die sich mit jedem Jahr ändern. Sie im einzelnen zu beschreiben, würde den Rahmen dieses Buches übersteigen. In diesem Kapitel behandeln wir die psychologische Seite der Probleme, die gewissen wichtigen Situationen entspringen.

Vorbereitungen vor der Geburt

Wir (Mutter und Vater) stehen schon vor unserer ersten erzieherischen Aufgabe, wenn wir das Baby erwarten. Unsere Einstellungen und Erwartungen vor seiner Geburt stellen schon lange, ehe das Kind tatsächlich da ist, eine Beziehung her. Zu dieser Zeit schon können wir die charakteristischen Fehler begehen, die im folgenden Kapitel besprochen werden. Befürchtungen, Ängstlichkeit, übertriebene

Erwartungen und Geschäftigkeit sind häufige Gefahrenquellen. Wir sollten sie unbedingt vermeiden. Die Zeit der Schwangerschaft sollte benützt werden, unsere moralische Haltung, unseren Mut und unser Selbstvertrauen zu stärken. Es ist ratsam, durch Bücher oder Kurse Kinderpflege und Kinderpsychologie zu studieren. Wir müssen aber auf die Wirkung solcher Studien achten. Wenn wir angesichts der Masse von Information und Rat entmutigt oder besorgt werden, haben wir von diesen Studien keinen Gewinn. Wenn wir uns soweit bringen lassen, an unserer Fähigkeit, unser Kind zu erziehen, zu zweifeln, zerstören wir die Kräfte, auf die wir uns für das richtige Erziehen verlassen müßten.

Erste Erfahrungen

Die ersten Erfahrungen des Kleinkindes mit den Menschen seiner Umgebung sind von größter Bedeutung. Viel Arbeit ist notwendig, seine Verhaltensweise zu ändern, wenn es einmal falsche Eindrücke bekommen und sich dadurch unrichtige Reaktionen angewöhnt hat. Lange ehe ein Kind Worte verstehen kann, reagiert es auf die Atmosphäre, in der es lebt, und spürt die menschlichen Beziehungen. Eindringlich wird es der Stimmung anderer inne und geht entsprechend darauf ein. Ängstlichkeit und Besorgtheit der Eltern rufen beim Kleinkind Furchtsamkeit und Nervosität hervor. Gelassenheit und Beiläufigkeit bewirken Friedlichkeit und Ruhe. Es ist kein Zweifel, daß der Teufelskreis, der die harmonische Beziehung zwischen Mutter und Kind stört, auch vom Kind ausgehen kann. Frühgeburt, ernsthafte Krankheit oder Störungen in der Entwicklung des Kindes werden die Mutter verständlicherweise beunruhigen; ihr Zustand hinwieder berührt das Kind und hindert seine Anpassung, worauf die Mutter wieder Anlaß zu neuer Aufregung erhält. Der Teufelskreis kann aber auch mit beunruhigenden Umständen beginnen, die nicht vom Kind abhängen, die Mutter stören, aber folglich auch das Kind berühren. Auch wenn der Anlaß der ursprünglichen

Schwierigkeit aus der Welt geschafft sein sollte, dauert die gestörte Beziehung zwischen Mutter und Kind an und beunruhigt beide weiterhin. Es ist daher außerordentlich wichtig, unser eigenes seelisches Gleichgewicht zu bewahren. Das gilt natürlich immer, aber während der ersten Wochen und Monate des kindlichen Lebens ist es von besonderer Bedeutung.

Es ist verständlich, daß wir ein so schwaches und hilfloses Geschöpf beschützen und ihm helfen wollen. Das Kind kann jedoch nicht genügend Mut und Selbstvertrauen entwickeln, wenn es von Anfang an die ungünstigen Folgen der Hilflosigkeit empfindet. Es erfordert eine sehr große Selbstbeherrschung, sich zurückzuhalten und dem Kind nicht bei jedem kleinen Anlaß zu helfen; aber unsere Belohnung ist groß. Zuerst wird es dem Kind in zunehmendem Maße gelingen, seinen Körper zu beherrschen und schwierige Situationen zu meistern, und später wird es Mut und Unabhängigkeit gewonnen haben. Mitleid und Angst sind häufige Anlässe für unrichtige Handlungen, die nicht nur die Entwicklung des Kindes stören, sondern, was noch wichtiger ist, seine Beziehung zu anderen. Elterlicher Ehrgeiz und Eitelkeit sind andere Gründe, die zum Mißbrauch oder zur Unterdrückung des Kindes führen.

Vom ersten Tag seines Lebens an ist das Kind ein unabhängiges menschliches Wesen, das sich der sozialen Ordnung seiner Gruppe zu fügen hat. Obwohl es in gewissen Dingen Hilfe und Unterstützung braucht, ist es vollkommen fähig, sich mit *eigenen Mitteln* dem Leben anzupassen, und es hat das Recht auf diese Erfahrung.

Das Stillen

Beim Gestilltwerden erlebt das Kind sein erstes Abenteuer in Zusammenarbeit mit einem anderen Menschen. Das gilt natürlich auch, wenn man ihm die Flasche gibt. Deshalb kann schon am ersten Tag seines Lebens die notwendige Erziehung zur Regelmäßigkeit beginnen. Wenn es einmal daran gewöhnt ist, *erscheint Ordnung als angenehme Erfahrung.* Regelmäßige Fütterzeiten von Anfang an haben zwei Vorteile. Das Kind erfährt Ordnung und Regelmäßigkeit, die ein wesentliches Element des Zusammenlebens sind. Regelmäßigkeit in der Ernährung stimmt auch mit der biologischen Ordnung überein, da alle körperlichen und besonders die vegetativen Funktionen durch einen bestimmten Rhythmus gekennzeichnet sind. Je früher das Kind einen natürlichen Rhythmus in seinen Funktionen einhalten kann, desto besser ist seine körperliche und soziale Entwicklung. Auch die regelmäßige Ausscheidung kann sehr früh beginnen und dem Rhythmus der Nahrungseinnahme folgen; eine entsprechende Erziehung muß aber warten, bis das Kind seine Organe bewußt beherrschen kann. Das Einnehmen der Nahrung erfordert aber keine Kontrolle eines Organs. Wenn das Kind an Regelmäßigkeit gewöhnt wird, paßt sich sein Magen ohne besondere Überwachung an. (Siehe Kapitel VIII »Verwöhnung«.)

Beim Aufstellen eines Ernährungsplanes müssen wir die Bedürfnisse jedes Kindes beachten. Es ist dabei vorteilhaft, den Kinderarzt zu fragen. Ein vierstündiger Rhythmus hat sich für das Durchschnittskind am besten erwiesen. Wenn ein Kind jedoch besonders schwach oder krank ist, kann eine andere Regelung erforderlich sein. Wenn es älter wird, kann der Plan geändert werden. Wir sollten jedoch immer eine ganz bestimmte Regelung haben.

Viele Irrtümer bei der Ernährung kommen von der unberechtigten Ängstlichkeit der Eltern. Überängstliche Eltern befürchten, daß das Kind nicht genug bekommt. Sie unterschätzen die Kraft eines lebenden Organismus. Solange sie sich in den Appetit des Kindes nicht einmischen, sorgt es für sich selbst. Wenn es einmal weniger ißt, wird es dafür das nächste Mal mehr essen. Es gibt keinen Grund für Befürchtungen, wenn es während des Stillens einschläft. Auch besteht keinerlei Anlaß, sich von seinem Wimmern, wenn es hungrig aufwacht, beeinflussen zu lassen oder die Regel zu unterbrechen und es vor der Zeit zu füttern. Wenn wir ihm nachgeben, hindern wir das Kind daran, die Vorteile der Regelmäßigkeit zu genießen.

Es besteht jedoch die Gefahr, einen Ernährungsplan als neue Quelle der Angst zu mißbrauchen. Man sollte ihn nicht wie ein Schwert betrachten, das die ganze Zeit über unserem Haupt hängt. Einige wenige Minuten früher oder später machen keinen Unterschied. Es ist sehr wichtig, daß die Mutter ruhig und still ist, wenn sie das Baby füttert. Das kleine Kind reagiert sehr stark auf Spannung und Angst, die seine vegetativen Funktionen stören. Dabei spielt es keine Rolle, ob wir besorgt über die Wärme der Flasche sind, oder über die Menge oder Güte der Nahrung, die das Kind bekommt, oder über das genaue Einhalten der Stillzeit; jede Ängstlichkeit ist schädlicher als irgendeine kleine Abweichung.

Entwöhnung

Die Entwöhnung ist ein anderes schwieriges Problem der Erziehung. Wenn die Zeit dafür gekommen ist, sollten wir wieder einem Plan folgen und uns vom Widerstand des Kindes, eine angenehme Gewohnheit aufzugeben, nicht ablenken lassen. Unsere Stärke ist rein passiver Natur: *wir geben einfach nicht nach.* Wir können den Hunger des Babys für uns arbeiten lassen, ohne zu Gewalt oder Zwang Zuflucht zu nehmen. Wenn wir unsere eigene Besorgtheit, unsere Ängstlichkeit und Zuneigung beherrschen können, bleiben wir ruhig und freundlich, aber fest. Dann wird das Baby nicht den Eindruck bekommen, daß wir an seiner Ernährung mehr interessiert sind als es selbst.

Da es seither rein flüssige Kost gewohnt war, kann es anfangs jede Nahrung, in der es etwas Festes entdeckt, mit Abscheu von sich schieben. Wenn es *gezwungen* wird, dieses Gericht zu verzehren, vermehrt sich sein Widerwille nur noch. Weigert sich das Kind, etwas Bestimmtes zu essen, sollte ihm kein Ersatz gegeben werden. Auf diese Art wird es schließlich Nahrung, die es zuerst nicht essen wollte, zu sich nehmen.

Frühe Muskeltätigkeit

Das Kind hat den natürlichen Wunsch, sich in eine aufrechte Lage zu bringen. Ist es stark genug, wird es aus eigenen Kräften aufsitzen und später auch auf seine Füße kommen. Man sollte nicht versuchen, es über seine Fertigkeit hinaus zu treiben, und sollte nie irgendeine Ängstlichkeit zeigen. Wenn das Kind steht und geht, lernt es nicht nur seine Beine zu gebrauchen und sich zu bewegen, sondern — was viel wichtiger ist — er hat durch diese Übung sein *frühestes Erlebnis von Selbstvertrauen.* Hilft man ihm zuviel, hindert man das Gehenlernen und genau so das Wachstum seines Selbstvertrauens.

Das Kind muß auch fallen lernen. Wenn wir es nach dem Fallen trösten oder in die Arme nehmen, geben wir eine Belohnung für Selbstmitleid und Weinerlichkeit. Nehmen wir aber seine Klagen ruhig und doch freundlich hin — denn schließlich wird es sich nur ganz selten ernsthaft verletzen — können wir es allmählich an größere Schmerzen gewöhnen. Die Kinder ängstlicher Eltern weinen leicht und oft; sie versuchen, durch dieses Mittel sich für ihre Verletzung einen sofortigen Ausgleich zu sichern.

Sobald das Kind sich allein aufrichtet und die ersten Schritte macht, wird sein Selbstvertrauen durch ein Laufgitter, in dem es ganz sich selbst überlassen wird, gestärkt. Wenn wir es bei der Hand nehmen und herumziehen, wird der Vorgang unnötig erschwert. Es sollte beim Gehenlernen nicht von anderen abhängen, denn sonst wird es unsicher, wann immer es keine Hilfe hat.

Erziehung zur Sauberkeit

Gegen die Mitte des zweiten Lebensjahres kann man mit der Erziehung zur Sauberkeit beginnen, je nach der Entwicklung des Kindes. Ein gutes Zeichen für den richtigen Zeitpunkt is die Fähigkeit des Kindes, zwei Stunden lang trocken zu bleiben. Auch hier erwächst der Sinn für Ordnung wieder aus planmäßiger Pünktlichkeit. Es wird den Vorteil der Toilette erkennen lernen, wenn es zu regelmäßigen Zeiten dorthin gebracht wird, ob es nun im Augenblick das Bedürfnis dazu hat oder nicht. Je beiläufiger unser Verhalten, desto besser. Ungeachtet dessen, was es tut, sollten wir nie schelten oder mürrisch werden. Konflikt und Ärger sind völlig überflüssig. Es ist nicht ratsam, das Kind in der Nacht zu wecken, um es auf den Topf zu setzen. Ein solches Vorgehen bringt es dazu, seine Funktion im Halbschlaf zu verrichten. Wenn es auch völlig wach zu sein scheint, so ist dies im allgemeinen nicht der Fall.

Bei dieser Methode sollte man so lange bleiben, bis das Kind um den Topf bittet, oder bis es ihn selbst holt. Wenn es später einen Rückschlag gibt — gelegentliche Rückfälle kann man übersehen — sollte man dieselbe Verfahrensweise wieder aufnehmen. Die Einmischung der Mutter, die das Kind nun wieder regelmäßig auf den Topf setzt, ist die natürliche Folge der Mißachtung seiner Verpflichtungen. Wir sollten aber immer nach dem Grund für diesen Rückschlag forschen und versuchen, die Situation zu verbessern. Vielleicht ist es auf ein neues Baby eifersüchtig und versucht, selbst wieder ein Baby zu sein. In einem solchen Fall kann es helfen, wieder Windeln anzulegen, wenn es nicht selbst auf sich aufpaßt. Was wir auch tun, ob wir es regelmäßig auf den Topf setzen oder wieder Windeln verwenden, sollten wir es immer nur für einen Tag tun und ihm am nächsten Tag wieder eine Chance geben, indem wir es fragen, ob es auf sich selbst aufpassen könne.

Wenn es aber nochmals anfängt, seine Höschen naß zu machen, müssen wir wieder zum Zweistundensystem zurückkehren, wobei auf Abstände von nur einer Stunde zurückgegriffen werden kann, wenn ein Kind widerspenstig oder noch sehr klein ist. Wir sollten es nie länger als einige Minuten auf dem Topf lassen, ungeachtet, ob es etwas macht oder nicht. Dabei sollten wir jedoch so wenig wie möglich reden, damit es keine Befriedigung aus unserer Aufmerksamkeit zieht. Aber glauben wir nur nicht, wir hätten für dieses Verfahren keine Zeit! Die Erziehung des Kleinkindes benötigt Zeit.

Wenn wir uns die für diese Übung erforderliche Zeit nicht nehmen, werden wir später viel mehr Zeit brauchen, noch dazu mit Unannehmlichkeiten und Ärger vermischt.

Erste Unabhängigkeit

Die Gefahrenpunkte in der frühen Erziehung sind unsere Ängstlichkeit und Nachsicht. Von allem Anfang an sollten wir besonders darauf achten, daß wir nicht das Opfer unserer natürlichen Neigung, das Kind zu verwöhnen, werden! Wir müssen achthaben und dürfen seine Versuche, ungebührliche Aufmerksamkeit zu erregen und uns in seinen Dienst zu stellen, nicht übersehen, sondern müssen uns gegen seine Tricks wappnen. Weinen und übertriebene Hilflosigkeit sind seine Waffen. Wir können den Unterschied zwischen den verschiedenen Formen des Weinens und Wimmerns lernen — ob sie tatsächlich Bedürfnisse, Schmerzen oder Unbehagen anzeigen, oder ob sie nur Tricks sind, um Aufmerksamkeit zu erregen. Wir neigen alle dazu, die Fähigkeit des Babys, in schwierigen Situationen auf sich acht zu geben, zu unterschätzen. Wenn es sich weh tut, braucht es nicht unser Mitleid und unseren Trost, sondern ein Wort der Ermutigung, um weiter zu machen. Dies mag grausam klingen, es zu trösten ist aber grausamer; denn wenn es merkt, daß es durch Leiden besondere Aufmerksamkeit und Zuneigung erregen kann, werden seine Schmerzen schlimmer.

Für ein Kind ist es natürlich, zu weinen — das ist seine Art, uns zu zeigen, daß es etwas von uns braucht — aber unsere Hilfe ist nur dann angebracht, wenn es wirklich auf Beistand angewiesen ist. Es nimmt wunder, in welchem Ausmaß Kinder lernen können, sich ihrer Muskeln zu bedienen, und wie gut sie körperliche Hindernisse überwinden — sogar schon im ersten Lebensjahr — wenn sie sich selbst überlassen sind und wir sie ihre eigenen Lösungen finden lassen. Was sie am meisten brauchen, ist Ermutigung, nicht Schutz. Wenn sie entdecken, daß Tränen ihnen keine Hilfe bringen, sehen sie sich nach besseren Lösungen um und lernen, auf sich selbst acht zu geben; und was noch wichtiger ist, sie leiden weniger und sind glücklicher.

Karin war acht Monate alt, als es in ihrem Ställchen drunter und drüber ging, beide Beinchen schauten zwischen den Stangen hervor, und ihr Körper war ganz verdreht. Sie konnte sich nicht selbst herauswinden. Die Mutter saß dabei, aber statt ihr zu helfen, sagte sie mit ruhiger Stimme: »Du kommst da sicher ganz allein wieder heraus, versuch es nur, Karin.« Sicherlich konnte sie diese Worte nicht verstehen, aber sie verstand die Bedeutung. Sie hörte mit Schreien auf, bald waren ihre Füße frei, und sie zeigte den befriedigten Ausdruck, etwas geleistet zu haben.
Als Karin fünfzehn Monate alt war, geschah folgendes: Sie kletterte gern auf Stühle und hatte gerade gelernt, auch sicher von ihnen wieder herab zu rutschen. Dann begann sie das Klettern und Herabrutschen zu üben. Dabei wurde sie so aufgeregt und überschwenglich, daß sie plötzlich vom Stuhl fiel, gerade auf ihr Gesicht. Sie blutete aus der Nase und schrie fürchterlich. Ihre Mutter hob sie ruhig auf, führte sie in Ruhe zum Stuhl zurück und sagte: »Versuche es jetzt noch einmal, Karin.« Zögernd kletterte sie hoch, wobei sie immer noch wimmerte. »So und jetzt wieder herunter.« Das Kind hatte Angst, und obwohl es nicht mehr schrie, streckte es seine Hand aus, um Hilfe zu bekommen. Die Mutter sagte aber ermutigend: »Das kannst du ganz allein, Karin.« Und sie kam herunter, indem sie vorsichtig herabrutschte. Wieder schlug die Mutter vor, sie solle auf den Stuhl klettern. Und dieses Mal kam das Kind ganz schnell herunter und zeigte keine Furcht mehr. Ihr kleines Gesichtchen war für einige Tage geschwollen, aber seelische Wunden gab es nach diesem Unglücksfall nicht — Wunden, die sonst für eine lange Zeit geblieben wären und nicht nur den Mut und das Sicherheitsgefühl des Kindes beeinträchtigt hätten, sondern die ganze Beziehung zur Mutter und anderen möglichen Helfern.

Je früher ein Kind lernt, sich auf seine eigene Kraft und Fähigkeiten zu verlassen, desto stärker wird sein Gefühl der Sicherheit, desto größer sein Wohlbefinden.

Das Leben in der Welt der Erwachsenen

Es mag für ein Kind als »unnatürlich« angesehen werden, in einer Welt zu leben, die für Erwachsene bestimmt ist, welche in den Augen des Kindes Riesen sind. Aber dies ist die Wirklichkeit, und wir müssen uns auf sie einstellen. Wir können die Bemühungen von Maria Montessori und anderen verstehen, eine Welt für die Größe des Kindes aufzubauen, in der Absicht, ihm dabei zu helfen, sich richtig zu entwickeln. Aber während ein überbeschütztes und entmutigtes Kind solche Einrichtungen vielleicht braucht, um wieder Mut, Selbstvertrauen und Unabhängigkeit zu gewinnen, ist es ratsamer, das Kind diese Eigenschaften innerhalb der Erwachsenenwelt, in der es so oder so leben muß, entwickeln zu lassen. Aus demselben Grund ist es nicht gut, Kinder auf ihre eigenen Zimmer zu beschränken, die für ihre Bedürfnisse eingerichtet und von solchen Räumen getrennt sind, wo sie Schaden anrichten könnten. Sie müssen lernen, sich richtig zu verhalten, wo immer sie auch sind — sei es im Wohnzimmer oder in der Küche.

Viele Eltern wissen nicht, wie dies zu erreichen ist. Kann man einem Kleinkind erklären, was es anfassen darf und was nicht — welche Gegenstände leicht kaputt gehen oder sogar gefährlich sind? Es stimmt, daß das Baby die Worte und komplizierten Sätze vielleicht nicht versteht, aber es versteht die Bedeutung und kann aus Erfahrung lernen. Man könnte nun fragen: »Ist das nicht die Gelegenheit, wo wir der Hand des Kleinkindes einen Klaps versetzen müssen, wenn es etwas anfaßt, was es nicht soll?« Gewiß nicht. Man braucht nicht einmal seine Stimme zu erheben und es mit »Nein, nein!« verwarnen. Man kann dem Kind ganz ruhig zu verstehen geben, was es nicht tun darf, indem man es wegführt. Den Kleinen fällt es nicht schwer, herauszufinden, was sie nicht tun sollen. Es ist nicht ihr Mangel an *Wissen,* der sie etwas kaputtmachen läßt. Im Gegenteil, sie benehmen sich so, gerade weil sie wissen, daß ein solches Verhalten verboten ist. Und die meisten Eltern haben sie systematisch, wenn auch unbewußt, dazu erzogen, das Unrechte zu tun. Wir müssen nur auf all die Aufregung und das Durcheinander achten, das ein Kleines verursachen kann, wenn es etwas zerbricht. Wenn wir es richtig ansehen, ist es doch ein »Heidenspaß«. Warum also sollte es auf eine Wiederholung eines so vergnüglichen Erlebnisses verzichten?

Wenn das Kleinkind zum ersten Mal etwas herunterwirft, ist die Zeit gekommen, wo wir auf *uns* achten müssen. Wir mögen dazu neigen, diesen Gegenstand wieder aufzuheben. Solche frühe Erfahrungen sind gefährlich. Man glaubt vielleicht, daß das Kind nicht erkennt, was vor sich geht. Nein, nur *wir* merken es nicht. Zuerst sind wir begeistert, wenn wir beobachten, wie das Kind zum ersten Mal eine Schublade aufziehen kann und sie leert oder am Vorhang zieht. Ist dies nicht ein Zeichen seiner Kraft und Geschicklichkeit, über das wir uns herzlich freuen können? Wie soll es ahnen, daß wir wenige Monate später wütend werden, wenn es dasselbe tut? Was sollen wir also tun? Furchtbar einfach: Wenn es etwas anfaßt, was es nicht anfassen soll, wenn es an Gegenständen zieht oder sie herabwirft, setzen wir es ganz ruhig in sein Ställchen zurück, indem wir dabei mit sanften Worten unser Bedauern ausdrücken. Sehr bald wird es herausfinden, welche Handlungen diese Folge haben. Kinder sind viel zu klug, um nicht die richtigen Schlüsse zu ziehen. Sie müssen die Ansprüche ihrer Umgebung akzeptieren; sonst können sie eben nicht ihre volle körperliche Bewegungsfreiheit haben. Wenn wir es aber ins Ställchen zurück gesetzt haben, sollte es immer wieder eine neue Chance kriegen, sobald es dazu bereit ist. (Wenn es so klein ist, daß es seine Bereitschaft noch nicht ausdrücken kann, können wir ihm diese neue Gelegenheit nach einem kurzen Zeitraum geben.) Diese Art der Erziehung erfordert weder Schläge noch harte Worte noch Gewalttätigkeit. Sie ist der ruhige Ausdruck einer notwendigen Ordnung. Ein wohlerzogenes Kind kann sich den Dingen in unserem Haus ohne Gefahr für es selbst oder für diese Dinge anpassen.

Was tun wir, wenn ein Kind mit Gegenständen wirft? Für ein Kind, das in seinem Stühlchen oder auf unserem Schoß oder in seinem Bettchen oder Wägelchen sitzt, ist es »normal«, Gegenstände herunter zu werfen. Es genügt in solchen Fällen, den betreffenden Gegenstand *nicht* aufzuheben, sondern entweder das Geschehene völlig zu ignorieren, oder diesen Gegenstand einfach weg zu tun.

Gefahr erkennt das Kind ganz natürlich und automatisch durch

Beobachtung und Erfahrung. Es ist jedoch notwendig, das Kind systematisch dazu zu erziehen, gewisse Gefahren, die zu groß sind, um durch zufällige Erfahrungen erkannt zu werden, zu beherrschen. Z. B. Umgang mit spitzen Gegenständen, Hinausrennen auf die Straße, Anzünden von Zündhölzern, Berühren heißer Gegenstände oder ähnliche Handlungen erfordern eine spezielle Schulung. Es genügt nicht, nur das Kind oder den Gegenstand zu entfernen. Wir können und müssen uns die Zeit nehmen, mit dem Kind Erfahrungen zu sammeln, bis es die Gefahren versteht. Worte, Erklärungen und Predigten sind ungenügend und sogar schädlich, wenn sie ein Verbot enthalten. Das Kind braucht praktische Beweise. Wir können ein Messer oder eine Schere nehmen und dem Kind zeigen, wie sie verletzt. Wir können ihm unseren blutenden Finger zeigen, wenn wir uns zufällig geschnitten haben. Wenn wir das Kind auffordern, einen heißen Ofen unter unserer Aufsicht vorsichtig zu berühren, wird es das nicht mehr vergessen. Auch die Folgen eines angezündeten Streichholzes können auf dieselbe Art gezeigt werden. Wir können es lehren, nicht von selbst auf die Straße hinaus zu rennen, indem wir ihm beibringen, wie es sich auf der Straße zu verhalten hat. Wir erlauben dem Kind, ohne Händehalten mit uns zu gehen, bis wir an den Randstein kommen. Dann nehmen wir seine Hand, während wir die Straße überqueren, und erklären ihm, wie man über eine Straße geht. Wir können uns die Zeit nehmen, diese Erfahrung als ein Spiel zu wiederholen, bis das Kind diese Maßnahme akzeptiert hat.

Das kindliche Spiel

Spiel ist die dem Kind eigene Beschäftigung. Was es auch tut, was es auch lernt, es ist ein Spiel. Dieses Spiel ist aber eine ernsthafte Angelegenheit. Seine ganze Entwicklung, die Beherrschung seiner selbst und seiner Umwelt hängen davon ab. In kindlichen Spiel ist die Wiederholung nicht ein zweckloses Suchen nach Vergnügen, sondern der Vorgang des Übens, der für die Selbsterziehung notwendig ist. Wenn ein Kind weder Zeit noch Gelegenheit zum Spiel (entsprechend seinem Alter) hat, leidet seine Entwicklung.

Das kindliche Spiel ist zuerst *Funktionsspiel.* Es macht sich selbst mit seinem Körper und dem Gebrauch seiner verschiedenen Glieder bekannt, bald aber lernt es die Gegenstände um sich herum kennen und erfaßt die Welt durch die Entdeckungen seiner Sinnesorgane. Später wird sein Spiel zum *Arbeitsspiel.* Mit Baukästen, Puppen, farbigen Bällen und Steinen oder anderen Spielsachen schafft es etwas Neues. Durch das Arbeitsspiel lernt es allmählich, daß es sich selbst gewissen Regeln unterwerfen muß, ehe es etwas hervorbringen kann. Es erlangt ein Pflichtgefühl für die selbstgewählten Gegenstände. Im *Gruppenspiel* wird es erzogen, sich den Regeln der Gemeinschaft anzupassen. Zu dieser Klasse gehören die frühen, einfachen Spiele mit seiner Mutter, in denen es zum ersten Male das Wesen und die Bedeutung anderer Personen außerhalb seines Selbst erfährt. Aus dem Arbeitsspiel erwächst die Arbeit selber, wenn das Vergnügen an reiner Tätigkeit in die Befriedigung durch Leistung übergeht.

Das eine wichtige Prinzip ist, dem Kind genügend Gelegenheit zu ungestörtem Spielen zu geben, ihm zu erlauben, seinen eigenen Neigungen nachzugehen und ihm für seine Leistungen unsere Anerkennung zu schenken. Seine Spielzeuge sollten so einfach wie möglich sein, damit seine Phantasie angeregt wird und Gelegenheit zur Entfaltung hat. Je einfacher die Gegenstände sind, mit denen es spielt, desto geeigneter sind sie, besonders in der frühen Kindheit.

Besonders verwöhnte Kinder können nicht spielen, weder allein noch mit anderen. Einige Kinder sind nicht fähig, sich dem Gruppenspiel anzupassen; sie können nur für sich allein spielen. Wenn wir daher ein Kind beim Spiel beobachten, können wir viele Störungen in seiner Entwicklung feststellen, die wir so rasch wie möglich korrigieren sollten.

Für die Aufrechterhaltung einer richtigen Beziehung zwischen Eltern und Kind ist es absolut notwendig, daß die Eltern sich Zeit nehmen, mit ihm zu spielen. Ihm vorzulesen oder es auf einen Spaziergang mitzunehmen, genügt nicht. Natürlich können wir uns bei solchen Gelegenheiten dem Kind nahefühlen, aber es herrscht keine genügende beiderseitige Teilnahme, kein Geben und Nehmen, wenn wir nicht wirklich mit dem Kind spielen. Unglücklicherweise sind viele Eltern auf das Spiel gar nicht eingestellt; sie wissen einfach nicht, wie sie es anfangen sollen. Als Folge finden sie keine Zeit dazu, oder sie erkennen nicht, wie wichtig solche Spiele sind. Sie haben mehr als genug damit zu tun, die Kinder zu ernähren, zu kleiden, zu säubern und vor Schaden zu bewahren. Wenn all dies gelungen ist, wollen sie ihre Ruhe haben. Viele Eltern, besonders Väter, haben kein Interesse, mit den Kindern zu spielen. Sie langweilen sich, wenn das Kind sie darum bittet. Und wenn sie sich für ein Spielzeug interessieren, spielen sie für sich selbst oder verurteilen das Kind zur Rolle des Zuschauers oder des Dieners, der zu warten hat, bis er benötigt wird. Alle fortschrittlichen Eltern sollten lernen, mit Kindern zu spielen.

Das Spiel mit seinen Eltern ist für das Kind außerordentlich wichtig. Nur diejenigen Menschen haben wirklich Einfluß auf das Kind, die sich auf vergnügliche Art mit ihm die Zeit vertreiben können. Während des Spiels schaffen wir unsere Berührungspunkte, pflegen unseren Einfluß und bereiten gute Zusammenarbeit vor. Solange wir spielen, können wir das Kind beobachten, es dahin lenken, Verantwortung auf sich zu nehmen und zu einem gemeinsamen Ziel beizutragen, sowie es lehren, bei gemeinschaftlichen Bemühungen sich aktiv zu beteiligen und ein guter Kamerad und ebensolcher Verlierer zu werden. Besonders wenn wir mehrere Kinder haben, ist es notwendig, mit allen zusammen zu spielen. Bei solchen angenehmen gemeinsamen Tätigkeiten können sie lernen, einander als Freund statt Konkurrenten zu betrachten. Ihr Gefühl der Zusammengehörigkeit wird am besten durch Spiele angeregt, an denen jedes Mitglied der Familie teilnimmt.

Sich anziehen

Die Dinge, die das Kind zu lernen hat, werden zunehmend komplizierter. Sie sind leichter zu lernen, wenn wir das Selbstvertrauen ermutigen und weniger Druck und Zwang ausüben. Das ganze Streben des Kindes ist von Natur reines Spiel. Diesen Spielinstinkt können wir uns noch weit bis ins Schulalter hinein zunutze machen. Wenn einem Kind seine Pflicht als Spiel hingestellt wird, findet es wirkliches Vergnügen an seinen Aufgaben. Der Grund, warum die Idee der Pflicht so vielen Menschen widerwärtig ist, liegt darin, daß während ihrer Erziehung alle Freude an ihrer Arbeit genommen wurde. Das kleine Wort »muß« genügt oft, um die angenehmste Beschäftigung unangenehm zu machen.

Wenn einem Kind gezeigt wird, wie vergnüglich es sein kann, sich selber anzuziehen, macht es aus dem Lernen ein Spiel. Es wird sich mit Begeisterung an unseren Plänen beteiligen, wenn wir ihm das lustige Spiel vom An- und Ausziehen der Strümpfe oder Schuhe und Schnürriemen vorschlagen. (Dieses »Spiel« ist natürlich nicht weniger ernsthaft, als die anderen Formen des kindlichen Spiels). Und wenn es nach einer gewissen Zeit die Erlaubnis bekommt, sich selber ganz allein anzuziehen, wird es sich mit Begeisterung an diese Aufgabe machen und sogar die Angebote von Hilfe zurückweisen, wenn es in Schwierigkeiten gerät. Natürlich ist das Spiel sofort zu Ende, wenn wir anfangen, irgend einen Druck auszuüben, oder seine Ungeschicklichkeit tadeln. Wenn es uns ein besonderes Vergnügen macht, es anzuziehen, und es auch sonst wie eine Puppe zu behandeln, wird es nie lernen, sich selbst anzuziehen; auch dann nicht, wenn wir endlich beschließen, es wäre jetzt Zeit dafür. Und wenn wir dann, um das Ganze zu krönen, noch einen Streit anfangen, ist eine gesunde Entwicklung endgültig verhindert. Durch Ungeschicklichkeit und Langsamkeit kann das Kind uns dazu zwingen, ihm dauernd zu helfen, und an die Stelle seiner eigenen Fertigkeiten tritt seine Macht über uns.

Sprechen lernen

Es ist ein großer Fehler, mit dem Kind in der Babysprache zu sprechen. Wir sollten es vermeiden, nur solche Wore zu benützen, die es schon versteht; auch ist es nicht ratsam, die Aussprache des Kleinkindes nachzuahmen. Ferner sollten wir uns nicht besonders anstrengen, seine undeutlichen Worte zu verstehen. Wenn wir es ihm nämlich zu sehr erleichtern, sich ohne Worte verständlich zu machen, hat es keinen Anlaß, eine bessere Aussprache zu lernen. Vielleicht sind wir sogar stolz darauf, daß nur wir seine Äußerungen verstehen. In diesem Fall ist es unser elterlicher Stolz, der es daran hindert, richtig zu sprechen.

Wenn wir ihm helfen wollen, müssen wir langsam und sorgfältig sprechen; dann lernt es, seine Laute richtig zu formen. Wir sollten nicht zögern, schwierigere Worte zu verwenden, aber seine fehlerhaften Bemühungen, sie wiederzugeben, sollten wir *nicht korrigieren*. Spricht es undeutlich, ist Kritik oder Tadel nicht angebracht. Die einzige erfolgreiche Methode des Verbesserns ist, uns nicht zu bemühen, das, was es meint, zu verstehen.

Sich waschen

Ganz ähnlich ist es mit der körperlichen Pflege und Sauberkeit. Wieso neigen Knaben mehr als Mädchen dazu, mit schmutzigen Händen und Gesichtern herumzurennen? Dies beruht ganz und gar nicht auf dem »natürlichen weiblichen Instinkt« der Mädchen, sich zu putzen und nett auszusehen, sondern auf der Tatsache, daß Knaben von ihren Müttern mehr verwöhnt werden. Sie betrachten es manchmal als Zeichen der Männlichkeit, Sauberkeit und Ordnung zu verabscheuen, und glauben, es sei weiblich, sich zu waschen, die Haare zu bürsten und sich proper zu halten.

Während also ein Knabe seine Überlegenheit dadurch ausdrücken kann, daß er unsere Forderungen, sich zu waschen, nicht beachtet, mag er auch seine Freude daran finden, den Waschvorgang in einen persönlichen Dienst, den *wir* zu leisten haben, zu verdrehen. Ein schmutziger Hals und schmutzige Ohren sind daher entweder ein Ausdruck des Trotzes oder eine Aufforderung zur Dienstleistung. Auch aus dem Waschen kann man ein angenehmes Spiel machen. Zwang verdirbt aber die ganze Angelegenheit und führt leicht zu einem der beiden Extreme — Vernachlässigung oder übertriebene Genauigkeit. Die natürliche Folge der Unsauberkeit ist die Weigerung, mit einem schmutzigen Kind zusammen zu spielen oder zu essen.

Eßgewohnheiten

Die Mahlzeit ist mehr als nur essen. Sie ist eine der wenigen Gelegenheiten, wo die ganze Familie zusammen ist und sich mit etwas Gemeinsamem beschäftigt. Die Atmosphäre am Tisch und die Ordnung oder Unordnung während des Mahls zeigen die ganze Lebensart einer Familie. Ein Kind wird ein voll anerkanntes Mitglied der Familie, wenn es in seinem Stühlchen bei Tisch sitzt.

Wir als Eltern sind nicht nur für die Atmosphäre verantwortlich, sondern auch für die Aufrechterhaltung der Ordnung während der Mahlzeit. Dies ist die Gelegenheit, die dem Kind einen Eindruck davon gibt, was wir denken und fühlen. Angenehme Konversation gehört zu guten Eßgewohnheiten.

Die Ordnung erfordert, daß das Kind so ißt, wie es in seiner Gemeinschaft üblich ist. Zu den richtigen Eßgewohnheiten gehört auch, daß das Kind lernt, alles zu essen. Sonst ist es unmöglich, eine gesunde Ernährungsweise einzuhalten.

Keinem Kind sollte man eine Verletzung der Ordnung durchlassen. Wenn es sich nicht ordentlich benimmt, kann es eben nicht mit den anderen essen. (Wir sollten nicht drohen, sondern handeln, wenn die Ordnung ernsthaft in Gefahr ist.) Das nächste Mal kann es wieder zusammen mit der Familie essen. Auch wenn es nicht rechtzeitig zum Essen kommt, muß es auf seine Mahlzeit verzichten. (Die strenge Beachtung dieser Vorschläge ist nur nötig, wenn wir ein deutliches Nachlassen im Betragen unseres Kindes feststellen. Eine harmonische Familie braucht nicht immer die natürlichen Folgen, um die Zusammenarbeit mit jedem Einzelnen zu gewährleisten.) Der folgende Grundsatz sollte jedoch streng beachtet werden, denn sonst sind Schwierigkeiten zu erwarten: Ob ein Kind ißt oder nicht, ist seine eigene Angelegenheit. Niemand hat das Recht, ihm zuzureden, es zu ermahnen, es zu tadeln oder ihm gar zu drohen. Auf der anderen Seite, wenn es nicht richtig ißt, mit seinem Essen spielt oder trödelt und seinen Teller nicht mit den anderen leerhat, sollte niemand warten, und sein Teller sollte weggenommen werden. Es ist nur natürlich, daß jemand, der sich nicht wohl genug fühlt, um seinen Teller leer zu essen, nichts anderes bekommen kann. (Natürlich kann man sich etwas nach dem Geschmack der Kinder richten. Sie können sich auch weniger nehmen.) Über die Eßmanieren selbst sollte kein Wort verloren werden, und vor allem sollte man einem langsamen oder schlechten Esser keine Aufmerksamkeit schenken; er muß die Folgen ohne vorhergehende Warnung und Ermahnung spüren.

Helfen im Hause

Kinder sollten schon in einem sehr frühen Alter zur aktiven Teilnahme am häuslichen Leben herangezogen werden. Dies fördert ihr Gemeinschafts- und Verantwortungsgefühl sowie ihre Fähigkeit zur Mitarbeit. Darüber hinaus stärkt es ihr Selbstbewußtsein und gibt ihnen einen guten Start auf dem Weg zu nützlichen Leistungen. Den guten Willen des Kindes zur Mitarbeit kann man sich leicht dadurch sichern, daß man ihm seine Aufgaben in der Form des Spiels zeigt. Auch durch einen Appell an seinen Ehrgeiz und Stolz kann man das Kind leicht lenken. Es fühlt sich groß und erwachsen, wenn es helfen *darf*, und ist stolz auf das, was es bereits tun kann. Kleine sich wiederholende Pflichten, Aufträge und Botengänge jeder Art geben genügend Gelegenheit, um nützlich zu sein. Wenn wir aber kurze und ungeduldige Befehle geben, rufen wir Abneigung gegen die Arbeit hervor. Ebenso ist es ein Fehler, Versprechungen oder Drohungen, Belohnungen oder Bestrafungen zu benützen, um das Kind dahin zu bringen, eine Aufgabe durchzuführen. Dies macht aus der Arbeit nur eine unangenehme Beigabe, während die Belohnung oder die Vermeidung von Strafe das Wesentliche wird.

Ein Kind erlangt die richtige Einstellung nur, wenn seine Mitarbeit an sich das Wesentliche ist und zu Befriedigung führt. Dies ist dieselbe Haltung, die ein Kind gegenüber dem Spiel einnimmt. Nur unter dieser Bedingung wird es seine Aufgaben gern und willig auf sich nehmen, selbst wenn sie an sich unangenehm oder schwierig sein sollten. Die Entwicklung des Kindes zu dieser Bereitschaft ist von größter Bedeutung für seine weiteren Fortschritte, für seinen Erfolg und für sein Glück im Leben.

»Entthronung« des Kindes

Eine der schwierigsten Situationen und zwar sowohl für ein Kind als auch für die Eltern entsteht aus der Geburt eines jüngeren Geschwisters. Im Leben so vieler Menschen ist dies ein Ereignis von allergrößter Bedeutung — ein Geschehnis, das ihre ganze Entwicklung beeinflußt und ihren Charakter geformt hat. Bis zu diesem Punkt war das Kind das Jüngste in der Familie oder ein einziges Kind. Jetzt sieht es sich aus dieser Stellung verdrängt. Die Trennung von der so liebenden und aufmerksamen Mutter findet unerwartet statt, und das Schlimmste an allem ist, daß sie durch einen fremden Eindringling erfolgt. Aus diesem Grund ist die Feindseligkeit gegen ein neues Baby häufig sehr ausgeprägt. Der Zorn des älteren Kindes ist Gegenstand zahlloser humoristischer Gedichte, Erzählungen und Bilder.

Aber oft ist die Situation ganz und gar nicht zum Lachen. So mag das Kind vorschlagen, das Baby dem Storch zurückzugeben, oder es rät, das Kleine aus dem Fenster zu werfen oder in den Ofen zu stecken. Und gar nicht so selten schickt es sich an, von den Worten zur Tat zu schreiten. Man muß manchmal das Kleinkind vor der Gewalttätigkeit des älteren Kindes schützen. Gelegentlich wird der Versuch hinter dem Vorwand der Ungeschicklichkeit verborgen; wenn wir hören, daß das Kind das Baby aus seinem Wagen oder vom Tisch herunter hat fallen lassen, haben wir ein ziemlich sicheres Anzeichen der Feindseligkeit des »entthronten« älteren Kindes.

In dieser Zeit braucht es unsere besondere Beachtung. Es wäre unvernünftig, sich über die Brutalität und Grausamkeit seiner Äußerungen und Handlungen aufzuregen. Es hat keine Ahnung vom Tod, und seine Gefühle gegenüber dem Baby sind dieselben wie gegenüber einem leblosen Gegenstand, z. B. einem Spielzeug. Es stimmt, daß sein Verhalten eine Neigung, im Rampenlicht zu stehen, verrät, die Schuld dafür liegt aber bei den Eltern und ihren früheren Verwöhnungen. Wir sollten deshalb das Kind nicht zu sehr dafür verantwortlich machen. Wir müssen erkennen, daß jede scharfe Zurechtweisung sein Gefühl der Vernachlässigung nur vermehrt und damit seinen aktiven Widerstand verstärkt.

Es mag versuchen, durch die abwegigsten Mittel die Aufmerksamkeit, die es verloren glaubt, wieder zu gewinnen. In dieser Situation sind viele Kinder absichtlich lästig, unartig oder irgendwie schwierig. Wir müssen also besonders darauf sehen, nicht auf ihre Absichten einzugehen. Nur allzu oft sehen wir uns veranlaßt, drastische Maßnahmen zu ergreifen, mit denen wir unser älteres Kind uns für immer entfremden können. Es gibt nur einen Weg, ihm aus dieser mißlichen Lage heraus zu helfen. Wir können auf die Vorteile seines überlegenen Alters hinweisen und es zum Partner in der Sorge um das jüngere Kind machen. Dies kann dadurch erreicht werden, daß wir seine Einsicht, sein Urteilsvermögen und seine Kraft betonen. Man kann ihm überzeugend zeigen, daß die bloße Beschränkung der Zeit, die wir jetzt für es übrig haben, nichts mit einer Verminderung unserer Liebe zu tun hat. In dieser Lage kann vielleicht der Vater sich mehr um das ältere Kind kümmern. Die Mutter ist natürlicherweise mehr mit dem jüngeren beschäftigt; wenn sie aber das Prinzip, dem Baby soviel Ruhe wie möglich zu lassen, beachtet, wird sie genügend Zeit für das andere Kind finden. Auf keinen Fall sollten wir jedoch versuchen, auf die ärgerlichen und herausfordernden Methoden einzugehen, die es anwendet, um unser Interesse zu erregen. Wir können es uns leisten, sie geduldig und verständnisvoll zu übersehen, wenn wir ihm außerhalb des Konfliktbereichs unsere Aufmerksamkeit schenken. Insbesondere sollten wir uns bemühen, Vorkehrungen für angenehme Erlebnisse und gemeinsame Tätigkeiten mit dem entthronten Kind zu treffen.

In dem Bemühen, jedem Kind das Seine zu geben, ist man dauernd versucht, die Rechte der rivalisierenden Kinder anzugleichen. Man will beiden gerecht werden; dies führt aber manchmal zu einer merkwürdigen Form von Konkurrenz. Ich habe einen Fall gesehen, wo eine Mutter tatsächlich Schokolade und Obst abwiegen mußte, damit jedes Kind gleich viel bekam. Das Ergebnis war, daß die Mutter zum Sklaven der Kinder wurde. Wenn wir beide Kinder gerecht behandeln wollen, dürfen wir wegen der Frage, ob das eine oder andere mehr bekommt, keinen Streit entstehen lassen. Tatsächlich ist es unwichtig, und keines der Kinder würde sich darum kümmern, wenn nicht das »Weniger bekommen« ein »Weniger Wert haben« in sich schließen und auf die Eltern großen Eindruck machen würde. Eifersucht zwischen Kindern hängt von deren Wirkung auf die Eltern ab. Je mehr diese entweder aufgeregt sind, oder aber umgekehrt, je mehr sie das Kind für sein Gefühl der Zurücksetzung entschädigen wollen, desto eifersüchtiger wird das Kind sein. Seine Gefühle richten sich nach der Empfindlichkeit der Eltern.

Friedliche Zusammenarbeit zwischen den beiden Kindern setzt eine Verminderung der Eifersucht voraus, die einen veranlaßt, dauernd auf der Hut vor Zeichen der Begünstigung zu sein. Eifersucht ist ein Gefühl, dessen sich niemand hundertprozentig entledigen kann. Kinder sind aber nur eifersüchtig, wenn sie sich vernachlässigt fühlen und dies ihren Eltern deutlich vor Augen führen wollen. Es gibt Eltern, die die verhängnisvolle Gabe haben, *allen* ihren Kindern das Gefühl zu geben, zu kurz zu kommen. Sie lassen es sich angelegen sein, jedes Kind ins Unrecht zu setzen und gegen das andere auszuspielen. Diese Methode verschärft die Rivalität unter den Kindern. Sie ist ein Ergebnis der schon oft besprochenen Neigung, durch Demütigung zu erziehen. Wir können jedem Kind das Gefühl geben, daß wir es lieben und daß sein persönlicher Wert nicht darunter leidet, wenn nun zufällig ein Bruder oder eine Schwester irgend etwas besser tut. Wenn wir seine persönlichen Fähigkeiten und Leistungen gebührend anerkennen, hält ein Kind es nicht für notwendig, sich immer mit den Maßstäben eines anderen zu messen.

Wir leugnen nicht die Schwierigkeit, zwischen zwei Kindern das Gleichgewicht herzustellen. Dies ist die schwerste Last, die Eltern durch das Zweikindersystem auferlegt wird. Das scheiternde Kind ist entweder dasjenige, demgegenüber die Eltern aus irgendeinem Grund ein Vorurteil entwickelt haben, oft weil sie den Kampf nicht verstanden, der aus seinem Gefühl des Vernachlässigtseins entsprungen war, oder es ist das Kind, das mehr verwöhnt und als Folge davon entmutigt wurde. Wenn ein Kind den Mut verliert und aufgibt, beeinflußt es die Entwicklung des anderen. Die offensichtliche Tüchtigkeit und Vortrefflichkeit des einen baut sich allzu oft auf dem Sieg über seinen Nebenbuhler auf. Wenn es dem erfolgreichen Kind später im Leben nicht gelingt, mit ähnlicher Leichtigkeit sich über seine Konkurrenten zu erheben, oder wenn das andere Kind durch irgendwelche günstigen Einflüsse schließlich erfolgreicher wird, bricht der ganze Bau von Tüchtigkeit und Wohlerzogenheit zusammen, und der durch die Angst erzeugte Konflikt, den auch der scheinbare Sieger insgeheim schürt, wird ans Licht gebracht. Um diese Situation nicht zu provozieren, muß man sehr darauf achten, die Kinder nicht miteinander zu vergleichen. Die Meinung, dies sporne das versagende Kind an, ist völlig falsch; es führt nur zu Hoffnungslosigkeit und Entmutigung und bringt es dahin, jeden Wetteifer aufzugeben; außerdem ist diese Maßnahme auch für den Sieger eine Gefahr, weil er überzeugt wird, daß auch er verloren ist, wenn er jemals aufhört, sich hervorzutun.

Die häufigen Kämpfe und Streitigkeiten, die der Konkurrenz entspringen, und der Wunsch, überlegen zu sein, können nur beendet werden, wenn man vermeidet, Partei für ein Kind zu ergreifen. Es ist unwichtig, wer mit dem Streit angefangen hat und wer im Recht oder Unrecht ist. Die meisten Konflikte zwischen Kindern sind darauf gerichtet, unsere Aufmerksamkeit zu erregen. Unsere Haltung sollte so sein, daß ohne Rücksicht darauf, wer recht oder unrecht hat, die Kinder lernen müssen, miteinander auszukommen. Wenn sie lärmen oder stören, sollten *beide* hinausgeschickt werden, bis sie ihren Streit beendet haben. Es ist gefährlich und völlig nutzlos, sich in ihre Kämpfe und Streitigkeiten einzumischen; unser Dazwischentreten verlängert sie nur. Wenn ein Kind kommt, um sich zu beklagen, muß man ihm sagen, daß wir bedauern, was geschehen ist. Schließlich hat jede Geschichte ihre zwei Seiten! Und der, der heute angeklagt wird, hat vielleicht nur versucht, das ihm gestern zugefügte Unrecht zu ahnden. Jedes schlechte Benehmen oder jede Störung *eines* Kindes sollte *allen* Kindern zur Last gelegt werden. Nur so werden sie lernen, allein miteinander auszukommen. Nur dann kann jeder seines Bruders Hüter werden.

Das Zusammengehörigkeitsgefühl und die Zusammenarbeit von rivalisierenden Kindern kann auch dadurch angeregt werden, daß wir viele gemeinsame erfreuliche Erlebnisse ermöglichen, indem wir mit ihnen spielen, sie auf Ausflüge mitnehmen und Erfahrungen mit ihnen teilen. Während solcher Tätigkeiten sollte jedes Ausschelten eines Kindes sorgfältig vermieden werden. Wenn sich ein Kind schlecht beträgt, sollten wir uns von *allen* zurückziehen. Das wird helfen, den Kindern ins Bewußtsein zu bringen, daß sie in ihrem Spaß und Vergnügen voneinander abhängig sind. Nur dieses Bewußtsein bringt sie in gegenseitiger Achtung und Rücksichtnahme zusammen. Interessanterweise lehnen sich Geschwister gegen die von vielen Erwachsenen als »ungerecht« angesehene Methode nicht auf. Sie wissen ganz gut, daß ihre verschiedenen Formen des Verhaltens eine gemeinsame Front den Eltern gegenüber darstellen.

Gemeinschaft mit anderen Kindern

Damit die Bindung zwischen Mutter und Kind sich allmählich lösen kann, sollte ein Kind so früh wie möglich, also etwa nach seinem dritten Lebensjahr, mit anderen Kindern zusammenkommen, am besten in einem Kindergarten. Die Notwendigkeit für eine Tätigkeit in der Gruppe und die damit verbundenen Fragen wurden schon im Kapitel IV besprochen. Hier seien nur einige Probleme kurz erwähnt, die sich erheben, wenn ein Kind zum ersten Mal in den Kindergarten kommt.

Das verwöhnte und ängstliche Kind, das an seiner Mutter hängt, kann einen starken Widerwillen gegen die Gesellschaft mit anderen Kindern zeigen. Unter ihnen kann es die Nachsicht und Besorgtheit, die es gewohnt ist und erwartet, nicht finden. Es mag viele Tricks anwenden, um nicht in den Kindergarten gehen zu müssen. Es weint und schreit und entwickelt vielleicht sogar nervöse Störungen. Die Absicht seines Verhaltens ist offenkundig. Wenn sich eine Mutter verleiten läßt nachzugeben, ist sie nicht nur der Anpassung ihres Kindes an die Gruppe im Wege, sondern schafft einen gefährlichen Präzedenzfall; das Kind sieht nämlich, daß es mit nervösen Störungen und Beschwerden Erfolg hat — daß sie ihm helfen, unangenehme Situationen zu vermeiden. Solche Kinder versuchen hinfort, die Entschlossenheit ihrer Eltern immer wieder zu erschüttern, indem sie Angstreaktionen entwickeln. Sie schreien in der Nacht oder auch sonst ohne irgendeinen Anlaß. Sie fürchten sich vor den »bösen« Kindern und beklagen sich über deren Streitsucht, in der Absicht, die Eltern gegen die anderen einzunehmen. Gleichzeitig erregt ihr eigenes, merkwürdiges Betragen den bösen Willen der anderen Kinder. Wenn wir Mitleid haben und uns für das Kind einsetzen oder wenn wir es sogar aus dem Kindergarten herausnehmen, wird es nie lernen, mit anderen Leuten auszukommen. Es ist besser, einen festen Stand einzunehmen, wenn das Kind versucht, die Gesellschaft anderer Kinder zu meiden. Wir müssen mit unserer eigenen Ängstlichkeit und unserem Mitleid fertig werden. Freundliches Verstehen ohne Härte, aber auch ohne Aufregung und Aufhebens hilft im allgemeinen, den Widerstand des Kindes in wenigen Tagen zu brechen.

Schulbeginn

Früher war der erste Schultag ein überaus wichtiges Erlebnis der Kindheit. Heute ist seine Bedeutung durch das Vorschulprogramm in Kindergärten und in vielen Ländern auch durch die Abwechslung von Arbeit und Spiel in den ersten Klassen abgeschwächt. Trotzdem stellt die Schule immer noch eine völlig neue Situation für das Kind dar. Es kann nur durch seine Leistungen Anerkennung gewinnen. Seine Gesellschaft ist nicht mehr eine Spielgruppe, sondern eine Arbeitsgruppe.

Wir sollten uns bemühen, ein Kind zweckmäßig auf die Schule vorzubereiten. Es muß arbeiten können. Vernachlässigung oder Verwöhnung verzögert das geistige Wachstum des Kindes. Vielleicht spricht es nicht richtig oder ist sonst nicht genügend für die Schule gerüstet. Es ist kein Vorteil für ein Kind, wenn wir ihm schon vor der Schule rechnen und lesen beibringen, weil es nur sein Interesse am Lesen und Rechnen in der Schule vermindert. Es ist viel wichtiger, daß es sich allein anziehen und waschen und Schwierigkeiten ohne Hilfe meistern kann. Aber dies sind gerade die Eigenschaften, die von den Eltern so oft vernachlässigt werden.

Für das Selbstvertrauen ist es auch wichtig, daß ein Kind lernt, die Straßen allein zu überqueren und auf den Verkehr aufzupassen. Seine Stellung unter seinen Schulkameraden wird nicht besser, wenn es noch längere Zeit zur Schule gebracht oder abgeholt wird. Es bekommt den Ruf eines Muttersöhnchens und schämt sich dann gewöhnlich.

Ein ernsthafter Fehler ist es, einem Kind bei seinen Hausaufgaben zu helfen. Die angebliche Hilfe ist für das Kind im allgemeinen eine Belastung und ein Abschreckungsmittel, denn unsere Ängstlichkeit macht uns reizbar und ungeduldig. Wir können dabei das

Kind sogar noch mehr entmutigen und in Opposition bringen. Die Fortbildung des Kindes sollten wir seinem Lehrer überlassen und ihm nur dann helfen, wenn es um irgendeine besondere Auskunft bittet. Wenn wir mit ihm arbeiten, sollten wir nie unsere Haltung verlieren, denn sonst machen wir aus dem Lernen eine Qual und rufen nur Widerstand hervor, der es für immer unfähig machen kann, vorgeschriebene Kenntnisse zu erlernen. Aus diesem Grunde ist es sehr fraglich, ob Lehrer überhaupt die Eltern bitten sollten, die Hausarbeiten ihrer Kinder zu überwachen. Ein Kind, das schlechte Arbeitsgewohnheiten hat und in der Schule versagt oder nicht arbeiten will, zeigt damit, daß es von seinen Eltern nicht richtig behandelt worden ist. Da es ihnen früher nicht gelungen ist, das Kind richtig zu lenken, wie kann man jetzt von ihnen erwarten, ihm zu besseren Arbeitsgewohnheiten zu verhelfen?

Solche Vorschläge zeigen im allgemeinen den Versuch an, die Verantwortung auf andere abzuladen, wobei Lehrer und Eltern einander die Schuld für den Widerstand des Kindes zuschreiben. Lehrer sollten ihr eigenes Versagen erkennen, wenn sie ihre »Waren« den Kindern nicht verkaufen können. Viele Lehrer könnten praktische Psychologie von Verkäufern lernen, die nicht dem Kunden die Schuld geben können, wenn er nicht kaufen will. Sicherlich ist ungenügende Beaufsichtigung durch die Eltern beklagenswert; die Beaufsichtigung sollte sich aber nicht auf die Arbeit ausdehnen, die ein Kind für die Schule zu tun hat.

Es ist falsch, ein Kind, welches das Schulalter erreicht hat, von der Schule fernzuhalten, denn die Bedeutung der Schule liegt nicht nur in dem Wissen, das sie vermittelt. Ein guter Hauslehrer kann dieses Wissen genausogut weitergeben. Der wirkliche Wert, den kein Hauslehrer geben kann, ist die *Zusammenarbeit in der Gemeinschaft anderer Kinder*. Das Kind lernt, sich einer Gruppe und einer feststehenden Ordnung von Funktionen anzupassen. Wenn es nun bis zur zweiten oder dritten Klasse nicht in die Schule geht, werden seine Schwierigkeiten vervielfacht; es wird künftig wahrscheinlich ein »komischer Vogel«, der abseits steht und es schwer findet,

Freundschaften zu schließen, und der sich in der Menge nie wohl fühlt.

Kinderkrankheiten

Alle Kinder machen eine Anzahl von Krankheiten mit, und alle Eltern sind darauf bedacht, sie vor diesem normalen Los zu bewahren. Viel größer jedoch als irgendeine körperliche Gefahr sind die seelischen Folgen ernsthafter oder wiederholter Krankheiten; z. B. kann ein Kind den Eindruck bekommen, die Mutter liebe es mehr, wenn es krank, als wenn es gesund ist. Sein Wille, gesund zu sein, kann durch solche irrigen Ansichten gemindert werden, besonders, wenn seine Krankheit es obendrein von unangenehmen Dingen wie Schulbesuch, gewissen häuslichen Pflichten und dergleichen befreit. Wieder gesund, versuchen Kinder oft, die Vorrechte, die sie in ihrer Krankheit genossen haben, beizubehalten. Sie machen vielleicht Schwierigkeiten bei den Mahlzeiten, beklagen sich über das leichteste Unwohlsein und können sich schließlich zu eingebildeten Kranken entwickeln. Es ist eine bekannte Tatsache, daß verwöhnte Kinder die Symptome des Keuchhustens viel länger behalten, als Kinder, die am Kranksein uninteressiert sind.

Während einer Krankheit braucht das Kind besondere Fürsorge, jedoch sollte auch in diesem Fall eine gewisse Ordnung beachtet werden. Man sollte ihm nicht jeden Willen tun und nicht zu viel Aufmerksamkeit oder ungewöhnliche Zeichen unserer Zuneigung schenken; ebenso sind besondere Geschenke nicht ratsam. Unser Mitleid mit ihm ist verständlich, aber sicherlich sollen seine augenblicklichen körperlichen Leiden keine bleibende Anpassungsunfähigkeit nach sich ziehen, wie z. B. den Wunsch, auch im späteren Leben die gleiche Verwöhnung zu erfahren. Wenn wir ihm die Krankheit zu einfach oder angenehm machen, kann ein Kind sie als etwas Wünschenswertes betrachten (und wir wissen, wie leicht man krank werden kann, wenn man will.)

Unglücksfälle und Mitleid

Es ist natürlich nicht möglich, alle Ereignisse aufzuführen, die für ein Kind schädlich sein können. Krankheiten sind nur eine Möglichkeit. Es gibt aber viele andere Vorfälle, die ein Kind zum Mittelpunkt des Mitleides machen: Der Tod von Eltern, plötzliche Verarmung oder anderes Familienunglück usw. Durch übertriebene Schonung und Anteilnahme kann die Gefahr solcher Situationen vervielfacht werden. Gewiß, das Kind braucht Hilfe, aber Freunde und Verwandte sollten darauf achten, daß ihre guten Absichten nicht die Entwicklung des Kindes behindern. Es muß lernen, Schwierigkeiten aus eigener Kraft zu überwinden. Eine Unterstützung, die es veranlaßt, den richtigen Weg selbst zu finden, ist viel wertvoller, als wenn sie ihm den Weg nur oberflächlich ebnet. Mitleid kann äußerst schädlich sein. In vielen Fällen sind die Folgen des an sich verständlichen Mitleids viel gefährlicher als die Tragödie, die ihm zugrundelagen. Wenn man einem Kind Mitleid zeigt, wird es überzeugt, daß es sich selber leid tun soll. Und niemand ist so unglücklich wie der, der sich selbst bemitleidet. Er wird gewöhnlich zu der Meinung neigen, daß die Welt ihm etwas schuldig geblieben ist. In dieser Annahme wird er oft mehr verlangen, als ihm zukommt, und sich sicher nur noch unglücklicher fühlen, wenn es ihm verweigert wird. Es ist schwer, sich von seinem Mitleid mit einem armen Kind freizumachen. Man muß sich aber vor Augen halten, daß jedes Mitleid, wie berechtigt es auch sein mag, einem Kind nur noch mehr Schaden zufügen kann. Wir müssen tapfer denken und handeln können, wenn wir mutige Menschen heranbilden wollen.

Wechsel der äußeren Situation

Ähnlichen Schaden, wie die Geburt eines jüngeren Geschwisters, kann auch ein Wohnungs- oder Schul- oder Lehrerwechsel verursachen. Wenn sich ein Kind unfähig fühlt, sich den veränderten Verhältnissen anzupassen, gibt es seine Bemühungen auf. Gelingt ihm diese Wiederanpassung nicht, zeigt es damit, daß es tief entmutigt ist und daß seine alte Richtschnur nicht mehr paßt. Es braucht dann unsere Unterstützung, nicht unseren Zwang. Wir müssen zu erkennen suchen, worin seine Schwierigkeit wirklich liegt, und wir werden herausfinden, daß die geänderten Verhältnisse gewisse Fehler in seinem früheren Lebensplan ans Licht gebracht haben. Wir sollten unsere Aufmerksamkeit jetzt auf diese Fehler richten und nicht auf sein augenblickliches Unbehagen. Auch dürfen wir uns durch den äußeren Anlaß nicht irre machen lassen. Der Fehler liegt tiefer. Vielleicht hat das Kind bis jetzt die erste Geige gespielt und findet es nicht mehr leicht, seine alte Stellung aufrecht zu erhalten. Vermutlich war man ihm gegenüber immer zu nachsichtig, so daß es nicht an Widerstand gewöhnt ist. Möglicherweise wurden ihm früher alle Verantwortungen und Entscheidungen abgenommen, und jetzt ist es plötzlich nur auf die eigene Kraft angewiesen. Entscheidende Veränderungen in der äußeren Situation sind deshalb wie ein Test für die Fähigkeit des Kindes, sich den Notwendigkeiten des Zusammenlebens anzupassen. Die Schwierigkeiten sollten deshalb eine Gelegenheit sein, die Fehler zu verbessern, die bei seiner früheren Vorbereitung aufs Leben begangen wurden.

Bei kleineren Kindern kann ein Wechsel der äußeren Umstände dazu dienen, bessere Bedingungen für die Entwicklung eines Kindes herzustellen. Gerade die Notwendigkeit, sich einer neuen Umgebung anzupassen, macht das Kind auch für einen Wechsel der Ordnung und Erfordernisse zugänglicher. Dies ist für die Erlernung neuer Gewohnheiten wichtig. Daher ist es gut möglich, sofort eine neue Ordnung ins Leben zu rufen, besonders, wenn unrichtige Erziehungsmethoden oder der Widerstand des Kindes der Aufrechterhaltung von Ordnung früher im Wege standen. Unter den neuen Bedingungen wird es leichter sein, die Folgen der früheren Verwöhnung zu verbessern oder die Einstellung des Kindes gegenüber uns und anderen Kindern glücklicher zu gestalten.

Kurz, wir haben hier eine Gelegenheit, eine neue und günstigere

Atmosphäre für den ganzen Erziehungsprozeß zu schaffen. Wir müssen jedoch darauf achten, daß die neue Ordnung vom ersten Augenblick an mit absoluter Festigkeit durchgeführt wird. Dies kann natürlich durch Konflikte nicht erreicht werden. Die neue Ordnung muß sich vor der alten dadurch auszeichnen, daß sie bessere Möglichkeiten zur Zusammenarbeit bietet als die alten kämpferischen Methoden. In einer neuen Situation haben wir Gelegenheit, das Interesse des Kindes zu erregen und es selbst für uns zu gewinnen, weil es ein größeres Bedürfnis nach Freundschaft und Vertrauen fühlt. Wenn wir den Schritt angeben und nicht zu sehr nachgeben, mag das Kind uns folgen und sich der neuen Ordnung, die wir durch unser eigenes Verhalten aufstellen, anpassen.

Mißgeschick

Typisch für das Kind ist seine Neigung, durch Niederlagen entmutigt zu werden, mögen sie sich zu Hause, unter Kameraden oder sonstwo ereignen. Es muß lernen, mit seinen Fehlern zu leben. Wenn wir, seine Eltern, sein Mißgeschick nicht ertragen können, wird unsere Aufregung es eher entmutigen als ihm helfen. Wenn wir schelten und uns ärgern, sieht es diese Szenen als Anzeichen für weitere und ernsthaftere Fehler an. Wer wegen einer einzigen Widerwärtigkeit bereit ist aufzugeben, ist nicht darauf vorbereitet, mit den normalen Schwierigkeiten des Lebens fertig zu werden. Tatsächlich sollte er mit einer Verdoppelung seiner Anstrengungen und einer Konzentration seiner ganzen Kräfte darauf reagieren. Versagen kann deshalb zum wertvollen Ansporn zu neuen Leistungen werden. Unsere Vorwürfe, Kränkungen oder Verzweiflungsausbrüche können die Widerstandskraft eines Kindes gefährlich untergraben. Natürlich wäre es gleichermaßen falsch, die Situation dem Kind zu sehr zu erleichtern, es unvernünftig zu trösten, oder ihm gar die Folgen zu ersparen. Dazu neigen aber viele Eltern, wenn sie z. B. das Kind aus dem Kindergarten nehmen, nachdem es dort nicht gut tat. Vielleicht trösten sie es sogar noch durch Geschenke. Dies ist nicht der Weg, ihm beizubringen, auch unter widrigen Umständen durchzuhalten. Es muß lernen, seine eigenen Schlachten zu schlagen. Unser Beitrag sollte darin bestehen, seinen Mut und sein Selbstvertrauen zu stärken. Wir können dies sehr leicht tun, indem wir ihm zeigen, wie unerschütterlich wir an es glauben und ihm einen überzeugenden Beweis unseres echten Interesses und unserer Freundschaft geben. »Nächstes Mal machst du es bestimmt besser!« Zuerst aber müssen wir tatsächlich an das Kind glauben — denn dieser Glaube ist die unerschöpfliche Quelle, aus der es Kraft ziehen kann, auch wenn es auf Widerwärtigkeiten trifft, die sonst seinen Mut schwächen würden.

Familienstreit

Unglückliche äußere Umstände können die Erziehung besonders schwierig machen. Sie können Eltern zur Verzweiflung bringen, die sonst für ihre Aufgabe wunderbar geeignet wären, es solchermaßen aber unmöglich finden, ihrem Kind die erforderliche Unterstützung und Führung angedeihen zu lassen.

Man kann tiefes Mitgefühl mit der Mutter haben, deren Mann, deren Mutter, deren Schwiegereltern oder andere liebe Verwandte sich dauernd in die Erziehung einmischen, indem sie bei allen Gelegenheiten dazwischentreten und alles falsch finden, was die Mutter tut. Obwohl solche Personen durch Verwöhnen oder Härte, durch Nörgeln oder Inkonsequenz einen offensichtlich ungünstigen Einfluß ausüben, mögen sie Vernunftsgründen völlig unzugänglich sein. Etwas, was wir auf *keinen* Fall tun sollten, ist, uns durch das Benehmen der anderen anstecken zu lassen. Wir dürfen niemals hoffen, die Fehler anderer dadurch ausgleichen zu können, daß wir das Gegenteil tun. Dies würde den Schaden, der bereits geschehen ist, nur noch vergrößern, indem es unsere Fehler den anderen hinzufügt. Wenigstens die Mutter sollte der eine konstante Faktor im Leben des Kindes sein, ein Element völliger Zuverlässigkeit. Wenn wir diese Einstellung beibehalten, kann ein Kind sogar lernen, äußere Einflüsse ohne Schaden über sich ergehen zu lassen. Natürlich ist unsere Stellung nicht leicht, wenn ein anderer durch große Nachsicht und reichliche Bestechungen versucht, uns das Kind zu entfremden. Gegensätzliche Einflüsse sind eine Prüfung für unseren Mut und unsere Zuverlässigkeit. Wenn wir uns nicht entmutigen lassen, finden wir viel bessere Wege, um das Kind zurück zu gewinnen — durch Freundlichkeit, durch gemeinsames Spiel und gemeinsame Gespräche, durch das Erzählen von Geschichten und dadurch, daß wir die Fähigkeiten des Kindes anspornen und seine Leistungen anerkennen. Auf lange Sicht wird die richtige Einstellung gegenüber dem Kind immer über die Scheinerfolge siegen, die durch Nachsicht oder Bestechung errungen werden.

Es ist eine große Versuchung, ein Kind als Bundesgenossen gegen andere Erwachsene zu benützen, vor allem wenn die anderen das auch tun. Spielen wir dieses Spiel mit, geben wir unsere Objektivität gegenüber dem Kind auf und werden bald zum bereitwilligen Werkzeug in *seinen* Händen. Was aber höchst wichtig ist, wir werden beim Tadeln und Loben kritikloser, verlieren das richtige Maß bei unseren Erwartungen und Stimmungen und bringen die menschliche Beziehung zwischen dem Kind und uns merklich aus dem Gleichgewicht. Unsere Einstellung zum Kind sollte unberührt von dem Konflikt und Streit, von der Konkurrenz und der Gehässigkeit bleiben, die vielleicht zwischen uns und anderen Mitgliedern der Familie bestehen. Nur dann sind wir in der Lage, das Kind richtig zu erziehen und einen wohltuenden Einfluß auf seine Entwicklung auszuüben. Dies *können* wir tun, ungeachtet der vielen Gefahren und Nachteile, die von anderer Seite drohen.

Dasselbe gilt für andere Nachteile, die der Umgebung eines Kindes entspringen — unerwünschte Lebensbedingungen, Armut, unser Zeitmangel, Krankheit oder anderes Unheil. Unsere Pflicht kann nur sein, in einer gegebenen Situation unser Bestmöglichstes für das Kind zu tun. Je schlimmer die Situation, desto notwendiger ist unsere richtige Einstellung. Wenn wir selbst verbittert und entmutigt sind, können wir dem Kind nicht helfen. Unser Trotz und unser Aufruhr, unsere Feindseligkeit und unser Verlangen nach einem Prügelknaben mögen sehr verständlich sein, aber für ein Kind bedeuten sie die Erschwerung der äußeren Umstände — eine vermehrte Last, die man ihm doch wohl ersparen könnte. Stärken wir ihm den Rücken — was durch Nachsicht nicht getan werden kann — kann das äußere Ungemach sogar als Anstoß zu außerordentlichen Leistungen und zu einer Konzentration aller seiner Kräfte dienen. Durch unser Verständnis und unsere Fähigkeit, Mut und Selbstvertrauen zu geben, können wir helfen, ihm den Weg zu einer besseren Zukunft zu öffnen.

Wir können kaum verlangen, daß alle Mitglieder des Haushaltes, Verwandte und Angestellte, pädagogische Fähigkeiten haben. Trotzdem sollte aber ihr Einfluß als Erzieher nicht unterschätzt werden. Was von ihnen erwartet werden kann und soll, ist eine ruhige, freundliche Haltung, die Vermeidung gemeiner oder grober Worte und die Beachtung der üblichen Umgangsformen. In seinem eigenen Heim erlebt ein Kind seine ersten Erfahrungen im Zusammenleben, und deshalb sind seine Beziehungen zu den verschiedenen Mitgliedern des Haushaltes bedeutsame Faktoren in seiner Entwicklung. Wenn sich jedoch die Personen, die um das Kind sind, nicht ordentlich betragen, sollten wir uns darauf konzentrieren — nicht *sie* zu ändern — sondern *unser* Bestes zu tun. Nur in einer autokratischen Gesellschaftsordnung konnte das Familienoberhaupt den anderen Familienmitgliedern sagen, was sie mit dem Kind zu tun hätten — und auch dann nicht immer mit großem Erfolg. Heutzutage können wir keinem Erwachsenen mehr vorschreiben, wie er sich dem Kind gegenüber verhalten soll. Vielleicht versuchen wir es, die Folgen davon werden aber nur Zank und Zwistigkeiten sein. Interessanterweise besteht ein Zusammenhang zwischen dem Unvermögen, das Kind richtig zu behandeln, und der Neigung, anderen darüber Vorschriften zu machen. Nur Eltern, die nicht wissen, was sie mit dem Kind anfangen sollen, werden allen anderen sagen, was sie tun sollten. Wer sich selber richtig verhalten kann, kümmert sich wenig um das, was andere mit dem Kind tun. Er weiß, was er zu tun hat — und das genügt gewöhnlich.

Unbestellte Erzieher

Groß ist die Zahl der Personen (abgesehen von denen, die schon erwähnt wurden), die einen Einfluß auf das Betragen des Kindes ausüben können und die die unbestellten Erzieher genannt werden. Zu ihnen gehören alle Freunde der Familie und gelegentliche Besucher: Der Milch- und Gemüsemann, die Nachbarn und die Spielkameraden, und später die Schriftsteller und Schauspieler, die durch Bücher, Theater, Radio, Fernsehen und Filme dauernde Eindrücke bei dem Kind hinterlassen. Es ist unmöglich und unnötig, alle diese Einflüsse zu prüfen. Wir können das Kind nicht davon abhalten, Dinge zu sehen und zu hören, die nicht gut für es sind. Die einzige befriedigende Methode, Schaden zu vermeiden, ist, die Widerstandskraft des Kindes gegenüber falschen Einflüssen zu stärken. Wenn wir das Kind beobachten, können wir die Einflüsse, denen es ausgesetzt ist, erkennen. Wir können die schlechten mildern und die besseren fördern. Dies wird nicht durch bloßes Verbieten erreicht. Die Erfahrung lehrt, daß verbotene Früchte die süßesten sind, und daß ein Verbot die Neugierde nur reizt. Unseren Einfluß können wir nur aufrecht erhalten, wenn wir das Kind für unseren Standpunkt gewinnen. Ein Kind hört uns gern zu, falls wir die Probleme mit ihm verständig und vernünftig besprechen. Kein Kind — und kein anderer Mensch — hat es gern, wenn man ihm sagt, was gut oder schlecht ist. Predigten und Vorhaltungen schließen seine Ohren.

Es ist eine der hervorragendsten elterlichen Funktionen, dem Kind ethische Maßstäbe zu geben, die ihm helfen, zwischen Gut und Böse zu unterscheiden, so daß es in einer Welt, die aus beidem besteht, seinen Weg finden kann. Man kann die falschen Anschauungen von Nachbarkindern oder den gefürchteten Einfluß von Radio und Fernsehen mit ihren Mordgeschichten oder die Einflüsse bestimmter

Jugendliteratur und anderen Schunds als Gefahr und Ärgernis ansehen, aber auch als willkommene Gelegenheit zu interessanten und freundlichen Aussprachen, um damit dem Kind eine gesunde Ansicht zu vermitteln. Wenn wir, statt den Fernsehapparat oder das Radio bei Beginn der Kriminalgeschichte abzustellen, gemeinsam mit dem Kind zuhören und ihm dabei erklären, wie die verschiedenen Episoden geplant und ausgeführt werden und wie Zuschauer, die nicht denken, dadurch in Angst und Aufregung versetzt werden, wird das Kind lernen, diese Programme genau so dumm zu finden, wie dies ein intelligenter Erwachsener tut. Wenn die Kinder in der Nachbarschaft fluchen und Peter heimkommt, um seine neu errungenen Kenntnisse zu produzieren, könnten wir mit ihm besprechen, warum die Kinder fluchen. Es genügt nicht, mit Verachtung darauf hinzuweisen, wie »schlecht« diese Worte sind. Ein Kind weiß dies sowieso; deshalb benützt es sie ja. Aber es kann entdecken, daß es nicht nötig ist, zu solchen Mitteln zu greifen, um Eindruck zu machen und sich groß und wichtig vorzukommen. Es mag sogar eine neue Art von Kraft daraus gewinnen, sich nicht wie die anderen Jungen auf der Straße zu benehmen, die vielleicht keine andere Gelegenheit haben, Aufmerksamkeit und Anerkennung zu finden. Ein zu sehr behütetes Kind, das solche Herausforderungen und Gefahren nicht erleben kann, wird später dem wirklichen Leben wie ein schutzloser Fremder gegenüberstehen.

Sexuelle Aufklärung

Vielleicht fühlen wir uns verlegen und hilflos, wenn unser Kind Interesse an der Sexualität zeigt. Wir enthüllen damit nur unsere eigene Befangenheit im Hinblick auf diese Probleme. Sie ist teilweise eine Folge der Hemmungen, die unsere Eltern in diesen Fragen hatten. Wir können hier wieder sehen, wie sich falsche Anschauungen und Erziehungsmethoden durch Generationen hindurch vererben.

Es ist hier nicht der Ort, auf die tieferen sozialen Gründe der Scheu in sexuellen Fragen einzugehen. Unsere Ablehnung der Prüderie soll nicht als Ermutigung der Schamlosigkeit betrachtet werden. Man muß aber erkennen, daß die falsche Gehemmtheit der Eltern in Bezug auf die natürlichen Vorgänge oft ein ernsthaftes Hindernis für die Entwicklung eines Kindes darstellt und tatsächlich sein späteres Liebesleben beeinträchtigen kann. Darüber hinaus führt sie mit logischer Sicherheit zu einem Bruch im Vertrauen des Kindes zu seinen Eltern. Wenn wir nicht fähig sind, auf die natürlichen und echten Fragen unseres Kindes einfache und natürliche Antworten zu geben, wird das Geschlecht zur geheimnisvollen, verbotenen und drohenden Gefahr. Aber das ist noch nicht alles. Um seine Neugier zu befriedigen, wird sich ein Kind anderen oft sehr zweifelhaften Auskunftsquellen zuwenden. Auf jeden Fall wird es seine Gedanken und Überlegungen über dieses Thema vor uns verbergen, und wir mögen nie wieder in der Lage sein, sein verlorenes Vertrauen zurückzugewinnen. Sexuelle Aufklärung ist keineswegs so schwierig und peinlich, wie es manchmal erscheint. Man kann vor zwei Möglichkeiten Angst haben: 1. Daß das Kind Fragen stellen wird, die über sein Verständnis hinausgehen, und 2. Daß wir ihm Antworten geben müssen, die unseren eigenen Sinn für das Schickliche verletzen. Die richtige Haltung vorausgesetzt, sind jedoch beide Befürchtungen unbegründet. Es ist wahr, daß das Kind seine ersten Fragen über sexuelle Dinge in einem sehr frühen Alter stellt, vielleicht zwischen seinem dritten und fünften Lebensjahr. Wenn wir aber gewisse Grundsätze beachten, ist es nicht schwer, alle Fragen angemessen zu beantworten. Das Kind erwartet eine wahrheitsgetreue einfache Antwort. Beantworten wir wörtlich nur das, wonach es fragt, bleiben wir innerhalb der Grenzen seiner Auffassungsgabe und können gleichzeitig jede Peinlichkeit vermeiden. Die Angst der Eltern vor solchen direkten Antworten beruht meist darauf, daß sie schon mit Schrecken auf die nächsten Fragen warten, die — wie sie sich einbilden — unmittelbar folgen werden.

In Wirklichkeit ist dies nicht der Fall. Ein Kind ist gewöhnlich mit einer einfachen und genauen Antwort völlig zufrieden; und es wird einige Zeit, vielleicht Jahre dauern, ehe es die nächste Frage stellt. Auch diese wird wieder seiner geistigen Entwicklung entsprechen und eine gleichermaßen einfache und bestimmte Erklärung erfordern. Der Wert von Hinweisen auf ähnliche Vorgänge im Pflanzen- und Tierreich wird sehr überschätzt. Meistens übersteigen sie das Begriffsvermögen des kleinen Kindes und lenken seine Aufmerksamkeit auf Vorgänge, an denen es noch nicht interessiert ist.

Etwas anderes ist die Beobachtung des Kindes bei Tieren. Es ist sehr von Vorteil, wenn das Kind Gelegenheit hat, solche Beobachtungen zu machen (z. B. auf dem Land.) Wir wissen, daß jedermann von seinen Beobachtungen nur das aufnimmt, was innerhalb seiner Auffassungskraft liegt; ebenso wird ein Kind aus solchen Beobachtungen nur das lernen, was es verstehen kann. Sie werden deshalb den Fortschritt der Aufklärung automatisch regeln. In solchen Fällen benötigt ein Kind bis zur Pubertät keine besonderen Erklärungen. In diesem Alter braucht es jedoch eine gründliche Aufklärung in sexuellen Dingen. Dies ist aber nicht unbedingt unsere Aufgabe, wenn wir zu gehemmt sind oder vielleicht auch zu wenig wissen. Im allgemeinen entwickelt sich das Interesse des Kindes wie folgt: Sehr früh kann es schon fragen: »Woher kommen die kleinen Kinder?« Wir brauchen mit der Antwort »von der Mutter« nicht zögern, denn für den Augenblick werden keine weiteren Fragen kommen. Erst viel später wird das Kind fragen, wo in der Mutter das Kleine war. Auch diese Antwort ist ganz einfach: »Unter ihrem Herzen«. Und noch später möchte es wissen, wie es dort hin gekommen ist — »Vom Vater.« Schließlich kann es zu der am meisten gefürchteten Frage kommen: »Wie kam das Baby vom Vater in die Mutter?« Was das Kind aber wissen will, ist viel einfacher, als wir im allgemeinen glauben. In seinem Alter hat das Kind nicht den Wunsch, die mechanischen Einzelheiten zu erfahren; eine Erklärung darüber wäre verfrüht und nicht am Platze. Es wird ganz zufrieden sein, wenn wir wahrheitsgemäß antworten: »Es geschieht, wenn

Mutter und Vater einander liebhaben.« In den meisten Fällen wird es nicht mehr weiter fragen.

Man muß jedoch hinzufügen, daß diese Stufen im Wachstum der Neugier nur für das behütete Kind typisch sind, das nicht anderen Informationsquellen ausgesetzt war. Nur in seinem Fall können vorzeitige Erklärungen sein Schamgefühl verletzen oder die Entwicklung seines Gefühlslebens stören. Wenn das Kind durch andere Erfahrungen oder Einflüsse bereits »aufgeklärt« ist, kann der Versuch, es als unschuldig zu behandeln, in seinen Augen nur lächerlich sein und es zum Heuchler machen. Diese sehr häufige Situation wird in der folgenden kleinen Geschichte sehr nett beschrieben:

Die Großmutter ging mit Hans und Margret zum Zoo. Sie stehen vor dem Gehege der Störche, und die Großmutter erklärt, daß dieser Vogel den Eltern ihre Kinder bringe. Darauf wendet sich Hans zu Margret und sagt: »Was meinst du? Sollen wir Großmutter die Wahrheit erzählen, oder lassen wir sie unaufgeklärt sterben?«

Jede unwahre Antwort, die wir geben, gefährdet das Vertrauen des Kindes. Das Märchen vom Storch hat daher keine Berechtigung. Nicht weniger falsch ist die Antwort: »Das geht dich nichts an. Das verstehst du jetzt doch noch nicht.« Solche Antworten — ganz zu schweigen von ausgesprochenem Tadel — treiben das Kind in eine unerwünschte Richtung. Sie bringen es dazu, diesen Fragen eine ungebührliche Wichtigkeit beizumessen, und seine übermäßig angeregte Neugier mag es Einflüssen aussetzen, die sich als schädlich erweisen.

Es gibt eine Ausnahme von der Regel, die Fragen des Kindes wahrheitsgemäß zu beantworten. Wir müssen uns vergewissern, daß es nicht nur in der Absicht, Aufmerksamkeit zu bekommen, fragt. Wenn Aufmerksamkeit sein Ziel ist, sollten seine Fragen nicht logisch beantwortet werden. Denn sonst könnten neue Vorstellungen, für die es noch nicht reif ist, in ihm geweckt werden, besonders wenn es nun zufällig nach sexuellen Dingen fragt. Wir haben im I. Kapitel gesehen, welches der Unterschied zwischen einer aufrichtigen Frage ist und einer solchen, die nur Aufmerksamkeit fordert.

Man muß den Zweck der Frage des Kindes sorgfältig unterscheiden, besonders, wenn sie sich auf die Sexualität bezieht.

Die größten Schwierigkeiten kommen von einem Kind, das wohl schon geistig, nicht aber körperlich reif ist. Wenn wir uns nicht in der Lage fühlen, offen mit ihm über alles zu sprechen, können wir es zu einem Kinderpsychologen schicken oder ihm eines der vielen guten Bücher geben, die der Aufklärung von Kindern dienen. * Dies ist auf jeden Fall ratsam. Sicherlich fördert es aber unsere Freundschaft mit dem Kind, wenn wir unsere Scheu überwinden und, soweit es unsere eigenen Kenntnisse gestatten, seine Geschlechtserziehung selbst in die Hand nehmen. Es schadet nichts, wenn wir einmal zugeben müssen, daß wir bei einigen Fragen nicht ganz sicher sind.

Sogar noch wichtiger als die Aufklärung über die körperlichen Funktionen ist die Entdeckung der sozialen Unterschiede zwischen den Geschlechtern. Ein Kind lernt zwischen Knaben und Mädchen zuerst durch ihre Kleidung, dann durch Haar, Figur, Haut und Stimme zu unterscheiden; aber bald erkennt es auch die verschiedene Rolle, die jedes Geschlecht im Leben spielt. Seine frühen Eindrücke von diesen Unterschieden können sehr bedeutsam sein. Wenn ein Kind dazu kommt, sein eigenes Geschlecht als minderwertig anzusehen, kann eine Schwächung seiner sozialen Anpassung die Folge sein. Vielleicht lehnt es sich dagegen auf — aber natürlich ohne Aussicht auf Erfolg, da das Geschlecht normalerweise nicht geändert werden kann. Das Vorurteil von der Überlegenheit der männlichen Rolle ist nicht nur für Mädchen ein Anlaß zum Protest, sondern auch für Knaben ein Anlaß zur Angst, daß sie vielleicht nicht fähig sind, ein »wirklicher Mann« zu sein. Dieser »männliche Protest« führt zum Ausweichen vor den »natürlichen« Funktionen beider Geschlechter, die entweder als herabwürdigend oder als zu schwierig angesehen werden, oder er führt zu ihrer Übertreibung, beim Versuch, Überlegenheit zu gewinnen. Das Mädchen kann sich

* Für Kinder: Kurt Seelmann, Woher kommen die kleinen Buben und Mädchen; für Erwachsene: Kurt Seelmann, Kind, Sexualität und Erziehung, (Ernst Reinhardt Verlag) München.

gegen das Weibliche auflehnen, den Pflichten, die ihrem Geschlecht auferlegt sind, aus dem Wege gehen und den Knaben nachahmen, der seinerseits versucht, seine angebliche Überlegenheit durch sinnlose, oft asoziale Taten und entsprechendes Betragen zu zeigen. Dieser Kampf der Geschlechter, der durch die erhöhte Konkurrenz unserer Zeit verschärft wird, beginnt schon in der Kindheit und gedeiht auf dem Boden von Meinungen und Vorurteilen, die sich jedes Kind hinsichtlich seiner eigenen geschlechtlichen Rolle und der Bedrohung durch das andere Geschlecht aneignet.*

Die richtige Aufklärung des Kindes kann nicht früh genug beginnen. Spätere Ängste vor Geschlecht, Liebe, Ehe, Verantwortungen und Funktionen können oft durch frühe und vorsichtige Unterrichtung vermieden werden. Auch dabei können überängstliche Eltern Konflikte erzeugen. Wenn wir zu unserer Tochter sagen »du bist wie ein Junge« oder zu unserem Sohn »du benimmst dich wie ein Mädchen«, machen wir das Kind mit seinem Geschlecht unzufrieden. Eine Mutter sollte ihrem Kind nie einen Anlaß zu der Meinung geben, daß sie selbst es vorziehen würde, ein Mann zu sein. Es ist für ein Kind sehr verhängnisvoll, wenn es erkennen muß, daß die Eltern sich einen Jungen an Stelle eines Mädchens gewünscht hatten, oder umgekehrt. In Wirklichkeit — trotz der sozialen und legalen Vorrechte des männlichen Geschlechts (die heutzutage weniger betont werden, aber immer noch vorhanden sind) — hat jedes Geschlecht seine eigenen Vor- und Nachteile. Die wichtige Tatsache bleibt, daß jedermann, sei er nun Mann oder Frau, in seiner eigenen Geschlechtsrolle Glück und Erfolg finden kann.

Kinder müssen ihrem Alter entsprechend behandelt werden

Die Behandlung des Kindes muß in Beziehung zu seinem Alter stehen. Dies ist einleuchtend, und doch halten sich viele Eltern sehr oft

---

* Diese Probleme werden ausführlich in dem Buch von R. Dreikurs, Die Ehe — eine Herausforderung, Stuttgart, 2. A. 1969, besprochen.

nicht daran. Wie in jedem Fall einer Abweichung von der Regel, kann ihre Verletzung zu dem einen oder anderen Extrem führen. Die Behandlung des Kindes kann seinem Alter nachhinken oder vorauseilen. In beiden Fällen behindert dieser elterliche Irrtum die Entwicklung des Kindes, stört das Wachstum der notwendigen Fähigkeiten, erhöht sein Gefühl der Minderwertigkeit und verschlechtert seine einwandfreie soziale Anpassung.

Der Fehler entspringt der ungenügenden Beobachtung des Kindes und dem falschen Verständnis seiner Lage. Das Kind ist nicht nur zur Befriedigung der Wünsche und Erwartungen seiner Eltern da; es ist ein Mensch mit eigenen Rechten. Es hat seine eigenen Bedürfnisse und Aufgaben zu erfüllen, und diese sind zum großen Teil durch sein Alter festgelegt. In vielen Fällen werden die aufeinander folgenden Stufen der Entwicklung des Kindes nicht beachtet. Eitle und übertrieben liebevolle Eltern würden gern die ersten Jahre des Kleinkindes verlängern. Da das Kind in diesem Alter so entzückend und zum »Anbeißen« reizend ist, wollen sie, daß es immer ein Baby bleibe. So versuchen sie, seine ersten Laute nachzuahmen, und sprechen mit ihm in einer unnatürlichen kindischen Art, von der sie glauben, daß sie das einzig Richtige für die Unterhaltung mit Kindern sei. Sie werden sich nicht bewußt, wie sehr dies die Entwicklung der Sprache des Kindes behindert. Jahrelang benützen sie diese Babysprache und sprechen noch lange von »Adda-adda gehen«, »Ei wer tommt denn da« usw., selbst wenn das Kind schon zur Schule geht; sie bleiben bei den Lautverschiebungen und Veränderungen, die die früheste Sprache des Kindes kennzeichnen. Durch das Beibehalten dieser Sprachgewohnheiten und anderer Eigenheiten, leben Kinder von vier oder fünf Jahren manchmal in der Atmosphäre Zwei- oder Dreijähriger.

Allzu oft werden dem Kind die Verantwortungen seines Alters abgenommen. Es gibt Kinder, die noch im Schulalter täglich von ihren Eltern gewaschen und angezogen und manchmal tatsächlich davon abgehalten werden, zur Schule zu gehen. Bis sie sieben oder acht Jahre alt sind, werden sie unter der zärtlichen Besorgtheit von Mutter und Familie wie Kleinkinder behandelt. Häufig bekommen sie erst in der Pubertät das Recht, eigene Entscheidungen zu treffen.

Vielen Eltern fällt es schwer einzusehen, daß ihr Kind erwachsen ist. Sie können es immer nur als ihr »Baby« ansehen und sind nicht fähig zu erkennen, daß es ein frei handelnder Mensch wie sie selbst geworden ist. Dies ist manchmal der Anlaß zu grotesken Situationen. Ich kannte zwei Frauen, die eine etwa sechzig Jahre alt, die andere etwa vierzig — Mutter und Tochter. Die Tochter war der Mutter in jeder Weise untertänig. Wenn sie einkaufen ging, wurde sie ermahnt: »Und bleibe nicht zu lang weg« oder »Paß auf, daß dir auf der Straße nichts zustößt.« Und die vierzigjährige Frau antwortete immer höflich: »Ja, Mutter.« Glücklicherweise lassen sich Kinder solchen Unsinn nur selten gefallen; wenn es aber nur nach den Eltern ginge, würde dies viel häufiger vorkommen.

Die Periode, in der sich das Kind zur Reife entwickelt, ist aus diesen Gründen besonders kritisch. Mädchen wie Knaben haben während der Pubertät große Schwierigkeiten in sich selbst zu überwinden, und diese Notlage wird noch erheblich verstärkt, wenn Eltern nicht zugeben wollen, daß ihre Kinder sich geändert haben und plötzlich erwachsene Männer und Frauen geworden sind. Junge Leute, die ihrer Erscheinung und Denkweise nach völlig erwachsen sind — obwohl sie natürlich noch nicht gesetzt und reif sind — werden wie Kinder behandelt, die sie tatsächlich nur ein oder zwei Jahre zuvor noch waren. Peinlicher Tadel, Beschneidung der persönlichen Freiheit, Mißachtung und Geringschätzung — dies sind die typischen Ergebnisse des Versäumnisses, die Entwicklung des Kindes zu verstehen. Die Wandlung von verantwortlichen Eltern zu freundlichen Kameraden und Mitmenschen sollte allmählich vor sich gehen und schon dann beginnen, wenn ein Kind zur Schule kommt. Den meisten Eltern fällt es aber schwer, sich umzustellen.

Merkwürdigerweise führt die gegensätzliche Haltung oft zu einer ähnlichen Verzögerung der kindlichen Entwicklung. Wir sehen hier ganz deutlich die Planlosigkeit, die entsteht, wenn man seine eigenen Interessen verfolgt, statt an die Bedürfnisse des Kindes zu den-

ken. Oft verlangen Eltern von einem kleinen Kind völlig unmögliche Leistungen. Diese bestehen üblicherweise aus Tätigkeiten, die weniger die Entwicklung des Kindes fördern, als der Eitelkeit, dem Ehrgeiz und der Bequemlichkeit der Eltern dienen.
Viele Eltern versuchen, ein Wunderkind aus ihrem Sprößling zu machen, indem sie gewisse Scheinleistungen, zu denen er kein wirkliches Talent hat, künstlich hochzüchten. Das dient nicht der Ermutigung des Kindes. Sein verständlicher Mangel an Selbstvertrauen kann später zu völligem Versagen und einem vollkommenen Zusammenbruch führen. So ist die Überschätzung der Eigenschaften eines Kindes in ihrer Wirkung oft genau so hinderlich, wie die Herabsetzung seiner Fähigkeiten. Für kleine Kinder ist es schädlich, wie Erwachsene behandelt zu werden.

Der siebenjährige Mark nahm an allen Unterhaltungen seiner Eltern teil. Wenn Gäste da waren, durfte er immer mit bei Tisch sitzen. Er ging spät zu Bett, zur gleichen Zeit wie Vater und Mutter. Bei Tisch mußte er genau wie sein Vater seine Zeitung vor sich haben! Seine Eltern waren stolz, daß er schon so »erwachsen« und »geschickt« war. Auf der anderen Seite machte er ihnen aber viel Mühe, denn er gehorchte überhaupt nicht. Er wurde wütend, wenn seine Wünsche nicht sofort erfüllt wurden, und ging so weit, gegen seine Mutter die Hand zu erheben. Er aß nie, was ihm vorgesetzt wurde, hatte keine Freunde und war wegen seiner aggressiven Art unfähig, mit irgend jemand auszukommen. Die Verbindung zwischen seinen Fehlern und seinen scheinbaren Vorzügen ist ganz offensichtlich. Seine Eltern waren für beide gleichermaßen verantwortlich.

Darüber hinaus darf man von Kindern keine Entscheidungen erwarten, für die sie die notwendige Einsicht noch nicht haben. Auch hier kann die irrtümliche Betrachtung der Entwicklung ihres Kindes die Eltern dazu führen, es in einem Augenblick für dümmer und unverständiger zu halten, als es wirklich ist, und im nächsten von ihm eine Intelligenz und ein Urteilsvermögen zu erwarten, die in seinem Alter noch gar nicht möglich sind. Manchmal wird das Kind sogar zu persönlichen Auseinandersetzungen oder geschäftlichen Problemen herangezogen, für die es unmöglich irgendein Verständnis haben kann.

Häufig setzt uns ein Kind durch sein scharfes Wahrnehmungsvermögen und seine Urteilskraft in Erstaunen. In mancher Beziehung ist seine Denkweise natürlicher als unsere; es denkt unmittelbar und sachlich und nicht, wie die Erwachsenen, entsprechend den üblichen Denkweisen. Aber doch gibt es gewisse Gedankenverbindungen, die ihm unverständlich sind und die es erst allmählich begreifen lernen muß. Gespräche und Erläuterungen von Situationen und Problemen müssen daher dem Auffassungsvermögen des Kindes angepaßt werden. Wir sollten niemals die Intelligenz unseres Kindes so weit unterschätzen, daß wir ihm eine Erklärung, die es verlangt, nicht geben. Aber wir sollten es auch nicht mit unseren eigenen Problemen belasten. Seine Reaktion auf die Fragen des Lebens sollte man untersuchen und nicht jeden Ausdruck der typischen kindlichen Denkweise als Dummheit, Taktlosigkeit oder Brutalität deuten. Wie sehr man das Auffassungsvermögen eines kleinen Kindes falsch einschätzen kann, erlebt man bei Fragen, die zu begreifen für jedes Kind praktisch unmöglich sind — Probleme wie Sterben und Tod, Geschäftsinteressen, soziale oder politische Angelegenheiten. Es ist nicht immer leicht, aber trotzdem notwendig, die verschiedenen Stufen des kindlichen Wachstums zu verstandesmäßiger Reife richtig einzuschätzen.

Pubertät

Die Zeit der sexuellen Reife ist voller Gefahren. Die Welt erscheint plötzlich in einem anderen Licht. Dies ist das Ergebnis nicht nur des äußeren Größerwerdens des Kindes, sondern auch seiner veränderten Drüsenfunktionen. Beides macht es unsicher. Es muß den Gebrauch seines Körpers von neuem lernen und sich in einer völlig ungewohnten Situation zurecht finden. Es erfährt Empfindungen, die es irritieren, und versucht, sich in die menschliche Gesellschaft als solche einzufügen, und seinen Platz in einer verwirrten und verwirrenden Welt zu finden. In diesem Alter brauchen die heranwachsenden Kinder Hilfe und Führung und suchen sie auch; sie erhalten sie aber nur selten von ihren eigenen Eltern, die sie immer noch als kleine Kinder betrachten und sie entsprechend behandeln. Der daraus folgende heftige Kampf der Generationen zerstört die Keime des Gemeinschaftsgefühls und der Zusammenarbeit. Für die Eltern ist es eine aufreibende Zeit, wenn das Kind rasch wächst und die Anzeichen des Erwachsenseins zeigt, obwohl es an Jahren noch ein Kind ist. Viele Knaben und Mädchen zwischen zwölf und vierzehn Jahren scheinen völlig erwachsen zu sein; sie werden daher von Fremden wie Erwachsene behandelt und lehnen sich natürlich dagegen auf, von ihren eigenen Eltern weiterhin als Kinder angesehen zu werden. Der Unterschied zwischen sozialer Reife und körperlicher Entwicklung erfordert einen hohen Grad von Verständnis und Einsicht auf unserer Seite. Wir haben nichts davon, wenn wir uns auf unsere elterliche Autorität berufen. Unser Einfluß hängt von unserer Fähigkeit ab, die Freundschaft und das Vertrauen des Kindes zu gewinnen und zu bewahren. Wenn wir aus Mangel an Zuneigung und gutem Willen versagen, oder wenn wir die ersten Stufen zu einer neuen Kameradschaft dadurch zerstören, daß wir unsere Autorität betonen, wird uns das Kind tragischerweise gerade in dem Augenblick entfremdet, in dem es beginnt, sein eigenes Leben zu führen, und bereit ist zur freundlichen Zusammenarbeit auf der Stufe des Erwachsenseins.

Die Entwicklung der Mädchen ist rascher und augenfälliger. Die Veränderung der Drüsen erzeugen bei ihnen einen deutlicheren und erfreulicheren Wandel in der Erscheinung als beim Knaben, und dieser Wandel führt zu einer leichteren sozialen Anpassung. Dies ist der Grund, warum die Mädchen früher zu »reifen« scheinen. Mädchen sollten jedoch vorher auf die Ereignisse der Reifezeit vorbereitet werden, denn sonst können ihre ersten Erfahrungen der sexuellen Funktionen unangenehm und schmerzlich sein und sie dazu bringen, das gesamte Geschlechtsleben als peinlich und abstoßend anzusehen. Es spielt keine Rolle, in welchem Alter die sexuelle Reife eintritt. Wir brauchen uns nicht darüber zu sorgen, ob sie zu früh oder zu spät kommt. Nur in Fällen außergewöhnlicher Verzögerung (also erst im fünfzehnten oder sechzehnten Jahr) ist es notwendig, sich von einem Arzt beraten zu lassen. Wenn ein Mädchen unter einer solchen Verzögerung leidet, weil sie erwachsen scheinen möchte und deshalb ihre Freundinnen beneidet, die früher reif geworden sind, muß man ihr zeigen, daß die äußeren Zeichen der weiblichen Reife verhältnismäßig bedeutungslos und unerheblich sind. In dieser Zeit des Übergangs zwischen Kindheit und Reife neigen junge Leute dazu, *Äußerlichkeiten* zu hoch einzuschätzen. Sie möchten als etwas gelten, wovon sie zweifeln, ob sie es wirklich sind. Je mehr wir seine Kindlichkeit betonen, desto mehr wird der Jugendliche dazu neigen, äußere Formen der Erwachsenen nachzuahmen. So können wir sein *inneres* Reifen behindern, wenn wir sein Selbstvertrauen in bezug auf seine Reife herabsetzen.

Wenn die Eltern darin versagen, die Gefühle und Schwierigkeiten der Pubertätszeit zu verstehen und richtig einzuschätzen, erhebt sich der *Trotz*, der für die Heranwachsenden so typisch ist, ein Trotz nicht nur gegenüber den Eltern und Erziehern, sondern auch gegenüber der Welt als solcher. Die Rebellion bei Knaben und Mädchen und der Versuch, ein Gefühl der Schwäche und Hilflosigkeit durch Arroganz zu verdecken, veranlassen den »Teenager« zu übertriebenen Handlungen, wenn er sich unsicher und unwichtig vorkommt. Die Neigung zu Anmaßung und Übertreibung wird aber durch Herabsetzung und Verächtlichmachung nicht verringert. Denn diese führen zu einem vermehrten Gefühl der Minderwertigkeit und deshalb zu noch unpassenderen Kompensationsversuchen. Der Wunsch, wichtig und bedeutend zu sein, kann durch antisoziales Benehmen leichter befriedigt werden als durch sozial anerkannte Tätigkeit. Oft ist es der *Ehrgeiz*, der von Eltern, Schule und Kirche nicht anerkannt oder nicht richtig gehandhabt wird und die Jugendlichen zu Vergehen und Verbrechen treibt. Für ein ehrgeiziges Mädchen ist es viel einfacher, Anerkennung und Bewunderung durch Erotik zu bekommen, als durch akademische Leistungen. Während Eltern und Lehrer schimpfen und kritisieren, kann die Bewunderung eines verliebten jungen Mannes ihr die einzige Gelegenheit geben, sich anerkannt und begehrt zu fühlen. Der ehrgeizige Junge, der es sich nicht zutraut, mit anderen im Studium in Konkurrenz zu treten, mag sich groß und heldenhaft fühlen, wenn er bummelt, spielt, trinkt und Mädchen ausführt. Er kann zum Helden werden, auch wenn er nur Fensterscheiben einwirft, stiehlt oder sogar schlimmere Gewalttätigkeiten begeht.

Während der Behandlung beklagte sich eine Patientin, daß sie mit ihrer sechzehnjährigen Tochter nicht mehr fertig werde. Sie rannte dauernd mit jungen Männern umher, kam spät heim, half nicht im Hause, war schlampig und frech. Weder Worte noch Versprechen noch Strafen machten irgendeinen Eindruck auf sie. Wir baten die Tochter in die Sprechstunde. Sie war hübsch, intelligent und schien im Gleichgewicht zu sein. Als ich sie fragte, wie sie sich fühle, wie sie mit ihrer Mutter auskomme, ob sie zufrieden sei, antwortete sie bejahend, alles sei in Ordnung. »Hast du nicht manchmal Streit mit der Mutter?« »Oh, Mutter ist manchmal etwas reizbar, aber sie meint nicht, was sie sagt, und bald ist alles wieder in Ordnung.« »Und leidest du nicht unter dem Schelten und Tadeln?« »Nein, ich mache mir nichts daraus.«
Dann wurde ich ganz ernst und sagte ihr offen, daß ich ihre Mutter kennen würde, und daß es sicher nicht leicht sei, mit ihr zusammen zu leben. Das Mädchen schaute in äußerstem Erstaunen auf. Ihre Augen füllten sich mit Tränen — zuerst weinte sie so sehr, daß sie nicht sprechen konnte. Dann kamen die Worte, langsam, zögernd: »Jeder glaubt, ich sei ein schlechtes Mädchen und Mutter sei ein Engel. Sie hat kein gutes Wort für mich; was ich auch tue ist falsch, nur mein kleiner Bruder ist gut. Ich bin immer schlecht. Ich möchte Mutter gefallen, aber sie merkt es nicht einmal. Ich werde nur getadelt, nie ein gutes Wort, keine Anerkennung, kein Lob.« Sie gab zu, alles Interesse an der Schule verloren zu haben und sich an der Bestätigung durch junge Männer zu freuen.
Das war ihre Geschichte. Es war das erste Mal, daß ein Erwachsener sie gehört hatte. Ihr Trotz war reine Selbstbewahrung und natürlicher Stolz. Als ich ihrer Mutter erzählte, was geschehen war, konnte sie es nicht glauben. Niemand hatte das Mädchen je weinen sehen, niemand war jemals durch die undurchdringliche Gleichgültigkeit gedrungen.

Wer immer diesen Jugendlichen helfen will, muß hinter die Großmannsucht sehen und die Entmutigung erkennen, die an ihrer Wurzel liegt. Wie wenigen Eltern von halberwachsenen Kindern gelingt es aber, sie zu erkennen. Das Heranwachsen ist die Stufe des Lebens, wo die jungen Leute ihrer selbst am unsichersten sind, des Fehlens einer sozialen Stellung am bewußtesten, am meisten darauf aus, etwas zu gelten, und bereit, innerhalb der Erwachsenen-Welt tätig zu sein, wenn es ihnen nur Anerkennung und Gleichberechtigung brächte. Es gibt für sie aber zu wenige Gelegenheiten, sich Anerkennung zu verschaffen. Sie möchten gern Führung und Hilfe haben, aber es gibt so wenige Erwachsene, mit denen sie offen sprechen können und dabei das Gefühl haben, verstanden und geschätzt zu werden. Nur in den seltensten Fällen zeigen Eltern genügend Achtung und Wertschätzung, um durch die Maske der sturen, übertriebenen Selbstsicherheit zu dringen. Folglich werden ihre Kinder in die Arme von mehr oder weniger fragwürdigen Freunden und Führern geradezu hineingetrieben, die, einfach weil sie sie als Gleichwertige anerkennen, den Eindruck machen, sie besser zu verstehen.

Lösen der Bindung an die Eltern

Das Ziel der Erziehung ist, sich überflüssig zu machen. Die Lösung der Bindung zwischen Kind und Eltern ist ein natürlicher und allmählicher Prozeß, der sehr früh beginnt, tatsächlich schon bei der Entwöhnung des Säuglings. Seine Einführung zu neuen Gruppen im Kindergarten und in der Schule führt zu weiteren bedeutsamen Stufen in diesem Lösungsprozeß, der sich in der Pubertät und beim Eintritt des Kindes ins Berufs- und Geschäftsleben oder Studium seinem Ende nähert. Die Eltern, die sich von ihrem Kind nicht entfremden ließen, bleiben seine intimsten Freunde. Als Erzieher ist ihre Funktion jedoch beendet. Dies hindert aber nicht die Fortdauer der Achtung ihrer Wünsche und Meinungen, die immer zwischen guten Freunden besteht. Wenn die Funktion der Eltern als Erzieher unnatürlich lange beibehalten wird, entstehen meist Störungen in der Entwicklung des Kindes oder sie verläuft falsch. Mütter und Väter versuchen oft, dem Gefühl des Überflüssigseins dadurch zu entrinnen, daß sie ihre Kinder weiter unter ihrer Herrschaft zu behalten trachten; und ebenso können Kinder aus Angst vor persönlicher Verantwortung und trotz ihres offensichtlichen Strebens nach Unabhängigkeit ihre kindliche Hilflosigkeit beibehalten, sogar, wenn sie schon verheiratet sind. Das Lösen der Bindung macht nur den Eltern Schwierigkeiten, denen es nicht gelingt, in ihrem Kind eine neue Persönlichkeit mit ihren eigenen Rechten und Pflichten zu erkennen, oder die von ihm die Befriedigung ihrer eigenen Sehnsüchte erwarten; in ihren Augen ist das Kind kein freier Mitmensch, der seinen eigenen Sinn in sich trägt, sondern eine persönliche, bewegliche Habe. Sie können es einfach nicht als unabhängig betrachten. Dies ist kein neues Problem, das erst in der Pubertät entsteht, sondern eines, das sich durch die ganze Kindheit hindurchzieht. Denn ein Kind wird nicht an einem bestimmten Datum »erwachsen«; es fängt schon in seiner frühesten Kindheit an, von seinen Eltern weg zu wachsen, wenn sie nicht lernen, wie sie die Freundschaft mit ihm aufbauen und aufrecht erhalten können. Wenn sie darin schon versagen, solange das Kind noch klein ist, müssen sie die Folgen auf sich nehmen, wenn es älter ist, und dürfen sich nicht über seine Rücksichtslosigkeit oder Gefühllosigkeit beklagen, während es wie ein Fremdling unter ihrem Dach wohnt und allen vertrauten Kontakt mit ihnen verliert, sobald es das Haus verläßt.

Die angemessene Lösung der Bindung an die Eltern ist die Krönung unserer Arbeit als Erzieher. Die echte menschliche Beziehung zwischen uns und dem Kind überdauert die Zeit; sie kann nicht durch Ferne, durch berufliche und soziale Unterschiede oder durch getrennte Haushalte zerstört werden. Unsere Tage hören aber einmal auf, und wir müssen der neuen Generation Platz machen. Die heute noch klein und schwach scheinen, sind die Haupstützen des Morgen. Nur ein tiefes menschliches Band der Zusammengehörigkeit kann den Wechsel und den Fluß der Zeit überdauern. Unser Kind muß seinen festen Platz im Leben haben, wenn wir von der Bühne abtreten. Die überflüssige Frage »was wird es tun, wenn ich nicht mehr da bin?« sollte nie, auch wenn es noch so klein ist, notwendig sein. Wir sollten vielmehr lernen, solange wir noch hier sind, zurück zu treten. Jetzt ist die Zeit, das Kind unabhängig zu machen! Wir müssen den Mut aufbringen, es *heute* dem Leben, anderen Menschen, der ganzen menschlichen Gemeinschaft zu übergeben. Das Kind muß heute beginnen, eine Beziehung von gleich zu gleich, von Mann zu Mann aufzubauen, und sein späterer Erfolg in dieser Hinsicht wird zeigen, ob wir gute Eltern waren oder nicht, ob wir unser Kind so erzogen haben, wie Kinder erzogen werden sollen.

Achtes Kapitel

DIE HÄUFIGSTEN ERZIEHUNGSFEHLER

Es gibt keine Eltern, die ein Kind, ohne Fehler zu machen, erziehen. Man kann sich fragen, ob es klug ist, den Eltern zu erzählen, daß sie bei der Erziehung ihrer Kinder vieles falsch gemacht haben, ja, daß einiges vielleicht sogar schädlich war. Manches kann unsere Beunruhigung über unsere eigenen Fehler mildern.

Zuerst einmal, es gibt niemand, der vollkommen ist. Und wenn wir zu viel Vollkommenheit von uns selbst verlangen, müssen wir noch mehr entmutigt werden, und folglich nur noch öfter versagen. Wir müssen unsere Kinder — und alle unsere Mitmenschen — nehmen, wie sie sind, das heißt *trotz* ihrer und *mit* ihren unvermeidlichen Unvollkommenheiten, wenn wir mit ihnen auskommen wollen. Das gilt aber auch für uns selbst. Wir können nur Fortschritte machen, wenn wir zunächst unsere eigenen Fehler akzeptieren, Frieden mit uns selbst machen, so wie wir nun einmal sind, und uns dann fragen, in welche Richtung wir von jetzt ab gehen wollen. Nur dann ist Fortschritt möglich. Schuldgefühle machen ihn oft unmöglich, weil sie nur zu größerer Entmutigung führen.

Zweitens macht es die Schwierigkeit, die das Elternsein heute bedeutet, *allen* Eltern fast unmöglich, eine befriedigende Lösung für ihre erzieherische Aufgabe zu finden. Darauf hinzuweisen, wo sie irren, ist keine Anklage und sollte nicht als Kritik betrachtet werden, sondern nur als nützliche Information. Ein guter Weg, richtig zu handeln, ist, das unrichtige Handeln zu vermeiden. Wenn wir nach der richtigen Lösung für ein schwieriges Erziehungsproblem suchen, werden wir es nützlich finden, inne zu halten und zu überlegen, was wir *nicht* tun sollten. Dann wird das, was übrig bleibt, wohl richtig sein. Es ist sehr viel leichter, auf einen Fehler hinzuweisen und ihn zu erklären, weil Irrtümer nicht so sehr allgemein, sondern immer spezifisch sind. Die richtige Lösung eines Problems kann auf verschiedene Arten gefunden werden. Es ist möglich, einem Ratschlag darüber, was man *nicht* tun soll, wörtlich zu folgen, wir können aber bei positiven Ratschlägen nicht buchstäblich vorgehen, weil die richtige Haltung von Dingen abhängt, die wir nicht immer vorhersagen können, z. B. von Empfindlichkeit, gefühlsmäßiger Einstellung, Gesichtsausdruck, dem Ton der Stimme usw. Wenn wir lernen, daß es nicht gut ist, Kinder zu schlagen, kann man diesen Rat leicht verstehen und ihm wörtlich folgen. Aber jedem besonderen Rat für die richtige Behandlung von Kindern kann man zwar buchstäblich folgen, aber doch in einer Weise, die schädlich sein kann und keine Lösung darstellt.

Aus diesem Grund scheint es ratsam, daß wir uns gründlich mit allen Einzelheiten der falschen Methoden bekannt machen. Wir müssen aber aufpassen, dadurch nicht entmutigt zu werden, weil wir gerade dann unsere schlimmsten Fehler machen werden. Was immer wir aufgrund von Entmutigung und Hoffnungslosigkeit, Schuldgefühlen und Enttäuschungen tun, muß falsch sein, ohne Rücksicht darauf, wie sehr wir uns Mühe gegeben haben. Es hat keinen Sinn »über verschüttete Milch zu klagen«, besonders wenn wir sicher sein können, daß es im natürlichen Prozeß der Erziehung von Kindern nicht zu vermeiden ist, Milch zu verschütten, speziell heutzutage, wo die traditionellen Erziehungsmittel veraltet sind und durch neue ersetzt werden müssen. Wenn wir mehr darüber gewußt hätten, hätten wir es besser machen können. Jetzt müssen wir versuchen, unseren Kindern zu helfen, bessere und glücklichere Menschen zu werden. Eine Hilfe für sie ist aber schon unsere Erkenntnis, daß sie fähig sind, den vielen schlechten Einflüssen, die wir, ohne es zu wollen und zu wissen, auf sie ausgeübt haben, zu widerstehen.

Die häufigsten Erziehungsfehler entspringen den gleichen drei Quellen:

1. das Kind braucht sich nicht an Ordnung zu halten;
2. die Eltern lassen sich auf einen Streit mit dem Kind ein;
3. das Kind wird entmutigt.

Einige Eltern versuchen, den Streit mit dem Kind zu vermeiden, indem sie nachgeben; damit vernachlässigen sie seine Erziehung zu sozialer Anpassung. Andere neigen dazu, ihre Kinder zu *zwingen*, Ordnung unter allen Umständen anzuerkennen; damit lassen sie sich aber in einen erbitterten Kampf ein. Beide Wege bringen Enttäuschung und Versagen. Wenn wir uns mit einem Kind auf einen Streit einlassen, werden wir es nicht dazu bringen, die Ordnung zu beachten; und wenn wir nachlässig sind und nicht auf Ordnung bestehen, werden wir unvermeidlich in einen Streit mit ihm geraten. Es gibt nur die zwei Möglichkeiten — Ordnung *ohne* Streit, oder Streit *und* Unordnung.

Ein Grundprinzip für die Aufrechterhaltung der richtigen menschlichen Beziehungen ist die Achtung der beiderseitigen Würde. Alle Erziehungsfehler sind die Folgen einer Verletzung dieser grundlegenden Regel der Zusammenarbeit. Eltern, die das Kind nicht richtig respektieren, werden es demütigen oder verwöhnen, enttäuschen oder zu sehr beschützen. Auf der anderen Seite mißachten sie ihre eigene Würde und verschaffen sich keinen Respekt, wenn sie dem Kind erlauben, sie zu beherrschen, wenn sie zu nachsichtig sind und sich selbst zum Sklaven des Kindes machen. Die große Verschiedenheit erzieherischer Fehler kann in jedem Fall entweder auf eine Vernachlässigung der Würde des Kindes durch die Eltern oder auf die Mißachtung ihrer eigenen Würde zurückgeführt werden. Ihr eigenes Hin- und Herschwanken zwischen Gewalt und Nachsicht ist das Ergebnis dieser Mißachtung.

Verwöhnung

Das ernsthafteste Hindernis für die Entwicklung des Kindes ist die elterliche Haltung und Methode, die wir Verwöhnen nennen. Wir stehen hier einem eigenartigen und schwer faßbaren Problem gegenüber. Das Wort Verwöhnung wird bei jeder Gelegenheit benützt, und doch ist sich niemand ganz seiner Bedeutung sicher. Es ist kein Zweifel, daß die Mehrzahl unserer Zeitgenossen als Kinder verwöhnt worden sind; auch diejenigen, die am lautesten gegen diese Anschuldigung protestieren, sehnen sich etwas nach Verwöhnung und verraten sich so. Nur ein verwöhntes Kind will dauernd noch mehr Verzärtelung.

Es ist nicht leicht, genau zu definieren, was wir mit Verwöhnung meinen. Dieser Begriff umfaßt eine Mannigfaltigkeit von Handlungen und Haltungen. Schon das Wort an sich drückt eine unrichtige Methode der kindlichen Anpassung ans Leben aus. Anstatt es für die Veranwortungen des Lebens vorzubereiten, »erziehen« wir es für diese Pflichten, indem wir es ungeeignet machen, sie zu erfüllen.

An der Wurzel dieses Vorgangs liegt in den meisten Fällen die gute Absicht, dem Kind gewisse unangenehme Erfahrungen zu ersparen — ein Wunsch, der typisch für ängstliche Eltern ist, die zu besorgt sind oder ihre Kinder zu sehr behüten wollen. Deshalb ist das einzige oder das jüngste Kind dieser Gefahr am meisten ausgesetzt, ebenso wie Kinder, die besonders zart oder kränklich sind, oder die aus irgendeinem Grund Sympathie und Mitleid erregen — die vielleicht in frühem Alter eines ihrer Eltern verloren haben, oder sonst irgendwie benachteiligt sind. Auch ein besonders hübsches Kind wird wahrscheinlich verzärtelt, in gleicher Weise das Kind, bei dessen Erziehung der Einfluß seiner Großeltern eine große Rolle spielt. Alles was die Besorgtheit der Eltern vermehrt, läßt auch die Gefahr der Verwöhnung größer werden — der Tod des vorhergehenden Kindes, eine lange Zeit ungewollter Kinderlosigkeit, eine schwierige Schwangerschaft. Der Versuch, das Kind von unangenehmen Erfahrungen fernzuhalten, umfaßt im allgemeinen eine Verletzung von Ordnung und Regelmäßigkeit, die für das harmonische Leben so wesentlich sind. Diese übertriebene Bedeutung des Kindes kann schon unmittelbar nach der Geburt beginnen und dem Kind einen falschen Start ins Leben geben. Schon das Neugeborene kann entweder zur Beachtung oder zur Mißachtung von Ordnung und Regelmäßigkeit angeregt werden. Regelmäßige Stillzeiten stimmen nicht nur mit dem Rhythmus der körperlichen Funktionen überein, sondern sind auch eine wesentliche Erfahrung für das Kind, frühzeitig die Vorteile von Regelmäßigkeit und Ordnung zu erkennen. Das Kind kann einer solchen Regulierung Widerstand leisten: es kann z. B. schreien, wann immer es hungrig ist (Schreien wird von ängstlichen Eltern oft als Anzeichen von Hunger oder Schmerzen mißverstanden, während es oft nur bedeutet, daß das Kind Aufmerksamkeit erhalten möchte.) Wenn die Eltern klug und besonnen sind, werden sie nicht versuchen, die Regelmäßigkeit des Stillens zu verletzen, außer wenn das Kind krank ist oder andere wichtige Abweichungen von der Regel notwendig werden. Auf diese Weise wird das Kind bald merken, daß es durch Schreien nicht erreichen kann, früher gestillt zu werden, und nach wenigen Tagen wird es sich an die festgesetzten Stillzeiten gewöhnen. Eltern, die zu einer übertriebenen Beschützung neigen, sind jedoch darauf aus, ihrem »hilflosen Kind« diese ersten Unannehmlichkeiten zu ersparen. Sie bringen es nicht übers Herz, es »hungern zu lassen«, besonders, wenn der Stillvorgang am Anfang schwierig sein sollte und es während der ersten Tage seines Lebens nicht das übliche Gewicht hat. »Später, wenn es stärker ist, wird es sich schon an Ordnung gewöhnen«.* Je älter das Baby wird, desto schwieriger ist es, die ver-

* Gegenwärtig gibt es eine Richtung in der Kinderpsychologie, die den Eltern rät, das Baby zu stillen, wann immer es hungrig ist. Das unterstützt eine schädliche Haltung dieser Art. Diese Richtung beruht auf der psychologischen Auffassung, daß die »Gefühlsenttäuschungen« die Hauptquelle der schlechten menschlichen Anpassung seien. Es ist kein Zweifel, daß einige Kinder den Wunsch nach Regelmäßigkeit von sich aus entwickeln. Viele werden unbekümmert um Regel- oder Unregelmaß des Stillens harmonisch aufwachsen. Ebenso ist es wahr, daß ein zu starrer Stundenplan seine Gefahren hat, wenn er in der Mutter Ängstlichkeit hervorruft, so daß sie dauernd besorgt nach der Uhr schaut und zum Sklaven des Planes wird, anstatt sich zu entspannen und die Regelmäßigkeit für sich selbst zu akzeptieren. Den Eltern aber den Rat zu geben, von Beginn an absichtlich den Kindern nachzugeben, muß weitreichende schädliche Wirkungen haben. Es ist nicht am Platz, eine solche gewollte Unregelmäßigkeit mit den Bedingungen primitiver Menschen oder vergangener Jahrhunderte zu vergleichen, als die Wissenschaft von den regelmäßigen Bedürfnissen des Kindes noch nichts wußte. Damals war das Verlangen des Kindes nach Nahrung der einzige Maßstab für die Mutter. Damals war aber auch die

gangene Nachsicht wieder gut zu machen, und desto stärker wird es jede Änderung in der Unregelmäßigkeit, an die es jetzt gewöhnt ist, bekämpfen. Und noch etwas: Wenn die Gesundheit des Kindes infolge der Unregelmäßigkeit leidet, vermehrt sich die Besorgtheit der Mutter entsprechend. Sie mag mit halbem Herzen versuchen, eine Art von Ordnung aufrecht zu erhalten, aber das Kind wird nur sein Schreien vermehren, da es sich jetzt seines Erfolges gewiß ist. Schließlich muß die Mutter den Kampf aufgeben — besonders weil sich die stimmlichen Kräfte des Kindes fortgesetzt steigern.

Jede verwöhnende Handlung folgt demselben Muster. Es gelingt dem Kind, sich einer notwendigen Pflicht zu entziehen; um es zu beruhigen, werden die Erfordernisse der Ordnung in zunehmendem Maße verletzt. Ein Verstoß führt zum anderen. Wenn es weint, weil es zwischen den Mahlzeiten gefüttert werden will, nimmt seine Mutter es auf und wiegt es in den Armen. Dies gefällt ihm natürlich; anstatt ruhig zu liegen, gewöhnt es sich das Schreien an, bis jemand es wieder aufnimmt.

Verwöhnung und Verzärtelung können tausend verschiedene For-

Gefahr des übertriebenen Verwöhnens der Kinder nicht so groß. Wenn wir immer noch in einer primitiven Kultur lebten, wo Ordnung und Regeln notwendig für die Aufrechterhaltung des Zusammenlebens wären, oder wenn wir noch die großen Familien hätten, wo die Kinder unter sich aufwuchsen, weil die Eltern zu sehr beschäftigt waren, um sich in den Prozeß ihrer Anpassung einzumischen, dann bestünde keine große Gefahr, die Unregelmäßigkeit des Stillens wiederaufzunehmen. So wie es aber heute aussieht, fällt diese Nachsicht am Anfang des Lebens mit der allgemeinen Neigung unserer überängstlichen Eltern zusammen, ihre Kinder ungebührlich zu verwöhnen. Es ist kein Zweifel, der »Wunschplan« kann wohltuende Wirkungen haben, indem er einen Anlaß zum Streit zwischen Kind und Eltern entfernt. Dieselbe Wirkung könnte aber erzielt werden, wenn die Eltern ihre Besorgtheit über die Menge des Essens ablegen und Zwang und Ängstlichkeit vermeiden würden. Die gestörte Beziehung und darauf folgende Feindseligkeit beginnt nicht mit dem Baby, das »enttäuscht« wird, sondern mit den Eltern, die ängstlich und verwirrt sind. Das Kind ruhiger und freundlicher Eltern wird sich nicht gegen irgendeinen vernünftigen Stundenplan auflehnen. Glück beruht nicht darauf, vage »emotionale Bedürfnisse zu befriedigen«, sondern Ordnung ohne Widerstand anzunehmen. (Weitere Einzelheiten siehe Kapitel VII »Stillen«.)

men annehmen. Das Kind wächst in einer Treibhausatmosphäre auf, in der die natürliche Ordnung, die sonst das menschliche Verhalten regelt, nicht gilt. Es steht jenseits der Wirkungskraft der Gesetze, die alle anderen Familienmitglieder binden. Sorgfältig wird es in eine beschützende Schicht von Zärtlichkeit und Zuneigung eingewikkelt und vor der Notwendigkeit, sein Dasein durch eigene Leistungen zu rechtfertigen, bewahrt. Mitleid und Nachsicht hüten es vor allen unangenehmen Folgen seiner Handlungen. Die dauernde Hilfe und übertriebene Beschützung durch die Eltern machen es von jeder Anstrengung frei. Es muß nicht mit Unannehmlichkeiten fertig werden. Die zu große Ängstlichkeit seiner Eltern räumt ihm alles aus dem Weg, das gefährlich sein und Mut erfordern könnte. Als Baby wurde es herumgefahren und in Schlaf geschaukelt, und wenn es älter ist, werden ihm viele wichtige Aufgaben abgenommen. So muß es sich nicht selbst ankleiden und waschen oder seine Schularbeiten allein machen. Auch wird es mit allem versorgt; seinen Wünschen wird — ob sie berechtigt sind oder nicht — stattgegeben, und es bekommt die Möglichkeit, seinen eigenen Willen durchzusetzen, auch in Fällen, wo die Ordnung innerhalb der Familie ernsthaft dadurch gefährdet wird.

All dies erschwert die soziale Anpassung des Kindes, und es wird später darunter leiden, wenn es der Notwendigkeit gegenübersteht, seine eigenen Wünsche denen anderer unterzuordnen. Denn entgegen der Erwartung ihrer Eltern sind die meisten verwöhnten Kinder nicht besonders glücklich. Ganz im Gegenteil! Das Leben ist so, daß niemand all seine Wünsche erfüllt bekommen kann oder daß niemandem die Aufgabe erspart wird, aus Schwierigkeiten das Beste zu machen. Während andere aber Einschränkungen als etwas Gegebenes hinnehmen, betrachten verwöhnte Kinder sie oft als ungerechte Anmaßung von seiten ihrer Umgebung oder gar des Schicksals selbst. Die Unzufriedenheit, die Ungeduld und Freudlosigkeit, die so viele verwöhnte Kinder charakterisieren, zeigen, wie wenig es der Verwöhnung gelungen ist, das Leben für sie leichter zu machen. Innerlich fühlen sie sich dem Leben nie ganz gewachsen, und ihr mangelndes Selbstvertrauen läßt sie oft schon unter einer leichten Verantwortung oder Schwierigkeit zusammenbrechen.

Jede Art des Verwöhnens führt deshalb mit logischer Gewißheit zu einem Konflikt mit dem Kind. Je älter es wird, desto größere Verantwortungen muß es auf sich nehmen und desto schwieriger wird es sein, es weiter zu verzärteln. Wenn aber die Eltern aufhören nachzugeben, wird das Kind diesen Wandel des elterlichen Verhaltens als Zeichen von Unfreundlichkeit und Gleichgültigkeit auffassen. Es kann nicht verstehen, wieso es plötzlich ohne die gewohnte Nachsicht und Hilfe auskommen soll; es wird störrisch werden, wenn es sich auf sich selbst gestellt sieht und ihm die Befriedigung seiner Launen nicht mehr gelingt. Entsprechend werden auch die Eltern wenig Grund zur Zufriedenheit mit dem Benehmen ihres Kindes haben; sie werden verärgert und gießen noch Öl in die Flamme des Streites, wenn sie das Kind für die Folgen ihrer Erziehungsmethoden bestrafen. Das Ergebnis ist das stürmische wechselseitige Spiel zwischen Strenge und Nachgiebigkeit, Zuneigung und Verzweiflung, das den ganzen Verlauf der Erziehung beherrschen kann.

Dies mögen extreme Fälle von Verwöhnung sein. Aber auch ein geringerer Grad von Verwöhnung ist schädlich, obwohl er kaum völlig vermieden werden kann. Besonders beim einzigen und jüngsten Kind ist es kaum zu umgehen. Man kann in der Beobachtung der leichten Verletzungen von Ordnung, der kleinen Täuschungsmanöver und feinen Kunstgriffe nicht vorsichtig genug sein, die unser Jüngster anwendet, um uns dazu zu bringen, ihn zu verwöhnen. Unglücklicherweise scheinen diese Gelegenheiten im allgemeinen so unbedeutend, daß wir es entweder gar nicht merken, wie diese kleine Nachgiebigkeit unsere Beziehung zu dem Kind stört, oder es nicht für wichtig genug halten, uns besonders anzustrengen, solche Kunstgriffe, wie das Verlangen ungebührlicher Aufmerksamkeit oder das Indienststellen anderer, das Vermeiden von Verantwortungen oder die Störung der Ordnung des Haushalts zu verhindern. Außerdem haben wir alle es gern, Kinder zu verwöhnen, sie mit Zuneigung zu überschütten, sie zu beschützen und zu bemuttern, ihnen kleine Gefälligkeiten zu tun und da zu helfen, wo sie es gut alleine tun könnten. Was die Eltern für die Notwendigkeiten der geordneten menschlichen Beziehungen blind macht, ist ihre Gefühlsbindung und Nachsicht sowie die Ängstlichkeit, die sie dazu verführt, in übertriebener Weise beschützen zu wollen, und auch der Wunsch nach persönlicher Überlegenheit, der sie dazu bringt, ungebührliche Verantwortung auf sich zu nehmen. Solche Eltern mögen unser Verständnis und unsere Sympathie haben — sie haben aber für ihre kleinen Fehler einen hohen Preis zu zahlen und müssen hart arbeiten, um die gestörten Beziehungen zu verbessern, wenn die unglücklichen Folgen deutlich werden.

Lieblosigkeit

Eltern die ihre Kinder nicht gern haben, sind heute die Ausnahme. Wenn diese Ausnahme aber eintritt, bedeutet es meistens elende Kinder, die häufig zu »Sozialfällen« werden. Unerwünschte Kinder wachsen oft ohne Liebe auf.* Manchmal genügt eine Kleinigkeit, daß Eltern Kinder hassen — vielleicht eine äußere Ähnlichkeit mit einem unangenehmen Verwandten, oder die Tatsache, daß statt des lang erwarteten Jungen ein Mädchen geboren wurde. Das Gefühl, nicht geliebt zu werden, kann das Kind völlig davon abhalten, sich der Gesellschaft einzuordnen. Es beraubt es seiner Rechte und erregt Feindseligkeit und Trotz. Ohne Liebe ist kein Kind fähig, sich seiner Umgebung anzupassen und ihre Verhaltensrichtlinien zu akzeptieren. Es mag sich oberflächlich anpassen, aber innerlich bleibt es ein Außenstehender. Andererseits gibt es viele Beispiele, wo Kinder, die tatsächlich zurückgesetzt und vernachlässigt wurden, ihre eigene Stärke entdeckten, sich auf eigene Füße stellten und es im Leben

* Früher teilten Stiefkinder oft dieses Schicksal der unerwünschten Kinder. Heute macht aber die allgemeine Haltung von Kinderliebe eine freundliche Beziehung zu allen Kindern möglich, seien sie Stiefkinder, Adoptiv- oder Pflegekinder.

ziemlich weit brachten. Sie lernten, sich eine freundlichere Umgebung zu schaffen, als ihre Familie ihnen bot.

Da die Entwicklung auf geplante Elternschaft durch Geburtenkontrolle hinzielt, vermindert sich die Zahl der unerwünschten und ungeliebten Kinder. Trotz der Tatsache aber, daß die meisten Eltern ihre Kinder lieben, ist die Zahl der Kinder, die sich zurückgesetzt oder ungeliebt fühlen, ungeheuer groß. Wir können die Gründe für diesen Widerspruch verstehen. Verwöhnte Kinder fühlen sich ungeliebt, wenn die Eltern ihre Nachgiebigkeit nicht mehr aufrecht erhalten. Ein kleiner siebenjähriger Junge sagte offen: »Du hast mich nicht gern, weil du nicht tust, was ich will.« Ebenso genügt es schon vielen verwöhnten Kindern, nicht ihren Willen zu bekommen, nicht genügend im Mittelpunkt zu stehen oder bewundert zu werden, oder zu wenig Aufmerksamkeit und Geschenke zu bekommen, um zu glauben, daß man sie nicht mehr gern hat oder liebt. In dem sich mit verwöhnten Kindern ergebenden Konflikt erreichen Eltern oft einen Zustand, wo sie ungebührliche Forderungen nicht mehr »aushalten« können und fortgesetzt mit Schimpfen, Tadeln und Strafen reagieren. Aber selbst wenn diese feindlichen Auftritte durch liebevolle Zuwendung unterbrochen werden, wird das Kind mehr von der zur Schau gestellten Feindseligkeit beeindruckt und mißtraut der ebenfalls gezeigten Zuneigung. Wenn der Kampf heftiger wird und wenn besonders jüngere Kinder sich vordrängen und mehr Aufmerksamkeit ernten, kann das Kind nur noch dann unsere Aufmerksamkeit erzielen, wenn es sich schlecht benimmt. Wenn es nett und ruhig ist, gestattet sich die Mutter eine wohlverdiente Ruhe. Solche Kinder erleben dann aber nur noch Unzufriedenheit, Kritik und Tadel und werden völlig davon überzeugt, daß man sie nicht mehr liebt. Wir müssen daran denken, daß die Wirkung dieselbe ist, ob das Kind nun tatsächlich gehaßt wird, oder nur *glaubt,* daß es so ist. Ein wirklicher oder eingebildeter Mangel an Liebe in der Kindheit mit seinen sich daraus ergebenden Gefühlen, als Kind schlecht behandelt worden zu sein, ist charakteristisch für den Lebenslauf vieler Verbrecher.

Übermäßige Liebe

Ein Kind braucht für seine Entwicklung Liebe und Wärme, aber übermäßige Liebe kann schädlich sein. Eine Treibhaus-Atmosphäre ist eine falsche Vorbereitung auf die Normalbedingungen des Lebens. Viele Menschen bringen ihr Leben in der Suche nach der Liebe und Zärtlichkeit, die sie einmal von ihrer Mutter oder Großmutter erfahren haben, zu und müssen durch ihre Mitmenschen bitter enttäuscht werden. Die übertriebene Liebe, die ein Kind zu eng an Erwachsene bindet, macht es für seine spätere Rolle in Liebe und Ehe ungeeignet; seine Fähigkeit für andere Arten der Liebe wird dadurch sehr wahrscheinlich vermindert. Übermäßige Elternliebe kann sogar eine verfrühte sexuelle Entwicklung des Kindes hervorrufen. Aus diesem Grund ist es nicht gut, Kinder zu sehr zu küssen (besonders auf den Mund), oder sie im Bett der Eltern schlafen zu lassen, auch wenn es nur morgens oder sonntags ist. Unglücklicherweise dürfen Kinder manchmal mit ihren Eltern schlafen, bis sie zehn Jahre oder älter sind — und dies nicht nur wegen Raumknappheit.

Es ist wahr, daß das dauernde Zeigen starker Zuneigungen eine enge Verbindung zwischen Eltern und Kind hervorruft. Wenn aber Vertrauen und Vertraulichkeit nur durch dieses Mittel erreicht werden, wird ihr Wert zweifelhaft. Das Kind wird wahrscheinlich ganz abhängig werden; aber weder diese Abhängigkeit noch der körperliche Kontakt wird den Konflikt mit den Eltern ausschließen. Im Gegenteil, die Verzärtelung, die sich notwendigerweise aus ungebührlicher Zuneigung ergibt, wird im natürlichen Verlauf der Dinge nur dazu dienen, einen Konflikt hervorzurufen und zu verstärken, der oft eigenartige Formen annimmt. Es mag sein, daß es nicht zur offenen Rebellion kommt, sondern daß das Kind eher ständig einen Beweis seines guten Willens geben will. Seine innere Opposition aber zeigt sich in offenkundiger Hilflosigkeit und Unfähigkeit. Nervosität ist das allgemeinste äußere Zeichen.

Es ist zweifellos angenehm, die tiefe Zuneigung eines Kindes zu fühlen und sich auch an den äußeren Zeichen seiner Liebe zu freuen.

Das Kind kann aber daraus den Schluß ziehen, daß sein Zweck im Leben darin besteht, *Liebe und Zuneigung durch sein bloßes Dasein* zu gewinnen, nicht durch greifbare Leistungen. Wir sollten an diese Tatsache denken, wenn wir unsere ganze Sehnsucht nach Liebe, die in unserem Leben vielleicht unbefriedigt geblieben ist, auf unser Kind konzentrieren.

Dirk ist seiner Mutter sehr zugetan und liebt sie innig. Mit den anderen Personen seiner Umgebung steht er immer auf Kriegsfuß; aber seiner Mutter zuliebe gibt er sich Mühe, sich zu »beherrschen«, und sein Benehmen zu verbessern. Das Lernen in der Schule ist jedoch sehr schwierig für ihn, und seine Anstrengungen scheinen von geringem Wert zu sein. Fast nie möchte er arbeiten, wird in der Schule aufgeregt und ist sehr nervös. Wir sehen hier den Erfolg von übermässiger Liebe der Mutter, die in mancher Hinsicht strenger wurde, als die Schwierigkeiten mit ihrem Jungen wuchsen. Bis zu seinem siebten Lebensjahr war Dirk sehr oft im Bett seiner Mutter. Später war ihm dieses Vorrecht nur noch erlaubt, wenn er schlechte Träume hatte; aber auch noch später, als er viel älter war, verbrachte er manchmal die ganze Nacht mit seiner Mutter. Er ist ein überaus zärtlicher Sohn, herzt und küßt seine Mutter, wenn immer die Gelegenheit dazu da ist. Seine Bindung an sie ist so groß, daß er kaum bewogen werden kann, sie allein zu lassen.
Mit vier Jahren fing er an, in den Kindergarten zu gehen, sträubte sich aber immer heftig; diese Abneigung verdoppelte sich, als er in ein Ferienlager kam. Er fühlte sich dauernd von Feinden umgeben und versuchte nie, Freunde zu gewinnen. Sein einziger Gedanke ist, so bald wie möglich heim zu kommen. Schon mit vier Jahren fing er an zu masturbieren; Erektionen traten schon sehr früh auf. Er ist außerordentlich eitel und nur darauf bedacht, andere zu beeindrucken; aber er hat kein Vertrauen in seine Fähigkeiten, obwohl er tatsächlich geistig wie körperlich über dem Durchschnitt steht. Er versucht, Anerkennung zu gewinnen, indem er sich mit schlechtem Benehmen, wie Herumzappeln, Kichern, Schwatzen, den Clown spielen usw. lästig macht.

Liebesentzug

Sicherlich wollen wir uns nicht dem Vorwurf aussetzen, hartherzig zu sein. Und doch versuchen wir manchmal — so seltsam dies ist —

diesen Eindruck zu machen. Wenn unser Kind etwas anstellt, werden wir »böse«. Oft tun wir nur so, aber gelegentlich is es auch ernst. Wir mögen glauben (wie es die meisten Eltern tun), daß dies der beste Weg ist, das Kind zur Disziplin zu erziehen — um es in Einklang mit seiner Umwelt zu bringen und seinen Widerstand zu überwinden.

Es gibt sogar eine psychologische Schule, die so weit geht, dieses Zurückhalten der Zuneigung als die einzig wirksame Erziehungsmethode zu empfehlen und zu loben.

Wir müssen zugeben, daß durch dieses Mittel gewisse Erfolge erzielt werden können. Das Kind ist uns und den Pflegepersonen zugetan; und das Gefühl, zurückgewiesen zu sein und unsere Liebe und Besorgtheit zu verlieren, ist sicherlich schmerzhaft genug, um es dazu zu bringen, seine ungehörigen Neigungen zu unterdrücken. Es ist jedoch falsch, anzunehmen, daß damit diese Neigungen wirklich verschwinden. Das Kind möchte unsere Liebe nicht verlieren und wird darauf achten, die Impulse zurückzuhalten, die nicht unser Gefallen finden. Diese Neigungen werden aber nur unterdrückt und nicht ausgelöscht. Um dies zu erreichen, müssen wir andere Methoden anwenden.

Was noch schlimmer ist, der Mut des Kindes wird durch solche Vorfälle ernsthaft herabgesetzt, denn unsere Entfremdung führt dem Kind seine Abhängigkeit und Kleinheit ganz bewußt vor Augen. Sehr häufig wird unser Versuch, ihm unsere Liebe zu entziehen, mit einem Gegenangriff beantwortet, der uns zwingen soll, ihm Liebe zu zeigen. Dieser Zweck kann z. B. durch Anfälle von Angst zur Schlafenszeit erreicht werden: Wir müssen stundenlang bei seinem Bettchen sitzen und vielleicht sogar seine Hand halten, sonst wird es wimmern und schreien und nicht schlafen.

Die gefährlichste Folge des »Böseseins« ist, daß das Kind an unserer absoluten Zuverlässigkeit zweifelt. Wie kann es Vertrauen in die menschliche Natur bekommen und Gemeinschaftsgefühl entwickeln, wenn seine besten Freunde es immer wieder zurückstoßen? Wir haben viel geeignetere Mittel, seine Fehler zu verbessern und es die Folgen seines schlechten Betragens spüren zu lassen. Dazu ist es aber niemals nötig, unsere freundlichen Beziehungen zum Kind zu verschleiern. Im Gegenteil, wir können unsere Beziehung nicht ändern, ohne die Samen der Uneinigkeit und des Konfliktes zu streuen. Der Geist der Kameradschaft zwischen Eltern und Kind wird ein solches Herumpfuschen nicht vertragen. Ein Kind kann viel eher ein impulsives, scharfes Wort vergeben, als den kalten, überlegten Liebesentzug — »ich habe dich nicht mehr lieb.«

Solange das Kind diese Phrase nicht als Schwindel und Unsinn erkennt, zeigt sie den Beginn eines Kampfes an, auch wenn es nur ein Kampf um Liebe ist. Ernsthaftere Formen des »Böseseins«, wie tatsächliche Unfreundlichkeit, Sich-Abschließen, Härte oder die Weigerung, mit dem Kind zu sprechen, sind massive Verteidigungsmaßnahmen, die das Kind zu einer feindlichen Einstellung zwingen. Tatsächlich lieben wir unsere Kinder unter allen Umständen, und das Kind sollte dies wissen. Viele Kinder wissen es jedoch nicht. Es wurde schon gesagt, daß viele unserer Kinder sich von ihren Eltern zurückgestoßen fühlen und denken, daß niemand sie lieb hat. Sie bekommen Aufmerksamkeit nur, wenn sie stören, und werden kaum beachtet, wenn sie sich gesittet aufführen. Sie erfahren daher meistens Tadel und Strafe und geraten so zu falschen Schlußfolgerungen. Auch das Aufheben, das von jüngeren Kindern gemacht wird, kann sie zu der unrichtigen Annahme verleiten, nicht geliebt zu sein.

Man kann jetzt die Frage aufwerfen, ob wir unser Mißfallen überhaupt jemals zeigen sollen. Wir können es nicht vermeiden, und manchmal ist es sogar notwendig. Vollkommene Sachlichkeit und Nüchternheit sind nicht nur unmöglich und unnatürlich, sondern sogar beleidigend. Wir müssen aber vorsichtig sein, daß wir das betonen, *was* unser Mißfallen erregt: Das *Kind* oder sein *Tun*. Wir sollen unser Mißfallen an einem gewissen Benehmen durchaus zeigen, wenn wir damit klar ausdrücken, daß es nicht das Kind ist, das wir nicht gern haben. Die Schwierigkeit, zwischen der *Handlung* und der *Person* zu unterscheiden, bedeutet für alle unsere Zeitgenossen, die diesen Unterschied nicht gelernt oder erkannt haben, eine schwere Belastung. Die Folge ist, daß wir den Wert einer Person, uns selbst eingeschlossen, mit dem Wert ihrer Taten verwechseln; und wir neigen dazu, unseren eigenen Wert innerhalb der Gesellschaft zu bezweifeln, wenn auch nur eine einzige unserer Handlungen nicht dem Maßstab entspricht, den wir uns selbst gesetzt haben. Eltern und Lehrer, die die Kinder entsprechend ihren mehr oder weniger zufälligen Mißerfolgen oder Leistungen einteilen, vergiften deren Ansichten oft für den Rest ihres Lebens. *Es gibt keine schlechten Kinder,* sondern nur entmutigte und unglückliche, die nicht den richtigen Weg gefunden haben, sich der menschlichen Gesellschaft anzupassen.

Ängstlichkeit

Starke feindliche Gefühle werden oft durch Furcht und Angst hervorgerufen. Wenn wir ängstlich sind, sehen wir vielleicht nur noch die Gefahren, vor denen wir das Kind schützen wollen. Wir mögen beim Gedanken, daß »ihm irgend etwas zustoßen könnte« zittern, weil wir nicht erkennen, daß das Kind lernen muß, für sich selbst zu sorgen — daß es die Fähigkeit erlangen muß, Gefahren zu erkennen und aus eigenem Antrieb mit ihnen fertig zu werden. »Ein gebranntes Kind fürchtet das Feuer.« Ängstliche Eltern berauben ihr Kind wertvoller Erfahrungen. Solche Kinder bleiben unvorsichtig und kommen dadurch um so leichter zu Schaden. Sie spielen mit Zündhölzern, drehen das Gas an und klettern auf Regale. Die Ängstlichkeit der Eltern wächst dadurch nur, und wenn sie einmal in ihrer Wachsamkeit nachlassen, tritt schließlich das befürchtete Ereignis ein.

Toni, fünf Jahre alt, nützt die Ängstlichkeit seiner Mutter aus und rennt auf der Straße immer von ihr weg, so daß sie ihm nachlaufen muß. Sie kam, um sich von mir Rat zu holen, und ich erklärte ihr, daß ein fünfjähriger Junge wissen sollte, daß man verloren gehen kann, wenn man wegrennt, und daß sie ihn diese Erfahrung machen lassen müsse. Sie könnte ja geeignete Umstände auswählen, vielleicht in einem Park oder in einer ruhigen Straße ohne Verkehr. Die Mutter war über diesen Vorschlag empört. Was konnte schon ein Mann von Muttergefühlen verstehen?

Kaum zwei Wochen nach dieser Unterhaltung kam sie in höchster Aufregung wieder. »Doktor, denken Sie, was Toni jetzt getan hat! Gestern ging ich in sein Zimmer — und er war nicht da. Dann hörte ich ihn rufen ‚Mutti, Mutti'. Mein Herz stand beinahe still, denn Doktor, stellen sie sich vor: wir leben im dritten Stock, und die Fenster schauen auf das steile Dach eines Balkons. Und dort saß Toni auf dem Dach und schrie! Ich konnte ihn nicht dazu überreden, hereinzukommen, und als ich versuchte, ihm nachzuklettern, bewegte er sich immer mehr zum Rand des Daches hin. Mit vielen Versprechungen von Süßigkeiten gelang es uns schließlich, seiner habhaft zu werden.« Diesmal war es möglich, die Mutter zu überzeugen, daß Toni einfach seine alten Tricks wieder angewandt hatte — er war nicht fähig, Gefahren zu beurteilen und benützte sie nur, um seine Mutter zu ängstigen. Sie sah schließlich ein, daß es ihre eigene Ängstlichkeit war, die ihn zu immer neuen Gefahren drängte.

Kinder, die wenigstens mit einem kleinen Grad von Selbstvertrauen aufwachsen, sind bei weitem nicht so unvorsichtig, wie ihre Eltern glauben. Die Intelligenz des Kindes wird in dieser Beziehung, wie in so vielen anderen, stark unterschätzt. Trotz der Tatsache, daß so viele Kinder unbeaufsichtigt auf den Straßen spielen, zeigen die Statistiken, daß viel mehr Erwachsene als Kinder unter Automobile geraten. Jedermann, der die Fußgänger an einer belebten Kreuzung beobachtet, kann leicht sehen, wieviel sorgloser und leichtsinniger Erwachsene sind als ihre Kinder, mindestens im Augenblick der tatsächlichen Gefahr. Vernünftig erzogene Kinder zeigen eine ähnliche Vorsicht angesichts anderer Gefahren. Nur in den ersten zwei Lebensjahren, während sich das Kind erst allmählich mit der Natur und Funktion der verschiedenen Gegenstände vertraut macht, gibt es auch zu Hause besondere Gefahren. Statt ihm aber mit drohenden Gefahren und entsprechenden Predigten Angst zu machen — und gleichzeitig seinen Widerspruch herauszufordern — ist es viel ratsamer, ganz einfach auf die verschiedenen Gefahren hinzuweisen und einige harmlose, aber unangenehme

Erfahrungen zu »arrangieren«. Es wird bald lernen, die Risiken, denen es ausgesetzt ist, richtig einzuschäzen.
Natürlich gibt es Kinder, denen man auch noch im Alter von acht oder mehr Jahren nicht zutrauen kann, allein über eine Straße zu gehen. In diesen Fällen liegt die Schuld aber immer bei den überängstlichen Eltern, die darin versagt haben, ihre Kinder zur Selbständigkeit zu erziehen. Sie müssen lernen, für sich selbst zu sorgen. Und je früher sie dies lernen, desto leichter wird es auch für die Eltern sein.

Angst machen

Ängstlichkeit verführt sehr viele Eltern dazu, ihren Kindern eine übertriebene Vorstellung von den Gefahren des Lebens zu geben. Sie glauben, daß sie sie dazu erziehen, vorsichtig zu sein, wenn sie sich über die Häufigkeit von Unfällen auf der Straße auslassen, oder über die Schlechtigkeit der Menschen im allgemeinen und der Verführer im besonderen, oder über die Unmenge von Bazillen und die Notwendigkeit, sich immer warm anzuziehen usw. Wenn das Kind solche zimperliche und ängstliche Meinungen von seinen Eltern übernimmt, wird es für das Leben nicht besser vorbereitet; es wird nur selbst ängstlich. Und es ist seltsam aber wahr, daß übertriebene Vorsicht zu denselben Ergebnissen führt wie Gedankenlosigkeit. Das Erwarten von Gefahren verursacht nicht nur Unschlüssigkeit, sondern treibt die Leute gerade in diese Gefahren, die sie vermeiden wollen. Das Vermeiden von Risiken erfordert ruhige Geistesgegenwart und eine klare Einschätzung der Situation. Eine Überschätzung der Gefahr ist daher gleichbedeutend mit ihrer Vergrößerung.
So sind es die Überängstlichen und in ihren Bewegungen Ungeschickten, die am wahrscheinlichsten in ein Fahrzeug laufen oder fallen, wenn sie aus der Straßenbahn steigen. *Durch Mut vermeidet man Gefahren besser als durch Angst;* und Eltern, die ihren Kindern Angst machen, führen sie geradewegs in die Gefahr. Das gleiche

gilt von Versuchen, das Kind vor Krankheiten zu bewahren. Wenn es immer eingehüllt und von jedem Luftzug ferngehalten wird, muß es sich ja erkälten.

Es war bejammernswert, der Großmutter zuzusehen, wie sie ihren achtjährigen Enkel beim Spiel beaufsichtigte. »Renn nicht so schnell, sonst platzen deine Lungen!« »Trage nicht so schwer, sonst bekommst du einen Bruch!« »Springe nicht die Treppe hinunter, sonst brichst du dir ein Bein!« Wenn ein Kind auf all das hören würde, müßte es sein Leben lang in einem Kasten, eingepackt in Watte, verbringen. Aber ein gesunder Trotz veranlaßt das Kind, sehr zum Ärger der Aufpasser natürlich, dieses dauernde Meckern zu ignorieren.

Noch ein anderer Anlaß kann uns dazu führen, unserem Kind manchmal Angst zu machen — ein Versuch, ihm gutes Benehmen aufzuzwingen — natürlich auch nicht mit besseren Ergebnissen. Man mag ihm vom »schwarzen Mann« erzählen, der kommt, um schlechte Kinder mit sich fort zu nehmen; oder wir zeigen ihm den Polizisten an der Ecke, der »unartige Jungen und Mädchen mit sich nimmt.« Man kann dies als ein Mittel ansehen, um das Kind willfähriger zu machen. Vielleicht ist es einmal ein Ausweg, aber nur für den Augenblick; denn die nachfolgende Entwicklung wird unseren Irrtum zeigen. Das Kind kann ängstlich werden und später seine Ängste auf tausend mögliche Arten als Waffe gegen uns benützen. Von Einschüchterung werden wir nie einen Vorteil haben. *Wer Angst sät, wird Kummer ernten.*

Übermäßige Beaufsichtigung

Ängstliche Eltern haben weder zu sich selbst, noch zu ihrem Kind, noch zur Zukunft Vertrauen; sie denken nur an Verteidigung und Vorbeugung. Diese Sorge führt zu einer Geschäftigkeit, einer Unmenge an Methoden und Maßnahmen, von denen jede einzelne zufriedenstellend sein kann, aber durch die übertriebene Anwendung unwirksam und schädlich wird. Der Ängstlichkeit der Eltern entspringt die Neigung, das Kind übermäßig zu beaufsichtigen. Sie lassen es nie unabhängig handeln. Jede Kleinigkeit seines Verhaltens wird ihm vorgeschrieben. Eltern, die ihrer selbst unsicher sind, zweifeln gleichermaßen an der Fähigkeit ihres Kindes; je weniger fähig man sich fühlt, seine eigenen Angelegenheiten in die Hand zu nehmen, desto mehr versucht man, sich um die Angelegenheiten anderer zu kümmern, sich einzumischen und dauernd Rat zu geben. Solche Eltern sorgen sich fortgesetzt um ihre Kinder: »Setz dich lieber in jenen Stuhl!« »Leg das Buch dorthin!« »Iß nicht so schnell!« »Sitz aufrecht!« usw. Es ist unmöglich, auch nur die Hälfte dieses unerschöpflichen Vorrats an elterlichen Ermahnungen aufzuzeichnen! Wenn das Kind in der Nähe ist, schreiben ihm seine Eltern jede Bewegung vor. Sie können es nicht erwarten, daß es sich von selbst in Bewegung setzt. Jedes Tun wird überwacht; es wird einer unaufhörlichen Folge von Geboten und Verboten ausgesetzt, jedes Tun ruft Lob oder Vorwurf, aber ganz besonders Kritik hervor. Kein Tag vergeht, ohne zahllose Ermahnungen und Vorschriften.

Eine Bekannte von mir war eine sehr *beschäftigte* Mutter. Eines Tages sprachen wir über ihre Überängstlichkeit und ihr dauerndes Herumdirigieren ihres Kindes. Sie war sich ihrer Haltung nicht bewußt. Ich fragte sie, wie oft am Tag sie ihr Kind mit Kritik oder Befehl oder einer Bemerkung herumkommandiere. »Oh, nicht so oft«, sagte sie. Ich bat sie um eine ungefähre Schätzung. Sie konnte nicht antworten. Dann versuchte ich eine Schätzung: Vielleicht 100- oder 200mal am Tag? »Um Gottes willen nein«, antwortete sie ängstlich. »Höchstens 10mal am Tag.« So machte ich ihr folgenden Vorschlag: Ich wolle sie besuchen und sie eine Stunde lang beobachten. Wie oft werde sie in dieser einen Stunde wohl ihr Kind ermahnen? »Oh, vielleicht zwei- oder dreimal!« Ich dagegen schätzte, daß es während meines Besuchs etwa dreißigmal sein würde. Sie lachte. »So viel ist es ganz sicherlich nicht.« Ich kam, saß nur da und beobachtete, was vor sich ging. Dabei zählte ich jedesmal laut, wenn sie dem Kind sagte, was es tun oder nicht tun sollte. Obwohl sie sich meiner Gegenwart bewußt war und durch mein lautes Zählen daran erinnert wurde, waren die dreißig Male in weniger als einer halben Stunde überschritten. Sie war einfach nicht fähig, an sich zu halten.

Um den Unsinn einer solchen Beaufsichtigung voll zu verstehen, müssen wir daran denken, daß erzieherische Einflüsse nur dann einen dauernden Wert haben, wenn sie einen tiefen Eindruck auf das Kind machen. Eine einzige, aber tiefgehende Erfahrung wird wohl den Charakter und die Veranlagung des Kindes nicht ändern, kann aber der Anlaß zu einer neuen Einstellung sein. Hierin liegt der Wert erzieherischer Akte; sie geben dem Kind eine *Gelegenheit* zum Nachdenken und Überlegen. Es muß Stellung nehmen und zu Schlußfolgerungen kommen. Die Entwicklung seiner Persönlichkeit kann durch wenige *drastische* Erfahrungen, die allerdings in dieselbe Richtung weisen müssen, entschieden werden.
Fortgesetzte Anstrengungen, das Kind zu beeinflussen, machen wenig Eindruck. Sie regen nicht mehr zur Überlegung an und erwecken Widerspruch. Das Kind wird gegen ihre Wirkung abgestumpft und hört nicht mehr länger darauf, da sie durch ihre Vielfalt sich oft widersprechen. Entweder wird es alle Bemühungen, unabhängig zu handeln, aufgeben, oder es wird mürrisch, teilnahmslos und unverschämt. Nur durch die *seltene* Anwendung erzieherischer Maßnahmen können wir Eindruck machen und Wirkung erzielen.

Übermäßiges Reden

Der schädliche »wichtigtuerische« Hang in der Erziehung findet seinen Ausdruck in Worten. Viele Eltern reden nur, statt zu handeln oder zu überlegen. Was das Kind auch tut, sie haben immer etwas dazu zu sagen. Wenn sie nicht wissen, was tun — reden sie. Natürlich hat das Reden keinen Sinn, da ihre Worte keinen konstruktiven Plan enthalten.
Selbstverständlich sind auch Worte nötig. Das Kind braucht Erklärung und Unterweisung genau so, wie es Vergnügen braucht; und es ist möglich, durch Worte tiefe und dauernde Eindrücke hervorzurufen. Aber allzu oft sind Worte ohne Bedeutung und Anlei-

tung. Wir müssen gegen solches Reden auf der Hut sein. Jedes Wort, das keine Wirkung hat, ist überflüssig und sogar schädlich. Es ist kein Ausdruck der persönlichen Beziehung, sondern eher der Gestörtheit menschlicher Beziehung. Worte können Mittel zur Verbindung sein — oder ein Werkzeug des Streits. Wenn immer wir mit dem Kind reden, müssen wir uns entscheiden, ob wir reden wollen, um unsere eigene Spannung, unseren Ärger oder Zorn zu erleichtern, oder ob wir das Kind beeinflussen wollen. Im letzteren Fall sollten wir nie reden, wenn wir nicht sicher sind, daß das Kind bereit ist zuzuhören. Und wir müssen dabei unsere eigenen Gefühle beobachten. Nur wenn wir selbst völlig ruhig sind, sind wir in der Lage, konstruktiv zu reden. Sonst haben unsere Worte die Wirkung von Gewalttaten; sie sind aggressiv und erregen Feindseligkeit. Wenn wir unsere Worte konstruktiv gebrauchen wollen, müssen wir dauernd auf ihre Wirkung achten und sofort aufhören, wenn wir sehen, daß das Kind im Augenblick nicht aufnahmebereit ist. Wenn wir oder das Kind während der Unterredung aufgeregt werden, dann sollten wir wissen, daß es jetzt Zeit ist, mit dem Reden aufzuhören.

Im letzteren Fall müssen die Worte durch Taten ersetzt werden. Es ist besser aufzuhören und nachzudenken, als noch irgendeine andere Bemerkung zu machen, die wahrscheinlich auf keine größere Bereitschaft stößt als die erste. Vor allem sollten wir *nie wiederholen, was wir schon einmal gesagt haben*, und wir sollten dem Kind nie etwas sagen, was es schon weiß. (Es auf seine Fehler aufmerksam zu machen, fällt in diese Klasse der nutzlosen Worte, weil das Kind meistens weiß, daß es einen Fehler gemacht hat.) Wenn unsere Bemerkung das erste Mal nutzlos war, wird sie beim zweiten Male schädlich — auch wenn sie im Augenblick ihren Zweck zu erreichen scheint. Wiederholung reizt nur, und Verärgerung ist der Auftakt zu unerquicklichen Auseinandersetzungen. Wir sollten *wenig reden, viel überlegen und entsprechend handeln* — das heißt, die natürlichen Folgen ihren Lauf nehmen lassen. Manchmal, wenn das Kind etwas Falsches gemacht hat, wird völliges Schweigen einen

tieferen Eindruck machen als die heftigsten Worte, da Schweigen ein sehr starker Ausdruck des Mißfallens sein kann.
Phrasen, wie sie in den Merkblättern von Dr. Alice Friedmann (siehe Beilage) geschildert sind, entmutigen das Kind und setzen seine tatsächlichen Fähigkeiten herab, und doch werden sie täglich gedankenlos benützt. Man muß sehr vorsichtig sein, was man einem Kind sagt. Worte sollten anregen und helfen, nicht verärgern und verbieten.

Vernachlässigung

Viele der Fehler, die wir bis jetzt besprochen haben, bestehen aus einem Zuviel an erzieherischen Maßnahmen. Es ist ein gutes Prinzip, sich so wenig wie möglich einzumischen und das Kind seine eigenen Erfahrungen machen zu lassen. Wenn wir dieses Prinzip aber über seine vernünftigen Grenzen hinaus anwenden, kann es zu ernsthaften Schäden führen. Wir müssen uns um unsere Kinder kümmern und uns mit ihnen beschäftigen. Kinder brauchen nicht nur körperliche Pflege, sondern auch menschliche Sympathie, Verständnis und Anregung. Wenn sie das nicht bekommen, werden sie durch Vernachlässigung beeinträchtigt und in ihrer Entwicklung gehemmt. Ihre Fähigkeit, mit anderen zusammenzuarbeiten und sich dem sozialen Ganzen anzupassen, kann verkümmern.
Die Beschränkungen, die wir uns auferlegen sollen, beziehen sich hauptsächlich auf die Anwendung der Erziehungsmethoden. Eine begrenzte Anzahl wird genügen, um Ordnung aufrecht zu erhalten, wenn sie im richtigen Zeitpunkt angewandt werden. In unseren rein menschlichen Beziehungen zum Kind aber und in unserer Zusammenarbeit mit ihm sollten wir uns bezüglich unserer Aktivität und unseres Interesses keine Zügel anlegen. Wenn es älter wird, braucht das Kind in zunehmendem Maße die Erfahrungen des gemeinschaftlichen Tuns und Fühlens. Aus unserem Interesse an ihm bekommt es die Anregung für seine fortgesetzte Entwicklung, vorausgesetzt, daß dieses Interesse keine aggressiven oder unter-

drückenden Formen annimmt. Wenn wir zu wenig Interesse an seiner körperlichen Entwicklung, seinem Äußeren und an seinem moralischen und geistigen Wachstum haben, schaden wir ihm durch unsere Nachlässigkeit genau so, wie wenn wir dieses Interesse in einer solchen Weise und mit solchen Mitteln zeigen, die den Widerspruch des Kindes hervorrufen und es so in die gegensätzliche Richtung treiben.

Auf etwas bestehen

Es kommt oft vor, daß das Kind einen kleinen Anstoß braucht. Wenn dies der Fall ist, sollten wir es ermutigen und es in aller Freundlichkeit auf die Notwendigkeit seiner Mitarbeit aufmerksam machen. Bei Widerstand des Kindes ist aber jeder Versuch, es zu überreden, im allgemeinen nutzlos, ja sogar besonders schädlich, wenn die Mitarbeit auf seiner Seite eine innere Vorbereitung erfordert. Es ist richtig, darauf zu bestehen, daß sich das Kind warm anzieht, ehe es zum Spielen ins Freie geht. Solche rein äußeren Dinge mögen oft einen kleinen freundlichen Druck erfordern. Wir sollten aber nie versuchen, das Kind zum Essen oder Schlafen zu zwingen, oder es an einem Gefühlsausdruck wie Schmollen oder Weinen hindern, oder etwas von ihm verlangen, das nur aus innerem Antrieb kommen sollte. Durch äußeren Zwang können wir das Kind veranlassen, einen Bissen in seinen Mund zu nehmen und ihn zu kauen, aber ihn zu schlucken und zu verdauen, erfordert eigene Bereitschaft. Dasselbe gilt vom Schlafen. Wir können das Kind gegen seinen Willen zu Bett bringen; aber jedes weitere sich Einmischen würde den Vorgang des Einschlafens nur stören. Ebenso können die Gefühle des Kindes nicht durch Gewalt beeinflußt werden. Es wird mit Schmollen oder Weinen erst aufhören, wenn es innerlich dazu bereit ist. Gewalt vermehrt nur den inneren Widerstand. In diesen Fällen sind also Worte unnötig und sogar schädlich, da sie das Gegenteil der beabsichtigten Wirkung hervorrufen.

Natürlich kann man das Kind auch in solchen Situationen beeinflussen. Alles hängt davon ab, ob wir es für die richtige Haltung gewinnen können — indem wir es innerlich bereit machen, sich so zu benehmen, wie es soll. Es muß *in sich* den Antrieb fühlen, das zu tun, was notwendig erscheint. Diese innere Wandlung kann verhältnismäßig leicht durch die natürlichen Folgen bewirkt werden, auch wenn es sich zuerst in starker Opposition befindet.

Die kleine Eva wollte gleich nach dem Essen keinen Mittagsschlaf machen; sie war aber sofort bereit dazu, als sie hörte, daß sie sonst am Abend für die Hausmusik nicht aufbleiben dürfte. Einmal wollte sie ein bestimmtes Essen nicht haben; als sie aber merkte, daß sie dafür nichts anderes bekam, sagte sie: »Weißt du Vati, so schlecht schmeckt es ja schließlich auch nicht.« Der innere Widerstand war verschwunden. Durch Überredung hätte man das nie erreichen können; im Gegenteil, ein darauf Bestehen hätte das Kind am Essen und Schlafen gehindert.

So werden sich auch trotzige Kinder zusammennehmen, wenn sie nicht beschwatzt oder gekränkt, sondern sich selbst überlassen werden. Sogar Weinen wird sofort aufhören, wenn das Interesse des Kindes auf andere Dinge gelenkt wird. Darauf bestehen wird jedoch nie diese Wirkung haben.

Sich Versprechen geben lassen

Völlig nutzlos und sogar schädlich in seinen späteren Auswirkungen ist der Versuch, das Kind dazu zu verleiten, besseres Benehmen zu versprechen. Z. B.: »Versprich mir, nie wieder dieses Wort zu sagen«; »Versprich mir, daß du dich nächstes Mal besser benimmst«; »Versprich mir, mich nie wieder anzulügen!« Im allgemeinen gibt das Kind sein Wort ziemlich gleichgültig, ohne eine andere Vorstellung, als uns zu gefallen oder Bestrafung zu vermeiden. Auch wenn es ehrlich beabsichtigt, sein Versprechen zu halten, ist wenig gewonnen. Das Kind ändert nicht seine Persönlichkeit; deshalb bleibt sein Benehmen dasselbe. Und wenn es scheinbar aus Gedankenlosigkeit seinen früheren Fehler wiederholt, fügen wir der Liste seiner alten Fehler nur einen neuen hinzu, indem wir es mit den Zeichen der Unglaubwürdigkeit und Unzuverlässigkeit brandmarken. Um diesen Anschuldigungen zu entgehen, wird sich das Kind lieber für gedankenlos und vergeßlich halten lassen. Und so hat das erzwungene Versprechen erstens den ursprünglichen Fehler nicht verbessern können, zweitens einen neuen Fehler (Unzuverlässigkeit) hinzugefügt; und drittens hat es die Neigung des Kindes verstärkt, sich hinter einer »Schwäche« zu verstecken.

Um eine Wiederholung seines Fehlers zu vermeiden, müssen wir das Kind von seinen unangenehmen Folgen überzeugen. Wenn schlechtes Verhalten nur zur Folge hat, daß man ein Versprechen geben muß, dann wird das Kind gern diese Folge auf sich nehmen und bei der nächsten Gelegenheit mit vollkommenem Gleichmut wieder versprechen, was immer man von ihm verlangt. So wird das erzwungene Versprechen zu einer Förmlichkeit, durch die das Kind die wirklichen Folgen seiner Taten vermeiden kann. Weil wir Mitleid mit dem Kind haben, wollen wir ihm die unangenehmen Folgen seines unrichtigen Benehmens ersparen; und um unser Abweichen vom logischen Ablauf der Ereignisse zu rechtfertigen, verlangen wir vom Kind ein Versprechen, sich zu bessern. Wir dürfen dann aber nicht überrascht sein, wenn es auch in Zukunft versucht, unangenehme Situationen dadurch zu vermeiden, daß es alles, was von ihm verlangt wird, munter verspricht.

Außerdem wird das Kind versuchen, seine Versprechen als Mittel, Vorteile zu erlangen, zu benützen. Wenn es liebkost werden will oder gern ins Kino möchte, oder irgend etwas anderes erreichen will, ist es bereit, jedes Versprechen zu geben. Oder vielleicht haben wir irgend etwas Erfreuliches für das Kind vor und sagen ihm zuerst: »Ich werde es aber nicht tun, wenn du nicht ...«. Damit erhebt sich aber dieselbe Situation. Wollen wir dem Kind etwas zu Gefallen tun, sollten wir es nicht gleich mit Einschränkungen verbinden. Wenn wir die beabsichtigte Freude davon abhängig machen wollen, daß das Kind irgendeine Aufgabe erfüllt, dann muß diese

in logischem Zusammenhang zu unserem Beitrag stehen und muß ohne Frage zuerst kommen, da sie sich sonst allzu leicht auf leere Worte eines Versprechens beschränkt und somit die schwierige Situation, die wir vorher geschildert haben, hervorruft.
Wenn wir uns von Versprechen, die nur ein Ersatz für das Handeln sind, bestechen lassen, wird nur die Entwicklung von Zügen der Unzuverlässigkeit und Großsprecherei bei unseren Kindern die Folge sein. Wir können in Bezug auf Versprechen nicht vorsichtig genug sein. Es mag sehr verlockend sein, wenn ein Kind aus eigenem Antrieb ein freundliches Versprechen gibt. Wir müssen aber darauf achten, daß es dies nicht dazu benützt, sich von irgendeiner Unannehmlichkeit freizukaufen, oder irgendeine Art ungebührlichen Vorteils zu erlangen. Auf jeden Fall sollte man sich von Kindern nie Versprechen geben lassen, denn im allgemeinen ruft dies nur Schwierigkeiten und Enttäuschungen hervor.

»Nimm dich zusammen«

Eine andere Bemühung, das Kind willfährig zu machen, wird ebenso oft versucht und ist genau so bedenklich. Wir mögen das Kind bei vielen Gelegenheiten ermahnen, indem wir sagen: »Nimm dich zusammen!« Im allgemeinen fügen wir nicht bei »denn du wirst es sicher schaffen«. Was wir meinen ist, daß es seine Willensstärke beweisen soll; es sollte nicht so *schwach* sein. Das ist es, was das Kind versteht. Seine Schlußfolgerungen sind aber oft ganz verschieden von denen, die wir von ihm erwarten. Anstatt seine Stärke zu erkennen, fühlt es sich nur schwächer. Es mag versuchen, sich anders zu benehmen, aber es wird nur sehr wenig Erfolg damit haben. Alle seine guten *Bemühungen* ändern nicht seine schlechten *Absichten;* es erlebt nur die erfolglosen Versuche der Selbstbeherrschung. Das Ergebnis ist ein zunehmendes Gefühl der Hilflosigkeit. Es wird damit nur noch mehr von seinem Mangel an Willenskraft überzeugt, ohne sein Benehmen zu bessern.

Dieser Appell an die kindliche Willenskraft geht von einer falschen psychologischen Voraussetzung aus. Der *bewußte* Wille entspricht nicht immer den tatsächlichen, tieferen Absichten, die dem Verhalten des Kindes zugrunde liegen. Sogar seine Fehler haben einen bestimmten Zweck. Natürlich sind seine Absichten in diesem Augenblick keine freundlichen, da sie seinen Konflikt mit einer gegebenen Situation ausdrücken; während aber andere diese feindliche Tendenz erkennen können, wird das Kind selbst ihrer nicht gewahr. Wenn wir dem Kind sagen, daß es sich zusammen nehmen soll, zwingen wir es in eine Haltung, die weitreichende, aber unglückliche Folgen für sein späteres Leben haben kann. Der psychologische Mechanismus, der sich daraufhin entwickelt, bildet eine wichtige Grundlage für die Entwicklung der sogenannten Neurosen.
Was geschieht nun wirklich, wenn ein Kind »sich zusammennimmt«? Seine wirkliche Haltung ändert sich in keiner Weise; sein Trotz, sein Protest, sein Streben nach Anerkennung, oder sein Wunsch, Verantwortung zu vermeiden, dauern an und bleiben durch solch einen Appell sicherlich unberührt. Statt aber seine Feindseligkeit zu verstehen, und die konfliktgeladene Atmosphäre zu reinigen, verlangen wir von ihm eine Leistung, die unter den gegebenen Umständen einfach unmöglich ist. Auch wenn das Kind versuchte, *nicht* faul oder schlampig, aggressiv oder langweilig zu sein, wird diese Bemühung seine »Fehler« nicht verbessern, sondern sein Gefühl der Schwäche und der mangelnden Willenskraft wahrscheinlich noch verstärken, weil kein Wandel seiner *inneren Zielsetzung* vor sich gegangen ist. Entschuldigend weist das Kind auf seine vergeblichen Bemühungen hin; es findet tausend Ausreden, wird vergeßlich und unaufmerksam und gerät in einen inneren Konflikt, der tatsächlich nur ein Scheinkonflikt ist und zu nichts führt. Wenn wir uns mit Kritik und Tadel in diesen Kampf einmischen, und dem Kind seinen Mangel an Willenskraft vorwerfen, so beschleunigt dies nur seine gefährliche Entwicklung. Solche scheinbar willensschwache Individuen geben allen ihren bösartigen Impulsen nach und erwecken den Anschein, unfähig zur Selbstbeherrschung

zu sein. Durch »Schwäche« und »Mangel an Energie« zwingen sie ihre Eltern und andere Personen ihrer Umgebung, alle notwendigen Entscheidungen für sie zu treffen, und belasten Verwandte und Freunde mit der vollen Verantwortung für ihre eigenen Handlungen. Und doch kann ihnen niemand Vorhaltungen machen, da sie sich ja offensichtlich »anstrengen«, ihre Verpflichtungen zu erfüllen.

Wenn wir unser Kind nicht auf diesen Weg zur Neurose treiben wollen, müssen wir die Ermahnung: »Nimm dich zusammen«, vermeiden. Wenn wir eine Schwäche bemerken, ist es viel besser, nach ihrem Ursprung zu suchen und dem Kind zu helfen, die *Voraussetzungen* für sein Benehmen zu ändern. Wir sollten ihm nicht die Gelegenheit geben, selbst an seine unterstellte »Schwäche« zu glauben. Wenn ein Kind unbeherrscht und gedankenlos ist oder keine Initiative hat, beruhen diese Fehler niemals auf einem Mangel an Kraft oder Energie. Wir müssen seine Ziele erkennen und dem Kind helfen, seine Schwierigkeiten zu meistern.

Wiedervergeltung

Viele erzieherische Vorgänge beruhen auf der Annahme, daß jede Handlung des Kindes ihren Lohn oder ihre Strafe finden soll. Die meisten Eltern können sich die Möglichkeit, ihr Kind ohne Anwendung von Belohnung oder Bestrafung zu erziehen, kaum vorstellen. Diese Methoden wurden seit uralten Zeiten angewandt und sind tief in die sozialen Verhältnisse eingebettet, die die menschlichen Beziehungen der Vergangenheit kennzeichneten. Solange es Menschen gibt, die die Diener von Menschen sind, können Dienstleistungen nur durch Gewalt oder Bestechung erreicht werden. Die Gruppe, die die Macht hatte, drückte durch die falschen Methoden der Unterwerfung ihre Gesetze anderen auf. Wiedervergeltung war dazu ein nützliches Werkzeug, solange die Mächtigen die stärkeren Methoden zur Hand hatten.

In unserer demokratischen Kultur haben die menschlichen Beziehungen einen grundlegenden Wandel erfahren. Der Mensch wurde mit anderen gleichberechtigt, nicht nur allgemein in politischen und sozialen Beziehungen, sondern auch in der Beziehung zwischen Eltern und Kindern. Beim Vorgang der gegenseitigen Vergeltung erfreuen die Eltern sich nicht mehr der günstigen Stellung der mächtigen Überlegenheit. Sie mögen versuchen, ihre überlegene Stellung aufrecht zu erhalten; sie werden aber von den veränderten sozialen Auffassungen beeinflußt, ohne dessen gewahr zu werden. In ihren Bemühungen, das Kind als sozial gleichwertigen Menschen anzusehen, machen sie oft aus ihm ihren Herrn. Außerdem nehmen die heutigen Maßstäbe des menschlichen Zusammenlebens den Eltern das Recht, ihr Kind zu behandeln, wie sie wollen. Als Folge ist die kindliche Macht der Wiedervergeltung größer als ihre eigene. (Siehe Kapitel VI; Kampf der Generationen.) Die Methoden der Wiedervergeltung haben keine Wirkung mehr, ungeachtet der Hartnäkkigkeit, mit der sie immer noch benützt werden.
Der Irrtum hinter dieser Theorie von Belohnung und Bestrafung ist offensichtlich. Beide Methoden beruhen auf der Annahme unserer Macht und Überlegenheit. Wenn wir unser Kind ihnen aussetzen, lehren wir es, wie es sich unter unserer Gewalt, aber nicht aus eigenem Antrieb, richtig zu benehmen hat. Wir können Anpassung zweifellos auf diese Weise erreichen; das daraus resultierende »gute Benehmen« ist aber nicht mehr als ein oberflächlicher Anstrich. Jede Zusammenarbeit, die durch Gewalt erreicht wird, beruht weder auf Gemeinschaftsgefühl noch auf einem echten Wunsch, sich anzupassen; unter der Tünche bleibt die Rebellion, die unvermeidlich zu antisozialen Einstellungen führt, Zusammenarbeit unmöglich macht und Gesetz und Ordnung durchbricht. Dieser innere Widerstand, durch einen äußeren sozialen Anstrich kaum verdeckt, ist für beinahe alle unsere Zeitgenossen typisch und erklärt ihre sozialen Mängel. Viele wollen sich nur dann anpassen, wenn sie dabei Vorteile haben oder Unannehmlichkeiten vermeiden. Ihre Anpassung ist nicht echt, ihre Zusammenarbeit beruht nicht auf

Anerkennung und Annahme einer sozialen Ordnung. Sie betrachten die Gesellschaft als einen Tyrannen, dem sie sich unterwerfen müssen, aber nicht als ihren eigenen Lebenraum, an dem sie mitschaffen und dem sie als Gleichberechtigte angehören können. Der Wert der Zusammenarbeit und einer friedvollen Ordnung kann durch Belohnung und Bestrafung nicht gelehrt werden. Diese Methode läßt das wirkliche Problem nicht zutage treten, weil sie Ordnung als Zwang und soziale Anpassung als Unterwerfung darstellt. Für das Kind sind die natürlichen Folgen einer gestörten Ordnung die einzige Veranlassung zu wirklicher sozialer Anpassung, weil die Wirklichkeit und nicht ein überlegener Erwachsener den Druck ausübt. Sie allein regen zur Anerkennung und Annahme von Ordnung an, unabhängig von den Handlungen anderer und ungeachtet günstiger oder ungünstiger Umstände.

Eltern, die sich an die Wiedervergeltung gewöhnt haben, können logische Folgen leicht mißbrauchen. Z. B. wenn sie drohen: »Wenn du das tust, wird das und das geschehen.« Damit bringen sie wiederum ihre eigene Macht in die soziale Ordnung hinein. Sie wachen wie ein Polizist über das Kind und sind völlig überrascht, wenn dieses nun seinerseits die Eltern dafür, was sie nach seiner Meinung ihm angetan haben, bestraft. Das Ergebnis ist ein endloses Tauziehen, wobei jede Partei das, was die andere vorher getan hat, wettmachen will.

Die Atmosphäre des Kampfes kennzeichnet viele der heutigen Methoden, weil sich Eltern durch ihr Kind bereits besiegt und überwältigt fühlen. Sie sind sich nicht bewußt, welche Beweggründe sie veranlassen, Methoden, die sie bereits als nutzlos und wirkungslos erkannt haben, weiter zu verwenden. Alle Eltern neigen dazu, bei der Erziehung Belohnung oder Bestrafung anzuwenden. Wir müssen lernen, auf sie zu achten, ihre Bedeutung zu verstehen und sie durch wirkungsvollere Methoden zu ersetzen.

Verlangen von blindem Gehorsam

Wir mögen uns gezwungen fühlen, Gewalt anzuwenden, wenn wir den Widerwillen des Kindes, folgsam zu sein, als Kränkung und Beschränkung unseres Ansehens empfinden (und damit als eine Niederlage auf dem häuslichen Schlachtfeld der Machtpolitik). Ist aber eine solche Haltung gerechtfertigt?

Natürlich gibt es eine ganze Reihe von Situationen, die eine unmittelbare Reaktion unseres Kindes erfordern. Dies gilt z. B., wenn das Kind in Gefahr ist, oder wenn man es zur Beachtung der notwendigen Ordnung anhalten muß. Solche Notfälle ereignen sich jedoch nicht oft; und wenn die Forderungen nach sofortiger Reaktion auf diese wenigen Fälle beschränkt werden, wird Festigkeit allein genügen. Unterwerfung in jedem Fall zu verlangen, ist ein ernsthafter Fehler. Das Kind hat seine eigenen Ansichten und sollte sie entwickeln dürfen, wenn es später im Leben Erfolg haben soll. Wenn wir die freie Bewegung der Persönlichkeit des Kindes hemmen, hindern wir das Wachstum seines Willens und seiner Urteilskraft.

Das soll aber auf keinen Fall heißen, daß wir aus reiner Freude über die ersten Zeichen seines eigenen Willens ihm in allem nachgeben sollen. Es erfordert gründliche und ernsthafte Überlegungen, um zu entscheiden, wann ein Kind seinen Willen im Interesse der allgemeinen Ordnung zurückstellen muß, und wann es seine eigenen Entscheidungen ohne Schaden anderer treffen darf.

Aber selbst wenn das Kind einen seiner Wünsche aufgeben muß, ist es nicht immer notwendig, dies sofort zu tun. Wenn Eltern jede Widerstandshandlung als Bedrohung ihres persönlichen Ansehens betrachten, dann werden sie es natürlich schwer finden, zu warten. Wenn sie aber nicht warten können, ist schon der Beginn des Konfliktes gegeben, den sie hätten vermeiden können. Sie reagieren mit Gereiztheit, Ärger und der Anwendung von Gewalt. Wenn ihr Wunsch nach Prestige ihnen mehr Geduld erlaubte, würden sie wahrscheinlich bald zum Schluß kommen, daß Nachdenken viel weiter reicht als Heftigkeit. Sie wären fähig, die natürlichen Folgen anzuwenden, die das Kind zur freiwilligen Aufgabe von ungebührlichen Wünschen und Absichten bringen. Vielleicht wären sie auch auf andere passende Mittel gekommen, um das Kind auf den richtigen Weg zu lenken.

Der zehnjährige Harry hat einen Freund, den seine Eltern nicht mögen. Sie haben ihm verboten, mit diesem Jungen zusammen zu kommen; aber ihr Befehl, wie viele andere ähnliche, hatte keine guten Folgen. Denn eines Tages log Harry, als seine Mutter ihn fragte, mit wem er spazieren gewesen sei; und als die Lüge entdeckt wurde, herrschte große Aufregung. So etwas konnte man doch nicht ungestraft lassen! Mit etwas Überlegung anstelle von Geschrei, Lärm und Schlägen, hätten die Eltern sich fragen können, ob ihr Junge nicht ein Recht auf die Wahl seiner eigenen Freunde habe. Wenn diese besondere Freundschaft den Eltern wirklich gefährlich schiene, wäre das einzig richtige, Mittel und Wege zu finden, ihren Sohn zu einer Änderung seiner Ansicht über seinen Freund zu bringen.
Sie hätten ihm die Fehler dieses Freundes zeigen und in Ruhe mit ihm über die Nachteile einer solchen Verbindung sprechen können. Auch dann wäre es noch fraglich, ob irgend welche drastischen Schritte richtig wären. Wahrscheinlich wäre es das beste, ihren Sohn mit anderen Kindern in Kontakt zu bringen; sie könnten andere Jungens zu sich einladen und Harry die Gelegenheit geben, sich mit einem von ihnen anzufreunden. Die Lüge Harrys geschah, um schmerzhafte Auseinandersetzungen und Streit zu vermeiden. Dies hätte an sich die Eltern veranlassen müssen, ihre frühere Haltung zu überprüfen und den Wert ihrer Handlungsweise in Frage zu stellen. Statt dessen betrachteten sie es als Nichtbeachtung ihres Befehls und als strafbare Mißachtung ihrer Autorität. Hat sich wohl die Stellung der Eltern nach der großen Aufregung gebessert, oder richtet Harry sich jetzt mehr nach den Wünschen seiner Eltern?

Wir müssen uns darüber klar werden, daß es unmöglich ist, alles *sofort* zu erreichen, wenn wir es mit einem Kind zu tun haben. Diese Erkenntnis ist besonders dann wichtig, wenn das Kind als Folge von früheren Reibungen oder einer Vermehrung seiner Probleme oder Verantwortlichkeiten, sich bereits in einem widerborstigen Zustand befindet: z. B. wenn ein jüngeres Geschwister geboren wird oder wenn das Kind anfängt, die Schule zu besuchen, oder wenn es krank ist. Auch in anderen Zeiten mag es dazu neigen, sich aufzulehnen — häufig im Alter zwischen drei und vier Jahren und in der Pubertät. In solchen kritischen Situationen ist der Kampf der Eltern um Prestige in seiner Wirkung besonders verheerend. Je weniger selbstbewußt die Eltern sind, desto stärker zeigt sich dieser Kampf und desto größer ist ihre Angst, irgend etwas ungetan zu lassen. Sie befürchten die schlimmsten Folgen, wenn sie nicht das, was ihnen wichtig erscheint, *sofort* erreichen.

Nörgelei

Eine derartige Ungeduld wird leicht zu Nörgelei, die so stark wie kaum ein anderes elterliches Verhalten dem Kind auf die Nerven fällt und es zum Feind macht. Dieselbe Leier von morgens bis abends! Und was noch mehr ins Gewicht fällt, gerade die Unaufhörlichkeit dieses Verhaltens, verbunden mit einer Armut an erfinderischer Phantasie führt zu einer eintönigen Wiederholung derselben Sätze. Alles und jedes wird kritisiert; irgend etwas ist immer falsch; nichts ist gut genug. Die geringfügigsten Vergehen des Kindes werden als verruchte Verbrechen dargestellt.

Die erzieherischen Erfolge des Nörgelns sind nichtig. Im Gegenteil, Nörgeln versteift nur den Widerstand des Kindes, ruft Ungehorsam hervor und beschleunigt das Versagen. Wenn Eltern die unmittelbare Wirkung ihres Nörgelns beobachten würden, würden sie erschrecken und ihre Methoden ändern. Sie halten aber nie ein, um nachzudenken, denn ihre Haltung beruht mehr auf ihren eigenen Bedürfnissen als denen des Kindes; sie handeln aus einer inneren Notwendigkeit heraus. Auch wenn sie tausend Gründe für ihre Unzufriedenheit angeben könnten, so kennen sie doch tief im Inneren die Wurzeln ihrer Unzufriedenheit selbst nicht, nämlich ihre eigene Enttäuschung im Leben und ihr Gefühl des Zukurzgekommenseins. Beaufsichtigen und Nörgeln gehören zu den Methoden, die darauf abzielen, das Kind herabzusetzen und herabzuwürdigen, oft genug als Bestätigung der eigenen Überlegenheit. Die dadurch hervorgerufenen Verwicklungen werden wir in Verbindung mit einem ähnlichen Vorgehen, welches von Eltern auch nachträglich rational begründet wird, besprechen, nämlich der Tadelei.

Tadel

Kann man sich vorstellen, ein Kind ohne Tadel aufzuziehen? Wahrscheinlich nicht. Seit urdenklichen Zeiten war dies eines der wesentlichsten Werkzeuge des Erziehers. (Wir wissen aber, daß außerhalb unserer Kultur Gesellschaften bestanden und noch bestehen, die diese Technik der Erziehung nicht benützen.) Wir tadeln das Kind, um ihm zu zeigen, daß es sich nicht richtig benommen hat. Warum verwenden wir dazu aber dieses Mittel? Man kann die Fähigkeit des Kindes, zwischen Recht und Unrecht zu unterscheiden, auch dadurch anregen, daß man das *Rechte* betont. Im allgemeinen weiß das Kind, schon ehe es getadelt wird, daß es einen Fehler gemacht hat. Durch kleine Versuche können wir sehen, wie gefügig das Kind ist, wenn es ermutigt und in freundlicher Art unterwiesen wird; wenn wir diese Ergebnisse mit den Erfolgen der Tadelei vergleichen, werden wir feststellen, wie wenig durch letztere erreicht wird.

Wir müssen hier jedoch zwei Vorbehalte machen. Zuerst, unter Tadelei verstehen wir nur geringschätzige Bemerkungen und Handlungen. Wenn wir zu einem Kind sagen: »Das hast du nicht richtig gemacht, du solltest es so und so machen«, ist es kein Tadel, sondern *Unterweisung*. Tadelei geschieht in einem typischen vorwurfsvollen Ton, und nur diese Form des elterlichen Sich-Einmischens wollen wir unter dieser Überschrift besprechen.

Zweitens gibt es zweifellos Kinder, die auf Schelten günstig reagieren. Gewisse Kinder sprechen nur an, wenn sie streng kritisiert werden — diese Kinder reagieren aber auf keine andere Maßnahme. Freundliche Überredung und Ermutigung scheinen völlig wirkungslos. Mit anderen Worten, gerade das Vorgehen, das bei den meisten Kindern die besten Ergebnisse, erzielt, ist bei ihnen nutzlos. Woher kommt das? Wir haben es in solchen Fällen mit widerspenstigen und hartnäckigen jungen Leuten zu tun — Kindern, die nur den Streit kennen und sich nur der Gewalt beugen. Wir werden den seelischen Zustand dieser Kinder ausführlicher in Verbindung mit dem Problem der körperlichen Bestrafung besprechen, da dabei die für sie charakteristische Haltung klarer erkennbar ist.

Wahrscheinlich stimmt es, daß Tadelei manchmal auch gute Ergebnisse bringen kann, besonders bei sehr ehrgeizigen Kindern. Aber auch dann ist eine schädliche Wirkung möglich. Wenn sie besonnen und selten angewandt wird, kann sie als Ansporn zu Ehrgeiz dienen; auf der anderen Seite entmutigt häufiges und heftiges Tadeln ehrgeizige Kinder so sehr, daß sie manchmal sofort ihre ganzen Bemühungen einstellen. Wir sehen hier wieder einmal, wie dieselbe Haltung auf Seiten der Eltern bei verschiedenen Kindern völlig verschiedene Wirkung haben kann.

Mit den oben erwähnten Ausnahmen hat das Tadeln im allgemeinen eine ziemlich gleichartige Wirkung. Es entmutigt die meisten Kinder und behindert ihr Verhalten und ihre Leistungen. Es ist daher beinahe wünschenswert, daß sie sich an die Krittelei ihrer Eltern gewöhnen und ihr keine Aufmerksamkeit mehr schenken. Auf jeden Fall aber wird ein unglücklicher Teufelskreis geschaffen: die Eltern tadeln — das Kind macht keine Fortschritte — die Tadelei nimmt zu — das Kind wird noch schwieriger, in dem wohlbekannten Kreis, der so oft für die Beziehung zwischen unzufriedenen Eltern und ihren Kindern typisch ist. Wie viele häusliche Tragödien haben ihren Ursprung in dieser fehlerhaften Beziehung!

Besonders gefährlich ist es, dem Kind dauernd seine Fehler vorzuwerfen. Wir sollten an die Wirkung denken, wenn wir dazu neigen, dem Kind seine Ungeschicklichkeit vorzuhalten. Unsere Haltung ist verständlich, wenn wir erbittert und in Sorge sind, weil wir ein vollkommenes Kind haben wollen. Worte wie sie in Erziehungsmerkblättern (siehe Anhang) gesammelt werden, haben mindestens

ein sicheres Ergebnis — sie sind ein Ventil für unser eigenes Gefühl des Gereiztseins. Werden solche Feststellungen aber das Kind beeinflussen? Werden sie es zu größerer Geschicklichkeit anspornen? Die gegenteilige Wirkung ist viel wahrscheinlicher, da man mit Sicherheit annehmen kann, daß seine Ungeschicklichkeit zum großen Teil auf seiner Entmutigung beruht. Es glaubt, daß es ungeschickt ist, und benimmt sich dementsprechend. Wir sagen ihm nichts Neues, sondern bestätigen nur seine eigene geringe Meinung von sich selbst. Eine ähnliche Wirkung wird erzielt, wenn wir dem Kind wiederholt seine Dummheit, Faulheit, Schlampigkeit oder andere Fehler vor Augen halten. Wenn es noch nicht glaubt, daß es diese Fehler hat, so werden unsere Bemerkungen es sicherlich bald davon überzeugen. Und in der Folge wird der Fehler natürlich Wurzel fassen, weil solche Bemerkungen dem Kind ganz den Mut nehmen. Es denkt, »wenn ich so dumm (oder ungeschickt oder faul) bin, hat es ja doch keinen Sinn, mich anzustrengen.« Es nimmt dann seine Schwäche als gegeben, und was noch mehr ist, es hat die Befriedigung zu sehen, daß sich andere um es sorgen.
Unsere entmutigende Haltung kann daher die direkte Ursache dafür sein, daß das Kind eine schlechte Gewohnheit annimmt. Diese Erscheinung kann man eindeutig bei der sogenannten Unaufrichtigkeit von Kindern beobachten. Wenn wir die lebhafte Phantasie unseres Kindes nicht verstehen und seine Neigung, Phantasie und Wirklichkeit durcheinander zu bringen, und es der Lüge zeihen, mag es tatsächlich denken, daß es von Natur unaufrichtig ist, und wird künftig vielleicht erst wirklich mit Lügen beginnen.

Wenn wir den Teufel an die Wand malen, so muß er ja erscheinen. Durch unsere Beunruhigung werden wir vielleicht dazu getrieben, dem Kind unsere schlechte Meinung von ihm zum Ausdruck zu bringen. In unserer Verärgerung neigen wir dazu, seine Fehler zu übertreiben, und oft klingen unsere Feststellungen deshalb viel härter, als wir es beabsichtigen. Lohnt es sich wirklich, nur um eine Verärgerung los zu werden, ein Dutzend neue Ärger-Quellen zu schaffen?

Herabsetzung

Der alte Zopf des Nörgelns, Tadelns, kurz die herabsetzende und Konflikt erzeugende Erziehungsweise ruft in der praktischen Anwendung genau das Gegenteil der beabsichtigten Wirkung hervor.

Die Haltung der meisten Eltern zu den schlechten Angewohnheiten ihres Kindes — Nägelbeißen, Nasebohren, Unordnung und dergleichen — zeigt sich in einer Vielfalt von Ermahnungen, Vorwürfen, Versprechungen und Drohungen: und doch sind dies gerade die Mittel, die man anwenden könnte, wenn man dem Kind solche Gewohnheiten *beibringen* wollte. Nehmen wir an, jemand fragte, was wohl das beste Mittel sei, um dem Kind das Nasebohren *beizubringen.* Ihm nur ein Beispiel zu geben, würde nicht genügen, und auch Überredung wäre nicht immer wirkungsvoll. Es gibt aber eine Maßnahme, die unfehlbar zu dem gewünschten Ergebnis führt: Wir müssen nur warten, bis das Kind seinen Finger in die Nase steckt, und es dann schlagen; nach einer kurzen Weile wird sein Finger wieder in der Nase sein, und jetzt brauchen wir es nur anzuschreien und ihm verbieten, seine Nase zu berühren. Wenn wir diesen Vorgang wiederholen, unsere Heftigkeit steigern, ebenso den ungeduldigen Ton unserer Stimme und die Drohungen und Schläge, wird das Kind nach kurzem die Gewohnheit des Nasebohrens angenommen haben. Ist das nicht das Verfahren, das die Eltern tatsächlich anwenden? Der einzige Unterschied ist ihre Meinung, damit den Fehler *beseitigen* zu können. Sie werden überhaupt nicht gewahr, daß ihre Maßregel zum entgegengesetzten Erfolg führt. *Ihre* Eltern wandten bei ihnen dieselbe Maßnahme an, und sie verwenden ohne jede Kritik dasselbe Schema bei ihren eigenen Kindern.

Wenn der Trotz eines Kindes erregt wird, leistet es Widerstand. Jedermann reagiert in derselben Weise. Man hätte annehmen können, daß im Laufe der Zeit Eltern und Lehrer diese Tatsache beobachtet und diese unwirksame und schädliche Erziehungsmethode aufgegeben hätten. Wir stellen aber mit Verwunderung fest, daß dies ganz und gar nicht der Fall ist.

Die Erklärung ist wahrscheinlich darin zu suchen, daß wir die unterschiedlichen Wirkungen der verschiedenen Erziehungsmaßnahmen auf das Kind nicht erkannt haben. Die unmittelbaren, oberflächlichen Folgen waren die einzigen Wirkungen, die uns klar wurden. Eltern waren in derselben Lage, wie die Ärzte vor hundert Jahren, die trotz ihrer guten Absichten ihren Patienten ernsthaften Schaden zufügten, weil sie die Grundsätze der Asepsis (der keimfreien Wundbehandlung) nicht kannten. Jahrhunderte lang wurden Verletzungen bei Unfällen oder auf dem Schlachtfeld mit Bandagen verbunden, die aus alten Leinenlumpen gemacht waren. Niemand wußte, daß diese ernsthafte und oft tödliche Infektionen hervorriefen. Der Wiener Arzt Ignaz Semmelweis war der erste, der die Notwendigkeit keimfreier Wundbehandlung entdeckte, die tatsächlich die künstliche Infektion der Wunden verhinderte.

In ähnlicher Weise wissen heute die meisten Eltern nichts von der Tatsache, daß die seelischen Wunden eines Kindes — die der Anlaß sind für Unarten und Ungehorsam, Versagen in den gestellten Aufgaben und für Fehler der verschiedensten Art — mit Besonnenheit behandelt werden müssen, damit sie sich nicht verschlimmern. Heute macht die moderne »Tiefen«-Psychologie es möglich, das innere Leben von Kindern und Erwachsenen im allgemeinen besser zu verstehen; und zum ersten Mal sind wir in der Lage, die Handlungen und Reaktionen zu beobachten und zu verfolgen, die durch die verschiedenen Erziehungsmethoden hervorgerufen werden. Die moderne Pädagogik versucht, den Eltern und Lehrern die Augen für die wahre Natur des Kindes und seine Fehler zu öffnen, um der Anwendung von falsch verstandenen und schädlichen Erziehungsmaßnahmen ein Ende zu machen.

Die Erneuerer der Erziehung haben es noch viel schwerer als diejenigen der Medizin. Es ist wahr, daß Semmelweis unter der Unaufgeschlossenheit seiner Zeitgenossen bitter zu leiden hatte und Verachtung, Not und einen frühen Tod als Belohnung für seinen Beitrag für die Menschheit erhielt; aber mit der Zeit konnte seine Entdeckung nicht verfehlen, Anerkennung zu gewinnen. Psychologische Entdeckungen können jedoch nicht mit solcher Klarheit und Überzeugungskraft dargestellt werden; und doch sind die Folgen gewisser Erziehungsmethoden aufdringlich genug, um von jedem sachlichen Beobachter erkannt zu werden. Die Hauptschwierigkeit ist die, daß wir in unserer Haltung gegenüber den Kinder nicht objektiv sind — und es vielleicht auch nicht sein können. Die meisten Ärzte behandeln die eigenen Familienmitglieder nicht, aber niemend kommt darum herum, seine eigenen Kinder zu erziehen.

Das ichhafte Interesse vieler Eltern bei gewissen Erziehungsmaßnahmen, die keinerlei Nutzen für das Kind bringen, wurde schon wiederholt erwähnt. Welchen Sinn hat das klarste Verständnis, wenn man sich aus einer inneren Notwendigkeit heraus dagegen versperrt? Welchen Sinn hat der eindeutigste Beweis, wenn man ihn nicht sehen will? Wenn wir uns selbst genau prüfen, können wir sehen, wie oft wir uns gedrängt fühlen, unser Kind geringschätzig zu behandeln. Viele Väter und Mütter haben Angst, die Leistungen ihres Kindes mit vollem Herzen anzuerkennen. Daher kommt es, daß sie sich mit Lob zurückhalten, und wenn sie in einem Ausbruch von Edelmut so weit gehen, ihre Anerkennung auszudrücken, fügen sie ganz sicher eine herabsetzende Bemerkung an. »Du warst heute wirklich nett. Warum kannst du nicht immer so sein?« Gutes Benehmen wird als etwas Selbstverständliches angesehen, und nur die kleinen Fehler und Vergehen werden zur Kenntnis genommen. Die Eltern wollen das egoistische Interesse, das am Grund dieser Haltung liegt, nicht sehen und versuchen es mit der Behauptung zu beschönigen, das Kind könnte sonst eingebildet werden.

Dieses egoistische Interesse zeigt sich ganz klar, wenn immer das Kind in irgendeine Not gerät. Jedermann, der selbstbewußt und vertrauensvoll in seinen Beziehungen zu seinem Kind ist, wird es ruhig und ohne Aufregung durch die Schwierigkeiten hindurchführen. Nicht aber die Eltern, die sich der Situation nicht gewachsen fühlen. Vielleicht wissen sie nicht, wie sie das Problem richtig anpacken sollen, oder haben im Augenblick keine Zeit für das Kind. Im allgemeinen sind sie mit der Furcht vor den unangenehmen Folgen für die Entwicklung des Kindes erfüllt. Dies ist der Augenblick, in dem die herabsetzende Einstellung beginnt, gewöhnlich mit einem heftigen Ausbruch der Kritik. In einer solchen Situation kommt die ganze Liste der herabsetzenden Maßregeln in Anwendung — vom Predigen bis zum Schlagen mit all den tausenden Abwandlungen dazwischen: Schelten, Vorwürfe, Spott und ähnliches. Diese impulsive Art von Herabsetzung ist ein Teil der Maßnahmen, die so viel Eltern auf Lager haben; sie zeigt sich in all den Formen übertriebener Beaufsichtigung, Nörgelei, Strenge und Reizbarkeit.

Dieselbe Tendenz, wenn auch weniger offensichtlich, zeigt sich bei Eltern, die die Technik der Herabsetzung systematisch als überlegte Erziehungsweise anwenden. Es gibt Eltern, die glauben, daß es nur mit Strenge, mit planmäßiger Demütigung oder mit vorsätzlichen Schlägen möglich ist, Kinder zu erziehen. Sie merken nicht, daß dieses Vorgehen ihren Wunsch zeigt, das Kind auszunützen — ihre eigene Überlegenheit durch Anwendung der stärksten Zwangsmaßnahmen zu bewahren. So dient die Herabsetzung des Kindes dem Ziel, die elterliche Autorität aufrecht zu erhalten.

Ein solches Verfahren führt unvermeidlich zum Widerstand. Die Autorität der Eltern sollte das Kind lehren, sich an die Ordnung zu halten, aber der willkürliche Mißbrauch in der Ausübung der Autorität veranlaßt es zu Gegenwehr. Wie sehr es sich auch zu unterwerfen scheint, innerlich dauert der Konflikt an. *Autorität, die für ihre Aufrechterhaltung zu Gewalt greifen muß, verrät damit ihre innere Schwäche.*

Drakonische Strenge

Lars ist ein einziges Kind. Seine Mutter starb, als er drei Jahre alt war. Seine Stiefmutter ist eine gute, tüchtige Frau, aber weder sie noch der Vater verstehen die Zurückhaltung und die stille Feindschaft des Jungen. Deshalb versuchen sie, ihn zu »zähmen«; für jede Unart wird er streng bestraft. Seine Stiefmutter hat an allem, was er tut, etwas auszusetzen. Abends gibt sie ihrem Mann einen genauen Bericht über sein Betragen; und wenn er sich schlecht benommen hat, spricht sein Vater tagelang kein Wort mit ihm. Lars hört selten ein angenehmes freundliches Wort; denn er ist mürrisch und »verdient« keine Freundlichkeit. Scheinbar ist er ein gehorsamer Junge. Trotzdem macht er seinen Eltern keine Freude, denn er zeigt keine echte Anteilnahme am Familienleben. Nicht nur, daß er verschlossen ist, sondern sein Eigensinn kommt von Zeit zu Zeit an die Oberfläche. Dann und wann entfährt ihm ein trotziges Wort, manchmal kommt er nicht zur Zeit heim, oder er weigert sich, eine ihm übertragene Aufgabe zu tun, und wenn er gehorcht, ist sein Widerwille offensichtlich.

Mit den genannten Maßnahmen mag es möglich sein, das Kind oberflächlich zu »zähmen«, aber eine solche unerbittliche Strenge hemmt die Entwicklung des Gemeinschaftsgefühls und das Wachstum eines Zusammengehörigkeitsgefühls. Auf jeden Fall verstärkt sie das Gefühl der Hilflosigkeit, das im Kind schon vorhanden ist, und macht ihm seine Schwäche und Abhängigkeit schmerzhaft bewußt. Es betrachtet seine Eltern nicht als Freunde und fühlt sich auch nicht als ihr Freund. Innerlich rebelliert es gegen sie und läßt keine Gelegenheit verstreichen, seine Gleichgültigkeit oder seinen schlechten Willen zu zeigen. Die Taktik der Strenge, wenn sie systematisch angewandt wird, braucht kein offenes Zeichen von Opposition zu zeigen; die verborgenen Akte der Feindlichkeit werden als solche jedoch von beiden Seiten erkannt.

Demütigung

Viele Eltern glauben, den Widerstand des Kindes dadurch brechen zu können, daß sie es demütigen und ihm so gewisse Fehler abgewöhnen. Sie verlangen von ihrem Kind, in der Ecke zu stehen oder auf dem Boden zu knien, und nicht einmal solche Maßnahmen befriedigen sie; manchmal wird ihre Erfindungskraft auch noch durch einen sadistischen Trieb gesteigert.

Immer wenn die achtjährige Ellen ungezogen ist, muß sie vor ihrem Vater knien, ihren Fehler laut und deutlich bekennen, diese Selbstanklage mehrmals wiederholen und schließlich darum bitten, bestraft zu werden. Natürlich ist es nicht leicht, dies durchzusetzen, wie man sich wohl denken kann: und dem Akt der Buße geht immer ein langes Hin und Her von Schreien, Drohungen und Schlägen voraus.

Die Wirkung einer solchen Demütigung ist leicht vorauszusagen. Bestenfalls gewöhnt sich das Kind an solche Erniedrigungen. Es tut automatisch, was immer von ihm verlangt wird. Aber die seelischen Vorgänge im Inneren eines Kindes, das auf diese Art behandelt wird, sind von dem äußeren Geschehen völlig verschieden. Stumme Hohnworte und Flüche begleiten seine sanften Worte und demütigen Handlungen. Es wird dadurch nur zur Heuchelei erzogen. Der Wert seines äußerlich guten Benehmens ist völlig zweifelhaft.

Die seelische Gesundheit solcher Kinder ist ernsthaft angegriffen. Häufig entwickeln sie Neurosen; und Erfahrungen dieser Art führen oft zu Störungen des Gefühlslebens in Richtung Masochismus. Es gelingt dem Kind, die beabsichtigte Bestrafung in eine Quelle der Freude zu verwandeln. Die Eltern mögen glauben, dem Kind Unannehmlichkeiten zu bereiten, statt dessen vermitteln sie ihm sinnliches Vergnügen. So triumphiert das Kind gerade in dem Augenblick, da es allem Anschein nach am abscheulichsten gedemütigt wird.

Körperliche Bestrafung

Körperliche Bestrafung als systematische Erziehungsmethode wird mehr und mehr abgelehnt. Wir sind froh, diese Tatsache feststellen zu können. Es gibt aber immer noch viele, die ihre Stimmen zu ihrer Verteidigung erheben, wobei sie behaupten, daß die Kinder durch Züchtigung zur Anerkennung der elterlichen Autorität und Überlegenheit gezwungen werden. Besonders in den ersten Lebensjahren — so sagen sie — ist das Kind Vernunftgründen nicht zugänglich; deshalb sind Schläge das einzige Mittel, es zur Anpassung zu bewegen. Auch später, so wird behauptet, sind sie noch notwendig, um unmittelbare Gefahren zu vermeiden; es gibt gewisse Situationen, in denen andere Maßnahmen als nutzlos angesehen werden. Diese Beweisführungen beziehen sich auf *systematisches* Schlagen; Eltern, die nur in der Aufregung Schläge austeilen, wenn ihre »Nerven« stärker sind als sie selbst, sind sich manchmal der Unzweckmäßigkeit körperlicher Bestrafung bewußt.

Wir müssen also zuerst überlegen, ob es tatsächlich Situationen gibt, derer man ohne Schläge nicht Herr werden kann. Wie ist es beim Baby? Natürlich kann es durch Worte nicht beeinflußt werden, da es noch nicht fähig ist, ihre Bedeutung zu verstehen. Aber ist das Grund genug, es zu schlagen? Worte sind schließlich bei der Erziehung nicht unentbehrlich; sie sind im Gegenteil oft überflüssig. Ihre Wirkungslosigkeit bei der Behandlung von Kleinkindern ist daher nicht von Wichtigkeit. Die wirksamere Erziehungsmethode — nämlich die Kinder die *Logik* der Erfordernisse und Vorschriften *erfahren* zu lassen — ist schon im frühesten Kindheitsalter genau so anwendbar wie später. Wenn das Kind irgend etwas ergreifen will, das ihm Schaden zufügen kann, kann der Gegenstand einfach entfernt oder außerhalb seiner Reichweite fortgeschafft werden — ob es schreit oder nicht. Bei anderen Gelegenheiten können die Dinge so angeordnet werden, daß das Baby ohne tatsächliche Gefahr die schmerzhaften Wirkungsmöglichkeiten gewisser Gegenstände erfahren kann. Nehmen wir an, das Kind bestehe darauf, in seinem Wagen aufrecht zu stehen und sich so weit hinauszulehnen, daß es Gefahr läuft, hinauszufallen. Schimpfen hat im besten Fall nur für eine kurze Zeit Erfolg. Dies ist vielleicht der Augenblick, wenn wir daran denken, daß ein kleiner Klaps notwendig wäre. Wäre es nicht viel wirksamer, wenn wir, natürlich mit allen Vorsichtsmaßnahmen, dem Wagen einen leichten Stoß gäben? Das Gefühl für die dadurch hervorgerufene Gefahr würde das Kind dazu bringen, aus eigenem Willen sich wieder hinzusetzen. Wenn eine solche Erfahrung nicht genügt, kann es mehreren Erfahrungen ähnlicher Art ausgesetzt werden; das Baby wird darauf bald den Wunsch aufgeben, diese unangenehmen Gefühle des Fallens unnötigerweise hervorzurufen.

Genau dasselbe gilt auch für das ältere Kind. In einer Aussprache über die Unzweckmäßigkeit der körperlichen Bestrafung brachte einmal eine Mutter den folgenden Fall als Gegenbeweis:

Der ältere ihrer beiden jungen Söhne hatte das Gas in der Küche wiederholt angedreht. Die damit verbundene Gefahr wurde ihm erklärt, aber ohne Erfolg. Man las ihm einen Zeitungsartikel vor, in dem von einer schrecklichen Explosion gerade aus einer solchen Ursache heraus die Rede war: aber auch das beeindruckte ihn nicht. Als er schließlich die Sache wiederholte, gab ihm seine Mutter ordentlich Schläge Er tat es nie wieder, und einige Jahre später sagte er ihr, daß er jedes Mal, wenn er am Gasherd vorübergehe, an die Bestrafung erinnert werde und *seine Lust, den Hahn zu öffnen, unterdrücken müsse.* (Die Lust dazu ist also noch da!)

Stimmt es, daß in diesem Fall Schläge das einzig wirksame Mittel waren? Sicherlich nicht! Mit einem bißchen Nachdenken könnte man auf eine ganze Serie von natürlichen Folgen für das leichtsinnige Verhalten des Jungen kommen. Z. B. hätte die Mutter beiden Kindern sagen können, nur der, der wüßte, wie man mit Gas umgehe, dürfe weiter in der Küche spielen; der andere dürfe sich so lange nicht in der Küche aufhalten, bis er fähig wäre, am Herd vorbei zu gehen, ohne ihn zu berühren. Eine solche Maßnahme, vorausgesetzt, daß sie konsequent durchgeführt wird, hätte wahrscheinlich die Störung ohne weitere Verwicklungen beseitigt. Es gibt viele ähnliche Mittel, dem Kind beizubringen, mit dem Gasherd nicht zu spielen.
Von der frühesten Kindheit an muß das Kind sich an Ordnung gewöhnen und seine Wünsche diesem Gebot unterordnen. *Aber körperliche Strafe ist dazu nicht erforderlich,* auch wenn das Kind selbst sie als verdient ansieht. Wenn die Eltern nur wüßten, was ihr Kind bei Schlägen fühlt und denkt, würden sie davor zurückschrecken und nie wieder Hand an es legen. (Dies gilt für das normale, gesunde Kind). Im Augenblick der Züchtigung entwickeln geschlagene Kinder oft schreckliche Haß- und Wutgefühle; sogar der Todeswunsch gegen den Peiniger ist nicht allzu selten. Kann man wirklich glauben, daß solche Erfahrungen gutes Betragen anregen? Im Gegenteil, die Vernunft sagt uns, daß das Kind sich noch weiter schlecht entwickelt; auch die härtesten Schläge können keinen guten Einfluß auf seine Haltung haben. Sein innerer Widerstand wird durch Schläge nicht gebrochen, sondern nur verstärkt. Es muß ein Unterschied gemacht werden zwischen Kindern, die nur bei sehr seltenen Gelegenheiten, und solchen, die häufig oder regelmäßig geschlagen werden. Kinder, die niemals zuvor geschlagen worden sind, werden durch diese Erfahrung wie vom Blitz getroffen, so

daß sie einen starken Eindruck auf sie macht; sie setzen alles daran, eine Wiederholung zu vermeiden. Meistens sind das Kinder, die sich so zufriedenstellend entwickelt haben, daß körperliche Bestrafung nicht am Platz zu sein schien, besonders weil auch vereinzelte Erfahrungen von Gewalttätigkeit nie ganz ohne tiefen, seelischen Schock vor sich gehen, oft sogar mit bleibenden schädlichen Folgen. Das Kind lernt, brutale Gewalt zu fürchten und sich ihr zu unterwerfen, und mit jedem Schlag wird ein Teil seiner Würde, seines Mutes und seines Selbstvertrauens zerstört. Es gibt jedoch Kinder, die nur gehorchen, wenn sie Schläge bekommen. Manchmal sieht es so aus, als ob sie absichtlich bestraft werden wollen. Durch ihre Unartigkeit und Ungezogenheit reizen sie ihre Eltern und scheinen den Ärger beinahe systematisch hervorzurufen. Überredung, Ermahnungen und Drohungen sind völlig unwirksam; schließlich machen sich die heftig gereizten und erregten Eltern durch Schläge Luft. Danach ist das Kind wie umgewandelt, liebevoll, artig und zur Mitarbeit bereit. Solche Fälle kann man oft beobachten; sie werden als Beweis für die Richtigkeit der körperlichen Bestrafung angesehen. Sind diese Folgen aber tatsächlich so gut, wie sie aussehen? Wieso reagiert das Kind auf schlechte Behandlung so günstig?

Einige Theoretiker sprechen vom sogenannten »Strafbedürfnis«, einem Schuldgefühl, das angeblich Bestrafung verlangt. Wahrscheinlich liegt die Angelegenheit jedoch viel einfacher. Wir haben es in diesen Fällen gewöhnlich mit Kindern zu tun, die sich mißachtet und zurückgesetzt fühlen. Sehr oft fängt ein Kind nach der Geburt eines jüngeren Geschwisters an, außergewöhnlich stark zu stören. Durch Unfug oder Unarten versucht es, die Aufmerksamkeit seiner Eltern auf sich zu lenken. Solange wir noch nicht richtig böse sind, fühlt es sich zu kurz gekommen und ist nicht zufrieden, ehe wir nicht so gereizt sind, daß wir alles andere liegen und stehen lassen. Und wenn wir nach einem Wutausbruch unser eigenes Verhalten bedauern und versuchen, es durch Zärtlichkeit und Küsse wieder gut zu machen, ist es dann ein Wunder, wenn das Kind beginnt, Schläge zu provozieren, um Aufmerksamkeit zu gewinnen und vielleicht sogar mit Zeichen der Liebe getröstet zu werden? Es handelt wie die Bauersfrau, die mit Tränen in den Augen zum Pfarrer rannte und sich beklagte, daß ihr Mann sie nicht mehr lieb habe, da er sie schon seit zwei Wochen nicht mehr geschlagen habe. Schläge zeigen eine intensive Konzentration auf ihren Empfänger an, und diese Tatsache ist es, die viele Kinder zu dieser merkwürdigen Haltung treibt. Manchmal genießen sie sogar ihre Macht, die Eltern so aufzuregen, daß sie ihrer Wut freien Lauf lassen.

Dies ist jedoch nicht der Zweck, den die Eltern beabsichtigen, wenn sie ihr Kind schlagen. Sie glauben, es zu »erziehen«, machen sich aber damit, ohne es zu ahnen, zum Werkzeug der Wünsche des Kindes. Das gute Benehmen nach den Schlägen ist der Preis, den das Kind gern für die Erfüllung seiner Wünsche bezahlt; seine Unartigkeit ist ein Teil seines unbewußten Planes, entweder Aufmerksamkeit zu bekommen, oder die Eltern zu bestrafen und aufzuregen.

Einige Kinder können auf Schläge wieder ganz anders ansprechen. Neben der Auflehnung des Kindes gegen die Eltern kann man gelegentlich eine scheinbar entgegengesetzte Reaktion beobachten. Brutalität erregt gewöhnlich Furcht und Schrecken, aber manchmal ist sie der Anlaß zu besonderer Zuneigung oder sogar Hingabe. In einem gewissen Grad haben wir es hier mit denselben Störungen des Gefühlslebens zu tun wie im vorigen Abschnitt. Das Kind hebt die elterliche Gewalttätigkeit auf, indem es daraus eine Quelle sinnlichen Vergnügens macht. Auch solche Kinder werden oft versuchen, Schläge zu provozieren.

Nicht selten werden strenge Eltern in späteren Jahren besonders geliebt und verehrt. Der Erwachsene erinnert sich nicht mehr an die unangenehmen Gefühle, die er als Kind bei Schlägen hatte. Er wird oft betonen, daß er tatsächlich für die empfangenen Schläge dankbar ist. Wir erkennen hier die Achtung, die ein Kind für jeden hat, der *Macht* ausübt. So kann der stockschwingende Vater leicht zum Symbol der Macht werden; wenn er nicht mehr als Bedrohung empfunden wird — *aber nur dann*! — können seine Kinder ihn lieben. Sie mögen ihn sogar nachahmen; denn die Kinder solcher

Eltern pflegen als Erwachsene oft Schläge als gerechtfertigt anzusehen und sie noch besonders zu empfehlen. Von ihnen hören wir oft die Feststellung »als Kind wurde ich geschlagen, und trotzdem ist aus mir etwas geworden, warum sollte es meinen Kindern nicht auch gut tun.« Und doch ist es auch in ihrem Fall wie in jedem anderen Fall von körperlicher Bestrafung wahr, daß diese eine tiefe Wirkung hinterläßt. Sie können sie nur nicht erkennen. *Wer als Kind geschlagen wurde, zeigt die Spuren der Schläge in seinem Charakter.* Die typische Folge von Schlägen in der Kindheit ist entweder der servile, ängstliche Typ, der kriecherisch und gleichzeitig schlau ist, oder die arrogante und unangenehm selbstbewußte Person. Fast jeder, der in seiner Kindheit geschlagen wurde, hat eine Tendenz zur Brutalität. Er kann sehr tüchtig werden; seine Härte und Rauheit können ihn besonders geeignet machen, im Geschäfts- und Berufsleben Erfolg zu haben. Echte Güte, Wärme und die Fähigkeit für tiefgehende Beziehungen können aber oft fehlen. Nicht daß er tieferer Gefühle unfähig wäre, sondern er ist einfach nicht in der Lage, sein Mißtrauen los zu werden. Im Grunde hat er immer Angst vor einer Wiederholung der in der Kindheit erfahrenen Demütigungen und kann deshalb verhärtet und gefühllos sein.

Herr F. war ein Kind, das dauernd geschlagen wurde. Seine Eltern liebten ihn sehr und waren in vieler Hinsicht mit ihm nachsichtig, aber immer, wenn sie nicht mehr wußten, was tun — und das geschah sehr oft — gaben sie ihm eine tüchige Tracht Prügel. Herr F. ist ein außergewöhnlich tüchtiger Geschäftsmann, bekannt für seine Haltung und Selbstbeherrschung. Er hat eine hübsche Frau, die ihn sehr gerne hat, und nette Kinder. Tatsächlich hat Herr F. aber keinen einzigen guten oder näheren Freund. Er wird mehr gefürchtet als geliebt, denn er ist anmaßend und will niemanden als gleichberechtigt anerkennen. Niemand ist ihm verläßlich genug; niemand außer ihm selbst kann seine Geschäfte verstehen. Durch seinen Mangel an Rücksicht, der oft zur Taktlosigkeit wird, verletzt er viele Leute, die sonst zu einer näheren Bekanntschaft bereit wären.

Gnadenlos tyrannisiert er seine Familie. Nur mit Schwierigkeit konnte er davon abgebracht werden, seine Kinder mit denselben Schlägen zu erziehen, wie er sie seinerzeit empfangen hatte. Obwohl er in diesem Punkt nachgegeben hat, ist es ihm aber außerordentlich wichtig, in jeder Hinsicht als Herr und Meister angesehen zu werden. Jeder muß springen, wenn er mit der Peitsche wippt. Seiner Frau erlaubt er keinerlei Freiheit, ist außerordentlich eifersüchtig und schreibt ihr vor, wann und wohin sie gehen und mit wem sie zusammentreffen darf. Es macht ihm oft Vergnügen, sie in Gegenwart von Dritten in Verlegenheit zu bringen. Jedes Zeichen von Widerspruch oder Widerspenstigkeit bringt ihn zur Wut.

Wir können klar erkennen, daß hinter seiner scheinbaren Überlegenheit die Angst steht. Er sichert sich gegen Zurückweisungen, gegen symbolische Schläge von jedermann, mit dem er zu tun hat. Dadurch hat er sich ein Heer von Feinden gemacht und sich seiner Frau und seinen Kindern entfremdet. Er versteht es nicht und will es auch nicht verstehen, daß Leute, die sich ihm nach außen hin unterordnen, ihn tatsächlich betrügen und zu überlisten suchen, wenn immer es möglich ist. Er ahnt es, aber will diese Tatsachen sich selbst nicht zugeben; schrecklich wird aber sein Erwachen sein, wenn er ihnen einmal ins Auge sehen muß. Und nicht weniger fürchterlich wäre der Schock, wenn er je einmal einen geschäftlichen Rückschlag erleiden würde — eine Möglichkeit, die er fürchtet und die oft seinen Schlaf stört. Das würde das Ende seiner materiellen Überlegenheit bedeuten, auf welcher er sein Prestige und seine Macht aufgebaut hat.

Und doch wird die Methode der körperlichen Bestrafung immer noch angewandt, obgleich ihre Nutzlosigkeit, Sinnlosigkeit und Schädlichkeit jedermann klar sein sollte. Dieses Rätsel findet seine Erklärung in der Tatsache, daß es meistens die geschlagenen Kinder sind, die als Eltern die Theorie vertreten, ohne Schläge gehe es nicht. Sie glauben, ihrem gesunden Verstand zu folgen, wenn sie Schläge austeilen, während sie tatsächlich nur einem fremden inneren Trieb gehorchen. Sie wollen ihrem Kind einen lebendigen und drastischen Beweis *ihrer eigenen Überlegenheit* geben; sie haben Angst, anders seinen Widerstand nicht unterdrücken zu können; und sie merken nicht, daß die Anwendung von brutaler Gewalt ganz klar eine wesenhafte Schwäche verrät, die kein anderes Mittel zu ihrer Verfügung hat. Sie geben sich auch selbst nicht zu, wie viel *Feigheit* in solch einem Vorgehen enthalten ist. Wenn ein Junge ein anderes Kind schlägt, das viel kleiner und schwächer als er ist, wird er als unfair und feige angesehen. Ist es irgendein Unterschied, wenn ein Erwachsener ein schwaches, hilfloses Kind schlägt? Da dies weder notwendig ist noch das gewünschte Ergebnis hervorbringt, sollten wir in unserem eigenen Charakter nach den Gründen für unsere Neigung suchen, unser Kind zu schlagen, wenn immer wir diesen Drang verspüren. Wir werden dann zu der Erkenntnis kommen, daß wir einen bestimmten Hang zur Gewalttätigkeit haben, daß wir gern unsere Macht und Überlegenheit zeigen und daß wir es vor allem nicht ertragen können, die Begrenzungen unserer Autorität zuzugeben. Dann werden wir vielleicht auch erkennen, daß in dem Augenblick, wenn wir unsere Hand erheben, wir uns in Beziehung zum Kind schwach und hilflos fühlen. Dieses Gefühl der Machtlosigkeit ist die Quelle unseres Wunsches, mit allen Mitteln zu zeigen, wer von uns der Stärkere ist, auch wenn wir unsere körperliche Überlegenheit und brutale Kraft zur Anwendung bringen müssen. So stark ist dieses Verlangen, daß wir nicht innehalten, zu überlegen, ob das, was wir tun wollen, gut oder richtig ist.

Bei dem Versuch, diese Tatsache zu widerlegen, mögen wir glauben, das Kind »brauche« Schläge. Vielleicht greifen wir auch auf den alten Ausweg zurück, auf die sogenannten »schwachen Nerven«, und das »Verlieren unserer Selbstbeherrschung«. Aber auch in diesem Fall ist die Situation die gleiche. Wir wissen, daß wir das Kind *nicht* schlagen sollten, in unserer Hilflosigkeit aber verlassen wir uns trotz unseres Gefühls, Unrecht zu tun, auf die Gewalt, und beruhigen nachher mit der Klage über unsere »Nerven« unser Gewissen.

Das menschliche Zusammengehörigkeitsgefühl, das für die zufriedenstellende Entwicklung des Kindes von so großer Bedeutung ist, ist untrennbar mit der *inneren* Anerkennung der sozialen Ordnung, in der es lebt, verbunden; und dieser Sinn für Zusammengehörigkeit wird durch Herabsetzung nie gefördert, sondern geschwächt. Der in der Kindheit gedemütigte und unterdrückte Mensch ist nie ein echtes *soziales* Wesen; er bleibt ein halb gezähmtes Tier. Eine Erziehungsmethode, die als Ziel hat, das Kind zu einem aktiven Mitglied der Gesellschaft zu machen, muß jedes Mittel vermeiden, das darauf abzielt, das Kind zu unterdrücken und zu demütigen.

SCHLUSSWORT

Am Ende dieses Buches können wir uns klar machen, was wir davon in uns aufgenommen haben. Beim Lesen mögen uns viele Gedanken gekommen sein, die uns entweder an- oder aufgeregt haben. Nun ist es Zeit, diese Gedanken zu verarbeiten. Dies wird entscheiden, welchen Wert oder Nutzen dieses Buch für uns gehabt hat.

Hoffentlich ist die eine Tatsache ganz unmißverständlich klar geworden — daß wir es in der Hand haben, unsere Kinder weitgehend zu beeinflussen. Hier sollten wir einen Augenblick innehalten und überlegen, welche Rolle wir als Eltern spielen. Während es nur natürlich ist, daß es uns hauptsächlich um unsere eigene Familie und um unsere eigenen Kinder geht, dürfen wir die Gegebenheit nicht außer acht lassen, daß wir das Geschick der Menschheit in unseren Händen halten. Jede Generation von Eltern bildet die Grundlage für die Zukunft.

Wir können nicht mit Sicherheit feststellen, ob die äußeren Umweltbedingungen oder unsere innere Einstellung das Schicksal der Menschheit mehr entscheiden — ob wir zuerst bessere Menschen brauchen, um eine bessere Menschheit zu bilden, oder eine bessere Gesellschaft, um bessere Menschen hervorzubringen. Beide Faktoren arbeiten Hand in Hand: Die Erziehung der Kinder beeinflußt die zukünftige Gesellschaftsordnung genau so, wie die bestehenden Kulturbedingungen die Arten der Erziehung bestimmen. Die fortschreitende Entwicklung der Menschheit ist unzertrennlich mit der Vervollkommnung des Geistes und der Technik der Kindererziehung verbunden. Die heutige Unvollkommenheit des Menschen ist teilweise durch die entmutigende Erziehung bedingt, der er bisher ausgesetzt war.

Wir haben heute schon eine Idee von dem Weg, der von dieser Unvollkommenheit zu Höhen führen kann, die uns jetzt noch unerreichbar scheinen. Der Gedanke der Entwicklung neuer Formen des Zusammenlebens und die Vorstellung einer großen und unbegrenzten Ausdehnung der menschlichen Schöpferkraft findet durch die Entdeckung der ungeheuren Kernkräfte im unscheinbaren Atom eine eigenartige Bestätigung. Eine richtigere Behandlung des Menschen in der frühen Kindheit könnte schöpferische Fähigkeiten in ihm entfalten und Kräfte und Eigenschaften entwickeln, von denen wir uns heute noch keinen Begriff zu machen vermögen. Was wir über die Entmutigung und Vernachlässigung menschlicher Kräfte wissen, vermittelt uns eine Ahnung der ungezählten Möglichkeiten ethischer, intellektueller und emotionaler Natur, die unter besseren Erziehungsbedingungen zur Entfaltung kommen könnten.

Der frühere Glaube an die Allmacht der Vererbung ist schwer erschüttert. Dieser Glaube beruhte auf einem verständlichen Pessimismus, der sich infolge der begrenzten Erkenntnisse der Möglichkeiten der richtigen Erziehung gebildet hatte. Ist es wirklich denkbar, daß seit Jahrtausenden immerfort völlig falsche pädagogische Prinzipien angewandt worden sind? Die Grundsätze der Erziehung waren früher nicht falsch. Sie waren nur die logische Widerspiegelung einer autokratischen Kulturepoche, die vom Anfang der Zivilisation bis in unsere Tage reichte — eines Zeitraums, der durch die Machtkämpfe zwischen den Menschen gekennzeichnet ist. Aber immer gab es und gibt es auch heute noch Gemeinschaften eines harmonischeren Typs, Stämme und Sippen, die innerhalb ihrer eigenen Grenzen Feindseligkeit und Konkurrenz kaum kennen (also völlig verschieden sind von der bei uns herrschenden Beziehung zwischen den Geschlechtern und Generationen). Ihre Erziehung geht von ganz anderen Voraussetzungen aus, vermeidet die persönliche Bestrafung und Erniedrigung der Kinder und bestätigt in vieler Hinsicht die Erfahrungen der modernen Psychologie.

Es ist sicher, daß die Mängel der gegenwärtigen Erziehungsmethoden unseren Eltern und Kindern beinahe aufgezwungen wurden. Und doch ist es keine Frage, daß Eltern auch heute, wie eh und je, wirksame Erziehungsmethoden entdecken und anwenden können. Unser neues Verständnis beruht auf der Erfahrung ungezählter Vorgänger. Viele hervorragende Männer und Frauen, die sich über den Horizont ihrer Zeitgenossen erhoben haben, waren das Ergebnis einer überlegenen Erziehung. (Wenn ihr Erfolg nur auf Vererbung beruhte, sollte man erwarten, daß die Kinder genialer Menschen viel häufiger nach ihren Eltern arten.) Es ist auch kein reiner Zufall, wenn eine bestimmte Abschlußklasse einer höheren Schule eine ungewöhnlich große Anzahl hervorragender Persönlichkeiten hervorbringt. Wir sehen hier den Beweis eines erfolgreichen Zusammenströmens von Bemühungen (die alles andere als Zufall sind) und pädagogischen Geschick, welches Fähigkeiten entwickelt hat, die unter anderen Umständen brach liegen würden.

In welchem Maße der Mensch entwicklungsfähig ist, kann durch eine einfache Überlegung gezeigt werden. Wenn das Kind eines sogenannten Primitiven frühzeitig in die westliche Kultur verpflanzt wurde, hat es Kräfte und Fähigkeiten entwickelt, die es in seiner ursprünglichen Umgebung niemals hätte erreichen können. Weder Mängel der Vererbung noch eine angenommene minderwertige Gehirnentwicklung hielt es davon ab, sich weit über das Niveau seiner eigenen Gemeinschaft zu erheben. Wir können daher annehmen, daß die Männer und Frauen der Zukunft durch bessere Erziehungsmethoden und verbesserte Lebensbedingungen unser gegenwärtiges kulturelles Niveau genau so überflügeln werden, wie wir selbst das Niveau der sogenannten Primitiven überragen. Es ist wahrscheinlich, daß wir jetzt an der Schwelle eines neuen Zeitalters der Menschheit stehen.

Anhang
Übungen für Elterngruppen

HILFE DURCH ELTERN-STUDIENGRUPPEN

Seit mit den neuen Erziehungsmethoden gearbeitet wird, hat es sich herausgestellt, daß es im allgemeinen nicht genügt, einfach ein Buch wie »Kinder fordern uns heraus«* zu lesen. Man muß es auch durcharbeiten. Denn die neuen Methoden erfordern in vielen Punkten ein anderes Denken als seither, ein Umdenken.

Das Durcharbeiten eines Buches erfolgt am besten in den sogenannten Eltern-Studiengruppen, wo man sich mit den neuen Methoden praktisch auseinandersetzt und vertraut macht. Solche Gruppen wurden schon an vielen Orten gegründet. Sie erfordern keinen Fachmann als Leiter, sondern nur jemanden, der die Initiative hat anzufangen, einen Raum zur Verfügung stellen kann und die Eltern dazu bringt, regelmäßig, am besten ein Mal in der Woche, zusammenzukommen.

Wenn die Gruppe einmal ihren Raum und die Zeit bestimmt hat, dann kann sogar, je nach Übereinkommen, der Leiter wechseln. Die Aufgabe der Gruppe ist grundsätzlich, die Erziehungsprinzipien und -methoden miteinander zu diskutieren und dann erst mit persönlichen Fragen aus dem Erziehungs-Alltag zu kommen.

Die Aufgabe des Gruppenleiters darf nicht darin gesehen werden, Fragen zu beantworten. Nicht er ist die Autorität, sondern das Buch und die Prinzipien. Er soll nur die Diskussion leiten, nicht Rat geben. Die Eltern beraten sich gegenseitig. Viele Augen sehen mehr als zwei. Die einen haben Probleme vor sich, die andere schon hinter sich haben. Wichtig ist, daß man im Gespräch immer wieder auf die Prinzipien und Methoden kommt.

Eine andere Aufgabe des Gruppenleiters besteht darin, darauf zu achten, daß alle zu Wort kommen und nicht einer das Gespräch an sich reißt. Es kommt auf die gegenseitige Ermutigung an.

Wird ein persönliches Problem vorgetragen, dann sind unmittelbar zwei Fragen zu stellen: 1. Was haben Sie getan bzw. wie haben Sie auf das Verhalten des Kindes reagiert? 2. Welches Prinzip wurde dabei beachtet? Oder nicht berücksichtigt? Erst anschließend sollte man darüber diskutieren, was man in dem betreffenden Fall tun könnte.

Die folgenden *Tabellen* können selbstverständlich allen Lesern dieses Buches helfen, doch sind sie in erster Linie als Hilfe für Eltern-Studiengruppen gedacht, in denen Punkt für Punkt durchgesprochen werden sollte. Es hat sich als günstig erwiesen, wenn jeder Teilnehmer einer Gruppe sich mit einem bestimmten Prinzip, einer bestimmten Methode oder mit einem Kapitel des Buches »Kinder fordern uns heraus« oder einem Abschnitt des vorliegenden Buches vorher befaßt. Er kann dann in der Gruppensitzung darüber berichten.

---

* R. Dreikurs — V. Soltz, Kinder fordern uns heraus. Wie erreichen wir sie zeitgemäß, Stuttgart, Ernst Klett Verlag, 7. A. 1971.

1. Die vier Hauptmethoden

I Beobachten

Die Lage des Kindes (siehe Familienkonstellation Tabelle 2)
Die Lage der Eltern

II Überlegen

Wie würde ich impulsiv reagieren?
Was erwartet das Kind?
Welche Ziele werden verfolgt? (siehe Tabelle 3)
Welche Vorurteile liegen zugrunde? (Liebe, Angst, Erwartungen usw.)
Wie sieht es mit dem Gemeinschaftsgefühl aus?
Wie zeigt sich der Lebensstil des Kindes?

III Sich einstellen

Achtung, Vertrauen, Gleichwertigkeit, Glaube
Positiv, sachlich, logisch
Person und Sache trennen
»Sein gutes Recht!«
Verantwortung geben, entscheiden lassen
Geistige Orientierung

IV Handeln (nicht reden)

Nur an einem Punkt arbeiten
Methoden sparsam und beharrlich anwenden
Freundlich *und* fest bleiben
Sich Zeit nehmen
Den Tageslauf regeln
Weder streiten noch nachgeben
Vergnügen zusammen erleben
Nicht strafen, sondern natürliche und logische Folgen anwenden

Natürliche Folgen (treten von selbst ein)
Richtiges Benehmen muß von innen kommen.
Dies ist nur möglich, wenn das Kind erkennt, daß es zufriedenstellender ist als das unrichtige Benehmen.
Bei unangenehmen Folgen kein Mitleid zeigen
Notwendigkeit der Wiederholung
Unsere Haltung muß passiv, aber wohlwollend sein, damit die Folgen nicht wie Strafe aussehen.
Hinter den Folgen steht die konsequente Ordnung und Logik, nicht die Macht der Erwachsenen.

Logische Folgen (erfordern Überlegen)
Nicht betonen, was geschah, sondern was kommen wird
Dem Kind eine Wahl lassen und die Chance, die Situation zu ändern

Ton unserer Stimme?
Keine Versprechen annehmen
Für das nächste Mal wieder eine Chance geben
Zuerst Machtkampf beenden, ehe logische Folgen möglich sind

Psychologische Enthüllungen
Nicht: »Warum hast du das getan?«
Weder Gefühle noch Kritik noch Vorwurf
Keine Analyse, sondern Ziele enthüllen
Keine Psychotherapie, sondern Deutung
Nicht sagen, was das Kind ist, sondern was es will
Erkennungsreflex!
Nicht zu oft wiederholen
»Könnte es sein, daß ...«

Familienrat (siehe Tabelle 5)

2. Die Familienkonstellation

Das einzige Kind
Verwöhnt?
Mutterkomplex?
Ist Vater Rivale?
Mittelpunkt des Interesses?
Nur an sich interessiert?
Unsicherheit infolge der Ängstlichkeit der Eltern?
Glaubt nicht, durch eigene Bemühungen etwas zu erreichen?
Fühlt sich ungerecht behandelt, wenn Wünsche nicht erfüllt werden?
Tut sich hervor, um Anerkennung der Erwachsenen zu erhalten?
Scheu und hilflos, um Mitleid zu bekommen?

Das erste Kind
Wie lange war es das einzige Kind?
Will es der Erste und den nächsten Kindern überlegen sein?
Durch Geburt des zweiten Kindes entthront?
Gut und tüchtig oder stark entmutigt?
Will es andere beschützen und ihnen helfen?
Haß und Todeswünsche gegenüber dem zweiten Kind?
Wenn das erste Kind ein Junge ist, dem bald eine Schwester folgt, besteht Unzufriedenheit mit dem Geschlecht?
Hat das sich rascher entwickelnde Mädchen den Jungen überholt?
Will der Junge aus seiner männlichen Rolle Vorteile ziehen?
Fühlt sich das Mädchen minderwertig und drängt nach vorwärts?

Das zweite Kind

- Hat nie die ungeteilte Aufmerksamkeit der Eltern, sondern vor sich ein anderes Kind, das fortgeschrittener ist.
- Glaubt es, gegenüber dem ersten Kind nicht gewinnen zu können?
- Ist es ein Renner, überaktiv und streberhaft?
- Unsicherheit und Selbstzweifel infolge des Erfolgs des ersten Kinds?
- Ist es das Gegenteil des ersten Kindes?
- „Sandwich" kind (eingeklemmt) bei Geburt eines dritten Kindes?

Das jüngste Kind

- Ist es wie ein einziges Kind?
- Nicht gewohnt, Entscheidungen zu treffen und Verantwortung zu übernehmen?
- Verwöhnt von allen?
- Ist es der Kleinste, Schwächste und wird nicht ernst genommen?
- Ist es der »Boss« der Familie?
- Versucht es, Brüder und Schwestern zu überflügeln?
- Spielt es Baby und stellt andere in seine Dienste?
- Verbündet mit dem ältesten Kind?

Das mittlere Kind von dreien

- Fühlt es sich vernachlässigt?
- Fühlt es sich ungeliebt und mißbraucht?
- Ist es überzeugt, daß die Welt ihm gegenüber ungerecht ist?
- Findet es keinen Platz in der Gruppe?
- Stark entmutigt und dadurch ein Problemkind?

3. Die vier Nahziele des unangepaßten Kindes

1. Ziel: Aufmerksamkeit erregen („Ich will beachtet werden")

Jedes der folgenden Kennzeichen kann bei einem Kind erscheinen und nicht dem Ziel des Aufmerksamkeiterregens zugehören. Will es damit Aufmerksamkeit erregen, hört es damit auf, wenn es getadelt wird. Hört es nach dem Tadel nicht damit auf, handelt es sich wahrscheinlich um das Symptom eines stärkeren Zieles.

Es kann erfolgreiche Methoden von Geschwistern nachahmen, aber noch wahrscheinlicher die entgegengesetzte Methode versuchen. Konstruktive Methoden benützt ein Kind, das sich akzeptiert fühlt. Aktivität oder Passivität hängen vom Selbstvertrauen und Mut ab, werden schon in frühester Kindheit gebildet und sind nicht leicht zu ändern.

Das Erregen von Aufmerksamkeit treffen wir heute bei fast allen Kindern im Vorschulalter an. Während der ersten Schuljahre sollte es allmählich verschwinden.

a) Aktiv-konstruktive Methoden

Eindruck der Vorzüglichkeit mit dem Zweck, Lob und Anerkennung zu bekommen (diese Kinder sind oft die Freude ihrer Eltern).
Das Musterkind
Kluge Bemerkungen
Leistungen, um Aufmerksamkeit zu erregen
Überraschungen, die Aufmerksamkeit erregen
Besonders gut, zuverlässig, fleißig und zur Mitarbeit bereit sein (schlechte Anpassung wird erst in Situationen offensichtlich, wo diese Kinder weder Lob noch Anerkennung bekommen).
Übertriebene Gewissenhaftigkeit
Altkluge Aussprüche

b) Aktiv-destruktive Methoden

Clownerie
Aufdringlichkeit
Das wandelnde Fragezeichen
Das Enfant terrible
Unbeständigkeit
Angeberei

c) Passiv-konstruktive Methoden

Übertriebener Charme
Eitelkeit
Übertriebenes Gefälligsein
(Diese Methoden werden üblicherweise nicht als ungünstiges Verhalten angesehen.)

d) Passiv-destruktive Methoden

Schüchternheit
Unselbständigkeit
Unordentlichkeit
Mangel an Konzentration
Mangel an Ausdauer
Oberflächlichkeit
Nachgiebigkeit gegenüber sich selbst (Genußsucht)
Ängstlichkeit
Furchtsamkeit
Schwierigkeiten beim Essen
Sprechfehler
Andere Leistungsmängel

Das Kind ist sich der Zwecke seines Handelns (Ziele) nicht bewußt.

Das grundsätzliche Mittel heißt zuerst, wenn möglich das Bemühen des Kindes, Aufmerksamkeit mit ungebührlichen Mitteln zu erregen, zu ignorieren. Als zweiten Schritt muß man dem Kind mehr positive Aufmerksamkeit geben, nämlich dann, wenn Übereinstimmung besteht.

2. *Ziel: Überlegenheit gewinnen („Ich will zeigen, wer der Stärkere ist“)*

Allgemeine Kennzeichen: Der Kampf um Überlegenheit ist dem destruktiven Aufmerksamkeiterregen ähnlich, aber stärker. Während eines Machtkampfes ist keine Wechselwirkung zu geringfügig, um nicht als Gelegenheit für eine Herausforderung benützt zu werden.

a) Aktiv-destruktive Methoden

Widerspruch
Streit
Wutausbrüche
Trödeln
Schlechte Gewohnheiten (Daumenlutschen, Nasebohren, Nägelkauen)
Masturbation (Selbstbefriedigung, Onanie)
Lügen
Das Verbotene weiter tun

b) Passiv-destruktive Methoden

Ungehorsam
Faulheit
Sturheit
Vergeßlichkeit
Eigensinn
Unaufrichtigkeit

Ein Kind, das Ziel 2 verfolgt, hört nach dem Tadel nicht damit auf, sondern tut das Verbotene weiter, eventuell sogar verstärkt. Die einzig spezifische Methode des Reagierens auf ein machthungriges Kind ist, sich auf keinen Fall auf einen Machtkampf einzulassen. Erst nach Beendigung des Machtkampfes (allein kann man nicht streiten) ist die Anwendung der nötigen Methoden möglich.

3. *Ziel: Vergeltung („Ich will euch auch wehtun“)*

Allgemeine Kennzeichen: Das Kind will andere verletzen. Dies kann sich auf eine gewisse Zeit oder auf bestimmte Situationen beschränken. Es kann die reguläre Methode werden, was vom Grad der Feindseligkeit abhängt. Nicht geliebt zu werden dient der Erringung einer sozialen Position. Diese Kinder lechzen innerlich nach Liebe, tun äußerlich aber alles, damit es unmöglich erscheint, ihnen Liebe zu zeigen. Die spezifische Methode ist, dem Kind trotz allem, was es tut, doch zu zeigen, daß man es gern hat. Man kann dies aber nur tun, wenn man sich von dem verletzenden Verhalten des Kindes nicht durch gefühlmäßige Reaktionen beeindrucken läßt, sondern fest entschlossen bleibt, dem Kind zu helfen.

a) Aktiv-destruktive Methoden

Boshaftigkeit

Gewalt und Brutalität
Stehlen
Bettnässen

b) Passiv-destruktive Methoden

Verbissene Passivität (auch Ziel 4)

4. Ziel: Rückzug („Ich will allein gelassen werden")

Tatsächliche oder eingebildete Mängel werden als Mittel angesehen, um Geltung aufrecht zu erhalten (Minderwertigkeitskomplex).
Diese Kinder glauben so wenig an sich, daß alles, was von ihnen verlangt wird, als Prüfung erscheint. Deshalb demonstrieren sie ihr Unvermögen in der Hoffnung, allein gelassen zu werden, so daß niemand mehr etwas von ihnen verlangt.
Die einzige spezifische Methode ist die Kunst der Ermutigung, d. h. wir müssen positive Seiten am Kind entdecken wollen, wenn uns dies auch oft nicht leicht fällt. Wir können nur auf Positivem aufbauen und müssen deshalb die Fehler und Mängel, eben die negativen Seiten des Kindes, übersehen wollen.

a) Passiv-destruktive Methoden

Trägheit
Dummheit (Dummstellreflex)
Unfähigkeit, Ungeschicklichkeit, Untauglichkeit
»Hoffnungslosigkeit«

Ein Fortschreiten über diese Methoden der sozialen Wechselwirkung hinaus wird krankhaft. Hierher gehören nervöse Störungen, Psychose und Psychopathie.

4. Die drei Prinzipien der wirksamen Erziehungsmethoden

1. Prinzip: Ordnung

Familienatmosphäre
- Übereinstimmung mit den Regeln der Gesellschaft
- Beispiel der Eltern
  - Freundlichkeit, Achtung, Geduld
  - Sprechen von anderen
  - Klare Weltanschauung, kein Pessimismus
  - Kindliche Auffassung nicht unterschätzen
  - Schönheit der Welt, Natur, Kunst
  - Widrige Umstände weniger wichtig als eigenes Verhalten

Verschiedene häusliche Rechte und Pflichten
- Regeln gelten für alle Familienmitglieder.
- Den *verschiedenen* Funktionen, Aufgaben, Verantwortungen, Rechten

und Vorrechten *gleiche* Anerkennung schenken. Je weniger Anerkennung, desto ungenügender funktioniert der einzelne.

Rechte des Kindes
- Ruhe, Schlaf, regelmäßige Stillzeiten
- Zunehmende Freiheit und Unabhängigkeit
- Entwicklung von Initiative
- Erprobung der kindlichen Kräfte
- Spielmöglichkeit mit Gleichaltrigen
- Gelegenheit zu helfen, nützen, Beiträge zu leisten
- Persönliche Enscheidungen treffen
- Spielraum in der Wahl und Art für die Entwicklung der notwendigen praktischen Fähigkeiten
- Anerkennung
- Alles kindliche Tun ist ernsthafte Vorbereitung aufs Leben
- Früh sich waschen, anziehen und Ordnung in seinen Dingen halten
- Pflichten sind auch Rechte (z. B. früher ins Bett)
- Anpassung an Familie, Haushalt und die Rechte der anderen

Konsequenz
- Kinder lernen nur durch Wiederholung (aber nicht von Worten!).
- Vorsicht bei einer neuen Verantwortung
- Keine Ausnahmen

Entschiedenheit
- Vor Entscheidungen ihre Durchführbarkeit überlegen
- Nach Entscheidungen entschieden bleiben
- Direkte Befehle nur sparsam geben, statt dessen Vorschläge
- Nicht schreien

2. Prinzip: Vermeidung von Streit

Zurückhaltung
- Sich möglichst wenig einmischen
- Sich möglichst bald überflüssig machen
- Möglichst frühzeitig kleine Pflichten übernehmen

Anpassungsfähigkeit
- Kein stereotypes Reagieren (die Art unserer Bemühungen soll wechseln, die Methode dahinter muß aber konsequent sein.)
- Die Situation wechselt
- Das Kind entwickelt sich

Erwecken von Interesse
- Ton unserer Stimme
- Keine Babysprache
- Gegenteil von dem tun, was das Kind erwartet

Das Vertrauen des Kindes gewinnen

Freundlichkeit und echte Güte sind wichtiger als Liebe und Zärtlichkeit
Aktives und freundliches Interesse zeigen (z. B. Spaziergänge)

Entspannung einer kritischen Situation
Aufmerksamkeit ablenken
Humor, aber Kind nie lächerlich machen
Eventuell lustige Geschichte erzählen
Ruhig und freundlich bleiben
Den Willen ausdrücken, dem Kind zu helfen

Sich zurückziehen
Nicht zum Gehorsam zwingen, aber auch nicht nachgeben
Ehe man die Haltung verliert, ins Badezimmer!

3. Prinzip: Ermutigung

Anerkennung
Anerkennung muß unpersönlich und sachlich sein, also die Bemühung und die Tat, nicht das Sein des Kindes anerkennen
Anwendung besonderer Sätze (siehe Tabelle 8)

Anleitung und Unterweisung
Nicht zu sehr anleiten
Nicht während der Konfliktsituation reden
»Wir wollen das *zusammen* machen!«
Kind als gleichwertig behandeln, nicht überlegen sein wollen
Keine falschen Antworten geben

Gegenseitiges Vertrauen
Kameradschaftlichkeit
Eigene Schwächen und Fehler zugeben
Versprechen halten
Gefühle und Meinungen des Kindes ernstnehmen
Vertrauen muß verdient, nicht erzwungen werden
Nicht neugierig sein (Briefgeheimnis)
Mit nützlichen Aufgaben *betrauen*, nicht beauftragen
Gemeinsame Besprechungen
Rat und Meinung des Kindes einholen
Offenheit
Unsere Sorgen mit dem Kind besprechen, was aber nicht zur Last für das Kind werden darf, deshalb nicht unser Herz ausschütten

»Du darfst ...« (nicht »Du mußt«)
Richtiges Vorgehen betonen, das Unrichtige nicht verbieten

Sich Mühe geben
»Ich bin überzeugt, daß Du es fertigbringst, Hauptsache, du versuchst es«.

Zusammensein mit anderen Kindern
- Kindergarten und Sommerlager
- Nicht einmischen
- Gleichaltrige sind Kameraden, nicht Feinde
- Keine Angst vor Rauferei und Krankheiten

5. Der Familienrat

sollte erst dann begonnen werden, wenn die Eltern bereit sind, auf ihre seitherigen Privilegien zu verzichten, ihre Kinder als sozial Gleichwertige anzusehen, an sie zu glauben und ihnen Verantwortung zu geben. Solange Eltern davor Angst haben, sollten sie nicht mit dem Familienrat anfangen.
Die erste Sitzung sollte mit etwas Positivem beginnen (Planung für Ausflug, Geburtstagsfeier, Ferien usw.).
Der Rat bestimmt das Vorgehen innerhalb der Ratssitzung. Es muß ein Vorsitzender gewählt werden.
Es muß ein Protokollführer gewählt werden.
Die Sitzungen müssen regelmäßig stattfinden, d. h. jede Woche an einem festgelegten Tag zu einer bestimmten Stunde.
Die Zeit muß so gelegt werden, daß jedes Familienmitglied anwesend sein kann. Ein Zwang wird aber nicht ausgeübt.
Vorsitz und Protokollführung gehen am besten reihum. Am Ende einer Sitzung werden der Vorsitzende und Protokollführer für die nächste Sitzung gewählt.
Jeder, der — wenn auch nur vorübergehend — im Haushalt lebt, kann teilnehmen.
Die kleinen Kinder können mitmachen, sobald sie sprechen (und damit auch verstehen) können. Mit Hilfe der erfahreneren Mitglieder können sie auch den Vorsitz übernehmen. Protokollführung ist natürlich erst möglich, wenn ein Kind schreiben kann.
Das Protokoll ist nur ein Beschlußprotokoll und wird am besten fortlaufend in einem Buch geführt.
Jeder hat nur eine Stimme.
Die Aufgabe des Vorsitzenden ist, jeden zum Wort kommen zu lassen.
Ehe abgestimmt wird, muß jeder angehört werden.
Kleinere Kinder müssen angeregt werden, Probleme zu unterbreiten, Kinder müssen um ihre Meinung gefragt werden.
Einstimmigkeit anstreben!
Unrichtige Entscheidungen darf man nicht verhindern wollen.
Die Mehrheit gilt.
Die Entscheidung des Rats gilt eine Woche lang bis zur nächsten Sitzung.
Bis dahin sollte nicht darüber diskutiert werden.
Probleme sind grundsätzlich Familienprobleme.
Probleme sind mit der Frage anzugehen: »Was können *wir* tun?«.

Man sollte nicht persönlich werden.
Eltern sollen so handeln, als ob die Kinder erwachsene Freunde wären, die mit willkommenen Ideen kommen.
Ohne gegenseitige Achtung, Verantwortung und Gleichwertigkeit geht es nicht.
Bei der Verteilung von Aufgaben im Haushalt muß ein Ersatzmann bestimmt werden, wenn die Durchführung der Arbeit gewährleistet sein muß (z. B. beim Füttern von Tieren).
Auch bei finanziellen Wünschen ist der Vater nur einer unter den anderen. Er kann entsprechenden Plänen zustimmen, etwas spenden und den Kindern die Aufgabe des Geldbeschaffens oder Kaufens überlassen.

Vor den Familienrat sollen alle Probleme gebracht werden, die mehr als ein Mitglied betreffen. Ausgenommen werden nur ganz persönliche Probleme (zum Beispiel vertrauliche Fragen einer Tochter an die Mutter).

6. Spezielle Erziehungssituationen

Vorbereitungen vor der Geburt

Keine Befürchtungen, Erwartungen, Geschäftigkeit während der Schwangerschaft
Mut, Selbstvertrauen und den sittlichen Zustand stärken
Sich durch Vorträge und Bücher nicht entmutigen lassen

Die ersten Erfahrungen

Wichtig sind die Atmosphäre, die Stimmung und die Beziehungen
Ruhe bewahren und nicht alles zu wichtig nehmen, auf das seelische Gleichgewicht kommt es an
Nicht immer gleich helfen und trösten
Weder Mitleid noch Angst zeigen
Das Kleine soll weder unseren Ehrgeiz noch unsere Eitelkeit befriedigen
Das Kind ist vom ersten Tag an ein unabhängiges menschliches Wesen

Stillen

Regelmäßigkeit und natürlicher Rhythmus lehren das Kleine, Ordnung als angenehm zu erleben
Bei gesunden Kindern Ernährungsplan etwa nach vierstündigem Rhythmus
Keine Angst, wenn es nicht ißt oder beim Stillen einschläft
Nicht vor der Zeit füttern
Keine Angst, wenn der Ernährungsplan nicht genau eingehalten wird

Entwöhnung

Nicht nachgeben
Keinen Ersatz geben

Frühe Muskeltätigkeit

Weder beim Sitzen- noch Gehenlernen helfen
Ein Laufgitter ist immer günstig

Erziehung zur Sauberkeit

Erst anfangen, wenn das Kind zwei Stunden trocken bleiben kann
Regelmäßig auf Topf oder Toilette setzen
Es beiläufig machen
Nur wenige Minuten, ob mit oder ohne Erfolg, auf der Toilette lassen, dabei möglichst wenig sprechen oder Aufmerksamkeit geben
Nicht verdrießlich sein
Nie schimpfen
So lange fortsetzen, bis es selbst darum bittet oder selber geht
Nicht in der Nacht wecken
Wenn sauber, gelegentliche »Betriebsunfälle« nicht beachten
Wenn Rückfall, einen Tag lang die alte Routine (z. B. Windeln), am nächsten Tag wieder eine Chance geben

Erste Unabhängigkeit

Bei Schmerzen weder Mitleid zeigen noch trösten, sondern ermutigen
Hilflosigkeit und Tränen sind oft Tricks
Ermutigung ist wichtiger als Schutz, weil es das Kind sicher macht

Das Leben in der Welt der Erwachsenen

Nicht auf eigene Räume beschränken
Nicht die Stimme erheben
Nicht »nein, nein« sagen
Keinen Klaps geben
Den unerwünschten Gegenstand wegnehmen
Macht es etwas kaputt, nicht durch Beachtung belohnen!
Heruntergeworfenes nicht aufheben, sondern ignorieren oder Gegenstand entfernen
Benimmt es sich nicht richtig, freundlich ins Ställchen zurücksetzen, bald aber ihm eine neue Chance geben
Keine Schläge, keine harten Worte, keine Gewalt
Auf Straßenverkehr und Gebrauch von Messer und Feuer vorbereiten
Keine Worte, keine Predigten, keine Verbote
Erklärungen und Erfahrungen eventuell als Spiel

Das kindliche Spiel

Spiel ist Selbsterziehung
Nicht beim Spiel stören
Leistungen anerkennen
Einfachste Spielzeuge
Mit dem Kind spielen, denn dies führt zur Zusammenarbeit
Angenehmer Zeitvertreib mit dem Kind, sonst kein Einfluß

Mit allen Kindern *zusammen* spielen vermindert die gegenseitige Konkurrenz.

Sich anziehen

Durch Spiel lernen (Pflicht ist gleich Spiel)
Erlaubnis geben, sich selbst anzuziehen
Kein Zwang, kein Tadel, kein Streit
Kind ist keine Puppe

Sprechen lernen

Keine Babysprache
Nicht nur Worte benützen, die es versteht
Nicht verstehen wollen, wenn es undeutlich spricht
Nicht stolz darauf sein, daß nur wir das Kind verstehen
Langsam und sorgfältig sprechen
Kind nicht korrigieren, kritisieren oder schimpfen

Sich waschen

Knaben sind meist unsauberer, weil mehr verwöhnt (sauber = weiblich).
Schmutz ist oft der Ausdruck des Trotzes oder eine Aufforderung zur Dienstleistung.
Auch aus dem Waschen kann man ein Spiel machen.
Kein Zwang
Logische Folgen: Mit schmutzigem Kind kann man nicht zusammen spielen oder essen.

Eßgewohnheiten

Die Mahlzeit ist deshalb so wichtig, weil alle zu gleicher Zeit das Gleiche tun.
Es kommt auf die Atmosphäre bei Tisch an.
Ordnung muß eingehalten werden.
Angenehme Konversation führen
Das Kind muß essen wie die anderen.
Das Kind muß alles essen lernen.
Wenn das Kind bei Tisch unordentlich ist, kann es nicht mit den anderen essen.
Wenn es zu spät kommt, ist kein Platz mehr da.
Weder zureden beim Essen noch ermahnen, weder tadeln noch drohen.
Spielt oder trödelt das Kind, muß der Teller weggenommen werden, wenn die anderen fertig sind.
Will das Kind einen Gang nicht essen, nicht dazu zwingen, aber den nächsten kann es dann nicht mehr bekommen.
Keine Worte und ungebührliche Aufmerksamkeit.

Hilfe im Hause

Damit kann nicht früh genug begonnen werden.
Auch hier kann zuerst die Form des Spiels gewählt werden.

»Du darfst«, ist ein Appell an Ehrgeiz und Stolz.
Kleine, sich wiederholende Aufträge, Pflichten, Botengänge
Keine kurzen und ungeduldigen Befehle
Weder versprechen noch drohen
Weder Belohnung noch Bestrafung
Mitarbeit ist das Wichtigste

„Entthronung" des Kindes

Ist es gegenüber den jüngeren Geschwistern brutal und grausam, sich nicht aufregen
Nicht scharf zurechtweisen
Nicht auf seine Absichten (z. B. Aufmerksamkeit) eingehen
Keine drastischen Maßnahmen
Auf die Vorteile des überlegenen Alters hinweisen
Es zum Partner in der Sorge um das Jüngere machen
Seine Einsicht, sein Urteil und seine Stärke betonen
Vater soll sich mehr um das Ältere kümmern
Die Herausforderung und Aufmerksamkeit geduldig und verständnisvoll übersehen
Angenehme gemeinsame Tätigkeiten
Kind nicht ins Unrecht setzen
Kinder nicht gegeneinander ausspielen
Individuelle Fähigkeiten und Leistungen anerkennen
Kinder nicht miteinander vergleichen
Keine Partei ergreifen, sondern »ihr Kinder«!
Sich nicht in Streitigkeiten einmischen
Benimmt sich *ein* Kind schlecht, sich von allen zurückziehen

Gemeinschaft mit anderen Kindern

Mit drei Jahren in den Kindergarten
Nicht auf seinen Widerstand eingehen
Kein Mitleid haben
Selber nicht ängstlich sein
Freundliches Verstehen ohne Härte und ohne Aufregung

Schulbeginn

Von der Spielgruppe zur Arbeitsgruppe
Anerkennung nur durch Leistungen
Vorbereitungen: Kind muß selbständig arbeiten können
Nicht vorher Rechnen und Lesen beibringen
Das Kind soll allein zur Schule gehen
Nicht bei Hausaufgaben helfen
Bei Zusammenarbeit nie unsere Haltung verlieren

Vorübergehende Krankheiten

Kein Aufhebens machen

Keine Vorrechte
Nicht zu viele Geschenke
Krankheit nicht zu angenehm machen
Nicht alle Wünsche erfüllen
Nicht zuviel Mitleid zeigen

Unglücksfälle

Keine übertriebene Anteilnahme

Wechsel der äußeren Situation

Unterstützung nicht Zwang
Nicht das Äußere und sein eigenes Unbehagen betonen
Aufmerksamkeit auf die Fehler im Lebensplan des Kindes richten
Als Gelegenheit für neue und bessere Gewohnheiten benützen
Dabei konsequent und fest bleiben
Interesse des Kindes erregen
Das Kind für uns gewinnen
Unser Beispiel ist wichtig.

Mißgeschicke

Nicht aufregen, nicht schelten, sich nicht ärgern
Haltung: Jeder macht Fehler
Keine Vorwürfe, keine Kränkungen, keine Verzweiflungsausbrüche
Nicht trösten, sondern Folgen erleben lassen
An das Kind glauben und unser Interesse und unsere Freundschaft beweisen
»Nächstesmal machst du es bestimmt besser!«

Familienstreit

Uns durch das falsche Verhalten anderer nicht anstecken lassen
Wir können die Fehler anderer nicht dadurch ausgleichen, daß wir das Gegenteil tun.
Die Mutter soll der konstante Faktor der Zuverlässigkeit sein.
Zurückgewinnen des Kindes durch Freundlichkeit, gemeinsame Spiele und Gespräche, Erzählen von Geschichten
Seine Fähigkeiten anspornen und seine Leistungen anerkennen
Das Kind ist kein Bundesgenosse gegen andere.
Unsere Einstellung zum Kind darf nicht durch Konflikt, Streit, Gehässigkeit und Konkurrenz zu anderen berührt werden.
Sind wir verbittert, entmutigt, trotzig, feindlich, in Aufruhr, so bedeutet all dies eine Erschwernis für das Kind.
Nicht *andere* ändern wollen, sondern *unser* Bestes tun
Nur Eltern, die selbst nicht wissen, was mit dem Kind anfangen, machen anderen Vorschriften.

Unbestellte Erzieher

Die Widerstandskraft des Kindes gegenüber schlechten Einflüssen können wir nicht dadurch stärken, daß wir diese verbieten.

Probleme *mit* dem Kind vernünftig besprechen.

Keine Predigten, nicht sagen, was gut oder schlecht ist

Schlechte Einflüsse sind eine willkommene Gelegenheit zu interessanten und freundlichen Aussprachen.

Fernsehapparat nicht abstellen, sondern mit dem Kind zusammen anschauen und ihm erklären, wie es gemacht wird, um falsche Eindrücke zu erzielen

Lernt das Kind fluchen, mit ihm besprechen, wozu die Kinder fluchen

Sexuelle Aufklärung

Auf natürliche und echte Fragen einfach, wahrhaftig und natürlich antworten

Keine Angst vor der nächstfolgenden Frage haben

Hinweise auf ähnliche Vorgänge im Pflanzen- und Tierreich sind meist unnötig.

»Woher kommen die kleinen Kinder!« »Von der Mutter!« »Wo in der Mutter war das Kleine?« »Unter ihrem Herzen!« »Wie kam es dort hin?« »Vom Vater!« »Wie kam es vom Vater in die Mutter?« »Dies geschieht, wenn Mutter und Vater einander lieb haben!«

Wenn Fragen nur dem Erwecken von Aufmerksamkeit dienen, nicht logisch antworten

Aufklärung über die *sozialen* Unterschiede der Geschlechter

Überlegenheit des männlichen Geschlechts ist ein Vorurteil.

Das Kind mit seinem Geschlecht nicht unzufrieden machen, denn *jedes* Geschlecht hat seine Vor- und Nachteile

Die Aufklärung kann nicht früh genug beginnen.

Kinder müssen ihrem Alter entsprechend behandelt werden

Das Kind ist ein Mensch mit altersgemäßen eigenen Rechten, Bedürfnissen und Aufgaben.

Keine Babysprache

Kinder sollen schon vor der Schule eigene Entscheidungen treffen und sich allein anziehen und waschen, nicht aber Lesen und Schreiben lernen.

Die Wandlung von verantwortlichen Eltern zu freundlichen Kameraden und Mitmenschen soll schon bei Schulbeginn anfangen.

Die Fähigkeiten des Kindes weder herabsetzen noch überschätzen

Gespräche und Probleme sind dem Auffassungsvermögen des Kindes anzupassen.

Pubertät

Jugendliche nicht mehr als Kinder behandeln, sonst suchen sie bei Fremden Hilfe und Führung.

Freundschaft und Vertrauen des Kindes sind wichtiger als unsere Autorität, sonst ist keine Kameradschaft möglich.

Keine Angst vor zu frühem oder zu spätem Reifen

Vorbereitungen *vor* der Reifezeit auf die damit verbundenen Veränderungen

Die jugendliche Einschätzung von Äußerlichkeiten und das Geltungsbedürfnis akzeptieren, sonst erhebt sich der Trotz, der zu den Übertreibungen der Teenager führt.

Hinter antisozialem Benehmen steht oft der entmutigte Ehrgeiz.

Wir müssen die Jugend achten, wertschätzen und als gleichberechtigt anerkennen.

Lösen der Bindung an die Eltern

Das Ziel der Erziehung, sich überflüssig zu machen, sollte schon bei der Entwöhnung des Säuglings beginnen. Weitere Etappen sind Kindergarten und Schule, Endstationen Pubertät und Berufsleben. Dann sollten aus den Erziehern Freunde geworden sein.

Kinder sind dann neue Persönlichkeiten mit eigenen Rechten und Pflichten, nämlich freie Mitmenschen.

Können Eltern dies akzeptieren, bleibt ein tiefes menschliches, dauerndes Band der Zusammengehörigkeit bestehen.

7. Die häufigsten Erziehungsfehler

Niemand ist vollkommen. Wir machen alle Fehler. Ein guter Weg, richtig zu handeln ist, das unrichtige Handeln zu vermeiden. Überlegen, was wir *nicht* tun sollen. Dem Rat, was man nicht tun soll, kann man wörtlich folgen, weil er spezifisch ist. Positive Ratschläge sind zu allgemein (Rezepte), sind sie speziell, kann wörtliche Befolgung schädlich sein, wenn wir nicht an Dinge wie Empfindlichkeit, gefühlsmäßige Haltung, Gesichtsausdruck, Ton der Stimme usw. denken. Bei Hinweis auf Fehler Vorsicht vor Entmutigung und Schuldgefühlen, sonst ist richtiges Handeln nicht möglich.

Die drei Fehlerquellen:
1. Nichtbeachtung von Ordnung
2. Streit
3. Entmutigung

Es gibt nur Ordnung ohne Streit oder Streit *und* Unordnung.

Elternfehler verachten die Würde des Kindes oder die eigene Würde.

Verwöhnung

Ängstliche Eltern ersparen dem Kind unangenehme Erfahrungen und bereiten es damit nicht auf die Verantwortungen des Lebens vor (Einziges, jüngstes, zartes, kränkliches, hübsches Kind).

Tod eines vorhergehenden Kindes

Regelmäßiges Stillen

Ungebührliches Schreien nicht beachten

Nicht Sklave des Stundenplanes werden

Gefahr von Mitleid, Nachsicht, übertriebener Beschützung

Das Kind soll nicht seinen eigenen Willen durchsetzen, sonst später keine soziale Anpassung.

Verwöhnte Kinder sind unzufrieden, ungeduldig, freudlos.

Jede Verwöhnung führt zu Konflikten mit dem Kind.

Typisch ist die Frechheit älterer verwöhnter Kinder.

Lieblosigkeit

Kinder können sich auch trotz der Liebe der Eltern ungeliebt und zurückgesetzt fühlen.

»Du hast mich nicht gern, weil du nicht tust, was ich will!«

Feindliche Zeichen (Schimpfen, Tadeln, Strafen) beeindrucken mehr als Zeichen der Liebe.

Aufmerksamkeit bekommt das Kind oft nur, wenn es sich schlecht benimmt.

Übermäßige Liebe

Treibhaus-Atmosphäre, Bindung an einen Erwachsenen

Küsse auf den Mund, Schlafen im Bett der Eltern können sexuelle Entwicklung verfrühen.

Verzärtelung macht Kinder abhängig und ruft Konflikte hervor.

Rebellion braucht nicht offen zu sein, kann sich aber in Hilflosigkeit und Unfähigkeit trotz guten Willens zeigen.

Gefahr: Kind beansprucht Liebe durch sein bloßes Dasein, ohne durch Leistungen Anerkennung zu suchen.

Liebesentzug

Mit dem Kind »böse« sein, ist keine Erziehungsmethode, Kind hält Impulse nur zurück oder unterdrückt sie.

Entmutigende Wirkung (Angst zur Schlafenszeit)

Kind zweifelt an unserer Zuverlässigkeit und kann Vertrauen und Gemeinschaftsgefühl nicht entwickeln.

Böse sein, Unfreundlichkeit, sich Abschließen, mit dem Kind nicht sprechen, zwingen das Kind zu Feindlichkeit.

Unser Mißfallen nicht am Kind, sondern nur an seinem Benehmen zeigen (Person und Handlung auseinanderhalten!)

Es gibt keine schlechten Kinder, sondern nur entmutigte und unglückliche.

Ängstlichkeit

Ängstliche Eltern rauben dem Kind Erfahrungen und machen es unvorsichtig. Eventuell unangenehme Erfahrungen arrangieren.

Kindliche Intelligenz nicht unterschätzen.

Angst machen

Überschätzung der Gefahr verstärkt diese und erzieht nicht zur Vorsicht, sondern zur Angst.

Übertriebene Vorsicht ist so schlecht wie Gedankenlosigkeit.

Wer Angst sät, wird Kummer ernten.

Übermäßige Beaufsichtigung

Jedes Übermaß verhindert die gewünschte Wirkung (dahinter steht die Unsicherheit der Eltern).

Nur wenige, aber drastische Erfahrungen machen Eindruck und geben dem Kind Gelegenheit zum Nachdenken und Überlegen. Sonst Gefahr, daß Kind abhängig oder mürrisch, teilnahmslos und unverschämt wird.

Übermäßiges Reden

Wenn Eltern nicht wissen was tun, reden sie.

Vorsicht vor Worten ohne Bedeutung, Anleitung und konstruktivem Plan

Zuviele Worte sind kein Mittel der Verbindung, sondern des Streits.

Nur reden, wenn das Kind bereit ist, zuzuhören

Nicht reden, um unsere eigene Spannung zu erleichtern

Nur, wenn wir selbst ruhig sind, sind unsere Worte frei von Feindseligkeit.

Dauernd auf die Wirkung unserer Worte achten

Nie wiederholen, was wir schon einmal gesagt haben (erste Wiederholung nutzlos, zweite Wiederholung schädlich)

Nie dem Kind etwas sagen, was es schon weiß

Wenig reden, viel denken und entsprechend handeln

Bei Fehler des Kindes kann völliges Schweigen einen tiefen Eindruck machen. Gedankenlose Phrasen (siehe Erziehungs-Merkblätter) setzen das Kind herab.

Vernachlässigung

Das gute Prinzip, sich so wenig wie möglich einzumischen, kann übertrieben werden.

Erziehungsmethoden sparsam und im richtigen Zeitpunkt anwenden

Interesse für das Kind und seine Interessen zeigen

Auf etwas bestehen

Durch einen kleinen freundlichen Druck darauf bestehen, daß es sich warm anzieht

Nie ein Kind zum Essen oder Schlafen zwingen (zu Bett bringen können wir das Kind gegen seinen Willen, mehr aber nicht.)

Ein Kind muß innerlich bereit sein, mit Schmollen oder Weinen aufzuhören. Worte sind nur schädlich, Gewalt vermehrt nur den inneren Widerstand.

Die natürlichen Folgen können eine innere Wandlung bewirken, damit das Kind *in sich* den Antrieb fühlt, das zu tun, was notwendig erscheint. Trotzige Kinder sich selbst überlassen.

Eventuell Aufmerksamkeit ablenken

Sich Versprechen geben lassen

Dies ist nutzlos und schädlich, weil das Kind seine Persönlichkeit dadurch ja nicht ändert.

Erzwungenes Versprechen verbessert erstens nicht den ursprünglichen Fehler, fügt zweitens einen neuen Fehler (Unzuverlässigkeit) hinzu und verstärkt drittens die Neigung des Kindes, sich hinter einer »Schwäche« (Vergeßlichkeit) zu verstecken.

Wiederholung von Fehlern kann nur vermieden werden, wenn das Kind von dessen unangenehmen Folgen überzeugt wird.

Durch Versprechen versucht das Kind, Vorteile zu erlangen, z. B. die Folgen seiner Tat zu vermeiden.

Dem Kind eine Freude machen nicht mit Einschränkungen verbinden

Wenn eine Freude davon abhängig gemacht wird, daß das Kind etwas leisten soll, muß logischer Zusammenhang da sein und der Beitrag des Kindes zuerst kommen.

Gefahr der Entwicklung von Unzuverlässigkeit und Großsprecherei

Auch freiwillige Versprechen des Kindes nicht annehmen (Gefahr, sich von einer Unannehmlichkeit freizukaufen oder einen ungebührlichen Vorteil zu erlangen)

„Nimm dich zusammen"

Das Kind versteht nur, daß es schwach ist und keine Willenskraft hat, es fühlt sich dann nur noch schwächer und wird überzeugt von seinem Mangel an Willenskraft. Gefahr: Neurose.

Willensschwäche gibt es nicht, sondern der bewußte Wille entspricht nicht den tiefer liegenden Absichten.

Kind ist sich seiner feindlichen Absicht nicht bewußt.

Sich zusammennehmen ändert nicht die wirkliche Haltung. Es verbessert nicht den Fehler. In der Überzeugung, schwach zu sein, braucht es sich nicht mehr beherrschen, läßt andere die Entscheidungen treffen und die Verantwortung tragen.

Man kann ihm nichts vorwerfen, da es sich offensichtlich »anstrengt«.

Wiedervergeltung

Veraltete Methode einer autokratischen Vergangenheit

Heute herrschen Demokratie und Gleichberechtigung, so daß Eltern nicht mehr überlegen sind.

Belohnung und *Bestrafung* beruhen aber auf der Annahme unserer Macht.

Hinter jeder Zusammenarbeit, die durch Gewalt erreicht wird, bleibt die Rebellion, die heute typisch für uns alle ist.

Zusammenarbeit sollte aber auf Anerkennung und Annahme einer sozialen Ordnung beruhen, sonst erscheint Ordnung als Zwang und soziale Anpassung als Unterwerfung.

Heute können nur die natürlichen *Folgen* helfen, weil hinter ihnen die Autorität der Wirklichkeit oder der Gruppe und nicht die eines Individuums steht.

Verlangen von blindem Gehorsam

Nur in seltenen Notfällen, Kind soll eigenen Willen entwickeln.

Wenn es einen Wunsch aufgeben muß (denn wir können ja nicht in allem nachgeben), braucht dies nicht immer sofort zu sein. Eltern sollten Geduld zeigen und nicht jede Widerstandshandlung als Bedrohung ihres persönlichen Ansehens betrachten.

Nachdenken reicht weiter als Heftigkeit.

Auch hier sind die natürlichen Folgen ein gutes Mittel. Es ist unmöglich, bei einem Kind alles *sofort* zu erreichen.

Je weniger selbstbewußt die Eltern sind, desto mehr fürchten sie um ihr Prestige.

Nörgeln

Nichts ärgert das Kind so sehr.

Der Widerstand des Kindes wird nur versteift. Je mehr einer im Leben enttäuscht ist und das Gefühl des Zukurzgekommenseins hat, desto mehr nörgelt er. Nörgeln setzt das Kind herab und bestätigt die eigene Überlegenheit.

Tadeln

Tadeln besteht aus unfreundlichen und vorwurfsvollen, geringschätzigen Bemerkungen und Handlungen ohne Unterweisung.

Tadeln wirkt nur bei widerspenstigen und hartnäckigen jungen Leuten, die als Kinder nur Streit kannten und sich der Gewalt beugten.

Im Falle sehr ehrgeiziger Kinder kann besonnener und seltener Tadel eine Wirkung haben.

Sonst entmutigt Tadel und setzt einen Teufelskreis in Bewegung.

Häufige und heftige Tadelei kann ehrgeizige Kinder dazu bringen, sich überhaupt nicht mehr zu bemühen.

Der Vorwurf von Fehlern ist nur ein Ventil für unsere eigene Gereiztheit.

Tadel bestätigt die eigene geringe Meinung des Kindes von sich selbst.

Das Kind denkt »wenn ich so dumm (oder ungeschickt oder faul usw.) bin, hat es ja doch keinen Sinn, mich anzustrengen!«

Tadel festigt schlechte Gewohnheiten (Unaufrichtigkeit).

Herabsetzung

Ermahnungen, Vorwürfe, Versprechungen und Drohungen rufen das Gegenteil der beabsichtigten Wirkung hervor, sie sind das beste Mittel, dem Kind schlechte Gewohnheiten beizubringen.

Wie körperliche Wunden keimfrei gemacht werden sollen, so müssen auch seelische Wunden des Kindes mit Besonnenheit behandelt werden.

Egoistisches Interesse der Eltern am guten Benehmen der Kinder

Furcht vor unangenehmen Folgen ist der Beginn der herabsetzenden Einstellung, mit ihren Methoden vom Predigen bis zum Schlagen, Schelten, Vorwürfen, Spott usw. und führt zu übertriebener Beaufsichtigung, Nörgelei, dauernder Strenge und Reizbarkeit.

Herabsetzung des Kindes hat das Ziel, die elterliche Autorität aufrecht zu erhalten.

Autorität, die für ihre Aufrechterhaltung zu Gewalt greifen muß, verrät damit ihre innerliche Schwäche.

Drakonische Strenge

Kinder können damit »gezähmt« werden, aber Gemeinschaftsgefühl und Zusammengehörigkeitsgefühl können sich nicht entwickeln.

Das Kind fühlt dadurch seine Schwäche, Hilflosigkeit und Abhängigkeit, rebelliert innerlich gegen die Eltern und zeigt seine Gleichgültigkeit und seinen schlechten Willen, wenn immer möglich.

Demütigung

Das Kind in der Ecke stehen oder auf den Boden knien zu lassen, kann bestenfalls das Kind an solche Erniedrigungen gewöhnen.

Das Kind wird dadurch nur zur Scheinheiligkeit und Heuchelei erzogen.

Häufig entwickeln sich Neurosen.

Masochismus

Körperliche Bestrafung

Statt dessen logische Erfahrungen

Körperliche Bestrafung ist auch falsch, wenn das Kind sie als verdient ansieht.

Schläge rufen Haß und Wutgefühle, ja den Todeswunsch gegen den Peiniger hervor.

Jeder Schlag zerstört ein wenig Würde, Mut und Selbstvertrauen.

Wirken Schläge äußerlich gut, liegt kein »Strafbedürfnis« vor. Solche Kinder fühlen sich mißachtet und zurückgesetzt und provozieren die Schläge, weil sie sonst keine Aufmerksamkeit bekommen, weil sie wissen, daß Eltern die Schläge nachher wieder gutmachen wollen.

Schläge sind eine intensive Konzentration auf ihren Empfänger.

Manche Kinder genießen ihre Macht, die Eltern zum Äußersten zu treiben.

Schläge können auch sinnliches Vergnügen hervorrufen.

Der stockschwingende Vater ist ein Symbol der Macht und kann deshalb — wenn er nicht mehr als Bedrohung empfunden wird — später geliebt werden.

Jeder Mensch, der als Kind geschlagen wurde, zeigt die Spuren der Schläge in seinem Charakter.

Anwendung von Schlägen verrät die eigene Schwäche, Feigheit und Angst, sowie das Zeigen unserer Macht und Überlegenheit.

Daß das Kind Schläge »brauche«, daß wir »schwache Nerven« hätten und die »Selbstbeherrschung« verlieren, sind nur Ausreden.

Die innere Anerkennung der sozialen Ordnung und der Sinn für Zusammengehörigkeit wird durch Schläge nur geschwächt.

8. Erziehungsmerkblätter von Frau Dr. Alice Friedmann

Sag nie, wenn du zu Kindern sprichst:

Hast du aber schöne Haare!
Du bist klein für dein Alter!
Du bist so nervös wie dein Vater!
Dazu hast du keine Begabung!
Kinder verstehen das nicht!
Ein Kind muß immer lustig sein!
Bist du ein Bub oder ein Mädel?
Ich hab gedacht, du seist ein Mädel!
An dir ist ein Bub verloren gegangen!
Du hättest ein Mädel werden sollen!
Mädchen brauchen nicht soviel zu lernen!
Ein Bub darf sich das nicht gefallen lassen!
Ein Mädchen muß immer nachgeben!
Nimm dir ein Beispiel an deiner Schwester!
Du mußt deinem älteren Bruder folgen!
Wenn du willst, kannst du mich um den Finger wickeln!
So gut wie ich, wird es niemand mehr mit dir meinen!
Wart nur, wenn du in die Schule kommst, der Lehrer wird dir schon zeigen!
Wart nur, wenn der Vater nach Hause kommt!
Du bist das schlimmste Kind, das ich kenne!
Du bringst mich noch unter die Erde!
Aus dir wird nie was werden!
In deinem Alter hab ich mich schon selbst erhalten!
Wenn du nichts lernst, so schicke ich dich zu einem Schuster!
Du wirst noch am Galgen enden!
Die andern werden dir das schon austreiben!
Du wirst es noch bereuen!
Was gehen dich die andern an!
Du mußt nur deinen Eltern glauben!

Sag nie, wenn das Kind ans Werk geht:

Fang lieber erst gar nicht an!

Ich bin neugierig, wie weit du kommst!
Du bist schon der Richtige, der das zustandebringt!
Auf dich hat die Welt damit gewartet!
Schuster, bleib bei deinem Leisten!
Damit wirst du auch keine Ehre einlegen!
Damit willst du dich nur wichtig machen!
Mach lieber deine Schulaufgaben, das ist gescheiter!
Das ist nicht so einfach, wie du glaubst!
Du stellst dir alles viel leichter vor!
Du traust dir zuviel zu!
Trau dir nicht soviel zu!
Wer groß anfängt, hört klein auf!
Wer sich viel vornimmt, macht nichts fertig!
Du wirst den Fleiß und die Ausdauer nicht aufbringen!
Für solche Dummheiten interessierst du dich!
Wenn das durchführbar wäre, so wären schon die anderen daraufgekommen!

Wenn's dem Kinde gelingt:

Damit wirst du auch kein großer Mann werden!
Deshalb bist du noch lange kein Gelehrter!
Es ist dafür gesorgt, daß die Bäume nicht in den Himmel wachsen!
Der dümmste Bauer hat die größten Kartoffel!
Ein blindes Huhn findet auch einmal ein Körnchen!

Wenn's mißlingt:

Schad' ums Geld!
Schad' um jeden Handgriff!
Du wirst schon sehen, daß ich recht habe, es geht nicht!
Ich habe es dir vorausgesagt!
In deinem Alter habe ich mir schon alle meine Kleider selbst gemacht!
Ich war viel geschickter als du!

Unkenrufe:

Unsere Familie hat keine Begabung dafür!
Der Apfel fällt nicht weit vom Stamm!
Du hast eine unglückliche Hand!
Wenn man dir nur zuschaut, wird einem schon schlecht!
Du hast zwei linke Füße!
Du bist noch nicht aufgeweckt genug!
Du bist ein Pechvogel!
Du hast lauter extravagante Ideen!
Du hast immer große Rosinen im Kopf!
Man muß dir den Brotkorb höher hängen!
Am besten, man setzt dir gleich einen Dämpfer auf!

Herabsetzung der Mädchen:

Das ist keine Arbeit für einen Buben!
Man sieht sofort, daß ein Bub sich viel geschickter anstellt!
Buben sind gescheiter, Mädchen haben mehr Ausdauer!
Mädchen, die pfeifen, und Hennen, die krähen, sollte man gleich den Kragen umdrehen!

Konkurrenzneid der Erwachsenen:

Du wirst dir schon die Hörner ablaufen!
Laß dir doch erst zeigen!
Laß stehen, das kannst du nicht allein!
Deine Hilfe kann ich nicht brauchen!
Geh weg, du störst mich nur!
Du läßt dir nie was sagen!
Messer, Schere, Gabel, Licht sind für kleine Kinder nicht!
Dazu gehört Erfahrung!
In zehn Jahren wirst du meiner Meinung sein!
Man muß nur sehen, wie geschickt andere Kinder sind!
Andere Kinder sind in diesem Alter schon eine Stütze für die Eltern!
Schau, daß du die anderen überflügelst!
Das Ei will klüger sein als die Henne!

Zur Entmutigung der Linkshändigen:

Gib doch das schöne Händchen!
Brave Kinder halten den Löffel in der rechten Hand!
Du bist linkisch!
Du stellst dich immer so dumm an!
Du bist ungeschickt!
Deine Mühe ist vergeblich!
Du faßt alles verkehrt an!
Laß es lieber stehen!
Das soll lieber ein Geschickterer machen!
Dir fällt alles aus der Hand!
Wenn du etwas in die Hand nimmst, so kann man schon das Kreuz darüber machen!
Du bist nicht so geschickt wie deine Schwester!
Mädchen haben nicht diese Geschicklichkeit!
Alles, was du mit der Hand machst, ist schlecht!
Du schreibst wie der Hahn am Mist!
Bemüh dich nicht! In unserer Familie hat niemand Zeichentalent!
Die schlechte Schrift hast du geerbt!
Du solltest immer das Gegenteil von dem tun, was du gerade vorhast!
Niemand kann aus seiner Haut heraus!
Du bist immer der letzte!
Die Langsamkeit ist dir schon angeboren!
Die Natur läßt sich nicht zwingen!

Linkshändige haben einen schlechten Charakter!
Es ist doch auch Dummheit dabei!
Du wirst die andern nie erreichen!
Du wirst nie für dich sorgen können!
Du wirst nie etwas allein erledigen können!
Du kannst nicht konkurrieren!
So ein ungeschicktes Mädchen bekommt keinen Mann!
Was Hänschen nicht gelernt hat, lernt Hans nimmermehr!
Alles, was du anrührst, nimmt ein schlechtes Ende!
Dir geht alles schlecht aus!
Das ist schon dein Verhängnis!

Warum ißt das Kind nicht?

Laß es *allein* vor dem Essen seine Hände waschen!
Ruf' nicht ein zweites Mal, wenn das Kind nicht zum Essen kommt!
Laß es *selbst* aus der Schüssel auf den Teller nehmen!
Selbst sein Glas vollschenken!
Laß es die Geräte der Erwachsenen gebrauchen, sobald es das wünscht!
Am Tisch der Großen sitzen, sobald es das verlangt!
Mach nicht zu viele Vorschriften für das Essen, z. B. wann man Wasser trinken und nicht trinken dürfe!
Lade es aber nicht ein, von deinem Teller oder Löffel zu nehmen!
Gönne dir selbst und dem Kind Ruhe beim Essen!
Füttere nicht, sobald es allein seinen Löffel halten kann, wenn es auch langsamer geht!
Erzähle keine Geschichten, arrangiere keine Spiele beim Essen, auch wenn du Zeit und Lust dazu hast!
Schmeichle nicht, drohe nicht, fordere nicht zu oft auf!
Anerkenne jeden Fortschritt!
Hilf unvermerkt!
Laß das Kind seine Geschicklichkeit mit eigener Mühe erwerben!
Mache nicht alles vor!
Übersieh Fehler!
Ein schmutziges Tischtuch ist besser als ein nervöser Magen!
Ein zerbrochener Teller ist besser als ein gescholtenes Kind!
Zwei zerbrochene Teller sind besser als ein geschlagenes Kind!
Ein trotziges, eingeschüchtertes, unselbständiges Kind ist schlimmer als viele zerbrochene Teller!
Gib manchmal vorzeitig Anerkennung, nur zur Ermunterung!
Die Fortschritte werden deine Anerkennung rechtfertigen!
Strafe nicht beim Essen!
Entziehe keine Speise!
Ein stehengelassenes Mittagessen hat noch kein Kind ernstlich geschädigt!
Willst du einen Mastochsen erziehen?
Zwang, Ärger und Szenen könnten das Kind dazu bringen, sich mit

seinem Magen gegen dich zu verbünden:
Willst du ein Kind, das vor jedem Essen erbricht?
Gib dem Kinde keine Gelegenheit, dich durch das Essen zu einem Sklaven zu machen!
Setz' dich nicht dazu, sag nicht: Ehe du nicht aufgegessen hast, gehe ich nicht weg, laß ich dich nicht los, darfst du nicht aufstehen, nicht spazieren gehen!
Sag nicht: Du wirst früh sterben, nicht froh werden, immer krank sein, wenn du nicht ißt!
Sag nicht: Ich werde es dem Vater sagen! Du wirst kein Weihnachtsgeschenk bekommen, du darfst nicht mit uns spazieren gehen!
Sag nicht: Tu mir es zuliebe! Du hast mich nicht lieb, du machst mich krank, du bringst mich zur Verzweiflung!
Sperr nicht zur Strafe ein, gib kein erbrochenes Essen wieder ein, wenn es auch der Professor geraten hat!
Tu dem Kind nicht an, was du nicht möchtest, daß man dir tue!
Sprich tagsüber nicht vom Essen! Frag nicht: »Wirst du heute essen?« Klag nicht vor anderen darüber!
Laß das Kind bei Tisch auch an die anderen denken!
Laß größere Kinder beim Reichen der Schüsseln helfen!
Halte dich nicht sklavisch an diese Regeln! Sei erfinderisch!
Aber Zwang vermeide auf jeden Fall!
Ungeschulte frage nicht um Rat!
Sei nicht verzweifelt, es wird dir gelingen, aber du mußt nicht jeden Tag recht behalten!
Zeig dem Kinde, daß du es nicht für ein Unglück hältst, wenn es einmal nicht ißt!
Entscheide dich, ob du der Freund des Kindes oder der Sklave seines Magens sein willst!
Sag: Laß ruhig stehen, wenn es dir nicht schmeckt!
Überrascht wirst du dann sehen, daß es weiter ißt!

Wenn ich von der Schule nach Hause komme . . .
da fragt mich meine Mutter gleich, was in der Schule los war:
Ob ich wieder zu spät gekommen sei.
Ob ich auf jede Frage antworten konnte.
Ob andere Kinder mehr wußten.
Ob ich wieder so geschmiert habe.
Ob ich beim Lesen wieder gestottert habe.
Ob ich wieder soviel geschwätzt habe.
Ob ich an der Tafel wieder alles vergessen habe, was ich zu Hause noch wußte.
Ob man mir wieder alles einsagen mußte.
Ob ich den Herrn Direktor auf der Stiege gegrüßt habe.
Ob ich wieder mein Frühstück stehen gelassen habe.
Ob ich gestraft worden sei.

Ob mir noch immer mein Füller herunterfalle.
Ob ich noch immer mit den schlechtesten Schülern verkehre.
Ob ich gerauft habe, und warum ich um eine halbe Stunde zu spät nach Hause gekommen sei.
Sie sagt, sie werde es dem Vater erzählen.
Sie sagt, daß ich sofort meine Aufgabe machen müsse.
Sie sagt, daß ich ihr nicht entkommen werde, und ruft mich so lange, bis ich komme.
Meine Mutter macht immer meine Aufgaben mit mir, sonst bekäme ich schlechte Noten.
Sie sitzt immer neben mir, obwohl sie sehr viel zu tun hat.
Meine Aufgaben sind ihr am wichtigsten.
Sie sagt, ich solle so schön schreiben wie sie.
Sie sagt, daß ich die schlechte Schrift von Vater habe.
Ich muß meine Aufgaben so oft abschreiben, bis sie ganz schön sind.
Meine Mutter schreibt mir die schweren Worte immer vor.
Sie sagt, daß ich für Rechnen nicht begabt sei.
Sie sagt, daß ich um ein Jahr zurück sei, weil ich die Masern gehabt habe.
Sie sagt, daß ich deshalb keine Konzentrationsfähigkeit habe.
Sie sagt, daß ein Bub schließlich lernen müsse.
Sie sagt, sie habe immer geglaubt, daß mir später der Knopf aufgehen werde.
Sie sagt, daß ein so großer Bub mit der Zeit schon gescheiter sein könnte.
Sie sagt, daß sie sich vor den Verwandten geniere.
Sie sagt, daß Kinder, die alles haben, was das Herz begehrt, doch wenigstens lernen könnten.
Sie sagt, sie werde dem Lehrer sagen, daß er mich sitzen lassen solle, damit ich eine gute Grundlage habe.
Sie läßt dem Lehrer sagen, daß er mich nur strafen solle.
Sie läßt ihm sagen, daß er mich nach der Schule noch dort behalten solle.
Sie läßt ihm sagen, daß er mir nichts durchgehen lassen solle.
Sie sagt, daß meine Schwester in der ersten Klasse schon mehr könne als ich.
Sie sagt, daß ich sie nie werde einholen können.
Sie sagt, daß sie alles für mich tue, nur lernen solle ich.
Sie sagt, daß sie mir alle Fehler verzeihen möchte, wenn ich nur in der Schule brav wäre.
Sie sagt, ich solle froh sein, daß meine Eltern aufs Lernen schauen, später werden sie keine Gelegenheit mehr dazu haben.
Sie sagt, sie werde noch ganz krank vor Ärger.
Sie sagt, höchstens werde ich halt ein Handwerk lernen müssen.
Sie sagt, daß sie immer die beste in der Klasse gewesen sei und dabei noch zu Hause die Wirtschaft geführt habe.
Der Vater sagt, daß er in meinem Alter schon Geld verdient habe und doch ein ganz guter Schüler gewesen sei.

Sie sagen, daß ihnen niemand bei den Aufgaben geholfen habe.
Sie sagen, daß sie froh gewesen wären, wenn jemand sich ums Lernen gekümmert hätte.
Sie sagen, daß ihre Kinder es besser haben sollen.
Sie sagen, daß meine Schwester gerade so ist, wie sie gewesen seien.
Meine Mutter sagt, daß ich gerade so bin, wie ihr Bruder gewesen ist und daß man ihn auch immer zur Arbeit habe zwingen müssen.
Sie sagt, daß wir fertig werden müssen, auch wenn wir bis in die Nacht hinein dabei sitzen sollten.
Sie sagt, daß ich ihr zuliebe lernen solle.
daß ich keinen Ehrgeiz habe.
daß ich zu verspielt sei.
daß ich mich in allem auf sie verließe.
Sie sagt, wenn ich so trödele, so mache sie lieber gleich alles selber.

9. Die Verfeinerung in den Methoden

Die neuen Erziehungsmethoden sind oft gar nicht so grundsätzlich neu oder anders als seither, sondern erfordern nur ein feineres Unterscheidungsvermögen, mehr Präzision im Denken und Sich-ausdrücken, größere Klarheit in der Einstellung und Erkenntnis von Stufen und Abstufungen.

Hierfür einige Beispiele:
Anerkennung statt Lob
Mitgefühl statt Mitleid
Natürliche oder logische Folgen statt Strafen
Freude machen statt Belohnen
Innere Freiheit statt Zügellosigkeit
Freundlichkeit, Güte und Zuverlässigkeit statt »Nestwärme«
Autorität der Gemeinschaft statt des Individuums
Kindbezogen statt Ich- oder Rechtbezogen
Gespräch statt Predigt (*mit* den Kindern reden, nicht *zu* ihnen)
Führung statt Beherrschung
Zwischen echten und unechten Fragen unterscheiden
Zwischen natürlichen und logischen Folgen unterscheiden
Gebührliche statt ungebührliche Aufmerksamkeit
Nuancen im Ton unserer Stimme
Nuancen in Mimik und Gestik
Das falsche Verhalten ablehnen, nicht das Kind selbst
Festigkeit statt Strenge
Sich zurückziehen statt nachgeben
Auf das Positive statt auf das Negative sehen
Ermutigen statt kritisieren
Verstehen wollen statt streiten
Sachlich auf die Situation statt auf die Person gerichtet

Zwischen Schreck und Angst unterscheiden
Zwischen Fehler und Fehlhaltung unterscheiden
Vorsicht statt Angst
»Du darfst« statt »du mußt«
Aus eigener Erkenntnis das Richtige tun statt gehorchen
Zwischen Konkurrenz und Rivalität unterscheiden
Demütig sein statt sich demütigen
Es kommt nicht auf die Quantität der Zeit an, die man mit einem Kind verbringt, sondern auf die Qualität.
Mit-lachen statt auslachen
Vertrauen gewinnen statt verlangen
Liebe verdienen statt beanspruchen usw.